財務会計論

Financial Accounting

中村 泰將 編著

税務経理協会

はじめに

　本書は，現行の財務会計制度の枠組みを前提とし，その基礎理論と計算構造を解明することを目的とするものです。財務会計は経済主体たる企業においてさまざまに発生する経済活動について，それを認識し，測定し，かつ開示することを課題としていますから，それぞれの財務会計上の諸問題については，その会計処理のガイドラインを示す財務会計基準が存在します。さらに，その財務会計基準の背後には，当然それを支える概念フレームワークと社会的・経済的制約としての基礎的前提が存在しなければなりません。

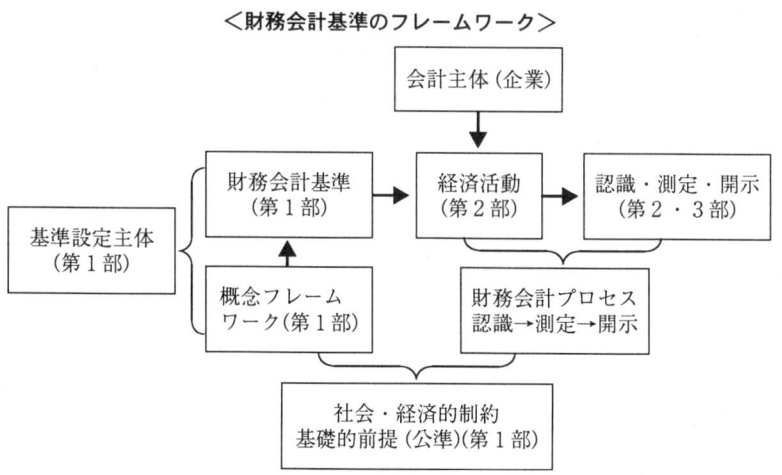

＜財務会計基準のフレームワーク＞

　本書の特徴は，第1部において，日本の企業会計基準委員会（ASBJ），米国の財務会計基準審議会（FASB）および国際会計基準審議会（IASB）のそれぞれの設定主体を解説し，各設定主体が財務会計基準をどのようなプロセスで設定するかの仕組みを概説しています。そして，なぜ会計基準がそうなるかの理論的背景と基準設定に指針を与える概念フレームワークを説明し，さらに日本の財務会計制度，米国の財務会計制度，および国際会計基準の制度がどのような仕組みになっているのかを解説していることです。

1

第2部の各論においては，個別の経済活動ならびに事象に関する諸基準を解明することに主眼を置きました。第3部では，第2部のなかで，詳しく説明できなかった個別の会計問題についてそれぞれ会計基準が存在するため，これらを新たな章を設けて設例を用いて平易に解説することにしました。

　本書の内容については，わが国の場合，財務会計を構成する法的な会計諸規制（会社法，金融商品取引法，税法など）が存在していますが，本書では当該会計諸基準に重要な影響を及ぼす諸規定に限定しながらも，特に会社法については，会計基準との関係についてお互いに影響し合っていますので取り上げざるを得ませんでした。したがって，会社法については，資産の評価，分配可能利益の規定，資本会計領域において資本維持・充実の諸規定など少なからず法的規制が介入するため，財務会計基準との調整のために特に関係ある会社法本則，会社法施行規則，会社計算規則，さらに金融商品取引法では，財務諸表等規則などを取り上げました。税法の規定については，とくに関係ある会計領域（例えば，税効果会計）を除き割愛しました。

　本書の構成では，第1部，第2部，そして第3部を設け，財務会計の領域を3つの側面から取り上げることにしました。1つは，財務会計基準を具体的に開発する設定主体とその財務会計基準のガイドラインを提供する財務会計の概念フレームワークを，2つは，財務諸表の構成要素たる資産，負債，純資産（資本），収益，費用を，3つは，それぞれ会計基準が設定してある個別の会計問題を取り上げました。第1部の総論では，財務会計の基礎的諸概念を理解することを主眼に置き，会計の定義，会計の領域，会計の計算構造，会計の法的制度，会計の基礎概念などをさまざまな観点から財務会計のシステムを説明しようとするものです。ここにあげた財務会計の基礎的諸概念は，わが国固有に存在しているものではなく，広く各国において共通した土俵であり，特に英米の財務会計の諸概念とも関係するため，それらを比較考察できるように解説する方法をとりました。

　第1部は，日本の財務会計制度を解明するため，その設定主体の特徴と現在進行中の概念フレームワークの内容を把握することに努めました。また，会計

はじめに

　基準設定主体と概念フレームワークの顕著な歴史を持つ米国と目下，2005年度からEU諸国で強制適用が施行された国際会計基準の概念フレームワークについて考察を試みました。

　第2部は，財務会計の各論ともいうべきものであり，個別財務諸表と連結財務諸表に組み込まれている貸借対照表，損益計算書およびキャッシュ・フロー計算書のそれぞれの諸要素について，その定義，分類，認識および測定に分けて解明しております。具体的には，(1)貸借対照表の構成要素である資産会計，負債会計および純資産会計，(2)損益計算書の構成要素である損益会計，(3)資金の流れを計算・報告するキャッシュ・フロー会計，(4)それら財務諸表の会計情報を開示する個別財務諸表および連結財務諸表ならびにキャッシュ・フロー計算書の表示方法と報告形式を学びます。

　第3部では，第2部で取り上げた各領域の中で特に重要と思われる会計事象について取り上げ，その理論と具体的会計処理を説明します。例えば，資産会計では，リース会計，減損会計を，負債会計では年金会計を，資産・負債会計にまたがる領域では税効果会計を，純資産会計では，企業結合会計を取り上げております。

　以上のように，本書では財務会計の理論を網羅的かつ個別的に解説することを目的として，会計学を始めて学ぶ初学者から，大学や企業で会計学を専門的に学ぶ人たちや簿記検定の1級の会計学や税理士や会計士の試験の勉強をする人たちのために書かれたものです。

　最後に，本書の出版にあたり快く引き受けていただき，また長きにわたり忍耐強く原稿の編集などで配慮をいただいた税務経理協会の峯村英治氏に対し，並々ならぬお世話をかけましたこと，私同様執筆者一同，心より感謝申し上げる次第です。

2009年4月25日

中村　泰將

■執筆者一覧(執筆順)

中村　泰將（獨協大学教授）	第1章，第2章（第1節，第2節） 第5章，第11章
井出健二郎（和光大学教授）	第2章（第3節，第4節） 第4章，第9章
茅根　聡（東洋大学教授）	第2章（第5節，第6節） 第3章，第10章
金井　繁雅（文京学院大学教授）	第6章　第13章
五十嵐則夫（横浜国立大学教授）	第7章，第12章
細田　哲（獨協大学教授）	第8章
内倉　滋（獨協大学教授）	第14章

目　次

はじめに

第1部　総　論

第1章　財務会計の基礎概念 … 3
第1節　会計（学）の定義と目的 … 3
1　会計の定義 … 3
2　会計の役割 … 4
第2節　会計の領域 … 6
1　会計の分類 … 6
2　財務会計と管理会計 … 7
第3節　企業会計の計算構造と理論的構造 … 10
1　企業会計の計算構造 … 10
2　企業会計の理論的構造 … 13
3　わが国の「企業会計原則」と一般原則 … 16
第4節　会計基準設定主体と会計基準設定プロセス … 21
1　わが国の会計基準設定主体と基準設定プロセス … 21
2　米国の会計基準設定主体と基準設定プロセス … 23
3　国際会計基準の設定主体と基準設定プロセス … 27

第2章　財務会計制度と財務会計の概念フレームワーク … 35
第1節　わが国の財務会計基準制度 … 35
1　会社法，金融商品取引法，および法人税法の会計規定 … 36
2　会計諸法令の財務報告書 … 39

        3　会計監査……………………………………………………43
第2節　わが国の財務会計概念フレームワーク ………………………46
        1　概念フレームワークの基本的考え方………………………46
        2　「財務会計の概念フレームワーク」の4つの構成 ………47
第3節　米国の財務会計基準制度 ………………………………………58
        1　歴史的背景……………………………………………………58
        2　会計基準の公表手続…………………………………………61
        3　会計観と会計の定義の変遷…………………………………62
        4　SECの開示制度とFASBとの関係………………………63
        5　コンバージェンス……………………………………………65
第4節　米国の財務会計概念フレームワーク …………………………67
        1　営利企業の財務報告の目的（SFAC第1号）……………67
        2　会計情報の質的特性（SFAC第2号）……………………69
        3　営利企業の財務諸表における認識と測定（SFAC第5号）……71
        4　財務諸表の構成要素（SFAC第6号）……………………74
        5　会計測定におけるキャッシュ・フローおよび現在価値の
           使用（SFAC第7号）………………………………………77
第5節　国際会計基準制度 ………………………………………………80
        1　国際会計基準委員会をめぐる動向…………………………80
        2　IASBの誕生と目的………………………………………82
        3　コンバージェンス・プロジェクトの推進 ………………83
第6節　国際会計基準の概念フレームワーク …………………………87
        1　適用範囲と設定の趣旨………………………………………87
        2　概念フレームワークの概要…………………………………89
        3　最近の動向……………………………………………………94

目　次

第2部　財務会計の構成要素

第3章　資産会計 …………………………………………101
第1節　資産の概念 ……………………………………101
第2節　資産の分類と評価 ……………………………102
　1　資産の分類 ……………………………………………102
　2　資産の評価 ……………………………………………104
第3節　流動資産 ………………………………………107
　1　流動資産の意義と分類 ………………………………107
　2　有価証券の分類と会計処理 …………………………112
　3　デリバティブ取引の分類と会計処理 ………………117
第4節　固定資産 ………………………………………118
　1　有形固定資産 …………………………………………118
　2　無形固定資産 …………………………………………122
　3　投資その他の資産 ……………………………………125
第5節　繰延資産 ………………………………………126
　1　繰延資産の意義と範囲 ………………………………126
　2　繰延資産の会計処理 …………………………………127

第4章　負債会計 …………………………………………133
第1節　負債の意義 ……………………………………133
第2節　負債の分類 ……………………………………134
第3節　負債の評価基準 ………………………………135
第4節　流動負債 ………………………………………136
　1　流動負債の分類 ………………………………………136
　2　仕入債務 ………………………………………………137
　3　その他の流動負債 ……………………………………138

3

第5節　固定負債 …………………………………………………… 139
1　固定負債の内容 ………………………………………………… 139
2　社債（普通社債，新株予約権付社債）………………………… 140

第6節　引　当　金 …………………………………………………… 145
1　引当金の意義 …………………………………………………… 145
2　引当金計上の要件 ……………………………………………… 145
3　修繕引当金 ……………………………………………………… 147
4　賞与引当金 ……………………………………………………… 148
5　退職給付引当金 ………………………………………………… 149

第7節　その他の負債 ………………………………………………… 152

第5章　純資産会計 …………………………………………………… 155
第1節　株主資本と純資産の概念 …………………………………… 155
1　純資産会計の概念 ……………………………………………… 155
2　株主資本会計の範囲 …………………………………………… 155
3　株主資本・純資産の分類 ……………………………………… 155

第2節　資本金の会計処理 …………………………………………… 158
1　資本金の増加 …………………………………………………… 158
2　資本金の減少 …………………………………………………… 160
3　資本金の減少と欠損補てん …………………………………… 161

第3節　資本剰余金 …………………………………………………… 162
1　資本剰余金の概念 ……………………………………………… 162
2　資本剰余金の構成 ……………………………………………… 162
3　資本準備金の会計処理 ………………………………………… 163
4　その他資本剰余金 ……………………………………………… 164

第4節　利益剰余金 …………………………………………………… 164
1　利益剰余金の概念と構成 ……………………………………… 164
2　その他利益剰余金 ……………………………………………… 167

第5節	剰余金の配当等と分配可能価額	168
	1 剰余金の配当等	168
	2 剰余金の配当の回数と手続	168
	3 「剰余金の額」の算定と「分配可能額」の算定	168
	4 分配可能額の「その他の控除項目」	172
	5 剰余金配当の限度額	176
第6節	株主資本等変動計算書の作成	176
	1 基本原則	176
	2 株主資本等変動計算書の変動事由	177
第7節	株主資本の部の計数の変動	181
第8節	自己株式の会計	182
	1 自己株式の意義	182
	2 自己株式の取得および保有	182
	3 自己株式の売却(処分)	183
	4 自己株式の消却と会計処理	185
第9節	株主資本以外の項目	185

第6章 損益会計 189

第1節	損益の意義	189
第2節	損益会計の諸原則	190
第3節	収益・費用の認識と測定	191
第4節	収益・費用の認識基準	191
	1 現金主義	191
	2 発生主義	192
	3 実現主義	192
第5節	特殊販売形態における収益認識	194
	1 委託販売	194
	2 試用販売	195

3　予約販売 ………………………………………………………196
　　　4　割賦販売 ………………………………………………………197
　　　5　長期の請負工事収益 …………………………………………199
　　　6　棚卸減耗費と商品評価損 ……………………………………201
　第6節　費用収益対応の原則 …………………………………………203
　　　1　個別対応 ………………………………………………………203
　　　2　期間対応 ………………………………………………………204
　第7節　損益計算書の構成 ……………………………………………204
　　　1　営業損益計算 …………………………………………………205
　　　2　経常損益計算 …………………………………………………206
　　　3　純損益計算 ……………………………………………………207

第7章　財務諸表の表示 ……………………………………………211
　第1節　計算書類と財務諸表 …………………………………………211
　第2節　計算書類および連結計算書類について ……………………211
　第3節　連結財務諸表規則に基づく連結財務諸表および
　　　　　財務諸表等規則に基づく財務諸表 …………………………216

第8章　連結財務諸表 ………………………………………………225
　第1節　連結会計の意義 ………………………………………………225
　第2節　連結の範囲 ……………………………………………………226
　第3節　連結精算表の作成 ……………………………………………227
　第4節　連結貸借対照表の作成 ………………………………………232
　　　1　投資勘定と資本勘定の相殺消去 ……………………………233
　　　2　債権と債務の相殺消去 ………………………………………239
　第5節　連結損益計算書の作成 ………………………………………240
　　　1　連結会社相互間の取引高の相殺消去 ………………………240
　　　2　未実現損益の消去 ……………………………………………241

目　次

第 6 節　税効果会計の適用……………………………………244
第 7 節　持　分　法……………………………………………246
第 8 節　連結株主資本等変動計算書の作成…………………248

第 3 部　財務会計の個別問題

第 9 章　キャッシュ・フロー計算書……………………………255
第 1 節　キャッシュ・フローの意義……………………………255
第 2 節　利益とキャッシュ・フロー……………………………255
　1　損益計算とキャッシュ・フロー……………………………255
　2　キャッシュ・フローの重要性………………………………257
第 3 節　キャッシュ・フロー計算書の基本構造………………261
　1　キャッシュ・フローの源泉と使途…………………………261
第 4 節　表　示　方　法…………………………………………263
　1　直説法と間接法………………………………………………263
　2　直　接　法……………………………………………………263
　3　間　接　法……………………………………………………264
　4　表示に関する諸規則…………………………………………266
第 5 節　キャッシュ・フロー計算書作成の具体例……………267
　1　キャッシュの増減の仕組み…………………………………267
　2　間接法によるキャッシュ・フロー計算書の作成…………269

第10章　リース会計………………………………………………281
第 1 節　リースの基礎概念………………………………………281
　1　リースの意義と分類…………………………………………281
　2　リース取引の会計処理………………………………………283
　3　リースのオンバランス処理と実質優先思考………………284
第 2 節　国際会計基準におけるリース会計の特徴……………285

7

1　リースの意義と分類 ……………………………………………286
　　　2　借手におけるリースオンバランスの判定基準 ………………286
　　　3　借手の会計処理および開示 ……………………………………289
　　　4　リース会計基準の新展開 ………………………………………290
　第3節　わが国のリース会計基準の展開 ……………………………………292
　　　1　わが国リース会計基準（改正前リース会計基準）の設定
　　　　　とその適用実態 …………………………………………………292
　　　2　リース改定論議と新リース会計基準の特徴 …………………295
　第4節　リース取引の会計処理 ………………………………………………298
　　　1　借手の会計処理 …………………………………………………299
　　　2　改正前会計基準の処理（賃貸借処理）………………………302
　　　3　貸手の会計処理 …………………………………………………303

第11章　減損会計 ……………………………………………………………309
　第1節　減損会計導入の経緯 …………………………………………………309
　第2節　減損の定義 ……………………………………………………………310
　　　1　減損の定義 ………………………………………………………310
　　　2　減損処理以外の固定資産の減価処理 …………………………310
　　　3　減損の対象資産 …………………………………………………312
　　　4　収益性の低下（キャッシュ・フローの低下）と投資の
　　　　　成功・失敗 ………………………………………………………316
　第3節　減損会計の会計処理プロセス ………………………………………317
　　　1　第1ステップ：減損の兆候 ……………………………………318
　　　2　第2ステップ：減損の認識 ……………………………………319
　　　3　第3ステップ：減損の測定 ……………………………………322
　第4節　減損処理後の会計処理 ………………………………………………326
　　　1　減損損失処理後の減価償却の計算 ……………………………326
　　　2　減損損失の戻入れ ………………………………………………327

3　財務諸表における減損処理の開示 ………………………………327

第12章　退職給付会計 ……………………………………………335
第1節　退職給付会計の意義 ……………………………………335
第2節　退職給付会計の特徴 ……………………………………335
　　1　遅延認識の論理 …………………………………………………335
　　2　退職給付債務と年金資産との相殺─「純額方式」の採用 ………336
　　3　退職給付費用計上についての純額方式の採用 …………………336
第3節　退職給付制度の種類 ……………………………………337
　　1　単独事業主と複数事業主の観点 ………………………………337
　　2　確定給付年金制度と確定拠出年金制度 ………………………337
第4節　退職給付債務の認識・測定 ……………………………338
　　1　退職給付の性格 …………………………………………………338
　　2　退職給付に係る債務の認識および測定 ………………………339
第5節　年金資産の意義及び評価 ………………………………342
　　1　定　　　義 ………………………………………………………342
　　2　退職給付信託 ……………………………………………………342
　　3　年金資産の範囲 …………………………………………………344
　　4　年金資産の評価 …………………………………………………344
第6節　数理計算において用いる予測数値の意義および
　　　　　算定方法 ……………………………………………………345
　　1　退職給付計算と予測数値 ………………………………………345
　　2　予測数値の算定方法 ……………………………………………346
　　3　予測数値の見直し ………………………………………………348
第7節　過去勤務債務及び数理計算上の差異 …………………349
　　1　過去勤務債務 ……………………………………………………349
　　2　数理計算上の差異 ………………………………………………350
第8節　退職給付制度間移行等の会計 …………………………351

1　確定企業年金法 …………………………………………351
　　2　遅延認識の会計処理の終了 ……………………………351
　　3　退職給付制度の「終了」 …………………………………352
　　4　退職給付制度の終了に係る会計処理 …………………353
　　5　大 量 退 職 ………………………………………………354
　　6　将来の労働の対価としての退職給付の減額 …………354
　　7　制度終了の認識時点について …………………………355
　第9節　開　示　例 ……………………………………………356
　　1　貸借対照表および損益計算書の表示 …………………356
　　2　注 記 事 項 ………………………………………………357
　　3　記　載　例 ………………………………………………357

第13章　企業結合会計 ……………………………………………361
　第1節　企業結合会計導入の経緯 ……………………………361
　第2節　企業結合会計基準設定の必要性 ……………………362
　第3節　企業結合の意義 ………………………………………362
　第4節　「取得」と「持分の結合」 ………………………………363
　　1　取得の意義とパーチェス法 ……………………………363
　　2　持分の結合の意義と持分プーリング法 ………………365
　第5節　取得と持分の結合の判定基準 ………………………367
　第6節　組織再編行為（株式交換・株式移転・会社分割） ………370
　　1　株 式 交 換 ………………………………………………370
　　2　株 式 移 転 ………………………………………………372
　　3　会 社 分 割 ………………………………………………374
　第7節　のれんの会計 …………………………………………377
　第8節　企業結合会計基準の今後の動向 ……………………378

目　　次

第14章　税効果会計 …………………………………………381
第1節　税効果会計とは：仮設例によるそのアウトライン …381
1. 仮設例の提示：税効果会計を適用しない場合の状況 ……381
2. 税効果会計の必要性 ………………………………………382
3. 税効果会計を適用する場合の会計処理 …………………383
4. 税効果会計に関する基本タームの詳説 …………………388

第2節　IASB概念フレームワーク等の　負債，資産の定義と繰延税金負債，繰延税金資産 ……………………………394
1. 本節の目的 …………………………………………………394
2. IASB概念フレームワーク等の　負債，資産の定義 ……395
3. "繰延税金負債，繰延税金資産はＩＡＳＢ概念フレームワーク等の定義と矛盾しない"との（肯定的な）見解 ……396
4. "繰延税金負債，繰延税金資産はＩＡＳＢ概念フレームワーク等の定義と矛盾する"との（否定的な）見解 ………400
5. 以上の　肯定論，否定論　のどちらが説得的か？ ………404

第3節　IASB概念フレームワークの認識要件と繰延税金負債，繰延税金資産 …………………………………………405
1. IASB概念フレームワークにおける　負債／資産　一般の認識要件 ………………………………………………405
2. 認識要件中の'probable'の意味について ………………406
3. 繰延税金負債，繰延税金資産の場合の認識要件 ………407
4. 認識要件の解釈に際しての'慎重性の行使' ……………408

第4節　繰延税金負債，繰延税金資産の測定ルール …………410
1. IAS12等の規定内容 ………………………………………410
2. IASB概念フレームワークの立場からの問題提起 ………411
3. 繰延税金負債，繰延税金資産の測定ルールについての一提言 …412

索　　引 …………………………………………………………415

11

本書で使用している欧文主要略語一覧表

AAA	American Accounting Association	アメリカ会計学会
AASB	Australian Accounting Standards Board	オーストラリア会計基準審議会
AcSB	Canadian Accounting Standards Board	カナダ会計基準審議会
AIA	American Institute of Accountants	アメリカ会計士協会
AICPA	American Institute of Certified Public Accountants	アメリカ公認会計士協会
APB	Accounting Principle Board	会計原則審議会
APBO	APB Opinion	APBオピニオン（意見書）
ARB	Accounting Research Bulletins	会計研究公報
ARD	Accounting Research Division	会計研究調査部
ASB	Accounting Standards Board	会計基準審議会（英国）
ASBJ	Accounting Standards Board of Japan	企業会計基準委員会
ASOBAT	A Statement of Basic Accounting Theory	基礎的会計理論に関するステートメント
ASR	Accounting Series Release	会計連続通牒
CAP	Committee on Accounting Procedure	会計手続委員会
CESR	Committee of European Securities Regulators	欧州証券規制当局（監督者）委員会
EITF	Emerging Issues Task Force	緊急問題専門委員会
FAF	Financial Accounting Foundation	財務会計財団
FASAC	Financial Accounting Standards Advisory Council	財務会計基準諮問委員会
FASB	Financial Accounting Standards Board	財務会計基準審議会
FRS	Financial Reporting Standards	財務報告基準
FRSB	Financial Reporting Standards Board	財務報告基準審議会（ニュージーランド）
GAAP	Generally Accepted Accounting Principles	一般に認められた会計原則
IAS	International Accounting Standards	国際会計基準
IASB	International Accounting Standards Boards	国際会計基準審議会
IASC	International Accounting Standards Committee	国際会計基準委員会
IFAC	International Federation of Accountants	国際会計士連盟
IFRS	International Financial Reporting Standards	国際財務報告基準
IOSCO	International Organization of Securities Commissions	証券監督者国際機構
SEC	Securities and Exchange Commission	証券取引委員会
SFAC	Statement of Financial Accounting Concepts	財務会計諸概念に関するステートメント
SFAS	Statement of Financial Accounting Standards	財務会計基準に関するステートメント（基準書）

第1部 総論

第1章　財務会計の基礎概念

第1節　会計（学）の定義と役割

　われわれの社会では，学校での教育活動，ボランティアなどの社会活動，選挙などの政治活動など，さまざまな分野でいろいろな活動が行われている。そのなかでも，われわれの社会生活の中で法律や政治と並んで，経済活動は重要な要素となっている。個人の経済活動，家計の経済活動，企業の経済活動，地方自治体や政府の経済活動において，それらの経済を営むそれぞれの経済主体は，その目的に応じてさまざまな経済活動を営んでいる。そのような政治・経済・法律の環境の中で，会計は，とりわけ企業の経済活動に係わり合いをもち，その中で多面的な役割を果たしている。

1　会計の定義

　会計は，経済主体である企業が営む経済活動および経済事象を主として貨幣額で測定し，それを利用する人々に対して伝達する行為である。ここに経済主体とは，経済活動を営む個人や組織体をいい，経済活動を「測定」し，それを「伝達」する行為を「会計行為」とよぶ。この会計行為によって作り出される情報を「会計情報」といい，その会計情報を伝達する手段を「財務諸表」という。会計は，種々の企業活動を記述し，それを伝達するのに利用されるから，しばしば企業の言語（language of business）ともよばれる。

　井尻は，「会計はある主体（entity）の経済事象（economic events）について主として数量によって測定（数量化）された情報を伝達するためのシステムである」(p. 1) と定義し，会計の測定を重視している。ここに会計を抽象化すれば，写体によって表現される物や現象である企業の経済事象を本体（principal）[1]と

よび，他の物や現象を表現するのに使われる物や現象を写体 (surrogate) とよぶ。この場合，主体の経済事象は伝達に便利な記号に表現されるとし，本体を識別[2]するのに写体が重要な要素になる。本体と写体とは，会計における主体の経済事象（実世界）を数量化された表現方法を用いて伝達するという関係である。

近代企業の多くは，投資家から投資資金を調達し，その資金で経済活動を行い，利潤を追求する。だれもが自由に投資でき，その株式を自由に売買できる会社は公開会社 (publicly owned company) とよばれ，現在の投資家及び潜在的投資家に会社の経営活動に関する財務的情報を公表することが義務づけられる。この公表される財務報告は，一定のルールに基づいて作成される。このルールは「一般に認められる会計原則」(generally accepted accounting principles) とよばれ，多くの幅広い諸概念と多くの詳細なる方法を内包している。会計原則は，物理的法則のような自然科学で用いられる原則とは異なり，ある一定の財務報告の目的に照らして，人間によって開発されたルールであり，スタンダードである。これらの諸原則には，財務諸表にいかなる情報が含まれるか（認識・測定），これらの情報がどのように報告されるか（伝達・開示）を決定するための一般的会計規範が記述されている。

2 会計の役割

ASOBAT (A Statement of Basic Accounting Standards) は，「会計を，情報の利用者が判断や意思決定を行なうにあたって，事情に精通したうえでそれができるように，経済的[3]情報を識別し，測定し，伝達する過程である。」と定義している (AAA, 1966)。会計は，経済活動を測定・伝達することを主たる任務としているので，会計の役割は，測定機能と伝達機能に分類されるという考え方もある。しかし，この2つの機能はいかなる会計にも基本的に具備されている機能であると考えられるので，ここではこのような会計の役割は当然の前提とする。

(1) 利害調整会計と意思決定会計

　井尻は，その生み出す情報が利害関係の調整のために使われるか否かに従って，会計を「エクイティ会計」あるいは「利害調整会計」と，「オペレーショナル会計」あるいは「意思決定会計」とに区別している (p.90)。

　エクイティ会計は，予測でなく，組織の種々の利害関係者のエクイティの利害調整に焦点を合わせている。会計担当者は会計組織をもっとも客観的，継続的かつ明瞭に設定し運営しなければならない。これらの経済活動は，つくられた富を利害関係者の間でいかに分配するかという富の分配に関心を置く会計である (p.91)。

　他方，オペレーショナル会計とは，投資家によって投資意思決定がなされるのと同じく，経営管理者にとって経営上の意思決定を助けるためにもくろまれた会計を意味する。経営管理者及び投資家によってなされる意思決定は，主に資源配分的意思決定あるいは経済的な会計あるいは経済的な意思決定であるので，資源配分のための会計あるいは経済的意思決定のための会計と称される。これらの経済活動は企業なり，国なりの富をいかに増やすかという富の生産に関心を置く会計である (p.91)。

(2) **会計の3つの役割**

① **経済的意思決定に役立つ情報提供機能**

　経済社会においては，それぞれの経済主体は限りある資源を有効に利用するための情報を必要とする。投資家はどこにどのような投資をしたら最大のリターンが望めるか，また債権者はどこにどのように貸し付けたら安全に元本や利子が回収できるか，経営者は株主から委託された資金をどこに有効に運用したらよいかなどの意思決定に迫られる。そのため，会計はさまざまな合理的な経済的意思決定に役立つ情報を提供するという役割を担う。

② **受託責任の解明手段として**

　企業の経営者は，主として出資者や債権者から資金を調達し，彼らから委託された資源の運用と管理の結果について説明する責任を負っている。これをア

カウンタビリティ（accountability）とか受託責任という。会社法では，経営者はその説明責任を果すために定期的に財務諸表を作成し，それを株主総会で報告し，承認を得なければならない（会438条）と規定している。会計は経営者が託された経営活動の顛末について報告を行い，その責任を果したか否かについての判断材料を提供する役割を担っている。

③ 利害調整の手段として

企業は，その経済活動に直接・間接に参加しているさまざまな利害関係者に稼得した利益を分配している。これらの利益が，株主には配当を，役員には賞与を，従業員には給与を，債権者には利子を，国家や地方公共団体には税金をというように適切に分配されれば利害が調整される。資産の原価配分プロセスも，収益に対応して費用を各期間に適正に配分するための原則であり各期間に帰属する利害（利益）を調整している。そのために，会計はだれにどれだけ分配したかを会計情報によって明らかにし，利害を調整する役割も担うことになる。

第2節　会計の領域

1　会計の分類

会計は，経済を営む経済主体の相違によってその領域を次のように分けることができる。例えば，国や地方公共団体などが行う会計を公会計とか政府会計という。株式会社などの企業が営む経済活動を対象とする会計を企業会計という。家族が営む経済活動（厳密には消費活動）を対象とする会計を家計という。学校法人や宗教法人やNPOなどの非営利組織体を対象とする会計を非営利法人会計という。

第1章 財務会計の基礎概念

図表1-1 会計領域の分類

②の企業会計は，会計情報の利用者の違いによって，財務会計と管理会計に分類される。

企業会計 ①財務会計（Financial Accounting）(本書が対象とする会計)
　　　　 ②管理会計（Managerial Accounting）

2　財務会計と管理会計

(1) 財務会計

　財務会計は，投資家や債権者など外部の情報利用者に会計情報を提供することを目的とする会計である。このため「外部報告会計」ともよばれる。外部の意思決定者，あるいは外部の利用者は，企業内部の経営活動から生み出される情報に直接携わることができない人々であり，これには，主として資金の提供者である株主，潜在的投資家，債権者，その他の利害関係者などが含まれる。外部の利害関係者は，それぞれの利害によって情報の目的も異なるが，財務会計は，異なる目的の会計情報ではなく，一般的共通目的の財務諸表を作成することになる。

　そのため，会計専門家は外部報告の財務諸表がレリバント（目的適合性）と信頼性を保証するための財務会計の諸概念，原則および手続きの体系を開発していかなければならない。このような財務会計の諸概念，諸原則および手続きの体系は「一般に認められた会計原則」（GAAP）とよばれている。

7

(2) 財務会計と財務諸表

財務会計は財務諸表を作成することを目的としており，財務諸表は，財務会計プロセスの最終的産物である。このプロセスは，一般に認められた会計原則の支配を受ける。一般に認められた会計原則は，情報の質的内容を決定し，いかに情報を要約し，測定し，結合し，修正し，最後に財務諸表にいかに表示するかを内包している（AICPA, 1970）。

図表 1 – 2　財務会計のプロセスと会計原則との関係

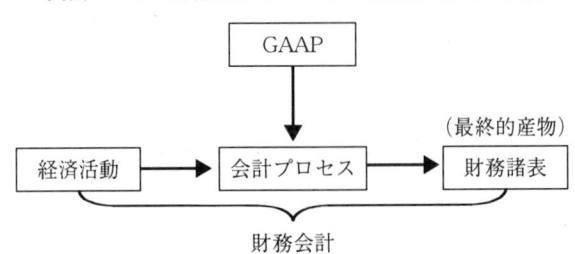

(3) 財務会計と利害関係者

経営者は，企業の内部情報を把握しているので経営者と外部の利害関係者の間には「情報の非対称性」が存在している。そのような関係の中で，企業は直接経営に携わっていない外部の利害関係者とどのような利害を有し，彼らはどのような情報を必要としているのかを考えてみよう。

- 株主〜株主の関心は，企業の業績を知ることであり，それによってその企業の株式をもち続けるか，さらに買い増しをすべきか，あるいは売却をすべきかを決定する。したがって，株主は経営成績に依存する利益の配当や，保有株式の売買などで企業と利害関係を持っている。
- 債権者〜債権者は，企業に貸付けた資金の元本や利息が安全に支払われるかどうかの企業の安全性や支払能力に関心がある。このように債権者は利子の徴収，債券の売買，元本の返済に関心を持つ。したがって，債権者は担保になる企業のストックの有高や財務流動性に関心を持つ。
- 地方公共団体および国家〜地方及び国の行政組織は，さまざまなサービスを

企業に提供し，その見返りとして税金を徴収する。そのため，税金の徴収やさまざまな規制をするために企業と利害関係を有する。

・消費者・地域住民などの一般大衆～消費者は，企業が生産した生産物の価格について，またその生産物が有害なものでないかどうかについて，地域住民は，企業の公害問題や社会的貢献度あるいは社会的責任を遂行しているかどうかについて関心をもっている。

・従業員～従業員は，賃金や給与などの報酬，労働条件および従業員の福祉施設，また高齢化社会における退職後の年金や退職金などに関心をもってきている。

(4) 管理会計

　管理会計は，内部の経営者に有用な会計情報を提供するための会計であり，内部報告会計ともよばれる。企業の意思決定者は，経営者である。経営者は，事業の将来を計画し（planning），これらの計画を実行し，日々の企業活動を統制し（controlling），他の営業活動の役員に内部的な情報を報告する責任をもっている。そのため，管理会計は経営者の果す計画および統制という主要な2つの機能を果すための情報を提供することにある。

　①計画とは，元来，意思決定活動であって，それは代替案のなかから選択することを含む。計画機能は，次の4つの段階あるいは要素に分けることができる（ASOBAT, pp.65-66）。

　1．問題を認識して明確にすること。
　2．代替的解決案を探すこと。
　3．代替的解決案を評価すること。
　4．評価の結果にもとづいて代替的解決案を選択すること。

　②統制とは，代替案のうち選択されたものが認められ，それを実施するための計画が実行されていることを確認するプロセスをいう。統制プロセスは，組織内の目標を達成するためにもっとも効果的な行動を選択し，このプログラムが実行されていることを確認し，そしてその成果を監視して報告することを意

第1部 総　　論

味する（ASOBAT, p.66）。

第3節　企業会計の計算構造と理論的構造

1　企業会計の計算構造

　企業の経済活動は，資金の調達→資金の運用→資金の回収というプロセスで行われる。企業は，出資者である株主と他人資本の提供者である債権者から資金を調達し，その資金でもって経済的資源に投資し，それを運用し，投下した資本以上の資金を回収することを目的とする。企業会計では，資本の投下過程を貸借対照表に計上し，ストックを明らかにする。また投下資本の回収過程を損益計算書に計上し，フローを明らかにする。その計算方法の仕組みを複式簿記の原理で説明するのが「会計の計算構造」である。

(1)　企業会計の技術的構造
　財務会計の最終的産物である財務諸表は，企業が営んだ経済活動を記録・計算する簿記原理の原理と手続に基づいて作成される。
　①　複式簿記の手続

図表1-3　簿記の一連の手続

| 取　引 | ⇒ | 仕　訳 | ⇒ | 転　記 | ⇒ | 試算表の作成・決算整理 | ⇒ | 財務諸表の作成 |

　②　貸借対照表と会計の基本等式
　簿記の基本等式は，資産，負債および純資産（資本）の3つの要素からなる。
　これは，企業の資産は，他人資本である負債と所有者の持分である自己資本からなることを意味する。

　　資産＝負債＋純資産(資本)（「貸借対照表等式」という）……………………(1)
　③　資産・負債・純資産（資本）の3つの要素
　(1)式は次のように分解される。

第1章 財務会計の基礎概念

　　資産の増加－資産の減少＝負債の増加－負債の減少
　　　　　　　　　　＋純資産(資本)の増加－純資産(資本)の減少 ………(2)
(2)式の正味残高は，(1)式と同様の式になる。
　　資産の残高＝負債の残高＋純資産(資本)の残高 ……………………(3)

図表1－4　貸借対照表のひな型

貸借対照表

資　　産	負　　債
	純資産(資本)

④　費用と収益の2つの要素

　収益は企業の純資産(資本)を増加させる原因であり，純資産(資本)の増加の一要素である。他方，費用は企業の純資産(資本)を減少させる原因であり，純資産(資本)の減少の一要素である。
　上の(3)式に，収益と費用の要素をそれぞれ加えると，(4)式のようになる。
　　資産の残高＝負債の残高＋純資産(資本)の残高
　　　　　　　　　　＋収益の発生－費用の発生………………(4)

⑤　損益計算書

　(4)式を移行すると，費用の発生は借方に生じ，収益の発生は貸方に生じる。損益計算書では，収益が費用を上回れば純利益が借方に表示され，費用が収益を上回れば純損失が貸方に表示される。

　　　　　　　　　　(損益計算書)
　　資産の残高＋費用の発生＝収益の発生＋負債の残高＋純資産(資本)の残高…(5)

設例：期首貸借対照表と一連の取引から期末の貸借対照表と損益計算書を作成しよう。

11

第1部 総　　論

期首貸借対照表

現　　　金	40	借　入　金	50
商　　　品	40	資　本　金	100
消　耗　品	20		
備　　　品	50		
	150		150

① 商品のうち原価30を80で販売し，そのうち20は現金で，残り60は掛とした。

② 給料8，支払利息1，諸経費5を現金で支払う。

＜期末の修正事項＞

③ 備品の減価償却費を10計上した（期末有高40＝備品50－減価償却費10）。

④ 期末商品の在高は10である（売上原価30＝商品40－期末商品棚卸高10）。

⑤ 消耗品の期末有高は5であった（消耗品費15＝期首有高20－期末有高5）。

上の一連の取引の結果，損益計算書と期末の貸借対照表は次のとおりである。

損　益　計　算　書

売　上　原　価	30	売　上　高	80
減　価　償　却　費	10		
給　　　　料	8		
消　耗　品　費	15		
諸　経　費	5		
支　払　利　息	1		
当　期　純　利　益	11		
	80		80

期末貸借対照表

現　　　金		46	借　入　金	50
売　掛　金		60	資　本　金	100
商　　　品		10	当期純利益	11
消　耗　品		5		
固　定　資　産	50			
減価償却累計額	△10	40		
		161		161

第1章　財務会計の基礎概念

(2) **損益計算の方法**

上の当期純利益は，2つの方法によって計算できる。

① 財産法～純利益11＝期末純資産(資本)(111)－期首純資産(資本)(100)
② 損益法～純利益11＝収益(80)－費用(69)

(3) **P/LとB/Sの構造**

損益計算書→回収資本－投下資本(資産の費消部分)＝余剰(利益)
貸借対照表→現金＋未回収資本＝負債＋期末純資産(資本)(期首純資産(資本)
　　　　　　　　　　　　　　　　　　　　　　　　　　　　＋利益)

(4) **誘導法と棚卸法**

　誘導法とは，期末の資産価額を，その取得原価を基礎として会計帳簿から誘導的に求める方法である。誘導法は利益の計算方法である損益法と関係し，近代会計ではこの誘導法を基礎として利益や資産を算定する。

　例：固定資産の取得価額－減価償却費（P/L）＝期末の価額（B/S）
　　　棚卸資産の取得価額－払出し原価（P/L）＝期末の価額（B/S）

　棚卸法とは，期末の資産価額を，実地棚卸という方法によって数量・金額を決定する方法である。この方法は，実際の有高を検証する方法でもあるので，誘導法を一部補うために利用されている。

2　企業会計の理論的構造

　会計学は経験科学であり，それを支える会計理論は，会計を取り巻く社会・経済的環境の中から導き出され，またその環境からさまざまな制約を受ける。本書の対象とする財務会計は，最終的に有用な会計情報を生産し，それを財務諸表という手段によって種々の利害関係者に伝達することを目的とする。しかし，財務諸表を作成する場合には，一定のルールと一定の制約に基づいて作成される。したがって，財務会計を理解し，それが生み出す会計情報を的確に評価するためには，そのルールの背後にある理論的構造を理解することが必要で

第1部　総　　論

ある。

(1)　会計の理論的構造における会計公準[4]

　会計学は，他の多くの科学の命題と同じように，会計学の理論構造を形成するための諸命題が存在する。その一般的命題は，「会計公準」とか「基礎的前提」とか「基本的仮定」とよばれ，会計学の理論形成の出発点となる。会計公準の役割は，会計基準の設定に対する基本的前提となるばかりでなく，それを制約し，それに社会的な枠組みを与えるものである。

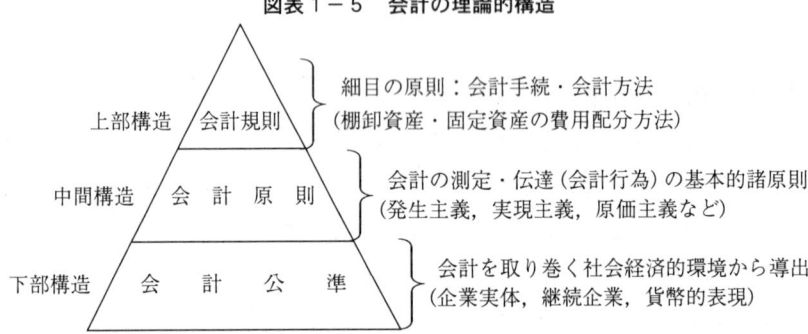

図表1-5　会計の理論的構造

①　**会計公準**（postulates）：会計公準は，会計原則が依拠している基本的な諸仮定（basic assumptions）であり，その数は少ない。公準は経済的ならびに政治的な環境から，また産業社会のすべての分野における思考方法及び慣習・慣行から必然的に導き出されるものである。一般的には3つの公準が存在する。この公準は，会計原則の形成のためならびに実際の場合における原則の適用に対する準則，あるいはその他の指針の展開のため，ある有意義な基盤を設定するものである（ARS No.1, AICPA, p.31）。

②　**会計原則**（principles）：かなり幅広い一群の，相互に一貫した会計原則が中間構造として公準の基盤の上に形成される。原則は，公準と相伴って（共に），特定的な状態の下における（具体的かつ）細部的な問題の解決のための体系化されたよりどころ，すなわち理論の基準枠（framework of reference）として役立てられるべき（もの）である（AICPA）。その意味で，会計原則は，人々の大多

数に受入れられるべき会計の"法"であり，行動行為のためのルールである。
　③　**会計規則**（rules）は，特定の状況下における原則の具体的適用に対する指針である。

(2) 会計公準の3つの基本的概念
① 企業実体の概念（Entity Concept）
　会計のエンティティ概念は，ある独立した経済単位としての個人と他の経済単位としての企業組織とを分離し，個人の経済事象と当該組織の経済事象とを混同しないように，それぞれのエンティティについて明確な境界線が引くことである。例えば，彼は，A社の所有者であり，預金残高2,000ドルを保有しているとする。そのうち1,200ドルは企業活動から生じ，800ドルは彼の両親からの贈与であったとする。エンティティ概念に従うと，1つの経済単位としての企業から生み出されたお金1,200ドルは，彼の経済単位としての家計から受け取ったお金800ドルを別個の経済単位として分離しなければならない。

② 継続企業の概念（Going-Concern Concept）
　ゴーイング・コンサーン概念は，当該エンティティが予測しうる将来にわたって営業活動を継続するであろうと想定することである。殆どの会社の資源－製品，土地，建物および設備－は，企業が継続するという前提で，売却目的以外はむしろ利用するために取得する。これは企業が継続するという仮定が存在するからであり，その場合，資産は取得原価で評価されることになる。ここに継続企業の概念は，資産を歴史的原価で測定する理由が存在する。
　ゴーイング・コンサーンのもとでは，経済的資源をその意図した目的のために使用するのに十分なほどに永く営業活動を継続していくと仮定している。この仮定から継続する営業活動を期間的に区切って，当該期間の経営成績を算定するという「会計期間の公準」が派生される。

③ 安定した貨幣単位の概念（Stable-Monetary-Unit Concept）
　経済社会では，貨幣でもって取引を記録する。貨幣は，異なる属性の対象物を共通の単位でもって測定できるからである。物価が安定している場合は，ド

ルの購買力は安定している。しかし，1リットル，1マイルなどの物量的測定と異なり，インフレ期には，ドルやペソの価値は変動する。安定的貨幣単位の概念は，ドルの購買力は比較的安定していると仮定し，会計記録においてインフレの影響を無視するという前提である。

また，量的資料は，合理的な経済的決定，すなわち代替的諸手段の中から選択を行う際に，行動と結果とを正しく関連させる上に有効である（AICPA, ARS No.1）。貨幣は交換の媒体であり，また交換可能性の測定尺度あるいは「価値の標準」としての両方に用いられる。

3 わが国の「企業会計原則」と一般原則

(1) 「企業会計原則」の構造

わが国の企業会計原則は，企業会計制度対策調査会（企業会計審議会の前身）によって1949年に制定され，①「一般原則」②「損益計算書原則」③「貸借対照表原則」の3つの原則から構成されている。一般原則は，会計処理の判断に当たっての基本的理念あるいは要請であり，損益計算書と貸借対照表の双方に共通する基本的原則である。損益計算書原則と貸借対照表原則は，それぞれの会計報告書を作成するに当たっての会計処理基準を示したものである。

(2) 会計の基本的要請としての「一般原則」

一般原則は，「～しなければならない」あるいは「～してはいけない」といった会計の基本的要請を表明し，次の7つから成っている。

① 真実性の原則

一般原則では，真実性の原則を最上位に掲げ「企業会計は，企業の財政状態及び経営成績に関して，真実な報告を提供するものでなければならない。」と要請している。

真実性には2つの意味がある。その第1は，事実を隠蔽したり，虚偽の報告をしたり，不正な会計処理などの不実行為を禁じることを要請する真実性である。これらの行為は，不正や虚偽に基づく，いわゆる経済的事実の有無の問題

であり，この真実性を「絶対的真実性」という。

　企業会計では，1つの会計的事実について2つ以上の会計方法が存在し，その中から最も妥当な方法を選択するという判断が介入する。また将来の受取債権の貸倒れや減価償却費の耐用年数や残存価額の見積り，その他年金やリースに係る負債の見積りに際しては，将来の不確実な要素が介入し，その計算には主観的判断が入らざるを得ない。そのため，財務諸表の数値をできるだけ信頼性ある，より客観的な数値に近づけようとするには，真実性の原則以下6つの一般原則を遵守することによって，その真実性が保証されるというのが第2の意味の真実性である。この真実性を「相対的真実性」という。

② **正規の簿記の原則**

(イ) 正規の簿記の形式的要件

　一般原則二は「企業会計は，すべての取引につき，正規の簿記の原則に従って，正確な会計帳簿を作成しなければならない。」という要請である。

　この正規の簿記の原則は，簿記の機能である，①記録の網羅性，②記録の検証可能性，③記録の秩序性などの要件を具備することによって正確な帳簿記録が保証され，真実な会計報告が担保されるということになる。

　記録の網羅性は，すべての資産，負債はもれなく貸借対照表に記載され，簿外資産及び簿外負債はこれを認めない。これを貸借対照表の完全性の原則という。この会計処理は，1円たりとも漏らさず記録することが要請されるので厳密な会計処理といわれる。ただし，簡便性，経済性の観点から重要性の乏しい項目及び金額については，これを省略ないしは他の項目に含めて，貸借対照表の記載外に置くことができる。これは後に述べる「重要性の原則」とよばれる。

(ロ) 誘導法の採用

　正規の簿記の原則は，日々の取引を正確に会計帳簿に記録し，その帳簿記録から財務諸表が誘導されて作成されることによって，財務諸表と会計帳簿とが有機的に結びつき，信頼ある真実な財務諸表が作成・報告されるということが保証される。

③ **資本と利益の区分の原則**

一般原則三は「資本取引と損益取引とを明瞭に区別し，特に資本剰余金と利益剰余金とを混同してはならない。」という要請である。

この規定は，資本剰余金は資本取引から生じた剰余金であり，利益剰余金は損益取引から生じた剰余金であり，両者が混同されると，企業の財政状態及び経営成績が適正に示されないことになる。したがって，株主から払い込まれた元本たる資本とその資本を運用することから発生する損益とを発生源泉別に区分し，元本たる幹とその成果たる果実を混同してはならないことを要請する原則である。この原則が適正に守られることによって，企業の財務諸表が適切にかつ真実に報告されることを保証するものである。

④ **明瞭性の原則**（注解「注3」参照）

一般原則四は「企業会計は，財務諸表によって，利害関係者に対し必要な会計事実を明瞭に表示し，企業の状況に関する判断を誤らせないようにしなければならない。」という要請である。この原則は企業の実態を利害関係者が理解できるように会計情報を開示するというディスクロージャーの要請である。

(イ) 財務諸表の形式的明瞭性[5]

形式的な明瞭性は，財務諸表の読者にそれを読みやすく，理解しやすくするという財務諸表の形式的な報告や表示の基準である。これによって企業間の比較，期間比較が容易になり一層情報力が増す。次の項目が要請される。

- 貸借対照表（資産・負債・純資産）や損益計算書（営業・経常・純損益）の区分計算
- 流動性配列や固定性配列の配列方法
- 勘定式や報告式の財務諸表の報告形式
- 総額主義～ある項目とある項目の差額のみを掲げる純額主義よりも双方の項目を総額で記載する総額主義の重視

(ロ) 財務諸表の実質的明瞭性

企業が採用した会計処理の原則及び手続ならびに表示方法についての重

要な会計方針はそれを財務諸表に開示しなければならない。
1．重要な会計方針の開示（注解，注1－2）
2．注記事項の記載方法について
　　重要な会計方針に係る注記事項は損益計算書及び貸借対照表の次にまとめて記載する。
3．脚注表示，附属明細表，注記表

⑤　**継続性の原則**
一般原則五は「企業会計は，その処理の原則及び手続を毎期継続して適用し，みだりにこれを変更してはならない。」という要請である。
(イ)　継続性の原則の意義
　　この原則は，いったん採用した会計処理の原則又は手続は，正当な理由により変更を行う場合を除き，毎期継続して適用すべきことを要求している。この継続性が遵守されないと，同一の会計事実について異なる会計方法が採用されることになり，財務諸表の比較可能性が損なわれ，また会計処理の原則又は手続の変更を認めると企業の意のままに利益の操作が可能になる。
(ロ)　継続性の原則の適用条件
　　①企業会計上，継続性が問題とされるのは，1つの会計事実について2つ以上の会計処理の原則又は手続の選択適用が認められている場合であって，1つの会計事実について1つだけの会計処理しか認められていない場合は，この継続性の原則は適用されない。
　　②この原則の適用範囲
　　〇正当な原則・手続→正当な原則・手続（継続性の原則の適用）
　　×正当な原則・手続→正当でない原則・手続（不当な選択：対象外）
　　×正当でない原則・手続→正当な原則・手続（当然な選択：対象外）
　　×正当でない原則・手続→正当でない原則・手続（不当な選択：対象外）
(ハ)　正当な変更理由
　　①法令の改廃～法令又は規制などの改廃によりある会計方法が強制され

る場合である。

　②より適切な経済実態の開示～経済環境の変化により，従来の会計方法よりもより経済実態を描写できる会計方法を選択する場合である。

　③健全な会計方法の選択～ある取引について，どの会計方法を選択するかの判断がつかない場合には，より健全な会計方法を選択した方が合理的である場合である。

㈡　科目の名称・その区分・配列などの形式面の継続性

⑥　保守主義の原則

　一般原則六は「企業の財政に不利な影響を及ぼす可能性がある場合には，これに備えて適当に健全な会計処理をしなければならない。」という要請である。

　この原則は，一般に認められた会計基準の範囲内での会計方法の慎重な選択であり，減価償却方法の定率法，棚卸資産の評価方法の正味売却価額による方法，収益に実現主義，費用に発生主義などの適用は，保守主義の健全な適用例である。

　企業会計は，予測される将来の危険に備えて，慎重な判断に基づく会計処理を行わなくてはならないが，あまりにも過度に保守的な会計処理を行うことにより，利益を隠蔽したりし，企業の財政状態および経営成績の真実な報告をゆがめてはならない。

⑦　単一性の原則

　一般原則七は「株主総会提出のため，信用目的のため，租税目的のため等種々の目的のために異なる形式の財務諸表を作成する必要がある場合，それらの内容は，信頼しうる会計記録に基づいて作成されるものであって，政策の考慮のために事実の真実な表示をゆがめてはならない。」と要請している。

　この原則は，それぞれの目的に応じて多様な財務諸表の様式を認めるものであるが，その財務諸表の数値は，1つの会計的事実に基づいて記録され，二重帳簿の作成を禁ずるものである。例えば，税務上の目的から課税所得を過小にしたり，信用目的から債権者に対して資産を過大に評価して担保を多く見せかけたり，投資家に対して利益を過大にして真実な報告をゆがめてはいけないと

いうことを要請するものである。

⑧　重要性の原則（注解，注1）

この原則は，一般原則の注解に示されているとおり，厳密に言えば上記の7つの一般原則とは異なり，「～することができる」という任意適用の原則である。

この原則は，簡便性，経済性の観点から，重要性の乏しいものは，本来の厳密な会計処理によらないで，簿外資産，簿外負債を認めるというものである。例えば，事務用品や耐用年数1年未満の工具，器具などの消耗工具，貯蔵品などは，取得時に資産として処理し，期末に費消した部分を費用に振り替えるという厳密な会計処理を行わず，その買入時または払出時に費用として処理する簡便な方法を採用できるというものである。しかし，たとえ金額が少なくともそれが重要な金額であればそれを帳簿から除くことはできない。

第4節　会計基準設定主体と会計基準設定プロセス

1　わが国の会計基準設定主体と基準設定プロセス

(1)　パブリック・セクターからプライベート・セクターへ

わが国では，1949年から2001年まで，パブリック・セクターとしての企業会計審議会がいわゆる「企業会計原則」を設定してきた。21世紀を迎え，国際会計基準審議会（IASB）は，単一の高品質かつ国際的な会計基準を推進し，グローバルな会計基準のコンバージェンスの実現を推進してきた。そこでわが国も国際的な場における基準開発と統合化に貢献するためには，IASBの会計基準設定権限のある理事会の理事として主要国の会計基準設定機関のリエゾン（調整役）に参画する必要があり，そのためには民間の組織が必須とされた。

以上のような経緯を踏まえて，わが国では初めての民間の会計基準設定主体として財団法人財務会計基準機構が2001年7月26日に設立された。この民間独立の基準開発機構によって，国際的にも国際会計基準の制度確立に貢献をするという基盤が築かれた。

第1部 総　　論

(2) 企業会計基準委員会の組織

図表1-6　企業会計基準委員会の組織

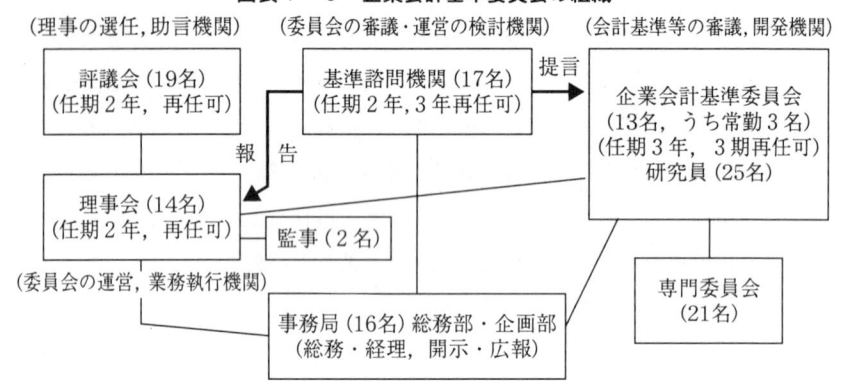

```
(理事の選任,助言機関)    (委員会の審議・運営の検討機関)    (会計基準等の審議,開発機関)

   評議会(19名)          基準諮問機関(17名)      提言    企業会計基準委員会
  (任期2年,再任可)       (任期2年,3年再任可) ──────→    (13名,うち常勤3名)
                                                       (任期3年,3期再任可)
              報　告                                       研究員(25名)

   理事会(14名)
  (任期2年,再任可)         監事(2名)                      専門委員会
(委員会の運営,業務執行機関)                                  (21名)

                        事務局(16名)総務部・企画部
                        (総務・経理,開示・広報)
```

出所：「財務会計基準機構」(www.asb.or.jp/html/asbj/org.php) H.19.9.1現在。

(3) 企業会計基準委員会（ASBJ）の目的とその役割

　ASBJの目的は，「会計基準の調査研究・開発，ディスクロージャー制度その他企業財務に関する調査研究及びそれらを踏まえた提言並びに国際的な会計制度への貢献等を行い，もってわが国における企業財務に関する諸制度の健全な発展と資本市場の健全性の確保に寄与することを目的とする」と掲げている。現在は，パブリック・セクターとしての企業会計審議会は，会計基準開発の役割をASBJにすべて移管することになった。

　さらに，企業会計基準委員会は，わが国の企業が海外で株式上場や起債による資金調達のために国際的な会計基準の統合化を目指し，財務諸表の比較可能性を確保するため，わが国の金融庁も構成メンバーになっている証券監督者国際会計機構（IOSCO）と連携を保ちながら国際会計基準の国内基準との統合化の役割を今後果たしていくことが期待されている。

(4) 基準設定プロセス（会計基準等の開発・公表の手続き）

審議事項（議題）の決定→調査研究→意見書（案）→公開草案→公聴会→審議→会計基準（案）→パブリック・コメント→会計基準の公表→適用指針（案）の公表→適用指針の公表→実務指針

① 会計基準等の公表までのデュー・プロセス

会計基準等の公表までのデュー・プロセスは承認されている委員会運営規則に従って，次のような手続きで行われる[6]。

(イ) 「論点整理」～専門委員会による論点整理（案）の起草→委員会の3/5の票決で議決→論点整理の公表→一般から意見の聴取
(ロ) 「公開草案」～専門委員会による公開草案（案）の起草→委員会の3/5の票決で議決→公開草案の公表→一般からの意見の聴取
(ハ) 「会計基準等」～専門委員会による企業会計基準（案）等の起草→委員会の3/5の票決で議決→企業会計基準等の公表
(ニ) 「企業会計基準適用指針」および「実務対応報告」（Q＆A形式）の公表

② 会計基準等の体系と名称

企業会計基準委員会は，会計基準を次の3つの順序で付番して公表している。

(イ) 「企業会計基準第○号」……会計処理および開示の基本となるルール
(ロ) 「企業会計基準適用指針第○号」……基準の解釈や基準の実務適用の指針
(ハ) 「実務対応報告第○号」……基準がない分野についての当面の取扱いや緊急性のある分野についての実務上の取扱い等

2 米国の会計基準設定主体と基準設定プロセス

(1) 米国の会計基準設定主体

米国では，会計基準はプライベート・セクターが設定するという伝統的な歴史があり，1973年以前まで専門職業団体であるアメリカ公認会計士協会（AICPA）が会計基準設定の主体として君臨してきた。証券市場の監督機関としての証券取引委員会（SEC）は，公開企業に適用される会計基準を設定する権限を

第1部 総　　論

法的には有しているが，自らはそれを行使することをせず，会計基準の設定をプライベート・セクターに委ねてきた。

　米国議会はAICPAの基準設定主体に対して必ずしもその機能を果していないという批判や，また当時職業会計士はそれぞれ会計事務所に所属し，そのクライアントである企業に対するコンサルタント業と会計監査を併用するという独立性の問題の批判を受け，職業会計士だけでなく各種利害グループからなるメンバーによって機関を設定することを決定した。その結果，1973年職業会計士団体から経済的にも，人事的にも独立したプライベート・セクターとしての財務会計基準審議会（FASB）が設置されることになった。

(2) **FASBの組織活動**

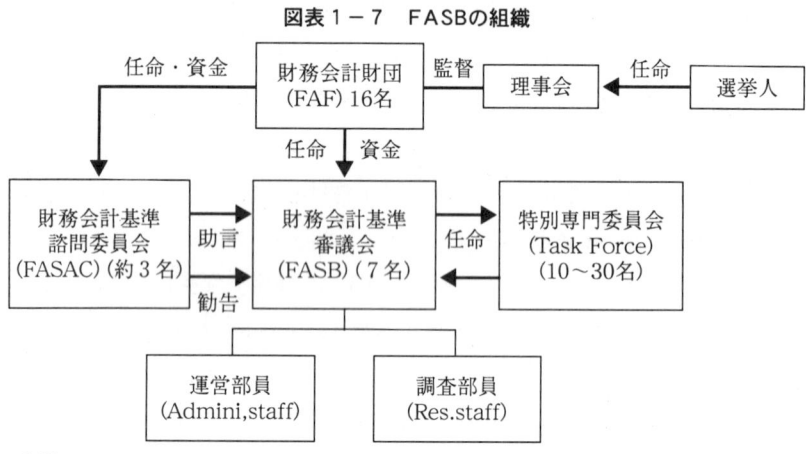

図表1－7　FASBの組織

```
任命・資金 ┌──財務会計財団──┐ 監督  ┌────┐ 任命  ┌────┐
          │  (FAF) 16名    │──────│ 理事会 │←─────│ 選挙人 │
          └────────┘      └────┘      └────┘
                任命 ↓ 資金
┌──────┐      ┌──────┐      ┌──────┐
│財務会計基準│ 助言 │財務会計基準│ 任命 │特別専門  │
│諮問委員会  │───→│審議会     │───→│委員会    │
│(FASAC)   │ 勧告 │(FASB)(7名)│←───│(Task Force)│
│(約3名)    │───→│          │      │(10～30名) │
└──────┘      └──┬───┘      └──────┘
                       │
              ┌────┴────┐
        ┌──────┐  ┌──────┐
        │運営部員    │  │調査部員   │
        │(Admini,staff)│ │(Res.staff)│
        └──────┘  └──────┘
```

出所：www.fasb.org

(a) 財務会計財団（FAF）は，1名の専務理事と16名の理事によって管理運営されており，理事会がこの組織の執行責任を負っている。FAFは矢印の2つの組織に対して2つの機能を果す。FAFの任務の1つは，3つの組織の運営資金を調達することであり，2つ目の任務は，FASBのメンバーを指名することである。

(b) 財務会計基準諮問委員会（FASAC）は，約30名以上の有力な人々からなる組織である。FASACの役割は，財務会計の領域で何が問題となってい

るか，また個々の問題を解決する上でどの問題を優先的に取り扱うべきであるかについて，FASBに助言を与える。
(c) 財務会計基準審議会(FASB)は，会計基準を設定する任務を遂行する責任を担っている。FASBは7名のメンバーの過半数をもって財務会計基準書(SFAS)とSFAS解説書を発行する権限を有する。
(d) 特別専門委員会（Task Force）の構成委員は，少ないときで10名，多いときでも30名位であり，この委員会は会計実務の実施や慣行上の問題を対象とするメジャーなプロジェクトを担当するために設置され，討議資料（討議メモ，意見勧誘書）の公表に際してスタッフを手助けする。
(e) タスク・フォース（約15名）の役割：(討議資料の準備) (1)プロジェクトの定義と範囲，(2)必要とされる追加的な調査，(3)研究の性格と範囲

(3) デュー・プロセス（due process，正規の手続）

FASBは，会計基準書をはじめとするさまざまな公表物を作成し公表する過程において基準設定を民主的かつ公開性のもとで行うために，一定の手続きのもとで基準設定を行うデュー・プロセスを作り出した。

正規の手続きは，それが基準設定に際して体系的なアプローチを提供すると同時に，経済社会のさまざまな利害関係者の人々が，その手続から生み出される公表物から受ける影響を公平に行使しうる機会を有している。

その手続きは次のような手順で行われる。

第1部 総　論

図表1－7　FASBによる一連の正規の手続きの内容

手　続	手続の内容	審議機関	各段階での公表物の公表
1段階	事前調査	・緊急問題特別委員会（EITF） ・FASAC審議日程諮問委員会 ・利害関係者との対話（議題） ・SECからの勧告	・調査研究書
2段階	審議日程への組み入れ	FASBメンバーによる審議	な　し
3段階	初期審議	・スタッフによる関連文献の調査 ・プロジェクト特別専門委員会 ・プロジェクト諮問委員会 ・公聴会 ・FASBメンバーによる審議	・討議資料 　(Discussion Memorandum) ・意見勧誘 　(Invitation to Comment)
4段階	代替的解決案策定	・審議会メンバーによる審議 ・票決	・仮結論書 　(Tentative Conclusions) ・予備見解 　(Preliminary Views) ・公開草案
5段階	追加審議	・FASBメンバーによる審議 ・公聴会	・改定公開草案
6段階	最終解決案策定	・FASBメンバーによる審議 ・票決（単純過半数）	・財務会計基準書 ・解説書

出所：『The FASB』，Miller＆Redding著，高橋治彦訳，同文館，p.90
* ディスカッション・メモランダム（討議資料：第1次資料の準備）：問題点の分析→論点の整理→代替的な解決法
* 公聴会：利害関係者の討議資料の意見・質問→ボードのメンバーやそのスタッフの回答
* 公開草案：(90日間公開)→パブリック・コメントを受ける目的（上の審議から論点をさらに審議）→フィールド・テスト（実際に提案されている基準を任意の企業から提供された現実の財務諸表に適用して実験をする。）
* コメント・レター・フィールド・テスト→追加的な論点を再審議

第1章　財務会計の基礎概念

(4) FASBによって公表される最終報告書
① 財務会計基準書（SFAS）～これは財務諸表を作成する際に，遵守されるべきGAAPである。
② 解説書（Interpretations）～基準書はGAAPの具体的中身を形成しているが，この解説書はその内容をさらに詳しく解説したものである。
③ 財務会計概念書（SFAC）～これはGAAPを形成するものではないが，会計実務家に問題解決の指針を与え，非会計専門家に対しても啓蒙的な手助けとなるものである。
④ 技術公報（Technical Bulletins）～GAAPを構成しないが，実務家が差し迫った問題を解決するうえで役立つ公表物である。

3　国際会計基準の設定主体と基準設定プロセス

(1) 国際会計基準の設定主体
① 国際会計基準委員会（IASC）の設立

　国際会計基準委員会（IASC）は，1973年6月に先進9カ国の会計士団体に設定された民間の機関である。IASCは，1975年のＩＡＳ第1号「会計方針の開示」の公表によって，当初，各国の多くの代替的な会計処理を認め，その代わり会計方針の十分な開示を要求し，直接的でなく間接的な財務諸表の比較を行おうとする考え方であった。この考え方を各国の「会計基準の調和化」とよぶことができる。

② 「財務諸表の比較可能性」の公表

　1989年1月に，IASCは公開草案32号「財務諸表の比較可能性」を公表した。この目的は，各国の会計処理の差異をできるだけ縮小・除去することであり，同一の経済事象ないし類似の取引に対して，選択肢を可能なかぎり少なくする努力を行うことであった。その実現のために，IASCは，証券監督者国際機構（IOSCO）[7]と連携して，国際会計基準をIOSCOが承認できるレベルの会計基準にし，国際資本市場でIASを使用することを目標に掲げた。この考え方を国際的資本市場における各国の「財務諸表の比較可能性」とよぶことができる。

第1部　総　　論

③　国際会計基準審議会（IASB）とコンバージェンスの実現

　IASCとIOSCOは，クロスボーダーの証券公募の場合，企業が財務諸表を作成するために備えるべき最低限度の基準としての包括的会計基準の体系である「コア・スタンダード[8]」(40項目) の作成を1998年12月のIAS39号（金融商品の認識と測定）の承認をもって40項目のコア・スタンダードを完成させた。そして，IASCは，各国の国内基準を国際会計基準に収斂させる目的で各国の基準設定機関との作業を強力に推し進めるため組織改革を断行した。

(イ)　戦略作業部会の設置と改組の勧告

　　コア・スタンダードのプログラムを完成させた後，それを各国にどのように受け入れさせるかの戦略を全面的に見直すためにIASCは1998年に「戦略作業部会」を設置した。そして，IASCは1998年12月，ディスカッション・ペーパー『IASCの将来像』(Shaping IASC for the Future) および最終報告の翌年11月『IASCの将来像に関する勧告』を公表し，IASCの組織改革の具体像を提唱し，その目的として，次のことを掲げている (IASC, 1999, par.10)。

(1)　資本市場参加者が経済的意思決定を行うのに役立つ質の高い，透明で比較可能な情報を要求する単一セットのグローバルな会計基準を策定する。

(2)　各国の会計基準設定主体と協力して，これらの会計基準の利用と厳格な適用を促進すること。その場合，上場企業その他の経済的に重要性の高い企業向けの会計基準については，各国の会計基準とＩＡＳとを収斂する。

(ロ)　IASCからIASBへの組織改革

　　その勧告を受けて，2001年4月，IASCはその名称をIASBに変え，各国の基準設定主体との緊密な協力関係を通じて，比較可能で質の高い財務諸表を生み出す国際会計基準の設定を強調するため，組織改革を行った。

第1章　財務会計の基礎概念

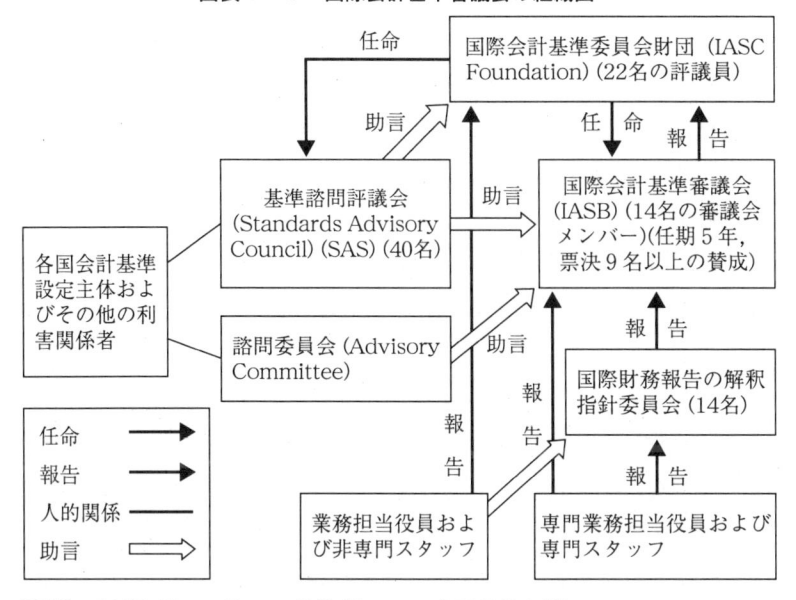

図表1－8　国際会計基準審議会の組織図

(出所)　IASB, Home-Page：組織 (Structure) 2005年6月)

上の組織図の特徴を示すと次のとおりである (山田辰巳氏の「国際会計研究学会第24回」の講演会資料を一部参考, 2007年11月24日)。

(a)　IASCFの評議員会は, 22名から構成され, IASBや解釈指針委員会のメンバーを指名し, 同時に, IASB全体の運営を監督する役割を担う。

(b)　IASBは, 公開草案, 会計基準, 解釈指針の承認を行なう中核的な組織となる。IASBの従来と異なる特徴は, FASBなどの各国の基準設定機関が審議会メンバーとして正式に加わることになったことである。これは国際会計基準の国際的統合化に向けて強力な推進力になる。IASBの決定は, 14メンバーのうち9名以上の賛成で成立する。

　　FASBのメンバー14名のうち, 10名はイギリス(ASB), アメリカ(FASB), カナダ (AcSB), オーストラリア (AASB)・ニュージーランド(FRSB) (この2カ国は1カ国に数えられる) から選ばれ, また上の4カ国に加え, 日本 (ASBJ) (2001年企業会計基準委員会から1名がメンバーに選ばれた), ドイツ

第1部 総　　論

　　(GASC), フランス (CNC), その他1名を加えた7カ国が「リエゾン国」(liason, 調整役) に選ばれ, リエゾン国の会計基準設定主体が相互に連携しながら会計基準の国際的統合を目指すことになった。

(c)　基準諮問会議 (SAC) は, 40名のメンバーと正式オブザーバー3組織 (金融庁を含む) から構成され, 理事会が検討項目を決定する前に相談を行い, 勧告を受ける。

(d)　IFRICは, 14名のメンバーから構成される。IASの文言の解釈やIASに未だ規定のない新たな会計問題について基準取扱いを決定する機能を有する。

(2)　IASBのデュー・プロセス

　戦略作業部会の提案を受けて, 2006年の3月に評議員会 (Trustees) から承認されたIASBのデュー・プロセス・ハンドブック (IASB, *Due Process Handbook for the IASB,* March 2006)) によれば, IASBの基準設定プロセスは, 6つの段階から構成されている。

　第1段階：審議議題の設定　(setting the agenda)
　第2段階：プロジェクトの計画設定　(project planning)
　第3段階：討議資料の開発と公表　(discussion paper)
　第4段階：公開草案の開発と公表　(exposure draft)
　第5段階：IFRSの開発と公表　(publication of an IFRS)
　第6段階：IFRSの発行後の手続　(procedures after an IFRS)

第1段階：(pars. 19-26)

　IASBは, 提案された議題項目と優先順位を設定する場合に, SACおよび会計基準設定主体と協議し, その場合, 会計基準設定者とのコンバージェンスを十分に考慮に入れる。議題項目についてのIASBの承認は, IASBの会議で単

第1章　財務会計の基礎概念

純過半数によって採決される (par.24)。

第2段階：(pars.27-29)

　IASBは，議題項目が決定されると，この段階でワーキング・グループ（作業部会）を設置し，スタッフがプロジェクトのプロジェクト・チームを結成し，プロジェクト・プランの草案を作る (pars.27-19)。

第3段階：(pars.30-37)

　IASBは議題の最初の公表物として，その課題を説明し，外郭団体から最初のコメントを求めるためディスカッション・ペーパーを発行する (par.30)。

第4段階：(pars.38-44)

　公開草案の公表は，ディスカッション・ペーパーと異なり，一般大衆の意見を聞くためのIASBの重要な手段である。公開草案には，草案の基準 (draft standard) に対するコメントの招待 (invitation)，基準への修正，すなわち，認識，測定および開示に対する提案，そして，その提案に対する結論の理由，およびIASBの反対意見も付け加えられる。

　IASBは，公開草案のコメントの日数は原則として120日としている。IASBは寄せられたコメントを回収し，要約し，分析し，その要約は，IASB会議のウェブサイトで公表される。IASBは，コメントの期間が終了すると，その問題点を探求する手段として，現地訪問を行い，公聴会や円卓討論会などを行う。

第5段階：(pars.45-49)

　IFRSの開発は，IASBが公開草案について受け取ったコメントを考慮して，IASBの会議で行われる。公開草案から生ずる問題を解決したあと，IASBは，一般のコメントに対する修正された提案を公開草案として公表すべきかどうかを審議する。IASBが公開草案から提起されている諸問題について1つの結論に達していると確信した場合には，IASBは，IFRSを起草するようスタッフに通告する。IASBがその基準について採決する前に，最終的な草案がウェブサイトで公表される。そしてIASBのメンバーによる9名以上の賛成の採決がなされ，IFRSs[9]が発行される。

第1部　総　　論

第6段階：（pars. 50－51）

　IFRSの発行後，スタッフとIASBのメンバーは，実務上の実行に際して予期しないような問題とかその提案についての潜在的な影響を理解できるように，基準設定主体を含めて利害関係者と定期的な会合を開催する。またIASBの評議委員会はIFRSsを継続して適用するための教育的活動を育成する。ある一定の時間が経過後，IASBは，次の3つに照らして諸研究の主導権を有し，議題の項目として追加できる。

　(a)　IFRSの適用を再検討する。

　(b)　財務報告の環境と規制当局（regulatory）の要請

　(c)　IFRSの質についてSAC（基準専門会議），IFRIC（解釈指針委員会），基準設定者および外郭団体（constituent）によるコメント

（注）

(1)　井尻は，会計の本質は測定であるとして，会計ルールによって表現される財務諸表を本体と写体という関係から解明している。(『会計測定の基礎』東洋経済新報社，昭44年)

(2)　認識と同義であり，さまざまな経済事象の中から会計事象を識別することである。

(3)　この定義において，経済的とは，経済という乏しい資源について選択を迫られるような事態に係るものである（ASOBAT）。

(4)　わが国の概念フレームワークでは，会計公準を質的特性に含めるかどうかについて検討された。しかし貨幣価値測定の公準は自明の理として，継続企業の公準は取得原価主義や配分原則を前提としているが，特定の会計モデルを前提としていないとして記述しないこととした。企業実体の公準は，報告主体としては重要であるがこれも特定の会計モデルを想定していないので取上げなかった（斎藤静樹編著『討議資料　概念フレームワーク』大日向担当，pp. 53-54）。

(5)　この財務諸表等の用語，様式及び作成方法に関する開示については，金融商品取引法（旧証券取引法）に基づく「財務諸表等規則」及び「財務諸表等規則ガイドライン」によって規制されている。

(6)　企業会計基準委員会の『会計基準等の開発・公表の手続きについて』では，「公開草案を公表するときには，企業会計基準公開草案，適用指針公開草案，実務対応報告公開草案とし，論点整理についても，企業会計基準論点整理，適用指針論点整理，実務対応報告論点整理として区分して公表する」としている。

(7)　IOSCOは1986年に結成され，各国の証券市場を監督する機関である。IOSCOには，米国のSECやわが国の金融庁等の政府機関が加盟し，IASCとの協調体制が整った。I

第 1 章　財務会計の基礎概念

OSCOがクロスボーダーでの資金調達や上場についてIASC基準書を承認するか否かが注目されるようになった。
(8)　IOSCOがIASC基準書をクロスボーダーで証券を売り出す企業に対し，包括的な会計基準とはどのようなものを指すのかについて論議があり，IASに準拠して作成された財務諸表が国際会計基準として承認されるために公表した包括的な会計基準をコア・スタンダードとよぶ。
(9)　IASBは2001年4月1日に発足したが，IASC財団は，IASBが公表する国際会計基準を「国際財務報告基準書（IFRS）」とよび，これまでの基準書については引き続き，「国際会計基準書（IAS）」とすることに合意し，両者を併せてIFRSsとよぶ。

＜参考文献＞
第1節
井尻雄士著『会計測定の基礎－数学的・経済学的・行動科学的探究－』東洋経済新報社，1969年3月。
AAA[1966], "*A Statement of Basic Accounting Theory*" American Accounting Association. 飯野利夫訳『アメリカ会計学会　基礎的会計理論』国元書房，1969年7月。
AICPA[1970], Statement No. 4 of the Accounting Principles Board, "*Basic Concepts and Accounting Principles Underlying Financial Statements of Business Enterprises*".
Moonitz, Maurice[1961], "The Basic Postulates of Accounting" *An Accounting Research Study* No. 1 AICPA. 佐藤孝一，新井清光共訳『会計公準と会計原則』中央経済社，1962年12月。

第2節
新日本監査法人, Ernst & Young "*International GAAP 2005*, Generally Accepted Accounting Practice"『第1巻 International GAAP の概要』，日本語版全6巻（雄松堂）2006年1月。
FASB[1987], "*Rules of Procedure*" Financial Accounting Standards Board, Amended and Restated Effective January 1.
International Accounting Standards Committee Foundation[2006], "*DUE ROCESS HANDBOOK FOR THE IASB*", IASCF.
Miller & Redding, 高橋治彦訳『The FASB 財務会計基準審議会』同文舘，1989年3月。

第2章　財務会計制度と財務会計概念フレームワーク

第1節　わが国の財務会計基準制度

　企業会計の領域のうち，財務会計は，株主や債権者などの外部の利害関係者に会計情報を提供する役割をもっており，企業を取り巻く多岐にわたる利害関係者が存在するため，その規定にはさまざまな社会的制約が加えられる。その社会的規制の主なものは，会社法（法務省令など）と金融商品取引法（内閣府令，財務諸表等規則など）ならびに税法（法人税関連法など）等の法規制であり，それらにはそれぞれの会計の規定が定められている。これらの法規範による会計領域を「制度会計」とよぶ。

　会計規範には，法的規制によらない会計制度，いわゆる企業会計に対する慣習規範が存在する。これには企業会計審議会から公表された「企業会計原則」および企業会計基準委員会から公表された「企業会計基準」などが含まれる。

図表2－1　会計規範の分類

```
              ┌ 法規範 ┬ ①会社法会計 ……… (法務省令) ┬「会社法施行規則」
              │        │                                ├「会社計算規則」
              │        │                                └「電子公告規則」
会計規範 ┤        ├ ②金融商品取引法会計 …… (内閣府令)「財務諸表等規則」
              │        └ ③税務会計 ………「法人税関係法令」
              │
              └ 慣習規範 ┬ ①企業会計原則 …… (企業会計審議会)
                          └ ②企業会計基準 …… (企業会計基準委員会)
```

第1部　総　　論

1　会社法，金融商品取引法，および法人税法の会計規定

(1)　会社法による会計規定

　旧商法（1899年制定）に代わり，会社法が新たに制定され，その会計規定は，会社法施行規則と会社計算規則に委ねられ，2006年5月1日から施行されることになった。会社法では「株式会社の会計は，一般に公正妥当と認められる企業会計の慣行に従うものとする」(会431条)という規定，および会社計算規則では「この省令の用語の解釈及び規定の適用に関しては，一般に公正妥当と認められる企業会計の基準その他の企業慣行を斟酌しなければならない」(計規3条)という規定により，会計処理や表示の問題については，企業会計への遵守規定がこれまで以上に強化された。企業会計の規範は，会社法の趣旨に反しない限りこれを尊重しなければならず，特に会社法や法務省令に含まれる計算規定に明確な定めがない場合には，一般に公正妥当な企業会計が遵守されることを定めたものである。「一般に公正妥当な企業会計」とは，企業会計審議会が定めた企業会計原則および企業会計基準員会が公表した企業会計基準がそれに当たるというのが一般的解釈である。

　会社法の会計制度は，会社経営者の受託責任の遂行や剰余金の分配可能額の算定という目的，および投資判断に資するための情報提供という目的を備えているといえよう。特に，分配可能額を算定する規定，資本金，準備金およびに剰余金の規定，ならびに資本の計数の処理方法等については，会社法独自の計算規定が存在していることが特徴である。

(2)　金融商品取引法による会計規定

　金融商品取引法は，1948年に制定された証券取引法に代わり，2007年9月30日より施行されることになった。金融商品取引法は「この法律は，……有価証券の発行及び金融商品の取引等を公正にし，有価証券の流通を円滑にするほか，資本市場の機能の十分な発揮による金融商品の公正な価格形成等を図り，もって国民経済の健全な発展及び投資者の保護に資することを目的とする。」と規

定している（金取法第1条）。

　金融商品取引法の会計制度は，証券市場に上場している大会社の経営成績及び財政状態，さらに企業集団の業績について証券投資の意思決定に重要と思われる情報を一般投資家にタイムリーに提供・開示することを目的としている。金融商品取引法の規定により提出される財務諸表については，内閣総理大臣が一般に公正妥当と認められる企業会計の基準に従って内閣府令で定める用語，様式及び作成方法を規定する「財務諸表等規則」の定めるところにより，これを作成しなければならない（第193条）と規定している。また，この規則において定めのない事項については，一般に公正妥当と認められる企業会計の基準に従うものとしている（第1条1項）。

　この文言は，企業会計原則ないし企業会計基準が「一般に公正妥当と認められる会計基準」として財務諸表の会計処理の実質面を規定し，財務諸表の作成・表示に関する形式面については「財務諸表等規則」が規定するという関係になっている。

　財務諸表等規則の第1条2項では，「金融庁組織令（平成10年政令）第24条に規定する企業会計審議会により公表された企業会計の基準は，一般に公正妥当と認められた企業会計基準に該当するものとする。」と明文化されているので，企業会計審議会が公表した企業会計の諸基準は，「一般に公正妥当と認められる企業会計の基準」に該当することが明確に明文化されている。また，企業会計基準委員会の公表する会計基準についても一般に公正妥当と認められた会計基準としてこれに該当するものと解釈される。

　同条3項では「金融庁長官が，法の規定により提出される財務諸表に関する特定の事項について，その作成方法の基準として特に公表したものがある場合には，当該基準は，この規則の規定に準ずるものとして，第1項に規定する一般に公正妥当と認められる企業会計の基準と認められる企業会計の基準に優先して適用されるものとする。」と規定している。

(3) 法人税法等における会計規定

　税務会計は，課税の公平を基本理念として，法人税の計算の基礎となる課税所得を算定することを目的としている。法人税の課税所得の計算については，法人税法第22条4項において「別段の定め」のある事項以外の費用および収益については「一般に公正妥当と認められる会計処理の基準に従って計算されるものとする」と規定があり，企業会計の基準に従って計算されるものとしている。

　課税所得は，「益金の額」から「損金の額」を控除した金額として算定され，「別段の定めがあるものを除き」当該事業年度の「収益の額」が「益金の額」を構成し，また当該事業年度の「費用の額」が「損金の額」を構成されているところから，益金概念や費用・損失概念からその規定を試みていることが知られている（武田，1992年，34頁）。いわば収益・費用の差額である会計上の利益が独自の概念として成立し，益金・損金の差額である課税所得の概念は会計上の利益から誘導されているといえる。

　法人税法では「各事業年度の所得に対する法人税について納税義務のある法人は，各事業年度終了の日から2ヶ月以内（特例で3ヶ月に延期される）に，税務署長に対し，確定した決算に基づき確定申告書を提出しなければならない(74条の1項)。「確定した決算」とは，原則として，計算書類は株主総会においてそれが承認されたとき確定するので，これを「確定決算主義」という。税法の課税所得は会社法の規定に基づいて算定されるという意味では，会社法優位の関係が見られる。しかし，実際には，企業は課税所得を算定するのに，税法上の特典や特別規定によって優位な「所得計算」を採用し，会社法よりは税法を逆に優先することになるので，これを「逆基準法」という。

第2章 財務会計制度と財務会計概念フレームワーク

(4) 会計諸法令と会計規則

図表2－2　会計制度の3つの法体系

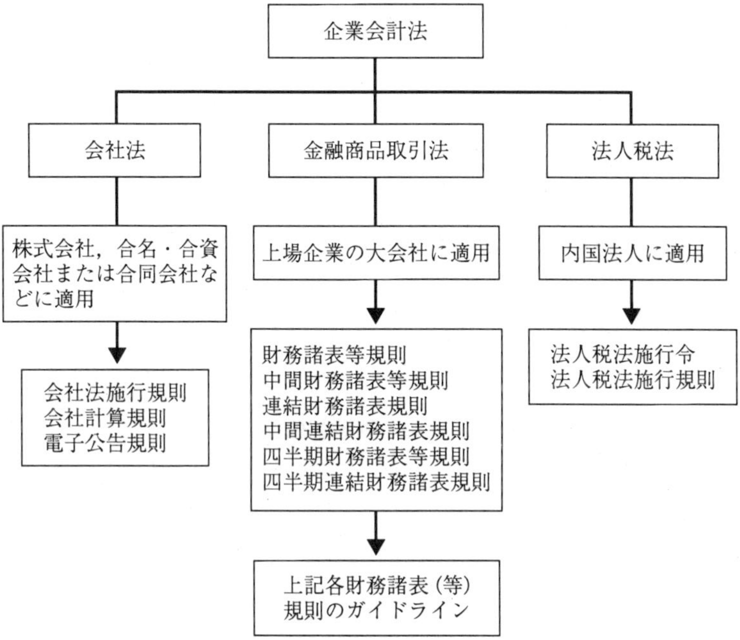

```
                    企業会計法
        ┌──────────────┼──────────────┐
      会社法         金融商品取引法       法人税法
        │               │               │
  株式会社, 合名・合資   上場企業の大会社に適用    内国法人に適用
  会社または合同会社な        │               │
  どに適用                  │         法人税法施行令
        │           財務諸表等規則       法人税法施行規則
  会社法施行規則      中間財務諸表等規則
  会社計算規則       連結財務諸表規則
  電子公告規則       中間連結財務諸表規則
                  四半期財務諸表等規則
                  四半期連結財務諸表規則
                        │
                  上記各財務諸表（等）
                  規則のガイドライン
```

2　会計諸法令の財務報告書

(1) 会社法に基づく計算書類

　会社法による計算書類の規定は，会社法「計算等」(第二編第5章)，会社法施行規則および会社計算規則において定められている。株式会社は，適時に，正確な会計帳簿[1]を作成することを要し（会432条），また貸借対照表は，会計帳簿に基づき作成しなければならない（計規90条）と規定がある。

　会社法でいう（個別の）計算書類は，貸借対照表，損益計算書その他株式会社の財産および損益の状況を示すために必要かつ適当なものとして法務省令で定めるものをいう（会435条2項）。

　ここに「法務省令で定めるもの」（計規91条）とは，株主資本等変動計算書お

39

および個別注記表を指す。さらに，事業報告並びにこれら計算書類の附属明細書を作成しなければならない（会435条2項）。これらが会社法上の計算書類である。

会計監査人設置会社は，各事業年度に係わる連結計算書類を作成することができる（会444条）。また大会社[2]であって「有価証券報告書」を内閣総理大臣に提出しなければならないものは，当該事業年度に係る連結計算書類を作成することが強制される（会444条3項）。

(2) 金融商品取引法に基づく財務諸表

金融商品取引法に基づき提出される財務諸表は，内閣府令の財務諸表等規則および連結財務諸表規則にそれぞれ規定がある（同規則第1条）。

(3) 会社法と金融商品取引法による財務報告書の体系

会社法の計算書類等		金融商品取引法の財務諸表	
個 別	連 結	個 別	連 結
貸借対照表	連結貸借対照表	貸借対照表	連結貸借対照表
損益計算書	連結損益計算書	損益計算書	連結損益計算書
株主資本等変動計算書[3]	連結株主資本等変動計算書	株主資本等変動計算書	連結株主資本等変動計算書
個別注記表[4]	連結注記表	キャッシュ・フロー計算書	連結キャッシュ・フロー計算書
事 業 報 告[5]	連結事業報告		
附属明細書[6]	連結附属明細書	附属明細表	連結附属明細表

（注）　会社法では，貸借対照表，損益計算書，株主資本等計算書，および注記表までを「計算書類」といい，その計算書類に事業報告・附属明細書を含めて「計算書類等」という。なお，事業報告は計算書類から除かれることになった。

(4) 金融商品取引法による「財務計算に関する書類」の開示

金融商品取引法は，有価証券の発行および金融商品等の取引等を公正ならしめ，且つ有価証券の流通を円滑ならしめることを目的とし（第1条），上記の財務諸表以外に「財務計算に関する書類」を投資家保護に資するため，適時に開

示することが要求されている。

① **発行市場における開示書類**

(イ) 有価証券届出書

その総額が1億円以上の有価証券を募集（新規発行の有価証券の取得の申込みの勧誘）または売出し（既発行の有価証券の売付けの申込み又はその買付けの申込みの勧誘）をする場合には，発行者は当該募集または売出しに関し，内閣総理大臣に届出をしていなければならない（第4条）。この届出書を「有価証券届出書」という。この開示は，公衆縦覧により投資家に提供されるので「間接開示」という。公認会計士または監査法人の監査を受ける必要がある。

(ロ) 目 論 見 書

有価証券の募集または売出しをする場合には，有価証券の発行者は，有価証券届出書と同じように目論見書を作成しなければならない（第13条）。「目論見書」とは，有価証券の募集若しくは売出しのために当該有価証券の発行者の事業その他の事項に関する説明を記載する文書（第2条10項）であって，その内容は届出書の情報を基に作成され，投資家に直接提供されるので「直接開示」という。

② **流通市場における開示書類**

(イ) 有価証券報告書

有価証券の発行者である会社は，事業年度ごとに，当該会社の商号，当該会社の属する企業集団および当該会社の経理の状況その他事業の内容に関する重要な事項その他の公益または投資家保護のため必要かつ適当なものとして内閣府令で定める事項を記載した「有価証券報告書」を，当該事業年度経過後3月以内に，内閣総理大臣に提出しなければならない（第24条1項）。この制度は，すでに発行された有価証券への投資家に対する継続開示制度であり，その写しは証券取引所などに遅滞なく提出することになっており公衆の縦覧に供される。財務計算に関する書類は，公認会計士または監査法人による監査証明を受けなければならない（第193条の二1項）。

第1部　総　　論

(ロ)　半期報告書

　　半期報告書は，事業年度が1年決算の会社において，事業年度の中間までの企業業績を投資家に迅速に提供することを目的とする。有価証券報告書提出会社で，四半期報告書の提出義務のない会社は，事業年度開始後6ヶ月間の企業情報（「中間決算」という）について半期報告書を，当該期間経過後3ヶ月以内に内閣総理大臣に提出しなければならない（第24条の五）。これは公認会計士または監査法人の監査を受けなければならない。

(ハ)　四半期報告書

　　四半期報告書は，四半期（3ヶ月）ごとの企業業績を開示し，投資家にできるだけタイムリーに情報を提供し，投資決定に役立つことを目的とする。2008年4月1日以降に開始する連結会計年度及び事業年度から強制適用され，事業年度が3ヶ月を超える場合は，当該事業年度の期間を3ヶ月ごとに区分した各期間にかかる四半期報告書を，当該期間後45日以内に内閣総理大臣に提出しなければならない（第24条の四の七）。これは公認会計士または監査法人の監査を受けなければならない。

(ニ)　臨時報告書

　　有価証券報告書の提出義務がある会社は，有価証券の発行が外国で行なわれるとき，重要な災害，重要な合併など企業経営に重要な影響を及ぼす事象が生じたときは，その内容を記載した臨時報告書を遅滞なく内閣総理大臣に提出しなければならない（第24条の五4項）。これに含まれる財務諸表は，公認会計士または監査法人の監査を受けなければならない。

(ホ)　内部統制報告書

　　内部統制とは，基本的に「①業務の有効性及び効率性，②財務報告の信頼性，③事業活動に係る法令等の遵守並びに④資産の保全の4つの目的を達成するために，（社内規定等で具体化されて）業務に組み込まれ，組織内のすべての者によって遂行されるプロセスをいう。」（「財務報告に係る内部統制の評価及び監査の基準」Ⅰの1）企業会計審議会，H.19.2.15）。

　　上場会社などは，事業年度ごとに，内閣府令で定めるところにより内部

統制の有効性を評価した内部統制報告書を有価証券報告書と併せて内閣総理大臣に提出しなければならない（第24条四の四）。この報告書は，公認会計士または監査法人による監査証明を受けることになり（第193条の二２項），2008年４月１日以降開始する事業年度から適用される。

3　会計監査

図表２−３　監査の分類

- (1) 金融商品取引法の監査
  - ① 財務諸表監査（公認会計士または監査法人）
  - ② 内部統制監査（内部統制報告書の監査）
  - （公認会計士または監査法人）
- (2) 会社法の監査
  - (1) 事業報告等の監査（事業報告・その附属明細書）
  - （監査役，監査役会または監査委員会）
  - ・業務監査（取締役執行の監査）
  - ・法令または定款に従い，会社の状況の正確な表示
  - ・業務の適正を確保するための体制内容の相当性
  - (2) 会計監査（計算書類・その附属明細書）
  - （監査役，会計監査人，監査役会または監査委員会）

(1)　金融商品取引法に基づく監査

　金融商品取引法では，「金融商品取引所に上場されている有価証券の発行会社等が，この法律の規定により提出する貸借対照表，損益計算書その他の財務計算に関する書類で内閣府令[7]で定めるものには，その者と特別の利害関係のない公認会計士または監査法人の監査証明を受けなければならない。」（第193条の二）と規定し，上場企業などの大会社は，一般投資家を保護するという目的から独立した第三者の監査が要求されている。

(2)　会社法に基づく監査（会436条から439条）

　会社法では，計算関係書類（計算書類とその附属明細表，連結計算書類など）の適正性の監査と事業報告等（事業報告とその附属明細書）の適法性の監査に区分

され，前者は計算規則で定め，後者は施行規則で規定されている。会社の状況により監査役設置会社，監査役会設置会社，会計監査人設置会社，取締役会設置会社および委員会設置会社などの機関設計によって以下のようにそれぞれ監査の対応が異なる。

① **監査役設置会社**においては，(取締役は)毎決算期に計算書類および事業報告並びにこれらの附属明細書を作成して，監査役の（会計）監査を受けなければならない（会436条1項）。監査役は，計算関係書類について監査報告を作成（計規150条）し，さらに，取締役の職務の執行が法令・定款に適合しているかどうかについて適法性監査（「業務監査」という）（会381条1項）をし，その結果に基づき監査報告を作成する（施規105条）。

② **監査役会設置会社**においては，各監査役が監査報告（「監査役監査報告」という）を作成（計規151条）した後，これに基づいて監査役会の監査報告（「監査役会監査報告」）を作成する（計規156条）。取締役会設置会社，会計監査人設置会社および公開大会社においては，委員会設置会社を除き，監査役会を置かなければならない（会326条2項，327条1項，328条1項）。

③ **会計監査人設置会社**においては，次に掲げるものは法務省令で定めるところにより，当該各号に定める者の監査を受けなければならない（会436条2項）。

一 計算書類およびその附属明細書〜監査役（委員会設置会社にあっては，監査委員会）および会計監査人

二 事業報告およびその附属明細書〜監査役（委員会設置会社においては，監査委員会）

(イ) 会計監査人は，計算関係書類が会社の財産及び損益の状況を適正に表示しているかどうかの意見を表明する（計規154条1項）。

(ロ) 会計監査人設置会社における監査役の役割は，会計処理の適正性を自ら監査するよりも，会計監査人の会計処理等の職務遂行が適切に実施されているかを監査することに重点が置かれる。

(ハ) 計算書類と事業報告は，定時株主総会に提出され承認を受ける必要が

ある（会438条2項）。しかし，計算書類（貸借対照表，損益計算書，および株主資本等変動計算書）について，会計監査人により無限定適正意見が付されるなどの一定の要件[8]を満たした場合には，その書類は取締役会において確定し，定時総会では報告だけでよい（「承認の特則規定」という）。

④ 取締役会設置会社においては，計算書類および事業報告並びにこれらの附属明細書（監査役と会計監査人の監査を受けたもの）は，取締役会の承認を受ける必要がある（会436条3項）。大会社では取締役の職務の執行が法令及び定款に適合するためおよび業務の適正を確保するための体制の整備を評価する内部統制システムの構築を決定する（会362条4項6号，5項，施規100条）。

⑤ **委員会設置会社の監査委員会**

監査委員会は，次の事項を内容とする監査報告を作成しなければならない（施規131条）。

(イ) 事業報告およびその附属明細書が法令または定款に従って株式会社の状況を正しく示しているかどうか。

(ロ) 取締役の職務の遂行に関し，不正の行為または法令若しくは定款に違反する重大な事実があったかどうか。

(ハ) 取締役の職務の執行が法令および定款に適合することを確保するための体制その他会社の業務の適正を確保するために必要なものとして法務省令で定める体制の整備。

(3) 計算書類の公告

株式会社は，定時総会の終結後遅滞なく，貸借対照表（大企業にあっては，貸借対照表及び損益計算書）を官報や日刊新聞紙，電子公告などで公告しなければならない（会440条，939条）。ただし，それらの計算書類は要旨でも可としている（会440条2項）。連結計算書類については義務づけていないが参考資料としている企業もある。

第1部 総　　論

第2節　わが国の財務会計概念フレームワーク

　企業会計基準委員会は，2006年12月に討議資料「財務会計の概念フレームワーク」をわが国で初めて公表した。概念フレームワークでは，先ず「序論」で「概念フレームワーク」の役割についてその基本的考え方を述べ，次に「本文」で①財務報告の目的，②会計情報の質的特質，③財務諸表の構成要素，④財務諸表における認識と測定という4つの構成に分けて記述している。

1　概念フレームワークの基本的考え方

討議資料では，概念フレームワークの役割を次のように指摘している。
① 　概念フレームワークは，企業会計（特に財務会計）の基礎にある前提や概念を体系化したものであり，会計基準の概念的な基礎を提供することができる（前文）。
② 　概念フレームワークは，財務諸表の利用者に資するものであり，それによって利用者が会計基準を解釈する際に無用のコストが生じることを避ける効果がある（同上）。会計基準のメリットは，当事者間の交渉（契約）に任せることなく，その契約を一般化して情報のコストを社会的に削減することができる。
③ 　概念フレームワークは，将来の会計基準開発に基本的な指針を与える役割を有する（前文）。それによって，概念フレームワークは，会計基準の形成に当たってその立脚基盤となるべき諸概念の体系となる。
④ 　概念フレームワークを整備することによって，日本の会計基準および財務報告の基礎となる概念を定めることができ，会計基準の国際的収斂に向けた国際的な場での議論に資することができる（同上）。

2 「財務会計概念フレームワーク」の4つの構成

(1) 財務報告の目的

社会のシステムの多くは、その目的を設定し、そこから基本的な性格を決めているのが一般的であり、財務報告もその例外ではないとして、当委員会は、基礎概念を体系化するにあたり、最初に財務報告の目的を取り上げている。

財務報告の目的は、「投資家による企業成果の予測と企業価値の評価に役立つような、将来キャッシュ・フローの予測に役立つ企業の情報を開示することにある」(序文)としている。わが国の概念フレームワークにおける会計の機能あるいは役割は、情報提供機能に焦点があてられているといえる。

企業の将来を予測する上で情報開示は不可欠であるが、投資家と経営者との間には情報の入手機会について格差があるので、そのような情報の非対称性を緩和し、それが生み出す市場の機能障害を解決するため、経営者による私的情報の開示を促進することに情報開示の存在意義があるとしている (第1章1項)。

また、会計情報は、公的な規制や私的な契約等を通じた利害調整にも利用されている。債権者、税務当局、従業員などの会計情報の副次的利用者は、個別の政策目的・契約目的に応じて、ディスクロージャー制度で開示される情報を適宜、加工・修正して利用する。討議資料では、この社会的利害調整機能は副次的な目的であると位置づけている (同章11項, 21項)。

(2) 会計情報の質的特性とその階層構造

討議資料では、上記のような財務報告の目的を達成するにあたり、会計情報に求められる最も基本的な特性として、その意思決定の目的に関連した有用性を挙げ、この特性を「意思決定有用性」と称している (第2章序文, 1項)。

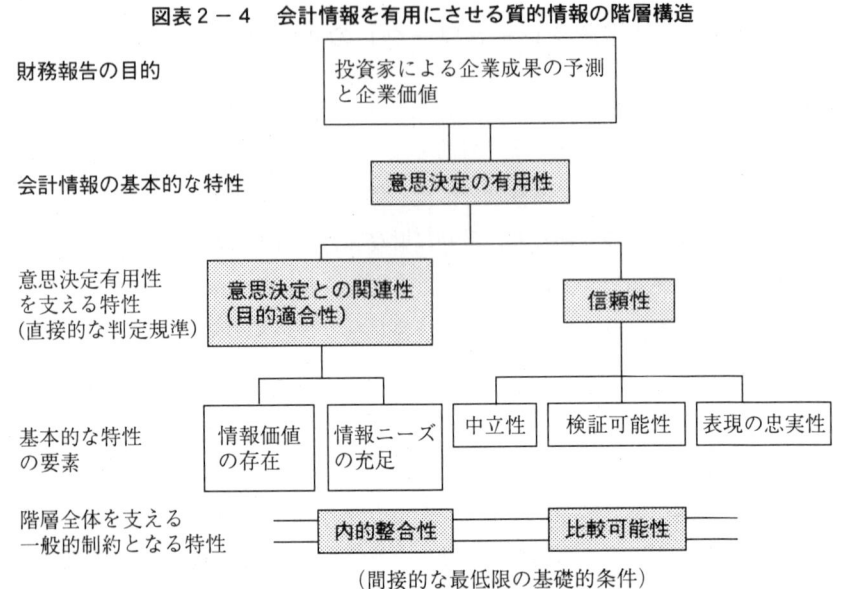

図表2-4　会計情報を有用にさせる質的情報の階層構造

財務報告の目的　　　　投資家による企業成果の予測と企業価値

会計情報の基本的な特性　　意思決定の有用性

意思決定有用性
を支える特性　　　　意思決定との関連性　　　　信頼性
(直接的な判定規準)　　　(目的適合性)

基本的な特性　　情報価値　情報ニーズ　中立性　検証可能性　表現の忠実性
の要素　　　　　の存在　　の充足

階層全体を支える
一般的制約となる特性　　内的整合性　　比較可能性

（間接的な最低限の基礎的条件）

(出所)　FASB [1980, para.32], Figure1, 平松, 広瀬訳 [2002, 77頁] (一部修正)

① 意思決定有用性の特性

　当委員会は，「意思決定有用性」を最も優先すべき会計情報の特性として掲げている。投資家が不確実な状況において企業の成果を予測する際に意思決定に有用であるためには，会計情報はどのような特性を備えなければならないか。
　討議資料では，この意思決定有用性は意思決定との関連性（「目的適合性」ともいう）と信頼性という2つの下位概念により支えられ（同章2項），この2つの特性は，会計情報が利用者の意思決定にとって有用であるか否かを直接判断する規準として機能すると述べている。

(イ) 意思決定との関連性

　　意思決定との関連性とは，それが意思決定目的に関連する情報であるかどうかであり，レリバントとか目的適合性ともいわれている。この特性は，会計情報が将来の投資の成果についての予測に関連する内容を含んでおり，企業価値の推定を通じた投資家による意思決定に積極的な影響を与えて貢

第2章 財務会計制度と財務会計概念フレームワーク

献することを意味する（同章3項）。会計情報が投資家の意思決定に貢献するか否かは，第1にそれが情報価値を有しているか否か（情報価値の存在），第2に投資家の情報ニーズを満たしているか否かに関わっている。ここでいう情報価値とは，投資家の予測や行動が当該情報の入手によって改善されることをいう。

　会計基準の設定において，新たな基準に基づく会計情報の情報価値が不確かの場合には，投資家の情報ニーズの存在が情報価値を期待させる。この意味で，情報価値の存在と情報ニーズの充足は，意思決定との関連性を支える2つの特性と位置づけられる（同章4項）。

㈪　信頼性とそれを支える3つの要素（中立性，検証可能性，表現の忠実性）

　会計情報の有用性は，信頼性にも支えられている。信頼性とは，「中立性・検証可能性・表現の忠実性」などの特性に支えられ，会計情報が信頼に足る情報であることを指す（同章6項）。会計情報の作成者である経営者と投資家との利害は必ずしも一致しておらず，この利害の不一致の弊害を小さく抑えるには，一部の関係者の利害だけを偏重することのない財務報告が求められる（中立性）（同章7項）。また見積もりによって測定された利益の情報について投資家がそれを完全に信頼するのは難しい。そのような事態を避けるには，測定者の主観に左右されない事実に基づく財務報告が求められる（検証可能性）（同上）。さらに，企業が直面した事実を会計データの形で表現しようとする際，もともと多様な事実を少数の会計上の項目へと分類しなければならない。しかし，その分類規準に解釈の余地が残されている場合には，分類結果を信頼できない事態も起こりうる。このような事態を避けるために，事実と会計上の分類項目との明確な対応関係が求められる（表現の忠実性）（同上）。これら3つの要素が信頼性を支えていることになる。

　これらの3つの要素に優先順位をつけることは難しい。ある種の情報がいずれかの特性を高める半面，他方の特性を損なうケースもあり，両者の間にトレードオフが生じる可能性がある。意思決定に有用な情報を作り出

第1部 総　　論

すために将来の見積もりを考慮すると，検証可能性や中立性を損なう場合も生ずる。討議資料では，各特性間にトレードオフの関係が見られる場合には，双方の特性を考慮に入れた上で，新たな基準の下で期待される会計情報の有用性を総合的に判断するとしている（同章8項）。

② 内的整合性と比較可能性

意思決定との関連性と信頼性は，会計情報が利用者の意思決定にとって有用であるか否かを直接判定する規準として機能するのに対して，内的整合性と比較可能性の2つの特性は，階層全体を基礎から支えると同時に，必要条件ないし閾限界として機能する（同上）。特に，内的整合性は諸外国の概念フレームワークには見られないわが国独自の「一般的制約となる特性」と位置づけられる。

(注) ここに「一般的制約」とはある会計基準に基づく会計情報が「意思決定との関連性」や「信頼性」を備えているかどうかの判断に際し，絶えず考慮されるべき特性という意味である（斎藤，2007，p.25）。

内的整合性と比較可能性の2つの特性は，会計情報が有用であるために必要とされる最低限の基礎的な条件となる（同章16項）と同時に，意思決定との関連性や信頼性が満たされているかどうかを補完的，間接的に支える規準として下位概念に位置づけられる。

㈹　内的整合性 (internal consistency)

内的整合性とは，ある個別の会計基準が会計基準全体を支える基本的な考え方（例えば，会計基準，会計実務，会計研究などの歴史的経験と集積された知識の総体）と内的に整合し矛盾しないことをいう（同章9項）。内的整合性が最も有効に機能するのは，既存の会計基準の体系が実際に受け入れられた状態で存在しており，それは有用な会計情報を生み出しているという合意がなされている場合である（同章18項）。その結果，個別基準が内的に整合しているとき，その個別基準が作り出す会計情報は有用であると推定される（同章9項）。他方，会計情報の価値が事前にわからない新規の会計基準の（正当性について）場合には，内的整合性は，会計情報の意思決定との関連性や信頼性について現行の会計基準と矛盾することなく満たされており，

新たな環境に適合する会計基準の体系が既存の会計基準の体系と整合的であるという間接的，補完的に推定する役割を持っている（同章10項）。しかし，2つの問題が提起される。1つは，何をもって整合性を有しているかを検証できるかということである。2つは新会計基準がなぜ既存の会計基準と整合性を有していれば有用なのかということである。この問題は今後の課題として論議されるであろう。

(ロ) 比較可能性

比較可能性とは，同一企業の会計情報を時系列で比較する場合，あるいは同一時点の会計情報を企業間で比較する場合，それらの比較に障害とならないように会計情報が作成されていることを要請するものである（同章11項）。会計情報が比較可能であるためには，同一の経済事実には同一の会計処理が適用され，異なる経済事実には異なる会計処理が適用されることにより，会計情報の利用者が時系列比較や企業間比較にあたって，事実の同質性と異質性を峻別できるようにしなければならないことが要請される[9]（同上）。会計情報の比較可能性は，国際的な観点から，会計基準の差異を縮小する国際的な収斂の努力が必要になってきており，国際的な会計基準の収斂が要求されている（同章21項）。

(3) 財務諸表の構成要素

財務諸表の構成要素は，その構成要素を特定し，それらに定義を与えることを通じて，財務報告が対象とすべき事象を明確にすることを目的としている（第3章，序文）。討議資料の特徴としては，はじめに「資産」と「負債」に独立した定義を与え，「純資産」はそれに従属して定義づけられる。さらに「包括利益」も資産から負債を差引いた純資産から導かれる。また純利益はこれまでどおり有用性が高い情報であるという認識からこれに独立した定義を与え，純利益に関連させて「収益」と「費用」の定義を導いている。

以下，構成要素として，資産，負債，純資産，株主資本，包括利益，純利益，収益および費用の順に概念フレームワークによる定義を紹介する。

第1部　総　　論

① 　資産とは，過去の取引または事象の結果として，報告主体が支配[10]している経済的資源をいう（同章4項）。
② 　負債とは，過去の取引または事象の結果として，報告主体が支配している経済的資源を放棄もしくは引き渡す義務，又はその同等物をいう（同章5項）。
③ 　純資産とは，資産と負債の差額をいう（同章6項）。資産総額のうち負債に該当しない部分は，すべて純資産に分類される。これと同時に，純利益を重視して，これを生み出す正味ストックとしての株主資本を，純資産の内訳として定義している（同章18項）。
④ 　株主資本[11]とは，純資産の変動額のうち報告主体の所有者である株主（連結財務諸表の場合には親会社株主）に帰属する部分をいう（同章7項）。
⑤ 　包括利益とは，特定期間における純資産の変動額のうち，報告主体の所有者である株主，子会社の少数株主，および将来それらになり得るオプションの所有者との直接的な取引によらない部分をいう[12]（同章8項）。当委員会は，包括利益情報については，投資家にとって純利益情報を超えるだけの価値を有しているものとは考えていないようである（同章21項）。
⑥ 　純利益とは，特定期間の期末までの生じた純資産の変動額のうち，その期間中に「リスクから解放された投資の成果」と定義され，報告主体の所有者に帰属する部分をいう。その意味で純利益は，純資産の変動額のうちもっぱら株主資本だけを増減させる（同章9項）要素である。討議資料では，純利益を定義する上で「投資のリスクからの解放」という表現を用いる。「投資のリスク」とは，投資の成果がまだ不確実性の状態を言い，その成果が事実としてのキャッシュ・フロー，不可逆的な成果が得られた状態，すなわち期待から事実への転化となれば，それは「リスクからの解放」となり利益を構成する（同章23項）。
⑦ 　収益とは，純利益または少数株主損益を増加させる項目であり，特定期間の期末まで生じた資産の増加や負債の減少に見合う額のうち，「投資のリスクから解放」された部分である[13]。収益は，投資の産出要素，すなわわ

52

第 2 章　財務会計制度と財務会計概念フレームワーク

ち投資から得られるキャッシュ・フローであるが，投入要素に投下された資金は，将来得られるキャッシュ・フローが不確実であるというリスクにさらされている。キャッシュが獲得されることにより，投資のリスクがなくなったり，減少したりする。収益は，そのように投下資金が「投資のリスクから解放」されたときに把握される（同章13項）。

⑧　費用とは，純利益または少数株主損益を減少させる項目であり，特定期間の期末までに生じた資産の減少や負債の増加に見合う額のうち「投資のリスクから解放」された収益に対応される部分である。費用は，投資によりキャッシュを獲得するために費やされた（犠牲にされた）投入要素に見合う会計上の尺度である。投入要素に投下された資金は，キャッシュが獲得されたとき，または，もはやキャッシュが獲得できないと判断されたときに，その役割を終えて消滅し，投資のリスクから解放される。費用は，そのように投下資金が「投資のリスクから解放されたとき」に把握される（同章15項）。

(4) 財務諸表における認識と測定

最後に「財務諸表の構成要素」における定義を満たした各種構成要素を，いつの時点で認識し，それらをどのように測定するかという認識と測定という問題を取り扱う。

①　認識と測定の定義

財務諸表における「認識」とは，定義を満たした構成要素を財務諸表の本体に計上することをいう（第4章1項）。財務諸表における「測定」とは，財務諸表に計上される諸項目に貨幣額を割り当てることをいう（同章2項）。

②　認識の要件

「財務諸表の構成要素」の定義を充足した各種項目が，財務諸表上での認識対象となるためには，一定の契約とか価値の変動も含めて，一定程度の発生の可能性が求められる。発生の可能性（蓋然性）とは，財務諸表の構成要素に係る将来事象が一定水準以上の確からしさで生じると見積もられるということで

第1部 総　　論

ある[14]（同章6項）。

　討議資料の「投資のリスクからの解放」は，「実現した」，あるいは「実現可能」という類似した概念があるが，最も狭義に解した「実現した成果」は，売却という事実に裏付けられた成果，すなわち非貨幣性資産の貨幣性資産への転換という事実に裏付けられた成果として意味づけられる。この意味での「実現した成果」は，この概念フレームワークでいう「リスクからの解放された投資の成果」に明確に含まれる。他方，「実現可能な成果」は，現金またはその同等物への転換が容易である成果（あるいは容易になった成果）として意味づけられることも多い。この意味での「実現可能な成果」の中には，「リスクから解放された投資の成果」に該当しないものも含まれる[15]（同章58項）。

③　各種構成要素の測定方法

　討議資料では，資産や負債の測定値を原価や時価で統一することが財務報告の目的に役立つことではないという考え方に基づき，測定値の多様性を認め，市場価値や利用価値をすべてのケースに優先的適用をすべき測定値とは考えていない（同章53項）。

　収益・費用の測定値の選択として，一部の項目は複数の測定値に関連づけて解釈できるとして，1つの会計数値に対して複数の測定方法による意味づけができることを否定せず，解釈の余地を残したままとしている（同章54項）。

(イ)　資産の測定：資産の測定方法として，(1)取得原価，(2)市場価格（①再調達原価と②正味実現可能価額），(3)割引価値，(4)入金予定価格，(5)被投資企業の純資産額などの測定値を挙げている。

(ロ)　負債の測定：負債の測定方法として，(1)支払予定額，(2)現金受取額，(3)割引価値，(4)市場価格などの測定値を挙げている。

(ハ)　収益の測定：(1)交換に着目した収益の測定，(2)市場価格の変動に着目した収益の測定，(3)契約の部分的な履行に着目した収益の測定，(4)被投資企業の活動成果に着目した収益の測定などを挙げている。

(ニ)　費用の測定：(1)交換に着目した費用の測定，(2)市場価格の変動に着目した費用の測定，(3)契約の部分的な履行に着目した費用の測定，(4)利用の事

第2章　財務会計制度と財務会計概念フレームワーク

実に着目した費用の測定などを挙げている。

以上のように，わが国の概念フレームワークは，FASBやIASBの構成とほぼ同じになっており，先ず「財務報告の目的」として意思決定に役立つ有用な情報の提供を掲げ，そこから情報の質的特性を階層的に導き出している。しかし，階層全体を支える特性では，「内的な整合性」という概念が，また純利益の認識と測定では，「リスクからの解放」という概念が日本固有のものとして取り入れられている。さらに「財産法」か「損益法」か，「原価主義」か「時価主義」か，あるいは「資産負債アプローチ」か「収益費用アプローチ」かという二者択一の考え方を採らず，折衷的・妥協的な考え方を採用しているところにその特徴を見い出すことができる。

(注)
(1)　その会計帳簿は，10年間は保存しなければならず（会432条2項），また会計帳簿の閲覧については，議決権の100分の3以上を有する株主が請求することができる（会433条1項）。
(2)　会社法上の大会社とは，旧商法特例法と同じく，(1)最終事業年度に係る貸借対照表の資本金が5億円以上であるか，または(2)負債の部に計上した合計額が200億円以上である会社をいう。
(3)　旧商法の「利益処分計算書(案)」が廃止され，株主資本等変動計算書に名称が変わった。株主資本等の等は，純資産項目のうちの株主資本以外の他の項目である「評価・換算差額」，「新株予約権」などを指す。
(4)　個別注記表は，計算書類を構成する財務書類として，定時株主総会に際して株主にも提供される（会440条1項，計規161条・164条）。
(5)　旧商法の「営業報告書」が「事業報告」に名称が変わり，計算書類から除かれることになった。この事業報告には，会計に関係しない事項で株式会社の状況に関する重要な事項を記載し，他方，会計に関する事項は計算関係書類に記載されるものと整理され，その内容は会計計算規則ではなく会社法施行規則（施規118−133条）において定めている。事業報告は，計算関係書類でないので，会計監査人の監査対象にはならず（会436条2項），監査役または監査委員会の監査対象とされた。
(6)　附属明細書では，会計に関する事項は計算書類に係る附属明細書に（計規145条），それ以外の会計に関係しない事項は事業報告に係る附属明細書に区分し，前者は貸借対照表，損益計算書，株主資本等変動計算書および個別注記表の内容を補足する重要な事項を表示することになっている。
(7)　この内閣府令は「財務諸表等規則」を指し，その第1条の財務書類のうちの財務諸

第1部 総　　論

表をいう。
(8)　この要件とは，(1)計算書類についての会計監査報告の内容が無限定適正意見であること。(2)会計監査報告に係る監査役等の報告に，会計監査人の監査の方法または結果を相当でないと認める意見がないこと。(3)監査役が監査役会の監査報告の内容と異なる場合において，会計監査人の監査の方法または結果を相当でないと認める意見の付記がないこと。(5)取締役会を設置していることなどである（会439条，計規163条）。
(9)　討議資料では，比較可能性を実質優先などレリバンスと係る文脈で語られることもあるが，信頼性の下位概念である表現の忠実性に含まれる面もあるとして，レリベンスや信頼性と並ぶ独立の特質とはしなかった（斎藤，2007, p.13）。
(10)　支配とは「報告主体がその経済的資源を利用し，そこから生み出される便益を享受できる状態」をいう。
(11)　株主資本は，株主の直接的な取引，または株主に帰属する純利益によって増減する。
(12)　直接的な取引（資本等取引）例は，親会社の増資による親会社株主持分の増加，いわゆる資本連結手続を通じた少数株主持分の発生，新株予約権などがある。
(13)　収益は，多くの場合，同時に資産の増加や負債の減少を伴うが，そうでないケースの場合には，純資産を構成する項目間の振替と同時に収益が計上される場合（新株予約権が失効された場合や過年度の包括利益をリサイクルした場合）などがある。
(14)　FASBは，ある項目が財務諸表上で認識される要件の規準として，①財務諸表の構成要素の定義，②測定可能性，③目的適合性，④信頼性の4つを挙げている（para.63, paras.82, 83）。
(15)　例えば，その他有価証券は，現金あるいはどの同等物への転換が容易であり，その時価評価差額は「実現可能な成果」と解釈することができる。しかし，概念フレームワークでは，この有価証券の売却処分には事実上の制約が課されており，その時価評価差額はリスクからの解放とはいえないという見解を採っている。

＜参考文献＞
第1節
相沢哲，葉玉匡美，郡谷大輔編著『論点解説　新・会社法』商事法務，2006年6月。
池田唯一［編著］野村昭文，西田裕志，大貫一［共著］『内部統制報告制度』税務研究会出版局，2007年12月。
太田達也『新会社法の完全解説』税務研究会出版局，2006年3月。
神田秀樹『会社法入門』岩波新書，2006年4月。
企業会計審議会「財務報告に係る内部統制の評価及び監査の基準」2007年2月。
黒沼悦郎『金融商品取引法入門』日経文庫＜第2版＞日本経済新聞出版，2007年8月。
郡谷大輔・和久友子編著，細川充・石井裕介著『会社法の計算詳解』中央経済社，2006年9月。
多賀谷充『金融商品取引法－ディスクロージャー制度を中心として－』同文館出版，2007年8月。
武田隆二『法人税法精説』森山書店，1992年10月。

長島・大野・常松法律事務所編『アドバンス新会社法』商事法務，2005年12月。
町田祥弘『内部統制の知識』日経文庫，日本経済新聞出版，2007年3月。
水谷融［著］『金融商品取引法の基本知識』税務経理協会，2007年3月。
弥永昌生『コメンタール会社計算規則・改正商法施行規則』商事法務，2006年10月。

第2節

企業会計基準委員会『討議資料　財務会計の概念フレームワーク』2006年12月。
斉藤静樹［編著］『討議資料　財務会計の概念フレームワーク』（第2版）中央経済社，2007年12月。
斉藤静樹［編著］『会計基準の基礎概念』中央経済社，2004年2月。
西川郁生，豊田俊一，秋葉賢一，野村嘉浩，鶯地隆継（座談会）「討議資料『財務会計の概念フレームワーク』を読み解く」，『旬刊経理情報』，2004年11月1日号，pp. 8 −26。
平松一夫・広瀬義州訳『FASB財務会計の諸概念』(改訂新版)，中央経済社，1994年5月。

第1部　総　　論

第3節　米国の財務会計基準制度

　米国の財務会計基準制度は，歴史的にも古く他国の会計基準設定に多くの影響を与えている。また，米国の会計基準は世界で最高レベルの会計基準といわれており，市場における取引の発展と扱われる商品の変化に伴い，会計基準もそれに対応するために今なお変化し続けている。米国における会計基準は従来，規則主義であったが，近年では原則主義による目的志向アプローチの研究もSECから公表されている。近年の会計基準のコンバージェンス議論において，米国の会計基準設定機関である財務会計審議会（FASB）は国際会計基準審議会（IASB）と会計基準のコンバージェンスを進めている最中である。

1　歴史的背景

(1)　SECの設立
　米国において証券に関する法律が制定されたのは1933年の有価証券法（Securities Act of 1933）と1934年の証券取引法（Securities Exchange Act of 1934）である。これらは，1929年に起こった大恐慌を契機として，投資家の保護および証券市場の再建などを目的として制定された。また，これらの法律と同時に監督機関として証券取引委員会（Securities and Exchange Commission：以下，SEC）が設立された。また，企業が開示する財務諸表については，公認会計士による監査を受けることが義務付けられた。

(2)　AAAとAIA（AICPA）の設立
　この時期から，財務諸表の開示について会計原則や会計基準の設定の役割を果たしてきたのがアメリカ会計学会（American Accounting Association：以下AAA）とアメリカ会計士協会（American Institute of Accountants：以下AIA, 1957年AICPAと改組）である。AAAは1936年に前身の組織から改組されたものである。もとは大学の教員からなっていた組織であったAAAでは，財務会計の理論的な体

第2章 財務会計制度と財務会計概念フレームワーク

系化と会計基準の理論的な形成に努めたといわれる。

　AAAは，1957年会計原則で，会計公準および実現の各基礎概念を示している。注目できることは，AAAはこれに基づき資産の本質について用役潜在性であることを求めていることである。これにより，資産の価額について従来の取得原価主義から時価主義へと向かう変化が，サプリメンタリー・ステイトメントでも表れている。AAAは各利害関係者にとって有用な会計情報についての研究を進め，会計情報の4つの基本的規準（目的適合性，検証可能性，普遍性，量的適合性）を提案した，「基礎的会計理論に関するステイトメント（A Statement of Basic Accounting Theory：ASOBAT）」（1966年）を公表した。

　AAAに対しアメリカ公認会計士協会（The American Institute of Certified Public Accountants：AICPA）は実務に対応する会計基準や具体的な指針の形成に努めてきたといわれる。

(3) 会計手続委員会（CAP）と会計原則審議会（APB）の活躍

　AIA，AICPAの会計原則の形成に貢献してきたのが会計手続委員会（Committee on Accounting Procedure：以下CAP）である。これは，それまでの会計手続特別委員会と会計原則形成特別委員会とが1936年に再編成され，1938年から活動を開始したものである。CAPは成果として会計研究公報（Accounting Research Bulletins：以下ARB）を公表した。これは会計手続の調査研究と諸問題についての意見書的なもので第51号まで公表された。このARBはアメリカにおいて1950年代まで「一般に認められた会計原則」（generally accepted accounting principles：以下GAAP）としての役割を果たした。

　GAAPとして取り扱われてきたARBであるが，その中には幅広い会計処理を含んでいたため，手続きについても開示される情報の多様性や，委員が常勤でないため公表までに時間がかかることなどの指摘があった。こうした問題に取り組むために，AIAは1957年にAICPAに改称し，これまでの問題ごとに対処するアプローチから，会計原則の研究と財務会計における矛盾などを少なくするアプローチへと方向転換をした。この後，ARBを公表してきたCAPは

第1部　総　　論

　1959年に解散され，AICPAによって新たに会計研究調査部会（Accounting Principles Board：以下APB）が設置された。APBの目的は，それまで問題であったGAAPの会計処理を狭めることや，その他未解決の問題の検討を行うことであった。APBはAICPA理事会からその委員が選出された。APBの研究機関として会計研究調査部会（Accounting Research Division：ARD）があり，APBの指令のもとに新たな研究を行い，研究報告をしていた。そして，ある課題についてAPBの委員のうち3分の2以上の賛成をもってAPB意見書（APB Opinion）として公表された。APBはAICPAの成文化された会計原則を公表できる権限を有しており，それらはAPB意見書として1973年までに第31号まで公表された。これらは，SECから実質的な権威ある支持を受けているとみなされ，会計原則としての性格を持っていた。

　ARBで問題視された，広範な会計処理の幅を狭めて，より詳細に会計処理を設定したAPB意見書は1973年にその体制が終わるまでに意見書第31号までが公表された。その後，廃止されたものやFASBにより取って代わられているものを除き，APB意見書は現在もGAAPに含まれている。

　APB体制が終了した理由として，意見書の公表においてその研究機関として設置されたARDとの連携がうまく行かなかったことが指摘される。これには，ARDの公表する会計研究叢書がAICPAの新しい理念をうけ従来に比べ理論指向的であったための反対が強かったことがあげられる。また，会計に対する社会的な関心の高まりとともに，議会や産業などから様々な政治的圧力を受け，公式見解の権威を維持できなかったともいわれている。これにはAPBのメンバーが大規模な会計事務所のパートナーで占められることとなり，公認会計士以外の利害関係者の参加が認められていなかったことも関係していた。

　APBが解散される前年，新たな体制を作るためにAICPA常任理事会において次の勧告事項が正式に承認された。
　① 独立したプライベート・セクターである財務会計財団（Financial Accounting Foundation：FAF）の設置。
　② 財務会計基準審議会（Financial Accounting Standards Board：FASB）の設置。

③　FAFによる財務会計基準諮問評議会（Financial Accounting Advisory Council：FASAC）の任命と，諮問内容についてのFASBとの協議。
④　これらの手続きの完了とAPBの解散。

(4) FASBの設置

これを受け1972年6月よりFASB体制が正式に発足する。FASBが公表する財務会計基準書（Statement of Financial Accounting Standards：SFAS）はSECより実質的に権威のある支持を得ている会計原則とみなされ，AICPAからも，その会員が遵守しなければならない会計原則と定められた。FASBはFAFの管轄下に置かれたが，そのFAFの任務はFASBおよびFASACメンバーの任命，資金調達や予算編成の管理または会計基準設定や改善のための基礎的理論構造の検討であった。FASBの主な任務はSFASや財務会計の諸概念に関するステイトメント（Statement of Financial Accounting Concepts：SFAC）の作成および，ARBやAPB意見書の解説書の公表である。また，FASACの任務は財務報告の確立と改善について統括的役割を果たすために諮問内容について関係団体との媒介機関となること，FASBの審議議題や審議順位，委員会の編成等をFASBと協議すること，また，SFASやSFACについてのコメントをFASBに提出することである。

現在までにFASBはSFAC第7号およびSFAS第158号までを公表している。

2　会計基準の公表手続

会計基準公表までの手続きには，審議議題の立案と順位の決定，専門委員会の設置と討議資料の公表，公聴会の開催，公開草案の公表，会計基準の公表というプロセスがある。

まず，FASBではFASACからのアドバイスを受け審議すべき議題の立案と審議の順位の検討を行う。審議する議題について必要があれば専門委員会の設置を行う。専門委員会は問題の把握，研究範囲の決定および討議資料の作成等を行う。そして，現状における見解やその意味，残された議論また代替的な解

決策や問題点を広く公表するために討議資料が公表される。FASBは討議資料についてその必要性に応じて公聴会を開催する。

討議資料について公聴会等での批判や提案についての検討が加えられ，基準書等についての公開草案が公表される。この公開草案についても一般から意見を受けつける期間が設けられさらなる検討が加えられる。そして，FASBにおいて最終的な承認を得てSFASおよびその解説書やSFACが公表される。

SFASでは，FASBの結論が示され，その結論に至った理由及び他の意見が排除された理由が示されている。また，効力発生後に，過年度修正の必要が生じた場合には遡及適用することが要求される。

3　会計観と会計の定義の変遷

1941年にAICPAの会計用語委員会が公表した会計の定義は，「会計とは，少なくとも財務的正確をもつ取引や事象を，意味のあるやり方で貨幣額によって記録し，分類し，集計し，かつその結果を解釈する技術である」となっている。つまりこの時期には会計は計算のためのシステムとして考えられていた。

1966年のASOBATによる定義では，「情報の利用者が事情に精通して判断や意思決定をすることが可能なように，経済的情報を識別し，測定し，伝達するプロセスである。」と変化する。1941年の定義と大きく変わる点は，会計を計算のためのシステムやツールとしてではなく，情報提供のためのシステムとして定義しているということである。これにより，会計はそれまでの単に計算ツールとしての役割から，情報の利用者のために情報を提供するというシステムへと役割へと大きく前進させた。

1970年に公表されたAICPAのAPBステートメント第4号では「会計はサービス活動である。その機能は，経済主体に関する主として財務的性格を持った定量的情報のうち，経済的意思決定に役立つような情報を提供することである。」となる。これにより，会計がサービス活動として情報利用者の意思決定に役立つための情報を提供する活動ということが明示された。「経済的意思決定に役立つような」ということにより情報の利用者に焦点が向けられ，意思決

定に役立つ情報を提供することが会計の役割であることが明確にされた。

1978年のFASBのSFAC第1号では「財務報告は現在および将来の投資家，債権者およびその他の利用者が合理的な投資，与信およびにその他類似の意思決定を行うのに有用な情報を提供しなければならない。」，「経営および経済的意思決定を行うために有用な情報を提供することを目的としている。」となる。情報利用者についての記述の変化がみられる。これまでは，会計が情報提供システムとしての役割が主に述べられており，情報利用者については，定義ではその内容については詳細には示されていなかった。FASBはSFAC第1号において，情報利用者について投資家と債権者をあげ，また，ステイトメントの中で情報利用者の経済的利害関係についての説明が行われている。これにより，会計は，情報を提供する対象やその理由，目的がより明確にされ，より能動的に情報の開示を行うシステムとしての役割が明示されることとなる。

4 SECの開示制度とFASBとの関係

米国では，伝統的に投資家保護の観点から会計を規制し，投資家に対する開示制度を通じてその解釈指針としての「レギュレーション」を公表し，財務報告の様式を規制する「フォーム」を要求してきた。他方，SECは証券市場の番人としてさまざまな規制はするものの，会計基準の設定については，ASRを通して特定の問題について忠告する権限を保持しているものの，自ら設定することなく，設立当初から基準設定の権限を会計専門家に委ねてきた。そして「実質的に権威ある支持」を有するものとしてプライベートセクターの公表する「一般に認められた会計原則」(GAAP) を認めてきた。

したがって，SECとFASBとの関係は，SECが基準設定の権限は保持するが，その基準設定の権限をFASBに委譲してきているといえる。

(1) SECの開示制度とFASBとの関係

SECは，自ら基準設定をすることはないが，以下のようなさまざまな開示規制を設けている。

第1部　総　　論

① 　レギュレーション（開示要件の解釈指針）Ｓ－Ｘ，レギュレーションＳ－Ｋ，財務報告通牒（会計及び監査に関する通牒）およびSECスタッフによる適用指針[1]。

　　1934年の証券取引法は，有価証券が公開して取引されている場合には，年次報告書，四半期報告書，不定期報告書（irregular）の中に，継続的な財務諸表の提出（filings）によるディスクロージャーを要求している。SECは，財務諸表の作成について次の5つの方法を表明している。

(A)　SECに提出する財務諸表の様式（form）と内容を管轄しているレギュレーション（Regulation）Ｓ－Ｘ

(B)　SECによって制定された（lay down）規則（rule）や重大な意見である，会計連続通牒（ASRs）

(C)　期間発行のStaff Accounting Bulletinsを含む，SECの決定および報告書

(D)　SECのメンバーが発表したスピーチや論文，特にSECの議長（Chairman）のもので重要なもの。

(E)　SECのアニュアル・リポート

　　＊　SECに提出される継続的な報告書の様式は，会社にとって一番重要な年次報告書は10－Ｋの様式である。四半期報告書は，10－Ｑである。不定期的報告書は，8－Ｋである。

② 　SECは，SEC規制会社に対して会計監査を義務付け，1973年3月，職業倫理規程（Code of Ethics）203号を公表し，AICPAの会員は会計基準設定団体が公表した会計基準に準拠しなければならない旨承認した。「会員は，かかる財務諸表にそのような原則を設定することを評議会（Council）が指名した団体によって公表された会計原則から離脱したものが含まれているならば，その財務諸表には一般に認められた会計原則に従って作成されているという監査意見を表明してはならない。」というものであった。

③ 　1938年4月に，SECは，ASR（Accounting Series Release），会計連続通牒，1982年財務報告通牒（FRRと改名した。）4号「財務諸表に対する行政方針」

64

を公表し，財務諸表の作成に関する基本方針を明確化し，財務諸表が責任ある人々の実質的に権威ある支持 (substantial authoritative support) を受けていない会計原則によって作成されている場合には，たとえ監査証明書または注記で開示を行っても，SECは財務諸表を受理しないというものであった。

④　1973年12月，SECは会計連続通牒 (ASR) 150号「会計原則と基準の設定ならびに改善に関する政策意見書」を公表し，「SECは会計基準の設定の手動についてFASBに目を向ける」と発表し，FASBが公表する会計基準書について，SECが支持すると表明し，ついに実質的に権威ある支持を有する団体をFASBと名指ししたのである。

(2) FASBの基準の公表 (「一般に認められた会計原則」を構成する基準書等)
① 財務会計基準書 (Statements of Financial Accounting Standards, FAS)，FASB解釈指針 (FASB Interpretation, FIN)，会計原則審議会意見書 (Accounting Principles Boards Opinions, APB Opinions)，および会計調査公報 (Accounting Research Bulletins, ARB)
② FASB技術公報 (FASB Technical Bulletins, FTB)，AICPA産業間差別監査・会計指針 (AICPA Industrial Audit and Accounting Guides)，およびAICPA参考意見書 (AICPA Statements of Position, SOP)
③ AICPA会計基準執行委員会業務公報 (AcSEC Practice Bulletin)，発生問題専門員会 (Emerging Issues Task Force, EITF) による合意 (Consensus)
④ AICPA会計解釈指針 (AICPA Accounting Interpretation)，FASB職員により発行された適用指針 (Interpretation Guides)，FASB職員意見書 (FASB Staff Position, FSP)，広く普及されている会計慣行[2][3]

5　コンバージェンス

2002年9月，FASBとIASBの間で，米国基準とIFRSを将来的に収斂 (convergence：コンバージェンス) するために，ノーウォーク合意が行われた。これ

第1部 総　　論

により，米国基準とIFRSのコンバージェンスに向けた動きが本格的になった。CESR（Committee of European Securities Regulators）は，米国基準，日本基準，カナダ基準がIFRSと同等であるかの評価を行い，2005年に同等性に関する報告書を公表した。その結果，補正措置が必要であるが，「全体としては同等」という評価となった。また，追加開示（additional disclosure）および補足表（supplementary statements）についても示され，それぞれの基準について補正措置が求められている。

　2003年にはSECから財務報告システムに原則主義の導入に関する研究が公表された。これにより，将来の会計基準は原則主義に基づき，以下のことが示されている。

① 　新基準は財務報告の目的を明確にし，適用範囲や数値基準の過度の詳細を避ける。
② 　概念フレームワークにおける欠陥と矛盾の指摘
③ 　改善された概念フレームワークに基づく新基準の作成
④ 　現行の規則主義の基準の指摘
⑤ 　GAAPの階層構造の再定義
⑥ 　米国基準と国際会計基準のコンバージェンスについての継続的な努力

　米国における会計基準は従来，規則主義であったが，この公表によりこれまでの詳細な会計処理の設定からの変化とともに，IFRSとのコンバージェンスが進められることが期待されている。また，FASBおよびIASBは2006年の2月に，覚書（Memorandum of Understanding：MOU）を公表した。これはノーウォーク合意を再確認するものであり，どのようにコンバージェンスが進められていくのかについてのプロジェクトが明示された。

　その後，2006年4月にEC会計基準委員会はEC委員会に同等性の結論について2年間の延長を勧告した。これにより，米国基準による財務諸表は2008年12月31日まで調整なしで，EU域内で報告できることになった。延長された理由には，コンバージェンスの進行があげられている。しかし，他の理由として，SECがIFRSによる財務諸表を調整しなくても受け入れる可能性が高まったと

いう指摘もある。

第4節 米国の財務会計概念フレームワーク

　米国における財務会計の概念フレームワークは，正式には財務会計の諸概念に関するステイトメント（Statement of Financial Accounting Concepts：SFAC）である。これは，それ以前のトゥルーブラッド委員会による財務報告の目的に関する報告書および，FASBによる財務諸表の目的や概念フレームワークに関する報告書につづくものである。

　概念フレームワーク公表の目的は，FASBが会計基準の設定において従うための基本的な目的や諸概念を確立することである。そのため概念フレームワークはGAAPそのものではなく，各基準が体系的に設定されるための根本的な考え方等を示しているステイトメントである。また，これらを示すことで検討すべき問題に適用される会計基準や公式な見解がない場合にも，それらを解決するための指針となり得る。ここでは，SFAC第1号から第7号の中でも主に営利企業に関係する部分についての要点に触れる。

1　営利企業の財務報告の目的（SFAC第1号）

　SFAC第1号は第7号まで続くシリーズのはじめの概念書であり，基準設定において大前提となる基本目的が示されている。このステイトメントでは，将来の財務会計基準および実務の基礎となり，またいずれ現行の財務会計基準および実務を評価するための基礎として役立つような諸概念やさまざまな関係を述べている。

　まず，財務報告は，一会計期間中の企業の財務的業績および企業の出資者に対する経営者の受託責任の遂行状況に関する情報を提供すると考えられている。財務報告の目的として，SFAC第1号によれば，財務報告は企業経営および経済的意思決定を行うための有用な情報を提供することを目的としている。これは財務報告に関するものであり，財務諸表に限定されない。また，財務報告の

第1部 総　　論

目的は，経済的，法律的，社会的環境によって影響を受けるため不変のものではないとして，この概念書における目的も将来において絶対的ではないことを示している。

　財務報告の目的は，その特徴や限界からも影響を受ける。それらは，情報が営利企業に関わるもので，概算的な測定に基づくことが多く，すでに生起した取引や事象の財務的影響を反映しており，意思決定におけるひとつの源泉にすぎず，有償で提供され利用されるということである。また，企業が外部へ財務報告を行う目的が，情報を企業に要求する権限をもたないために経営者が伝達する情報に依存せざるを得ない外部情報利用者のニーズから生じることも示されている。また，このニーズは，良好なキャッシュ・フローを生み出す企業の能力という各種情報利用者の共通の関心に向けられている。

　財務報告の目的によれば，財務報告は投資家，債権者およびその他を含む情報の利用者が，合理的な投資，与信および類似の意思決定を行うにあたり有用な情報を提供しなければならないとしている。具体的には，配当または利息による将来の現金収入の金額，その時期およびその不確実性ならびに有価証券または債権の譲渡，途中償還または満期による現金収入の金額の評価等である。また，投資家および債権者のキャッシュ・フローは，企業のキャッシュ・フローと関連しているので，財務報告は，投資家，債権者，その他の情報利用者が当該企業への正味キャッシュ・イン・フローの見込額，その時期およびその確実性をあらかじめ評価するのに役立つ情報を提供しなければならない。その情報は，企業経営および経済活動に関して正しく理解し，相当の注意を払ってその情報を検討しようとする者にとって理解できるものでなければならないとして，情報利用者についても情報を一定程度理解できることが求められている。

　財務報告は，主に稼得利益とその構成要素に関する情報に焦点が合わされている。FASBはSFACにおいて発生主義に基づいた情報を求めている。これについて，発生主義に基づく企業の稼得利益に関する情報の方が，一般的に，現金の収支の財務的影響に限定した情報よりも，有利なキャッシュ・フローを生み出す企業の現在および将来の能力を表す指標を提供するとしている。

2 会計情報の質的特性（SFAC第2号）

SFAC第2号の目的は，会計情報を有用なものにする会計情報の特性を検討することである。この特性は情報を有用なものにする要素であり，会計選択を行う場合に求められるべき特性である。会計情報の特性は，意思決定有用性を最も重要な特性として位置付ける階層構造としてみることができる。これは会計情報を有用にするための特性についてそれぞれの関係を示している。これらの関係は，まず目的適合性と信頼性の2つに大きく分けられる。目的適合性を信頼性が保証するという関係ともとれる。つまり会計情報は目的に適合するものであり，かつ信頼のできるものでなければならない。もし，一方が完全に失われるならその情報は意思決定に有用ではないということである。

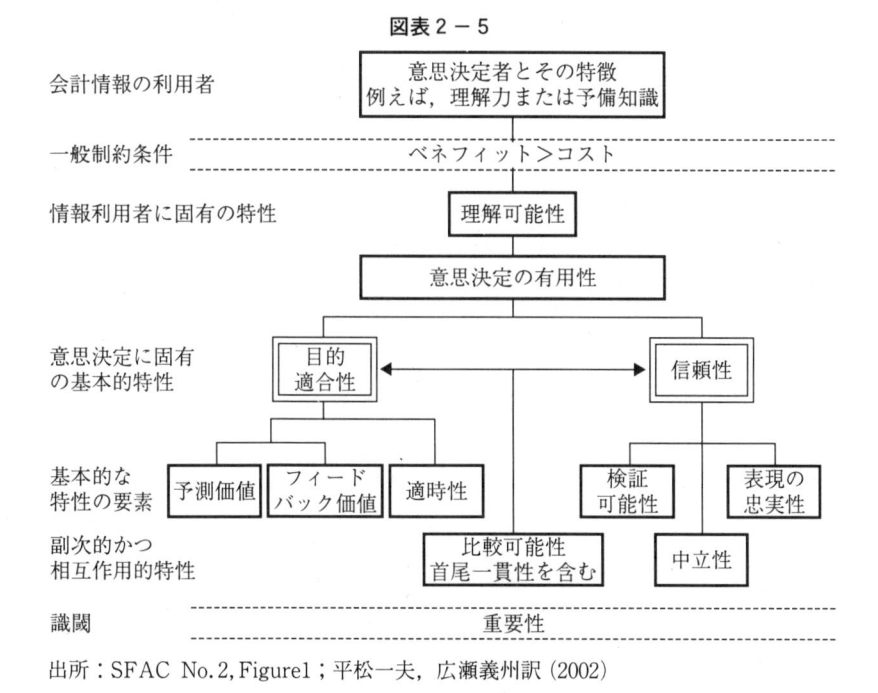

図表2－5

会計情報の利用者	意思決定者とその特徴 例えば，理解力または予備知識
一般制約条件	ベネフィット＞コスト
情報利用者に固有の特性	理解可能性
	意思決定の有用性
意思決定に固有の基本的特性	目的適合性 ⇔ 信頼性
基本的な特性の要素	予測価値／フィードバック価値／適時性　検証可能性／表現の忠実性
副次的かつ相互作用的特性	比較可能性 首尾一貫性を含む　中立性
識閾	重要性

出所：SFAC No.2, Figure1 ; 平松一夫，広瀬義州訳（2002）

第1部 総　　論

(1) **目的適合性**

　会計情報は情報利用者の目的に適合したものでなければならない。目的適合性を有する会計情報は，情報利用者に過去，現在および将来の事象の成果についての予測を可能にさせることで意思決定に影響を及ぼす。また，情報は意思決定者の予測能力の改善や事前の期待値のフィードバックを可能にすることで意思決定に影響を及ぼす。一般的に意思決定者は，すでに行った行動の結果についての予備知識があれば，将来の類似する行動についての結果を予測する能力は改善されるため，情報はこれらのことを同時に行うとされる。

　適時性とは，情報が利用価値のある間に情報利用者に利用させることをいう。これは目的適合性の補完的な側面である。情報の利用において，必要な時から時間が経ち過ぎてしまった場合などは，その情報は目的適合性を欠き，利用価値はなくなってしまう。適時性だけでは，目的に適合しているとはいえないが，適時性を欠けば，本来，当該情報が有していたはずの目的適合性を失わせることにもなる。

(2) **信　頼　性**

　情報は信頼できるものでなければその価値はない。たとえ目的に適合していても信頼のできない情報であれば情報利用者の意思決定に有用ではない。また，信頼性は高いか低いかという程度の差がある。情報がどの程度検証でき，表現上どの程度忠実であるのかが信頼性にとって重要である。中立性もまた，検証可能性と表現の忠実性と相互に作用して情報の有用性に影響を及ぼす。

　検証可能性は，同一の測定方法を用いる独立した複数の測定者間で得られる程度の高い合意によって立証される。表現の忠実性とは，会計数値とその表現しようとする事象とが対応または一致することをいう。しかし，表現される経済的資源や事象が目的に適合していなければ，いかに表現が忠実であっても，その情報が利用者のニーズに適合していることにはならない。

　中立性とは，会計基準を形成しまたは適用する場合に，情報の目的適合性および信頼性に最大の関心を払わなければならないことを意味しており，新しい

第2章 財務会計制度と財務会計概念フレームワーク

ルールが特定の利害関係者に及ぼす影響に関心を払わなければならないことを意味しているものではない。

(3) 比較可能性

情報は、企業の当期以外の会計期間についての情報や、また他の企業との比較が可能なことで意思決定への有用性が高まる。比較の目的は類似点や相違点を見つけ出し明確にすることである。また、比較によって共通の特徴を量的に評価することであり、情報が比較の対象を確実に表現する場合に正しい比較を行うことができる。

(4) 重 要 性

重要性の判断は基本的に量的なものである。その情報が意思決定に影響を及ぼすくらい大きいかである。しかし、重要性は情報の性質にも関係しており、ある測定値が非常に小さいものであっても、性質によっては意思決定に影響を及ぼす可能性がある。

(5) コストおよびベネフィット

情報の開示にあたっては、その開示から得られると考えられるベネフィットが、コストを上回らなければならない。会計基準の設定主体は、会計基準についてかかるであろうコストとそれに対するベネフィットを考慮しなければならない。

3 営利企業の財務諸表における認識と測定（SFAC第5号）

SFAC第5号では、いつどのような情報が財務諸表に計上されるのかについての規準が示されている。資産、負債、収益、費用などの項目を財務諸表に計上するにあたり重要な認識および測定について述べられており、認識規準が示されている。

第1部 総　　論

(1) 認　　識

認識とは，企業の取引にあたり発生する項目を，資産，負債，収益，費用などに分類して財務諸表に計上することをいう。一組の財務諸表からは，その企業の期末現在の財政状態やその会計期間の稼得利益，包括利益，キャッシュ・フロー，出資者からの投資または出資者への配分についての情報が示される。

貸借対照表は，本来は企業の価値を示すことを目的としてはいないが，他の財務諸表などの情報と一緒に用いられるなら，企業の価値の見積りを行おうとしている者にとって有用な情報を提供する。

稼得利益および包括利益結合計算書は，企業の持分（純資産）が一会計期間中に出資者との取引以外のすべての源泉から，どの程度どのような方法で増減したのかについて示すものである。稼得利益は，企業の一会計期間の業績の測定値である。それは，一会計期間の資産流入額が，直接的もしくは間接的であるとを問わず，資産流出額を超過する程度を測定するものである。

包括利益は，取引その他のさまざまな事象が企業に及ぼす影響についての広範な測定値である。それは投資分配など出資者との取引から生じる持分（純資産）の変動を除いた，取引その他の事象および環境要因からもたらされる一会計期間の企業の持分（純資産）について認識されるすべての変動から構成される。

SFAC第5号では，稼得利益に含められるものに利得および損失という用語を用いており，また包括利益には含められるが稼得利益からは除外されるものに累積的会計修正および出資者以外の者との取引から生じる持分の変動という用語を用いている。

(2) 認 識 規 準

認識規準とは，ある項目についてどのように認識するかの問題を解決するための方向付けを示す規準である。この認識規準はSFAC第2号における財務情報の質的特性から導き出される。

ある項目が認識されるためには，定義，測定可能性，目的適合性および信頼性が満たされなければならず，また，これらが満たされる場合には，その項目

第2章 財務会計制度と財務会計概念フレームワーク

は認識されなければならない。

　定義とは，ある項目が財務諸表の構成要素となるための定義を満たしていることである。これは後述するSFAC第6号の財務諸表の構成要素における資産，負債，収益，費用などの定義を満たしているということである。財務諸表の構成要素として認識されるためには，それぞれの項目としての定義を満たさなければならない。

　測定可能性とは，ある項目を十分な信頼性を持って測定することが可能ということである。これは，目的適合性や信頼性と合わせて検討されなければならない。貸借対照表項目においては資産または負債の測定属性には，歴史的原価，現在原価，現在市場価値，将来キャッシュ・フローの現在価値などがある。

　目的適合性とは，ある項目が情報利用者の目的に適合し，その意思決定に影響を及ぼすことである。情報は利用者にとってフィードバック価値または予測価値を有し，さらに適時性を有するものでなければならない。また，目的適合性は，合理的な投資，与信およびこれに類似する意思決定を行ううえで有用な情報を提供するという財務報告の主な基本目的と関連させて評価されなければならない。

　信頼性とは，上述の通り目的適合性と対をなす基本的な質的特性である。信頼性を満たすためには，情報がその項目を表現するにあたって資源や債務または影響について忠実に表現されていなければならない。資産や負債またはそれらに変動をもたらすような事象は，その不確実性のために信頼性を満たす時点が異なり，それによって認識される時点も異なる。ある項目では，信頼性を満たさないために認識が遅くなれば，適時性が満たされないことになる。つまり，認識においては目的適合性と信頼性とはトレード・オフの関係となることがある。

　収益および利得の認識は，実現，実現可能性または稼得という要件に基づいている。実現および実現可能性は，収益および利得が実現または実現可能になってはじめて認識されるという要件である。また稼得は，収益は稼得されてはじめて認識されるというものである。企業が収益という便益を受け取るため

第1部 総　　論

の義務を，事実上果たした時に収益は稼得されたとみなされる。利得を認識するためには，一般に，実現または実現可能の要件のほうが，稼得の要件よりも重要とされる。

　費用および損失の認識とは，便益の費消や損失または欠如の認識である。便益の費消とは，収益稼得活動またはそれ以外で企業の経済的便益が費消される時に認識される。また，便益の損失または欠如は，すでに認識されている資産から生じる将来の経済的便益の減少もしくは消滅が明らかであるか，経済的便益を伴わずに負債が発生もしくは増加していることが明らかである場合に，費用または損失が認識される。

4　財務諸表の構成要素（SFAC第6号）

　SFAC第6号では，営利企業および非営利組織体の財務諸表の構成要素を示している。これらの項目は，一定の資源や，その資源に対する請求権およびこれらに変動をもたらす取引や事象である。

(1)　資　　産

　資産とは，過去の取引または事象の結果として，ある特定の実体により取得または支配されている，発生可能性の高い将来の経済的便益である。資産は次の3つの本質的な特徴を有している。
　(a)　資産は，単独でまたは他の資産と結びついて直接的または間接的に将来のキャッシュ・インフローに貢献する能力を有する，発生可能性の高い将来の便益である。
　(b)　特定の実体がその経済的便益を獲得することができ，その便益に他の実体が接近するのを支配することができる。
　(c)　その便益に対する実体の権利または支配を付与する取引その他の事象がすでに発生している。
　また，資産の特徴として，有償取得，有形，交換可能または法的強制力などもあげられているが，それらは資産の本質的な特徴ではない。すべての資産に

共通する特徴は「用役潜在性」または「将来の経済的便益」であり，これらは企業へのキャッシュ・インフローをもたらす。現金や預金を含む貨幣はそれによってそれ自体によって入手可能な財貨や用益と交換される。また，現金同等物以外の資産は，現金またはその他の財貨や用益との交換，財貨や用益の生産，他の資産の価値を高めるための使用，または負債の弁済によって便益をもたらす。

(2) 負　債

　負債とは，過去の取引または事象の結果として，特定の実体が他の実体に対して，将来，資産の譲渡または用益を提供しなければならない現在の債務から生じる，発生可能性の高い将来の経済的便益の犠牲である。負債は次の3つの本質的な特徴を有している。
　(a)　負債は特定の事象の発生や請求に従って，ある特定の期日に，資産の譲渡または使用による弁済を伴うような，発生可能性の高い現在の義務または責任を具体化したものである。
　(b)　その義務または責任は，将来の犠牲を避ける自由裁量の余地をほとんど残さないか全く残さずに，ある特定実体に債務を負わせる。
　(c)　その実体に債務を負わせる取引その他の事象はすでに生起している。
また，負債の特徴として他の実体へ現金を支払いを要求されることや，法的強制力があることもあげられているが，これらは負債の本質的な特徴ではない。

(3) 持分または純資産

　持分または純資産とは，負債を控除した後に残るある実体の資産に対する残余請求権である。出資者による投資は，その企業における持分の増加である。また，出資者への分配は，出資者への資産の譲渡や用益の提供または負債発生の結果生じる持分の減少である。営利企業においては，持分は出資者の請求権である。その請求権は所有権から生じ，所有主である出資者との関係にかかわっている。持分は資産に対する請求権である負債の後に位置付けられるため

第1部　総　　論

残余請求権とされる。

　営利企業における特徴として，その実体から分配を受ける出資者によってその持分が増加することがある。また，出資者は，営利企業が利益をあげれば便益を得られる一方で，利益をあげられないかもしれないというリスクを負っている。営利企業は一般的に，解散という事象の発生時を除いて，出資者へ資産を譲渡する義務を負わない。

(4) 包括利益

　包括利益とは，出資者以外の源泉からの取引その他の事象および環境要因から生じる一期間における営利企業の持分の変動である。包括利益は出資者との投資や分配以外の，一期間における持分のすべての変動を含む。それは，出資者による投資および出資者へ分配された現金を除く現金の受領額と支払額の純額に等しい。

　営利企業の包括利益は，次の3つから生じる。
(a) その企業と出資者以外の他の実体との間の交換取引やその他の譲渡
(b) その企業の生産的努力
(c) 価格変動，不可避的事故および企業とその企業がおかれる経済的，法的，社会的，政治的，物理的環境との間の相互作用

(5) 収　　益

　収益とは，資産の流入その他の増加もしくは負債の弁済である。これらは企業による他の実体へ財貨の引き渡しや生産，用役の提供，主要な営業活動を構成するその他の活動により発生する。収益は企業の営業活動の結果として発生したキャッシュ・インフローまたは発生すると期待されるキャッシュ・インフローを表している。

(6) 費　　用

　費用とは，資産の流出その他の費消もしくは負債の発生である。これらは企

業による他の実体への財貨を引渡しや生産，用役の提供，主要な営業活動を構成するその他の活動の遂行によって発生する。費用は，発生したまたは発生するであろうキャッシュ・アウトフローを表している。

(7) 利得と損失

利得とは，企業の副次的な取引および実態に影響を及ぼすその他の取引や事象，および環境要因から生じる持分（純資産）の増加である。これには収益や出資者の投資による持分の増加は除かれる。また損失は，副次的な取引，実態に影響を及ぼすその他取引や事象，および環境要因から生じる持分（純資産）の減少であり，費用や出資者への分配による持分の減少は除かれる。

また，SFAC第6号では稼得利益または純利益という用語は定義されていない。SFAC第5号によれば，一会計期間の稼得利益は，一会計期間の包括利益に含められる累積的な修正および出資者以外によるその他の持分変動を除くものとされている。

5　会計測定におけるキャッシュ・フローおよび現在価値の使用（SFAC第7号）

SFAC第7号においては，見積キャッシュ・フローは将来受領または支払いが行われる単一の数値を表している。また，公正価値について，独立した当事者間による競売または精算による処分以外の現在の取引において，資産の購入や売却，負債の負担や弁済を行う場合の価額としている。

現在価値の算定は，貨幣の時間価値を測定に組み込むために用いられる手法であり，将来受け取るであろう貨幣に対して必要とする金額を表している。会計測定において現在価値を用いる目的は，割引かない場合にそれぞれの見積キャッシュ・フローが同一とみなされるような項目の違いを可能な限り把握することに役立つ。そのため，将来キャッシュ・フローの現在価値に基づく測定は，割り引かない将来キャッシュ・フロー総額に基づく測定よりも目的に適合する情報を提供する。

第1部　総　　論

　資産および負債の価値の最終裁定者は市場であるので，取得時における測定は市場価格が存在するならば，公正価値およびそれを構成する要素を把握しなければならない。しかし，経営者の予測でしか有用な情報を得られない場合もある。その場合は，市場を仮定して市場で存在するであろう価格を予測する。また，現在価値を用いる測定は，その資産や負債固有のリスクや不確実性を考慮し，それぞれの見積キャッシュ・フローに固有の不確実性を反映させなければならない。現在価値による測定では，次のような要素が必要であり，これらはそれぞれ異なる程度で取り入れられている。

(a)　将来キャッシュ・フローの見積り，またはより複雑なケースでは，異なる時点における一連の将来キャッシュ・フローの見積り

(b)　将来キャッシュ・フローの金額または時期の予想される変動に関する予測

(c)　リスク・フリー利子率によって表される貨幣の時間価値

(d)　当該資産または当該負債に固有の不確実性をはじめとする識別不可能なこともある要素

(e)　その他，流動性および市場の不完全性をはじめとする識別不可能なこともある要素

　SFAC第7号では，現在価値の伝統的なアプローチと期待キャッシュ・フローアプローチの2つのアプローチが取り上げられており，前者においては上記の(b)から(e)の要素が割引率の調整に組みこまれており，後者では(c)が割引率に含まれ，それ以外の要素はリスク調整後期待キャッシュ・フローの計算における調整項目となっている。

（注）

(1)　Miller and Robertson. "A guide to SEC Regulation and Publication-Mastering the Maze"Research in Accounting, Vol.3, 1989, p.242 より作成。

(2)　この資料の原典は，中央青山監査法人［編］『アメリカの会計原則』(2004年版) 東洋経済新報社，p.16によるものである

(3)　FASBの公表するさまざまな会計基準を包括して「一般に認められた会計原則」(GAAP) という。

第2章　財務会計制度と財務会計概念フレームワーク

<参考文献>
青柳文司 (1986)『アメリカ会計学』中央経済社。
新井清光, 広瀬義州 (1988)『国際財務会計基準』中央経済社。
飯野利夫 (1995)『財務会計論〔三訂版〕』同文舘。
伊藤邦雄 (2001)『ゼミナール現代会計入門〔第3版〕』日本経済新聞社。
平松一夫, 広瀬義州訳 (2002)『ＦＡＳＢ財務会計の諸概念＜増補版＞』中央経済社。
中島省吾 (1964)『増補A.A.A.会計原則』中央経済社。
森川八洲男監訳 (1988)『現代アメリカ会計の基礎概念』白桃書房。
米山祐司 (2003)『アメリカ会計基準論－国際的調和の動向－』同文舘出版。
Committee on *Accounting Procedure (1950), Accounting Research Bulletins No. 43, Restatement and Revision of Accounting Research Bulletin*, AIA.
Financial Accounting Standards Board (1976), *Scope and Implications of the Conceptual Framework Project*, FASB.
Financial Accounting Standards Board (1978), Statement of Financial Accounting Concepts No. 1, *Objective of Financial Reporting by Business Enterprises*, FASB.
Financial Accounting Standards Board (1980), Statement of Financial Accounting Concepts No. 2, *Qualitative Characteristics of Accounting Information*, FASB.
Financial Accounting Standards Board (1984), Statement of Financial Accounting Concepts No. 5, *Recognition and Measurement in Financial Statements of Business Enterprises*, FASB.
Financial Accounting Standards Board (1985), Statement of Financial Accounting Concepts No. 6, *Elements of Financial Statements a replacement of FASB Concepts Statement No. 3 (incorporating an amendment of FASB Concepts Statement No. 2)*, FASB.
Financial Accounting Standards Board (2000), Statement of Financial Accounting Concepts No. 7, *Using Cash Flow Information and Present Value in Accounting Measurements*, FASB.

第1部　総　　論

第5節　国際会計基準制度

　近年，企業活動のグローバル化の流れとともに会計情報の比較可能性への関心が高まり，これに対応するために会計基準の統合化（convergence）の動きが加速化している。その主導的な役割を果たしているのが国際会計基準審議会（IASB）であり，各国の会計基準をIASBの公表物である国際会計基準・国際財務報告基準（International Accounting Standards・International Financial Reporting Standards：IAS/IFRS）への統合化を図るために，財務会計基準審議会（FASB）や企業会計基準委員会（ASBJ）をはじめとする各国の基準設定主体は共同プロジェクトの取り組みを始めている[1]。

　すでに欧州連合（EU）では，域内の金融・資本市場統合の一環として，2005年から（米国基準採用のEU企業は2007年から），EU域内の上場企業に対してIAS/IFRSに基づく連結財務諸表の作成を義務づけている。さらに，外国企業が域内で資金調達する場合は，IFRSまたはそれと同等の会計基準に従った連結財務諸表の提出が2009年から求められることになり，いわゆる「2009年問題」とよばれている[2]。

　そこで，本節では国際会計基準制度についていくつかの視点から概観してみる。

1　国際会計基準委員会をめぐる動向

　IASBの前身は国際会計基準委員会（IASC）である。IASCは1973年6月に設立されたプライベート・セクター（国際会計士研究グループのメンバーであった米国，イギリス・ニュージーランド，カナダ，西ドイツ，フランス，オランダ，オーストラリア，メキシコ及び日本の職業会計士団体が加入）である。その目的は，監査対象となる計算書及び財務諸表の提示に当たり準拠すべき基本的諸基準を，公共の利益のために作成・公表し，かつこれが世界的に承認され遵守されることを促進すること，すなわち国際的調和化（harmonization）を目指すことにあった。

第2章　財務会計制度と財務会計概念フレームワーク

1983年以降は，国際会計士連盟(IFAC)の会員である職業会計士団体がIASCのメンバーとなっていたが，IASCに対する各国の関心度は低かった。その理由としては，以下の点が挙げられる。

① IASCは，構成メンバーが職業会計士団体に限定されていたプライベート・セクターであるために，IASの遵守を強制する権限がなく，米国や日本などの経済大国が余り関心を示さなかった。

② IASの内容についても，各国への受け入れの容易性を考慮して，多くの代替的な会計処理を容認していたために，結果として得られる会計情報の比較可能性が乏しく，さらにIASがすべての会計問題を網羅せず，IASの適用範囲を限定していたために具体的なガイドラインとはなり得なかった。

③ 長年にわたりグローバル・スタンダードとして君臨し，国際資本市場において広く受け入れられてきた米国会計基準（US-GAAP）の存在があり，重要な会計領域をほぼすべてカバーし，高品質の内容を保持していた。

しかしながら，1987年には証券監督者国際機構(IOSCO)を，1988年にはFASBを，さらには1990年にはEUを諮問グループにそれぞれ迎えてから，IASに対する注目度がにわかに高まることになる。特に，IOSCOとの協力体制が整ってきたことが大きな転機となった。IOSCOはその活動目標の一つに，国際的に受容できる会計・開示基準の制定を掲げていた。そこでまず，1988年の総会でIASCに対して会計処理の選択の幅を縮小して，財務諸表の比較可能性を高めることを要請した。この要請に対して，IASCは1989年に「財務諸表の作成と表示のためのフレームワーク」を公表した。

さらにIOSCOは，国際資本市場で実際に機能するグローバル・スタンダードとして，IASを有力候補にあげて，「コア・スタンダード」の作成を要請し，その要請が満たされればIASを承認するとの合意に達した。それは，1995年7月にIASCとIOSCOの共同プレス・リリースとして発表されたが，そこではIASCとIOSCOの両団体は，高品質で包括的なIASに対する強いニーズがあることに合意しており，両機関の最終的な目標は，IASに準拠して作成した財務諸表が，国内基準の使用に対する一つの代替として多国間の公募及び上場の際

第1部　総　　論

に世界中で使用できるものとして，国際会計基準の制度化に向けて本格的に発進した。

このような要請のもとに，IASCはIASの改訂と新IASの設定作業に着手し，2000年3月の国際会計基準第40号「投資不動産」(IAS40) の承認をもって，「コア・スタンダード」が完成した。それを受けてIOSCOは2000年5月に開催された総会でIASに対する支持を表明した。具体的には，IOSCOのメンバーに対して，各国又は各地域に入境してくる多国籍発行体(多国籍企業)に，「IASC2000基準」(IASC 2000 standards)と呼ばれる30項目のIAS及び解釈指針委員会 (SIC) の解釈指針の使用を承認することを勧告した。これにより多国籍企業を中心に，IASによる財務諸表が世界の資本市場で利用可能となったのである。

このように，IOSCOの参加は，各国のプライベート・セクターから構成された組織活動にパブリック・セクターが加入した点で大きな意義をもち，IASへの関心を著しく高めるとともに，IASを各国に普及させる道を開いたといえる。

2　IASBの誕生と目的

このような動きの一方で，IASCの将来像について検討すべき必要性が生じてきた。それは現体制のままで高品質の会計基準の策定に応えられるか，組織の専門性・独立性が保持できるかについて疑問視する声が上がったことによる。さらには各国の会計基準設定機関との緊密な連携のもとに，IASと各国基準との差異を縮小して，ダブル・スタンダードの解消を目指すことも喫緊な課題となっていた。

そこで，第1章の第4節で指摘したように，IASCの組織を変更するために戦略作業部会 (Strategy Working Party: SWP) が設置されて，「IASCの将来像への勧告」(Recommendation on Shaping IASC for the Future)において組織改組の具体的提言が行われた。組織改組が必要な理由としては，コア・スタンダード完成後はほぼすべての国に影響を与えることが考えられること，理事会の増加により無給のボランティアでは運営が困難な状況となってきたこと，各国が既

存の会計基準を受容する役割から積極的に会計基準の統合化を図る必要性があることが指摘されていた（平松［2007］，12頁）。

それを受けて，2001年1月にIASCは組織改組してIASBが誕生した。その設定の目的は，以下のように規定されている（IASCF［2002］，par.2）。

① 公共の利益のために，高品質で，理解可能でかつ実行可能な単一の国際的基準を策定すること。
② 国際的会計基準の利用と厳格な適用を促進すること。
③ 会計基準の国際的な統合化を成し遂げること。

このように，IASBの活動はIAS/IFRS（公開草案を含む）の策定・公表及び解釈指針の承認にとどまるだけではなく，各国の基準設定主体との連携を図りながら，会計基準の統合化を達成することにあるといえる。それは，単にIASCからIASBへの組織改組と捉えるよりも，国際的な調和化から国際的な統合化という本質的な目的の変更を意味している。

IASBのメンバーは，公共の利益のために行動することが要請され，多様な意見を反映させることが求められている。そのために，議長と副議長に加えて，評議委員会により任命される14名の理事（board）から構成されているが，そのうちの7名は，統合化の円滑な推進に向けてIASBと主要国の基準設定主体との連携を綿密に取る必要から橋渡し役となるリエゾン（liason）メンバーである（IASCF［2002］，par.22）。

3 統合化プロジェクトの推進

IASBの進めているプロジェクトの1つとして統合化プロジェクトがある。これは，IASBが強力なリーダーシップのもとで，IAS/IFRSと各国の会計基準の統合化を積極的に進めることを目的としている。このプロジェクトは厳密にいえばIAS/IFRSの適用を容易にするためのプロジェクトも含められるが，当面はリエゾン国との統合化に焦点が当てられることとなる。

第1部　総　　論

(1) IASBとFASBの共同プロジェクト－IAS/IFRSと米国会計基準との統合化

　IASBとFASBは，2002年10月に開催された合同会議で，国内・クロスボーダーの両方の財務報告に適用される高品質な会計基準の統合化を目指して，両基準の中長期的な統合化を図る「ノーウォーク合意」を締結した（山田［2005］，16－22頁）。両者の会計基準の互換性を高めるために，次の4点を今後推進していくことに合意した。

　①　米国会計基準とIAS/IFRSとの間にあるさまざまな差異を削除する目的で短期的な統合化プロジェクトに着手する。

　②　2005年1月1日時点で残っている両者の会計基準間の差異を，両者の将来の作業計画を調整することを通じて取り除く。すなわち，差異のある項目それぞれについて，両者が個別かつ同時にプロジェクトを開始して検討する。

　③　現在進行している共同プロジェクトを継続して取り進める。

　④　両者のそれぞれの解釈指針設定組織がそれぞれの活動を相互に調和させることを促進する。

　この合意は，今後IAS/IFRSと米国会計基準をほぼ同一な内容とするために，広範な協力関係を構築していくことを示したものである。言い換えれば，高品質な全世界共通の会計基準の作成が両者にとっての長期的優先目標であると認識して両基準の将来の統合化に向けて，既存の会計基準の差異の解消と今後の会計基準の開発についての共同プロジェクトを進めようとするものである。その背景には，EUが域内の上場企業にIAS/IFRSを強制適用したことが指摘されていた。

　IASBとFASBは，2004年4月の合同会議で，短期的に解消できない両者の差異が指摘され，中長期の統合化プロジェクトとして取り上げる検討課題について合意した。検討課題としては，概念フレームワーク，退職給付，連結及びSPE，リース，無形資産，負債の認識の中止，金融商品，公正価値のよる測定，負債と資本の区分などが挙げられている。その後2005年4月には，SECはEU

第2章　財務会計制度と財務会計概念フレームワーク

に対して，米国市場において2009年までにIAS/IFRSを調整なしで認めるとするロードマップが提示され，統合化に向けて大きな前進が見られた。

さらに2006年2月には，IASBとFASBの両者の会計基準の統合化へ向けたロードマップに関する覚書（Memorandum of Understanding：MOU）を公表され，2008年にはそのロードマップが示された[3]。その内容は，短期統合化項目とその他の共同プロジェクトに区分されているが，前者は2008年度までに統合化を達成することを目指す項目であり，後者は中長期的な項目である（図表5.5）。これらの共同プロジェクトによりIAS/IFRSと米国会計基準の同等性が確認され，追加開示や差異調整規定の問題の解消が期待されている。

図表2－6　MOUにおける検討項目

短期統合化項目	その他の共同プロジェクト
公正価値オプション	企業結合
減損	連結
法人所得税	公正価値測定の指針
投資不動産	資産と負債の区分
研究開発費	業績報告
後発事象	退職給付
借入費用	収益認識
政府補助金	認識の中止
ジョイント・ベンチャー	金融商品
セグメント	無形資産
	リース

出所：橋本［2007］，175-177頁を基に作成。

しかし，その後注目すべき動きが見られた。まず，2007年11月にSECは米国で株式を公開している外国企業に対して，IAS/IFRSにより財務諸表を作成している場合，米国企業との差異調整表の作成を不要とした。これにより外国企業に対してIAS/IFRSの採用（adoption）を容認したこととなる。さらに2008年8月には，米国の国内企業に対してもIAS/IFRSの採用を容認する提案を行った。このように，米国がIAS/IFRSの採用へと大きく舵を切ったことにより，会計基準の統合化が加速することが予想される。

第1部 総　　論

(2) IASBとASBJとの共同プロジェクト

　2004年10月に，ASBJは現行の日本の会計基準とIAS/IFRSとの差異の縮小を目的としたIASBとの共同プロジェクトの立ち上げに向けての協議を開始した。そして，2005年3月に両者の初会合が開催され，第一フェーズでは棚卸資産の評価基準，セグメント情報，関連当事者の開示，在外子会社の会計基準の統一，投資不動産を取り上げることで合意した。その後2005年9月の第2回会合では，新株予約権を，2006年3月の第3回会合では，資産除却債務，工事契約，金融商品の公正価値開示をそれぞれ加えている。

　また，第3回会合では，着手しやすい項目から逐次検討テーマとして取り上げる「フェーズアプローチ」から，差異のあるすべての会計基準について広く今後の取り組みを明示する「全体像アプローチ」へと移行することが合意された。このアプローチに基づいて，前述の9項目を「短期プロジェクト」として，業績報告，収益認識，遡及適用，連結（SPEを含む），無形資産などを「長期プロジェクト」として分類して検討項目に加えている。

　2007年までに両者の会合は6回を数えているが，2007年8月に2011年までに会計基準の統合化を達成する「東京合意」が公表されたことは注目すべきである。その内容は，両者は日本基準とIAS/IFRSの間の重要な差異(2005年7月に欧州証券規制当局委員会（CESR）の同等性評価において指摘されている26項目）について2008年までに解消し，残りの差異については2011年6月30日までに解消を図るとするものである[4]。そのために両者は，日本において国際的なアプローチが受け入れられるように緊密に作業を行うことになる。

　この合意に対するコメントとして，ASBJの西川郁生委員長は，「我々は，コンバージェンスに対するコミットメントを再確認するとともに，国際的な基準設定プロセスにおいて，ASBJや日本がより広範に重要な係わりを拡大していくための機会を得たことを嬉しく思っております。この合意によって，今後も日本企業が日本基準によって作成された財務諸表を，補正措置なしで，EU及びIFRSを用いている他の資本市場において公表できるようになることを期待しております。」とその意義を強調されている[5]。このように，日本基準とIAS/

IFRSとの統合化はますます加速化することになるために，共同プロジェクトによる基準開発に対して積極的な参画が期待されることになる。

しかし，2008年9月に米国の方針転換の影響を受けて，日本も2011年以降にIAS/IFRSの導入を表明したことから新たな展開を迎えている。その意味でも，今後の動向を注視していく必要があろう。

図表2－7　会計基準の統合化をめぐる図式

外国企業に対してIAS/IFRSの採用を容認（2007年）国内企業に対しても採用を提示（2008年）

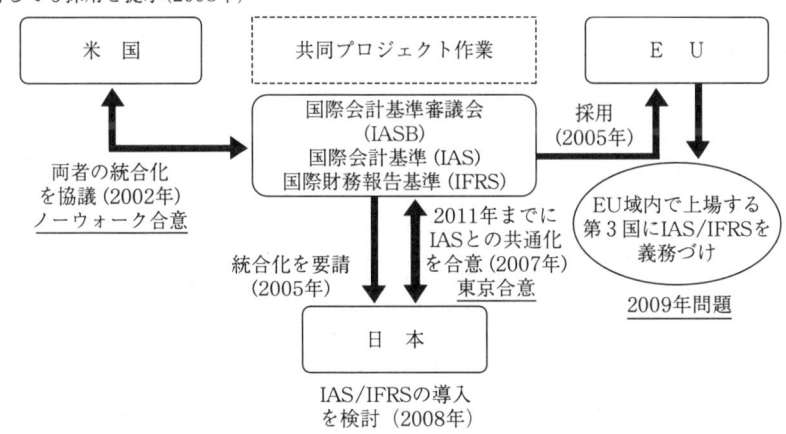

米　国 ← 両者の統合化を協議（2002年）ノーウォーク合意 → 共同プロジェクト作業

国際会計基準審議会（IASB）
国際会計基準（IAS）
国際財務報告基準（IFRS）

統合化を要請（2005年）

2011年までにIASとの共通化を合意（2007年）東京合意

日　本
IAS/IFRSの導入を検討（2008年）

EU　採用（2005年）
EU域内で上場する第3国にIAS/IFRSを義務づけ
2009年問題

第6節　国際会計基準の概念フレームワーク

1　適用範囲と設定の趣旨

IASCは，1989年3月に「財務諸表の作成及び表示に関するフレームワーク」（以下，「概念フレームワーク」と略す）を公表した。その後，IASBにより2001年4月に承認されている。概念フレームワークとは，首尾一貫した会計基準を導き出すために財務報告の基本目的及び基本原理を整合的に体系化したものであり，基準を作成するための理論的根拠となるものである。

その背景には，当時認められていた複数の代替的会計処理を取り除いて，財

務諸表の比較可能性を高めるという役割を担った「財務諸表の比較可能性」のプロジェクトを推進するうえで，概念フレームワークの策定が必要不可欠であったことが挙げられる。概念フレームワーク自体は国際会計基準そのものを構成するものではないが，その後の基準策定や改訂の作業を進めるうえで理論的な根拠となる重要な役割を果たすことになる。

概念フレームワークは，外部の利用者のための財務諸表の作成と表示の基本的枠組みを述べたものであり，その設定の趣旨として次の7つを指摘している (IASB [2001], par.1)。

① IASC理事会が，将来の国際会計基準の作成と現行の国際会計基準の見直しを行う際に役立てること。

② 国際会計基準で認められている代替的な会計処理の数を減らすための基礎を提供することによって，IASC理事会が財務諸表の表示に関する規則，会計基準及び手続の調和を促進する際に役立てること。

③ 各国の会計基準設定主体が国内基準を作成する際に支援を提供すること。

④ 財務諸表作成者が国際会計基準を適用して，または未だ国際会計基準のテーマとなっていない事項を取り扱う際に役立てること。

⑤ 財務諸表が国際会計基準に準拠しているか否かについて，監査人が意見を形成する際に役立てること。

⑥ 財務諸表の利用者が，国際会計基準に準拠して作成された財務諸表に含まれる情報を解釈する際に役立てること。

⑦ IASCの作業に関心がある人々に国際会計基準の形成に対するIASCのアプローチに関する情報を提供すること。

さらに，財務諸表利用者として，現在及び潜在的な投資家，従業員，融資者，仕入先，得意先，政府及び監督官庁，公衆を挙げて，各利用者は情報に対する各自の異なる要求のいくつかを満足させるために財務諸表を利用するとしている。財務諸表は，これらの利用者の情報要求のすべてを満たすことはできないが，すべての利用者に共通する情報要求があり，その共通する情報要求を満たすことは可能である。

2 概念フレームワークの概要

概念フレームワークでは，次の項目を取り扱っている（IASB [2001], par. 5）。
① 財務諸表の目的
② 基礎となる前提
③ 財務諸表の質的特性
④ 財務諸表の構成要素
⑤ 財務諸表の構成要素の認識
⑥ 財務諸表の構成要素の測定
⑦ 資本及び資本維持の概念

以下では，その内容について概説する。

① **財務諸表の目的**（IASB [2001], pars. 12−21）

財務諸表の目的は，広範な利用者が経済的意思決定（economic decisions）を行うに当たり，企業の財政状態，経営成績及び財政状態の変動に関する有用な情報を提供することにある。財務諸表はまた，経営者の受託責任（stewardship）または経営者に委ねられた資源（財産）に対する会計責任（accountability）の結果も表示する。しかし，あくまでも財務諸表の目的は経済的意思決定に有用な情報の提供にある。財政状態に関する情報は貸借対照表，経営成績に関する情報は損益計算書，財政状態に関する情報はこれとは別の計算書（キャッシュ・フロー計算書）で表示され，それは相互に関連性を有している。

財務諸表には，利用者の要求に適合する追加情報を，注記（notes），補足明細表（supplementary schedules）及びその他の情報という形で含めることができる。それらには，企業に影響を及ぼすリスク及び不確実性についての開示ならびに貸借対照表に認識されない資源や負債が含まれる。物価変動が企業に及ぼす影響についての情報も，補足情報の形で提供される場合がある。

② **基礎となる前提**（IASB [2001], pars. 22−23）

財務諸表の目的を達成するために，基礎となる前提として，発生主義と継続企業がある。発生主義のもとでは，取引ないし事象は，発生時に認識され，会

計帳簿に記録され，発生した期間の財務諸表に計上される。発生主義に基づいて作成された財務諸表は，利用者に現金の収支を伴った過去の取引だけではなく，将来の現金支払債務と，将来の現金受領をもたらす資源について情報を提供する。

他方，財務諸表は通常企業が予見し得る将来にわたって事業活動を継続するという継続企業の前提で作成される。したがって，企業が精算あるいは事業活動の大幅な縮小の可能性が存在する状況では，財務諸表は継続企業とは異なる前提で作成されなければならない。

③　財務諸表の質的特性（IASB [2001], pars. 24-46）

財務諸表の質的特性とは，財務諸表が提供する情報が利用者にとって有用となる属性であり，理解可能性，目的適合性，信頼性，及び比較可能性の4つが挙げられる。

理解可能性（understandability）とは，財務諸表が提供する情報が利用者にとって理解しやすいことである。ただし利用者は，事業，経済活動及び会計に関して合理的な知識を有し，また前向きに情報を研究する意思を有することを前提としている。

目的適合性（relevance）は，財務諸表が提供する情報は，経済的意思決定のための利用者の要求に適合するものでなければならないということである。したがって，情報は利用者が過去，現在及び将来の事業を評価し，または利用者の過去の評価を確認または訂正するのに役立つものであるならば，それは目的適合的であるといえる。また，情報の目的適合性は，その性質と重要性によって影響を受けることになる。

信頼性（reliability）とは，情報が有用であるためには信頼し得るものでなければならないということである。信頼性がある情報には，重大な誤謬または偏向があってはならないし，目的適合性を有していても，信頼性を有さなければ判断を誤らせる可能性がある。

信頼性の確保のためには，次の特性が不可欠である。それは，表示しようとする取引ないし事象を忠実に表現しなければならない「表現の忠実性（faithful representation)」，取引ないし事象は単に法的な形式に従うのではなく，その実質と経済的実態に即して会計処理され表示されることが必要である「実質優先思考（substance over form）」，普遍性を有するものでなければならない「中立性（neutrality）」，不良債権の回収可能性，工場及び設備の見積耐用年数，製品保証請求の見積りなど，経済事象に不可避的に伴う不確実性に対処しなければならない「慎重性（prudence）」，重要性ないしコストの制約を考慮して財務諸表に全ての情報を取り入れようとする「完全性（completeness）」である。

比較可能性（comparability）とは，財政状態及び経営成績の趨勢を把握するために財務諸表の期間比較を，また企業の財政状態，経営成績及び財政状態の変動を評価するために他企業の財務諸表との比較を行うことができなければならないことをいう。比較可能性においては，財務諸表の作成に当たり採用した会計方針，またはその会計方針の変更があった場合の影響を，利用者に知らせることが重要となる。

以上のような4つの質的特性に関する制約として，適時性（timeliness），便益とコストとのバランス（balance between benefit and cost），質的特性の間の均衡が言及されている。また，概念フレームワークでは，真実かつ公正な概観または適正な表示を直接取り扱うものではないが，主要な質的特徴と適切な会計基準を適用すれば，通常真実かつ公正な概観または適正な表示として一般に理解されている情報を開示する財務諸表となる。

④ **財務諸表の構成要素**（IASB［2001］, pars. 47－81）

財務諸表は，取引その他の事象をそれらの経済的特徴によって大項目に分類し財務諸表上で表示するものであるが，その大項目を構成要素（elements）と呼んでいる。まず，財政状態（financial position）の測定に直接関係する構成要素は，資産，負債及び持分である。それらは，次のように定義されている。

(イ) 資産（asset）とは，過去の事象の結果として，企業が支配し，かつ将来の経済的便益が当該企業に流入すると期待される資源をいう。資産が有する将来の経済的便益とは，企業への現金預金の流入に直接的または間接的に貢献する潜在能力をいう。

㈹　負債 (liability) とは，過去の事象から発生した企業の現在の義務であり，これを履行するために経済的便益を有する資源が当該企業から流出すると予想されるものをいう。負債の基本的な特徴は，企業が現在ある義務を負っている点にある。

㈢　持分 (equity) とは，企業のすべての負債を控除した，残余の資産に対する請求権をいう。持分は残余として定義されたが，貸借対照表上は，株主からの拠出金，留保利益，留保利益の処分による準備金，資本維持修正準備金のように分類される。

次に，経営成績 (performance) の測定に直接関係する構成要素は収益と費用である。それらは次のように定義されている。

㈠　収益 (income) とは，その会計期間中の資産の流入もしくは増加または負債の減少の形をとる経済的便益の増加であり，出資者からの拠出以外の持分の増加をいう。収益の定義には，狭義の収益と利得 (gain) の両方が含まれる。

㈡　費用 (expense) とは，その会計期間中の資産の流出もしくは減価または負債の発生の形をとる経済的便益の減少であり，出資者への分配以外の持分の減少をいう。費用の定義には，企業の通常の活動において発生する費用の他に，損失 (loss) も含まれる。

最後に，財政状態変動表は通常損益計算書の構成要素と貸借対照表の構成要素の変動を示すものである。

概念フレームワークでは，資産負債を重要な鍵概念として規定し，その変動や差額によって他の構成要素を定義する「資産・負債アプローチ」が採用されている点に特徴がある。

⑤　**財務諸表の構成要素の認識**　(IASB [2001], pars. 82-98)

認識 (recognition) とは，取引ないし事象が財務諸表の構成要素の定義を満たし，次の認識規準を満たす場合に，それを貸借対照表または損益計算書に組み入れるプロセスをいう。

㈠　その項目に関連する将来の経済的便益が，企業に流入するか，または流

出する可能性がかなり高い。

　㈹　その項目が信頼性をもって測定できる原価または価値を持っている。

　資産の認識は，将来の経済的便益が企業に流入する可能性がかなり高く，かつ信頼性をもって測定できる原価または価値を有する時，貸借対照表に認識される。負債の認識は，現在の義務を履行することによって経済的便益を有する資源が企業から流出する可能性がかなり高く，かつ支払われる金額が信頼性をもって測定される時，貸借対照表に認識される。

　収益の認識は，資産の増加または負債の減少によって将来の経済的便益の増加が生じ，かつそれを信頼性をもって測定できる時，損益計算書に認識される。費用の認識は，資産の減少または負債の増加によって将来の経済的便益の現象が生じ，かつそれが信頼性をもって測定できる時に，損益計算書に認識される。費用は，原価の発生と特定の収益との対応関係で損益計算書に認識されるが，それを一般的に費用収益の対応と呼んでいる。

⑥　**財務諸表の構成要素の測定**（IASB [2001], pars. 99－101）

　測定とは，財務諸表の構成要素が認識され，貸借対照表及び損益計算書に記載される金額を決定するプロセスをいう。このプロセスには，以下のような測定基礎の選択を伴う。

　㈵　取得原価（historical cost）

　　　資産は，取得時に支払われた現金預金の金額で記載される。負債は，義務との交換によって受領した現金預金（例えば借入金）または通常の事業の過程において，将来負債を弁済することが予想される現金預金の金額（例えば法人所得税）で記載される。

　㈹　現在原価（current cost）

　　　資産は，同一または同等の資産を現時点で取得した場合に支払わなければならない現金預金の金額で記載される。負債は，義務を現時点で弁済するために必要とされる現金預金の金額で記載される。これは再調達原価とも呼ばれている。

(ハ) 実現可能（決済）価額（realizable[settlement]value）

資産は，通常の営業活動で資産を処分することによって得られるであろう現金預金の金額で記載される。負債はそれらの決済価額で記載される。

(ニ) 現在価値（present value）

資産は，通常の営業活動でもたらされる将来の正味現金流入額の割引現在価値で記載される。負債は，通常の営業活動で負債の弁済に将来必要となる正味現金流出額の割引現在価値で記載される。

以上4つの測定基礎のなかで，企業が最も一般的に採用しているものは取得原価である。取得原価は，他の測定基礎との組み合わせで採用されることが多い。

⑦ **資本及び資本維持の概念**（IASB [2001], pars. 102-110）

企業による適切な資本概念の選択は，財務諸表の利用者のニーズに基づいて決定される。財務諸表の利用者が，名目投下資本の維持または投下資本の購買力に関心をもっている場合には，貨幣資本（financial capital）維持の概念が採用されるべきである。しかし，利用者の主な関心が企業の操業能力にある場合には，実体資本（physical capital）維持の概念を用いなければならない。

貨幣資本維持の概念のもとでは，利益は期末の純財産の名目（または貨幣）額が，当期中の所有主への分配と所有主からの出資を除いた後の，期首の純資産の名目（または貨幣）額を超える場合にのみ稼得される。貨幣資本の維持は，名目貨幣単位または恒常購買力単位のいずれかで測定することができる。

実体資本維持の概念のもとでは，利益は期末における企業（またはその能力を達成するために必要な資源もしくは資金）の物的生産能力（または操業能力）が，当期中の所有主への分配と所有者からの拠出を除いた後の，期首の物的生産能力を超える場合のみ稼得される。実体資本維持の概念では，測定ベースとして現在原価を採用する必要がある。

3 最近の動向

以上のように，概念フレームワークの内容を概観したが，近年，国際的に会

第2章 財務会計制度と財務会計概念フレームワーク

計基準の統合化に向けた動きが活発になっている。IAS/IFRSを設定するIASBとFASBが進める会計基準の統合化がその典型例であるが、このような会計基準の統合化の作業を進めるうえでは、概念フレームワークはその重要性を増している。それは、同一の取引について複数の会計処理方法があるときに、どちらの会計処理方法を選択するかを決定する場合には、その選択の基本となるからである。

前節で指摘したように、FASBとIASBは、2002年9月の「ノーウォーク合意」により、会計基準の差異を解消するための共同プロジェクトに着手している。さらに2006年2月には両者が今後共同で検討すべき項目として合意したロードマップに関する覚書（MOU）を公表している（IASB [2006 b]）[5]。そのなかに、共同の概念フレームワークの作成が挙げられている。それは、両者はそれぞれ独自のフレームワークに依拠していることから、お互いに様々な点で相違があり、不完全で現在の状況に対応していないことが背景にあり、具体的には、8つのフェーズ（A：目的と質的特性、B：構成要素と認識、C：測定、D：報告実体、E：表示及び開示、F：目標と立場、G：非営利事業体への適用、H：残りの課題）に分類して段階的に検討が進められる予定である。

すでにその成果として、2006年7月に共同概念フレームワークの第一次草案であるディスカッション・ペーパー「財務報告に関する改善された概念フレームワークについての予備的見解：財務報告の目的及び意思決定に有用な財務報告情報の質的特性」（IASB [2006 c]）が公表されている。ディスカッション・ペーパーでは、現行のフレームワークにおける様々な外部の財務報告の目的に関する定義を修正して、投資、与信及び同様の資源配分の意思決定を行うに当たり、現在及び潜在的な投資家、債権者、その他に対して有用な情報を提供することとしている。また、意思決定に有用な財務情報の特性として、目的適合性、表現の忠実性、比較可能性（首尾一貫性を含む）及び理解可能性を識別している。

さらに、寄せられたコメント・レターの検討を受けて、2008年5月には公開草案「財務報告に関する改善された概念フレームワーク：第1章財務報告の目

第1部　総　　論

的及び第2章意思決定に有用な財務報告情報の質的特性及び制約条件」及びディスカッション・ペーパー「財務報告に関する改善された概念フレームワークに関する予備的見解：報告企業」（IASB [2008d]）を公表している。

　このように，共同概念フレームワークの策定に関しては，円滑に進めるために全体の内容を一括ではなく，部分的・段階的に公開草案を公表するという方法を採用している点が特徴である。

（注）
(1)　IASとは，IASCの時代に公表された会計基準であり，IASBへの改組後に公表された会計基準はIFRSであるが，IASも引き続き有効であることからIAS/IFRSと呼ぶことにする。
(2)　その他にも，IASCF及びIASBの戦略と有効性についてのレビューの実施，IASCFの予算の承認と資金調達の方針の策定，IASB，IFRIC及びSACの運営手続の設定や改定などの役割がある。
(3)　本覚書は，ノーウォーク合意で記述された目的及び原則を詳細にしたものである。それは，IFRSを利用して米国で登録している非米国企業に対する差異調整表の廃止のための「ロードマップ」を反映するものであり，欧州証券規制当局委員会（CESR）による対応も考慮されている。
(4)　2008年までの解消すべき会計問題は，棚卸資産の評価基準，在外子会社の会計基準の統一化，企業結合会計における持分プーリング法の廃止，工事進行基準への統一などであり，2011年までにはのれんの定期償却廃止が挙げられている。
(5)　http://www.asb.or.jp/html/press_release/onerseas/pressrelease_20070808.php.

＜参考文献＞
第5節
氏原茂樹（2005）『国際財務会計論』税務経理協会。
企業会計基準委員会訳（2004）『国際財務報告基準書』レクシスネタシス・ジャパン株式会社。
新日本監査法人（2005）『International GAAP 2005 第1巻 International GAAPの概要』レクシスネタシス・ジャパン株式会社。
醍醐聰編著（2001）『国際会計基準と日本の企業会計』中央経済社。
デロイト・トーシュ・トーマツ（2006）『国際税務報告基準の実務』中央経済社。
西川郁生（2006）「わが国の会計基準と国際的コンバージェンス」『国際会計研究学会年報』。
日本公認会計士協会国際委員会訳（2001）『国際会計基準2001』同文舘。
橋本尚（2007）『2009年国際会計基準の衝撃』日本経済新聞社。

平松一夫・徳賀芳弘編著 (2005)『会計基準の国際的統一』中央経済社。
平松一夫編著 (2007)『国際財務報告論』中央経済社。
広瀬義州・間島進吾 (1999)『コンメンタール　国際会計基準Ⅰ』税務経理協会。
山田辰巳 (2005)「コンバージェンスに向けたIASBの動きについて」『国際会計研究学会年報2004』15－27頁。
IASC[1999], *Recommendation on Shaping IASC for the Future*, IASC.
IASCF[2002], *IASC Foundation Constitution (revised)*.

第6節

International Accounting Standards Board [2001], *Framework for Preparation and Presentation of Financial Statements*, IASB.

International Accounting Standards Board [2006a], *International Financial Reporting Standards (IFRSs) 2006*, IASB.

International Accounting Standards Board [2006b], *US FASB and IASB reaffirm commitment to enhance consistency, comparability and efficiency in global capital markets*, IASB.

International Accounting Standards Board [2006c], Discussion Paper, *Preliminary Views on an improved Conceptual Framework for Financial Reporting-The Objective of Financial Reporting and Qualitative Characteristics of Decision-Useful Financial Reporting Information*, IASB.
http://www.asb.or.jp/html/iasb/ed/20060706.pdf.

International Accounting Standards Board[2008d], Exposure Draft, *Conceptual Financial for Financial Reporting-The Objective of Financial Reporting and Qualitative Characteristics and Constrains of Decision-Useful Financial Reporting Information*, IASB.

Discussion Paper, *Preliminary Views on an improved Conceptual Framework for Financial Reporting-The ReportingEntity*, IASB.

平松一夫「IASC『概念フレームワーク』とその各基準への反映」『JICPAジャーナル』No.457, 1993年8月。
黒川保美編 (1994)『総解説　国際会計基準』日本経済新聞社。
広瀬義州・間島進吾 (2000)『コンメンタール　国際会計基準』税務経理協会。
桜井久勝編 (2008)『テキスト国際会計基準［第3版］』白桃書房。
デロイトトウシュトーマツ (2003)『国際財務報告基準の実務』中央経済社。
企業会計基準委員会訳 (2004)「財務諸表の作成及び表示に関するフレームワーク」『国際財務報告基準書』レクシスネクシス・ジャパン株式会社。
新日本監査法人 (2005)『International GAAP 2005 第1巻 International GAAPの概要』レクシスネクシス・ジャパン株式会社。
企業会計基準委員会 (2006)『討議資料・財務会計の概念フレームワーク』財務会計基準機構。
橋本尚 (2007)『2009年国際会計基準の衝撃』日本経済新聞社。

第2部
財務会計の構成要素

第3章 資産会計

第1節 資産の概念

　貸借対照表は「資産」,「負債」,「純資産」という3つの要素から構成されている。資産は借方に記載されて資金の運用形態を示しているのに対して,負債と純資産は貸方に記載されて資金の調達源泉を示している。その関係は,図表3-1のように示される。

図表3-1　貸借対照表

運用形態｛資産　｜　負債／純資産｝調達源泉

　資産とは,企業の経済活動を遂行するための経済価値を持ち,貨幣額によって合理的に測定できるものと定義することができる。それには,現金という貨幣額をはじめ,受取手形,商品,建物のような具体的な形態がある財貨に限らず,法律上の権利などの具体的な形態がないものも含まれている。さらには,その効果が将来にわたって及ぶものとして,後述する創立費や開発費などの繰延資産として計上されるものもある。このように,資産に該当するためには資産としての要件,すなわち貸借対照表能力が問題とされる。

　例えば,会計上の目的を期間損益計算と捉える動態論によれば,会計期間に区切って計算する収支計算と,期間損益計算における収益と費用の計算との期間的なずれが生ずる。こうした期間的なずれを未決項目として収容するものが資産となり,繰延資産のような換金性がない擬制資産も貸借対照表能力が認め

第2部　財務会計の構成要素

られる。

　また，企業会計基準委員会から公表されている「討議資料 財務会計の概念フレームワーク」によれば，会計基準の統合化との整合性の観点から，資産とは『過去の取引または事象の結果として，報告主体が支配している経済的資源をいう』と定義されている[1]（企業会計基準委員会 [2006]，第3章4項）。ここでいう支配とは，所有権の有無にかかわらず，報告主体が経済的資源を利用し，そこから生み出される便益を享受できる状態を意味しており，経済的資源とは，キャッシュの獲得に貢献する便益の源泉を指しており，実物財に限らず金融資産及びそれらとの同等物を含むものである。したがって，市場の処分可能性を有するものの場合もあれば，そうでない場合もある。

　次に，会計帳簿に記録して，貸借対照表に表示するためには，その金額を合理的に測定できるものでなければならない。これは，「貨幣的評価の公準」に従って，その支出額を具体的に金額表示できることを要求するものである。したがって，企業の信用力や優れた技術・ノウハウで金額表示が困難である場合には，会計帳簿に記録・測定することはできないことになる。

第2節　資産の分類と評価

1　資産の分類

　資産は，流動資産，固定資産，繰延資産という3つに分類されている（図表3－2）。その分類に当たっては，一般的には(1)流動・固定分類と(2)貨幣・非貨

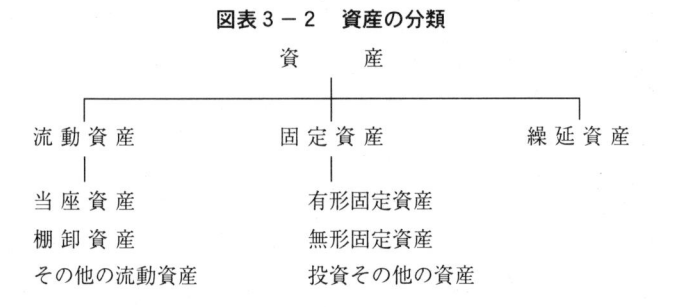

図表3－2　資産の分類

```
                    資　産
         ┌───────────┼───────────┐
      流動資産       固定資産      繰延資産
         │            │
      当座資産      有形固定資産
      棚卸資産      無形固定資産
      その他の流動資産  投資その他の資産
```

幣分類がある。

(1) 流動・固定分類

これは，財務安全性の観点から流動資産と固定資産に分類するものであり，現行会計で採用されているものである。繰延資産については，換金性がないために別個の取扱いを受けることになる。この流動・固定分類の基準としては，正常営業循環基準と１年基準（ワンイヤールール）が用いられる。

正常営業循環基準とは，企業の正常な営業循環過程［現金→棚卸資産→売上債権→現金］のサイクルに含まれるものは，すべて流動資産とする基準である。すなわち，企業の営業活動は，現金を基にして商品の仕入・原材料の購入などの購買活動を行い，製品の製造などの生産活動を経て，商品・製品の販売という販売活動を展開して，最後にその売掛代金を現金で回収する現金の回収活動を実施するサイクルを繰り返している（図表３－３）。したがって，このサイクルによって生じた現金，原材料，商品，仕掛品，製品，半製品，売掛金，受取手形などが流動資産となる。なお，購買活動の伴って生じた買入債務と呼ばれる買掛金や支払手形もこのサイクルに含められるが，これらは流動負債に属することになる。

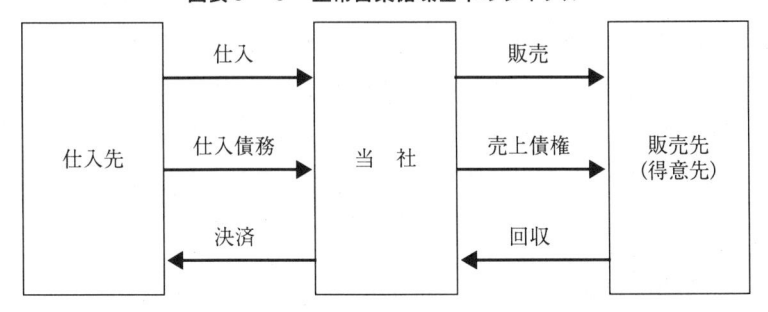

図表３－３　正常営業循環基準のサイクル

次に，この営業循環過程に該当しない項目については，１年基準が適用される。１年基準とは，決算日の翌日から起算して１年以内に現金化される資産は流動資産として，１年を超えて現金化される予定の資産を固定資産とする基準

である。前者には，市場性のある短期の有価証券や短期貸付金があり，後者には長期の投資目的で保有する投資有価証券や支配提携目的で所有する関係会社株式，さらに長期貸付金などがある。

これらの2つの基準は並列的なものではなく，企業会計原則注解16によれば，正常営業循環基準を主たる基準として考えて，それを補足するものとして1年基準を位置づけている[2]。

(2) 貨幣・非貨幣分類

これは，資産と評価・測定という損益計算との関係を重視したものであり，資産を貨幣性資産（monetary assets）と非貨幣性資産（non-monetary assets）に分類する方法である。貨幣性資産とは，現金預金，受取手形，売掛金，短期の市場性ある有価証券（売買目的有価証券）など，法令または契約によってその金額が確定している資産を意味している。例えば，現金は法律により額面通りの強制力をもっており，預金や受取手形の金銭債権は，契約により債権金額が確定している。このように，貨幣性資産はその金額が確定していることから，期末の評価をする必要性は生じない。

他方，非貨幣性資産とは貨幣性資産以外の資産であり，企業資金の投下過程にある費用性資産と，企業外部への長期的な投資形態を示す非費用性資産に分類される。前者は，経営活動の進行に伴って漸次費用化していくもので，棚卸資産，有形固定資産，無形固定資産及び繰延資産がこれに属する。

後者は，他社との緊密な提携関係の維持や支配・長期利殖目的を有するもので，投資有価証券，関係会社株式，出資金，長期貸付金などである。これらの項目は，原則としてその支出額によって評価されている。

2 資産の評価

資産の評価基準，すなわち資産の貸借対照表価額を決定する原則には，その評価の尺度を過去，現在，将来のいずれに置くかによって，図表3-4に示すように(1)原価主義，(2)時価主義，(3)割引現価主義の3つに分類される（新井・

図表3－4 資産の評価原則

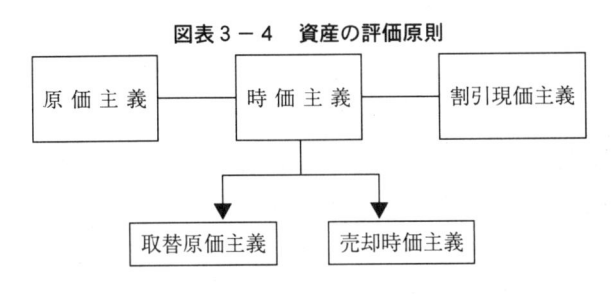

```
原価主義 ── 時価主義 ── 割引現価主義
              │
       ┌──────┴──────┐
     取替原価主義   売却時価主義
```

川村 [2008])。

　資産の評価は，決算日において貸借対照表を作成する場合に，企業が保有する資産の価額を測定する必要から生ずる手続であり，その評価方法によって損益計算にも大きな影響が及ぶことになる。

(1) 原 価 主 義

　原価主義とは，資産の取得に要した価額，すなわち取得原価に基づいて評価する考え方である。このことから，取得原価主義とも呼ばれており，会社法，金融商品取引法，法人税法などの会計法規において広く採用されている。その特徴は，資産の取得のために支出した対価は第3者との取引を前提とすることから，客観性と検証可能性を備えていることである。また，原価主義では，資産の評価額を取得価額以上に評価することはないことから，資産の評価益が計上されることはない。したがって，未実現利益の排除という意味で収益の認識基準である実現主義と密接に結びついており，企業財務の健全性を保つのに役立っている。

　その一方で，原価主義によって会計帳簿に記入されている価額（簿価という）が，現時点の価額を示す時価と乖離してしまうケースがある。例えば，企業が昔に取得した土地や子会社の株式は現在の価額よりも著しく低い価額で計上されている場合が多く，いわゆる「含み益経営」の温床として問題となっていた。この意味からすれば，投資家の投資意思決定に有用な会計情報を提供し得ないという問題を含んでいる。

(2) 時価主義

　時価主義とは，原価主義と対置されるもので，資産を現在の市場価格（通常は決算日の価額）に基づいて評価する考え方である。時価主義には，資産の再調達を考えるか，あるいは売却に重点をおくかによって，取替原価（または再調達原価）主義と売却時価主義に分類される。

　取替原価とは，購買市場における取引価額（時価）であり，再調達原価とは，その時点における購入や取得の予想額であり，購買市場の時価に付随費用を加算したものを指す。他方，売却時価とは，販売市場における取引価額（時価）であり，さらに市場の売却時価から売却に要するアフターコスト（見積販売直接経費など）を差し引いた正味実現可能価額を用いることもある。

　取替原価主義は，元々貨幣価値の著しい変動（下落期あるいは高騰期）を背景に提案されたものであるが，近年では利害関係者への有用な会計情報の提供という実態開示（意思決定目的）のための時価主義という側面が強調されている。それに対して，売却時価主義は静態論に基づく債権者保護の観点から主張されたものであるが，会社の精算に典型を見る支払能力を前提としたものであった。その後，企業の通常の営業活動における売却活動を仮定した場合に，所有資産の売却によって獲得できると期待される価値を示すものとして，資産の転換能力を重視した思考へと移行している。

　時価主義は，資産の評価額を時価で測定するために，貸借対照表における財政状態の表示機能の改善に貢献するというメリットを有する。しかし，すべての資産に合理的な市場価額が存在するとは限らず，特に費用性資産には見積りや恣意性の要素が介入するために，評価の客観性や信頼性に問題があることが指摘されている。また，時価評価に伴う未実現利益の計上の問題も挙げられる。

　なお，現行会計では，売買目的有価証券及びその他の有価証券，デリバティブ取引から生ずる正味の債権（債務）である金融商品について公正価値（fair value）に基づく時価評価が要求されている。公正価値とは，測定日における市場参加者間の秩序ある取引のなかで，ある資産を売却することで受け取る価格，あるいは負債を移転することで支払う価格として定義されており，市場価格を

ベースに決定されている。

このように特定の項目に対して部分的に時価評価を適用することは，時価会計という資産評価に関する統一的な考え方とは，一線を画して捉えることが妥当である。しかし近年では，金融商品だけではなく事業資産まで公正価値で評価しようとする動向もあり，ますますその重要性は増している。

(3) 割引現価主義

割引現価主義とは，資産から得られる将来の現金収入額を一定の利子率（割引率）で割り引いた現在価値の総和，いわゆる割引現在価値で評価する考え方である。この評価方法は，資産の本質を企業の収益獲得能力，具体的には企業の将来のキャッシュ・フローをもたらす経済的便益と規定した考え方と整合するものである。すなわち，資産から得られる将来のキャッシュ・フローを一定の利子率で割り引いた現在時点の価値は，資産の評価額として合理的であるといえる。

しかしその反面では，この考え方には将来のキャッシュ・フローの予想額をはじめ，利子率の算定など多くの見積りや主観的な判断が介入するために，評価の客観性や検証可能性について疑問点が指摘されている。そのために，現行会計においては，退職給付債務の評価，リースの取得原価の算定，あるいは固定資産の減損に関する回収可能額の算定など，一部の項目に限定して適用されているに過ぎない。

第3節 流動資産

1 流動資産の意義と分類

流動資産とは，現金及び比較的短期間に換金される資産をいう。短期間であるかどうかの判定は，前述のように正常営業循環基準及び1年基準が用いられる。流動資産の項目を分類すると，当座資産，棚卸資産，その他の流動資産に区分される。

第2部　財務会計の構成要素

(1) 当座資産

　当座資産は，現金及び現金同等物に属する貨幣性資産であり，換金性が高いことから企業の支払資金に充てられる項目であり，具体的には現金及び預金，受取手形，売掛金，売買目的有価証券，短期貸付金などを指している。小切手の受取額は，容易に現金化できるので現金として取り扱われる。また，預金には，当座預金，普通預金，通知預金，定期預金（1年を超えるものは固定資産に該当する）などがある。

(2) 棚卸資産

　棚卸資産とは，商品（販売の目的をもって所有する土地，建物その他の不動産を含む）製品，副産物及び作業くず，半製品（自製部分品を含む），原料及び材料（購入部分品を含む），仕掛品及び半成工事，消耗品，消耗工具，器具及び備品その他の貯蔵品を指している。

　棚卸資産の取得価額については，次のようにその種類により規定されている。

① 　購入した棚卸資産

　　　その資産の購入の代価（引取運賃，荷役費，運送保険料，購入手数料，関税その他購入のために要した費用がある場合には，その費用の額を加算した金額）とその資産を消費し又は販売の用に供するために直接要した費用の額の合計額

② 　自己の製造等に係る棚卸資産

　　　その資産の製造等のために要した原材料費，労務費，及び経費の額とその資産を消費し又は販売の用に供するために直接要した費用の額の合計額

③ 　上記以外の方法により取得をした棚卸資産

　　　その取得の時におけるその資産の取得のために通常要する価額とその資産を消費し又は販売の用に供するために直接要した費用の額の合計額

　棚卸資産は，通常数量に1個当たりの単価を乗じて計算される。したがって，棚卸資産の評価には数量の計算と単価の計算が必要となる。まず，受払数量の計算方法には，「継続記録法」と「棚卸計算法」がある。継続記録法とは，棚卸資産の種類ごとに口座を設けて，商品有高帳等に受入数量・払出数量をその

都度継続して記録し，その払出数量の合計量によって払出数量を計算する方法である。その特徴は，払出数量を直接的に把握でき，また，常に在庫数量を帳簿上明らかにすることができる点である。しかし，減耗・盗難による数量の減少は把握できず，計算上の残高数量を構成することになり，損益計算の正確性が確保されないという欠点がある。

前期繰越数量＋当期仕入数量－当期払出数量＝当期棚卸数量

他方，棚卸計算法とは，棚卸資産の実際有高を実地棚卸により把握し，これを繰越数量と受入数量との合計量から控除することによって払出数量を計算する方法である。その特徴は，商品や製品の払出しの記録が必要とされないため，継続記録法に比べて事務的には簡便である点である。しかし，払出数量を間接的に把握することから，減耗・盗難による数量の減少が自動的に払出数量に算入され，その事実を把握することはできないという欠点がある。

前期繰越数量＋当期仕入数量－実地棚卸数量＝当期払出数量

次に単価の計算には，企業会計原則注解21によれば個別法，先入先出法，後入先出法，総平均法，移動平均法，売価還元法など一般に認められる方法によるものとされている[3]。なお，期間損益の計算上著しい弊害がない場合には，最終仕入原価法を用いることもできる。これらの単価を計算する方法は棚卸資産の評価方法と呼ばれている。

① 個別法－棚卸資産の取得原価を異にするに従い区別して記録し，その個々の実際原価によって期末棚卸品の価額を算定する方法。
② 先入先出法－最も古く取得されたものから順次払出しが行われ，期末棚卸品は，最も新しく取得されたものからなるものとみなして期末棚卸品の価額を算定する方法。
③ 後入先出法－最も新しく取得されたものから払出しが行われ，期末棚卸品は最も古く取得されたものからなるものとみなして期末棚卸品の価額を算定する方法。
④ 平均原価法－取得した棚卸資産の平均原価を算出し，この平均原価によって期末棚卸品の価額を算定する方法。平均原価は，総平均法又は移動

平均法により算出する。

⑤　売価還元原価法－異なる品目の資産を値入率の類似性に従って適当なグループにまとめ，一グループに属する期末商品の売価合計額に原価率を適用して期末棚卸品の価額を算定する方法。この方法は，取扱品種のきわめて多い小売業及び卸売業における棚卸資産の評価に適用される。

⑥　最終仕入原価法－期末に残った棚卸資産を最後に仕入れた時点の単価で計算する方法。税法で認められている簡便な方法で，貯蔵品など重要性が乏しい項目に多く適用される。

最後に棚卸資産の期末評価について説明する。帳簿記録上の期末棚卸高はそのまま貸借対照表価額とされるわけではなく，帳簿棚卸高を実地棚卸高と照合する必要がある。両者の間に差異があれば帳簿棚卸高を実地棚卸高に合わせる手続が求められ，それを棚卸減耗費や棚卸評価損として処理しなければならない。

棚卸減耗費とは，入出庫時や在庫中における紛失や盗難等の原因による帳簿棚卸高と実地棚卸高の差異である棚卸減耗に単価を乗じた金額をという。棚卸減耗費は，それが経常的に発生するものであれば売上原価の内訳科目または販売費（原材料は製造原価）として計上し，異常な原因で発生したものであれば営業外費用または特別損失として計上する。

図表３－５　棚卸減耗費の会計処理・表示

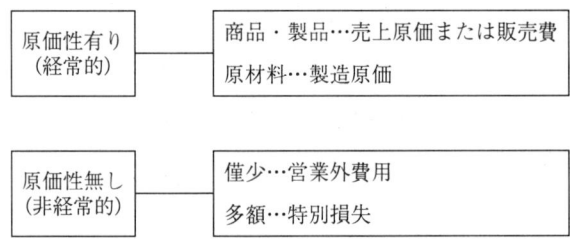

原価性有り（経常的）	商品・製品…売上原価または販売費
	原材料…製造原価
原価性無し（非経常的）	僅少…営業外費用
	多額…特別損失

棚卸評価損とは，棚卸資産の時価が原価よりも下落した場合に発生する損失額をいう。これまでは，棚卸資産の評価基準については，取得原価で評価する原価法を原則としながらも，低価法による方法も容認されてきた。低価法とは,

期末棚卸資産をその種類等の異なるごとに区別し，その種類等の同じものについて，選択した評価方法に基づき算出した取得価額による原価法により評価した価額と事業年度末における時価とのうちいずれか低い価額をもってその評価額とする方法をいう。この場合の時価とは，原則として正味実現可能価額とするが，再調達価額等によることもできるとされていた。

しかし，企業会計基準委員会（ASBJ）では，近年整備されてきた金融商品や固定資産の減損の会計基準等との整合性や国際的な会計基準との統合化の観点から，棚卸資産の評価基準について検討して，2006年7月に企業会計基準第9号として，「棚卸資産の評価原則に関する会計基準」を公表した（企業会計基準委員会［2006a］）。その内容は，棚卸資産を通常の販売目的で保有するものとトレーディング目的で保有するものに分類したうえで，次のような会計処理を規定している（図表3－6）。

① 通常の販売目的の棚卸資産の貸借対照表価額については，取得原価をもって貸借対照表価額とするが，期末における正味売却価額が取得原価よ

図表3－6　棚卸資産の評価に関する会計基準の概要

	具体的ケース	通常の販売目的の棚卸資産	トレーディング目的の棚卸資産
貸借対照表計上額	原則	取得原価	市場価格に基づく価額（時価評価）
	収益性低下	正味売却価額（正味実現可能価額と同義）	
	正味売却価額の代替額	正味売却価額に準ずるもの 再調達原価など	
評価差額の処理	原則	売上原価	純額で売上高
	例外	製造原価，特別損失（臨時多額な特殊ケース）	
洗い替え法と切り放し法の選択適用[4]		継続適用を原則として種類ごと，簿価切り下げ要因ごとに選択可能	
注記の要否		収益性低下による簿価切り下げ額は注記または売上原価等の内訳	不要

りも下落している場合には，収益性が低下しているとみて当該正味売却価額をもって貸借対照表価額とし，取得原価と正味売却価額との差額は当期の費用として処理する。

この場合，正味売却価額とは，売価から見積追加製造原価および見積販売直接経費を控除したものをいい，正味実現可能価額と同義である。

② トレーディング目的の棚卸資産については，販売よりも単に市場価格の変動で利益を得ることを目的とするために，市場価額に基づく価額をもって貸借対照表価額とし，帳簿価額との差額（評価差額）は当期の損益として処理する。

棚卸資産の評価に関する会計基準は，2008年4月1日以後開始する事業年度から適用されている。

「時価」は，公正な評価額であり「市場価格に基づく価額」であるが，市場価格が観察できない場合には「合理的に算定された価額」（実際に販売できると合理的に見込まれる程度の価格を含む）をいう。

(3) その他の流動資産

その他の流動資産には，当座資産と棚卸資産に含められない項目が該当する。具体的には，前渡金，前払費用，未収入金，未収収益，繰延税金資産[5]などである。

2 有価証券の分類と会計処理

「金融商品に関する会計基準」では，有価証券の時価評価を基本としたうえで，その保有目的等から以下のように分類し，それぞれ次のように会計処理すると規定している（図表3－7）。

第3章 資産会計

図表3-7　有価証券の分類，貸借対照表価額及び評価差額の処理

分類	貸借対照表価額	評価差額の処理
売買目的有価証券	時価	当期の損益（有価証券運用損益）
満期保有目的の債券	取得原価または償却原価	—
子会社株式及び関連会社株式	取得原価	—
その他有価証券	時価	税効果調整のうえで純資産の部へ計上
市場価格のない有価証券	取得原価または償却原価	—

(1) 売買目的有価証券

　時価の変動により利益を得ることを目的として保有する有価証券である。市場価格の変動により利益を得る目的で保有することから，時価をもって貸借対照表価額とし，その評価差額は当期の損益（有価証券運用損益）として処理する。

> **設例**
> 　短期の売買目的で保有している株式（帳簿価額1株400円）1,000株の決算日の1株当たりの時価が500円になった時の決算日の仕訳を示しなさい。
>
> 　（借）売買目的有価証券　100,000　　（貸）有価証券運用益　100,000
> 　　　　　　　　　　　　　　　　　　　　　　（有価証券評価益）
> 　（注）有価証券に関する評価益は，(500-400)×1,000＝100,000円となる。

(2) 満期保有目的の債券

　満期まで所有する意図をもって保有する社債その他の債券である。満期までの金融変動などの価格変動リスクを考慮する必要がないことから，取得原価をもって貸借対照表価額とする。ただし，債券を債券金額より低い価額又は高い価額で取得した場合において，取得価額と債券金額との差額の性格が金利の調整と認められるときは，償却原価法に基づいて算定された価額をもって貸借対照表価額としなければならない。

　償却原価法とは，金融資産または金融負債を債権額又は債券額と異なる金額

第2部　財務会計の構成要素

で計上した場合において，当該差額に相当する金額を弁済期又は償還期に至るまで毎期一定の方法で貸借対照表価額に加減する方法をいう（金融商品に関する会計基準注5）。なお，この場合には，当該加減額を受取利息または支払利息に含めて処理される。

取得価額と債権金額の差額は，各期に受取利息を適切に配分するために，債券の残存期間にわたり償却されることになる。その償却方法には，毎期一定額を償却する定額法と実効利子率に基づいて償却する利息法がある。「金融商品会計に関する実務指針」では，利息法を原則とするが，継続適用を条件として定額法の採用も認められている。

設例

　20X1年4月1日に，額面金額1,000,000円の社債を満期まで保有する目的で，960,000円で購入して，代金は現金で支払った。約定利率は3％，利払日は3月31日，満期日は20X5年3月31日である。取得日と決算日（20X2年3月31日）の仕訳を示しなさい。なお，有価証券の期間配分の方法は，定額法を使用している。

---

① 取得日（20X1年4月1日）

　（借）満期保有目的債券 1,000,000　　　（貸）現　　　金 1,000,000

② 決算日（20X2年3月31日）

　（借）現　　　金　　 30,000　　　（貸）有価証券利息　 40,000
　　　満期保有目的債券　 10,000

　（注）定額法による加算額は，(1,000,000−960,000)÷4年＝10,000円となる。

(3) 子会社株式及び関連会社株式

子会社や関連会社として企業を支配する目的で保有する株式である。その性格は，子会社や関連会社の事業に対する投資であることから財務活動とは捉えられないために，取得原価をもって貸借対照表価額とする。

(4) その他有価証券

　売買目的有価証券，満期保有目的の債券，子会社株式及び関連会社株式以外の有価証券であり，その代表的なものが持ち合い株式である。その他有価証券については，時価をもって貸借対照表価額とする。ただし，事業遂行上の必要性から直ちに売買することには制約があるために，評価差額を当期の損益として処理することは適切ではない。そのために，評価差額は「その他有価証券評価差額金」という項目で，評価・換算差額等の一項目として純資産の部に計上される。この方法を「全部純資産直入法」という。評価差額は，洗い替え法が適用されて期末日の市場価格である時価と取得原価の比較で算定される。

　また，評価差額については税務上益金または損金として認定されないので，税効果会計が適用されることになる。評価益のケースでは税効果相当額が繰延税金負債に計上され，評価損のケースでは税効果相当額が繰延税金資産に計上されることになり，その残余額が純資産の部に計上される。

　それに対して，保守主義の観点から，時価が取得原価を上回る銘柄に係る評価差額は純資産の部に計上し，時価が取得原価を下回る銘柄に係る評価差額は当期の損失として処理することも認められている。この方法は「部分純資産直入法」という。

　なお，その他有価証券は直ちに売却することを目的としていないので，期末時価だけではなく，継続して適用することを条件として，期末前1カ月の市場価格の平均に基づいて算定された価額を用いることもできる。

設例

　取得原価200万円のその他有価証券を保有していたが，決算日の時価が160万円に下落した。このケースにおける決算日の仕訳を示しなさい（ただし，実効税率は40％とする）。

① 全部純資産直入法の場合

(借) 繰延税金資産　　　160,000　　(貸) その他有価証券　　400,000
　　 その他有価証券
　　 評　価　差　額　金　240,000

第2部　財務会計の構成要素

②　部分純資産直入法の場合

（借）有価証券評価損　　400,000　　（貸）その他有価証券　400,000
　　　繰 延 税 金 資 産　　160,000　　　　　法人税等調整額　　160,000

（注）繰延税金資産は，400,000円×40％＝160,000円となる。

(5) 市場性のない有価証券

市場性がない有価証券については，市場価格である時価が把握できないために，取得原価または償却原価に基づいて算定された価額をもって評価される。

(6) 時価が著しく下落した場合の強制評価減

有価証券については時価が著しく下落したときには，強制評価減いわゆる減損処理を行うことが要求されている。市場性のある有価証券である満期保有目的の債券，子会社株式及び関連会社株式，その他有価証券について時価が著しく下落したときは，回復する見込みがあると認められる場合を除き，時価をもって貸借対照表価額とし，評価差額は当期の損失として処理しなければならない。「著しく下落した」とは，個々の銘柄の有価証券の時価が，取得原価に比べて50％程度以上下落した場合をいう。この場合には，合理的な反証がない限り，時価が取得原価まで回復する見込みがあるとは認められないため，減損処理を行わなければならない。回復する見込みがあると認められる場合とは，その下落が一時的であり，決算日後1年以内に取得原価に近い水準まで回復する見込みがあることを合理的な根拠をもって予測できる場合をいう[6]。

他方，市場価格のない有価証券については，発行会社の財政状態の悪化により実質価額が著しく低下したときは，相当の減額を行い，評価差額は当期の損失として処理しなければならないとされている。「著しく低下した」とは，少なくとも株式の実質価額が取得原価に比べて50％程度以上低下した場合をいう。ただし，市場価格のない株式の実質価額について，回復可能性が十分な証拠によって裏付けられる場合には，期末において相当の減額をしないことも認められる。

(7) 貸借対照表上の表示区分

有価証券の表示区分については，売買目的有価証券及び事業年度の末日後1年以内に満期の到来する債券は流動資産に属するものとし，それ以外の有価証券は，投資その他の資産に属するものとされている。

3 デリバティブ取引の分類と会計処理

デリバティブ取引とは，現物の取引から派生した取引であり，現物の資産，例えば，株式，債券，金利，通貨などの価格の変動に応じてその価値自体も変動する商品を総称したものである。その意味で，金融派生商品という表現も使われる。デリバティブ取引は，リスクヘッジ目的で利用されることが大半であり，運用目的で利用する例は少ない。

代表的なデリバティブ取引には，(1)先物取引，(2)オプション取引，(3)スワップ取引がある。

(1) 先物取引

先物取引とは，金利，通貨，債券，通貨，原油などの相場変動リスクを回避するために，将来の一定の時点であらかじめ決められた価額で売買することを現時点で約束しておく取引である。例えば，2カ月後に1ドル120円でドル通貨を売る取引の約定を結ぶ。これにより，2カ月後のドル通貨の相場を120円/1＄で確定させることができる。

(2) オプション取引

オプション取引とは，金利や通貨の相場変動リスクを回避するために，将来の一定期日内に対象となる資産を特定の価格（行使価格）で買う権利または売り権利を売買する取引である。買う権利をコールオプション，売る権利をプットオプションという。例えば，2カ月後に1ドル120円で売る権利を購入する。この権利の行使は買い手の任意であるので，2カ月後のドル通貨の相場が120円/1＄を超えていれば権利を実行せず直物相場でドルを円に換金し，逆に2

カ月後のドル相場が120円／1＄を下回っていれば，権利を行使して120円／1＄の相場でドルを円に換金することができる。

(3) スワップ取引

スワップ取引とは，あらかじめ決められた契約条項に従って金利や通貨の支払または受取を別の金利や通貨と交換する取引である。これは将来キャッシュ・フローを当事者間で交換するものであり，同一通貨間の交換を金利スワップ，異種通貨間の交換を通貨スワップという。例えば，固定金利を変動金利に交換したり，ドル通貨をユーロ通貨に交換する取引である。

デリバティブ取引の会計処理については，従来の会計基準ではオフバランスとされていたが，「金融商品に関する会計基準」でオンバランスされることになった。すなわち，デリバティブ取引により生じる正味の債権及び債務は，契約の決済時ではなく契約時にその発生を認識して，時価をもって貸借対照表価額とし，その評価差額は原則として当期の損益として処理される。

第4節　固　定　資　産

1　有形固定資産

(1) 有形固定資産の意義と取得価額

有形固定資産とは，具体的な実体のある資産で，長期にわたり事業用に使用する目的で保有する資産を指している。有形固定資産には，建物，機械及び装置，車両運搬具，備品のように減価償却の対象となる償却資産と，土地や建設仮勘定のように減価償却の対象とならない非償却資産，さらには減耗償却の対象となる減耗性資産，取替法が適用される取替資産に分類される。なお，2007年3月に企業会計基準委員会（ASBJ）から企業会計基準第13号「リース取引に関する会計基準」が公表されたが，この基準の適用により固定資産の部にリース資産が計上されることになる。詳細については，第10章で取り扱うことにする。

次に，有形固定資産の取得価額については，連続意見書第三「有形固定資産の減価償却」では，その取得形態（購入，自家建設，現物出資，交換，贈与）に応じて取得価額の計算方法を明らかにしている。まず購入の場合には，原則として，購入代価等に買入手数料，運送費，引取運賃，据付費，試運転費等の付随費用を加えた金額とする。ただし，付随費用が少額である場合は，取得価額に算入しないことができる。また，購入に際して，値引きまたは割戻しを受けた時は，これを購入代金から控除する。

　自家建設の場合には，適正な原価計算基準に従って計算した製造原価に基づいて行われる。現物出資の場合には，出資者に対して交付された株式の発行価額をもって取得価額とする。交換の場合には，交換に供された自己資産の簿価をもって取得価額とする。贈与の場合には，時価等を基準として公正に評価した価額をもって取得原価とする。

(2) 減価償却

　有形固定資産について，減価償却の手続が必要となることが大きな特徴である。有形固定資産は，使用や時間の経過によって価値が減少していく。しかし，その減価の金額を具体的に測定することは困難である。したがって，合理的な仮定に基づいて価値の減価を計算する必要がある。その手続を減価償却という。すなわち，減価償却とは，価値の減価部分を費用化して，固定資産の取得原価を利用可能な期間に配分する手続を指す。この手続によって生ずる費用を減価償却費という。

　減価償却の目的は，固定資産の適正な原価配分を行うことによって，損益計算の適正化を図ることである。つまり，固定資産の取得原価を一度に費用化するのではなく，収益に対応させる形で費用化することにより，企業の経営成績を適切に反映させることができる。

　また，減価償却には固定資産の流動化という効果もある。これは有形固定資産に投下された資金が，販売を経て貨幣性資産として回収することができることを意味している。さらに，減価償却費はキャッシュ・フローを伴わない費用

第2部　財務会計の構成要素

であることから，必要な資金を企業内部に留保することができる。このような財務的効果を減価償却の自己金融効果という。

　次に，減価償却の計算要素と計算方法について整理しよう。まず，計算要素については，①取得原価，②残存価額，③耐用年数の3つが挙げられる。取得原価については既に述べたので省略する。残存価額とは，固定資産が利用できなくなった時点の処分価額，いわゆる下取り価額を示している。他方，耐用年数とは，有形固定資産の利用可能年数のことである。実務上では，財務省の「減価償却資産の耐用年数等に関する省令」に基づいて個々の資産ごとの耐用年数が定められている。

　減価償却の計算方法には，代表的な方法には定額法と定率法がある。

定額法：固定資産の耐用年数にわたり，毎期均等額の費用を計上する方法。計算の簡便性があり，損益計算が安定するというメリットがある一方，設備に関する修繕費が増加する後年に費用負担が多くなるというデメリットがある。

定率法：固定資産の耐用年数にわたり，毎期期首未償却残高に一定率を乗じた費用を計上する方法。定率法は設備の収益力が高いときに，多くの費用を計上できるというメリットがある反面，耐用年数の初期に費用負担が膨らむというデメリットがある。

そこで，次の設例により，定額法及び定率法で減価償却費を計算してみよう。

設例

　対　　象：機械装置　　取得原価：5,000,000円　　残存価額10%
　耐用年数：5年　　　　定率法の償却率　0.369

　まず，定額法の計算は以下の通りである。

　　　　　　　減価償却費＝(取得原価－残存価額)÷耐用年数
　(5,000,000円－500,000円)÷5年＝900,000円

　定額法は毎期の減価償却費が一定になるので，1年目から5年目まで各期900,000円となる。

一方，定率法では，次のように減価償却費が計算される。

　　　　減価償却費＝（取得原価－減価償却費累計額）×償却率

　減価償却費（1年目）＝5,000.000円×0.369＝1,845,000円

　減価償却費（2年目）＝（5,000,000円－1,845,000円）×0.369＝1,164,195円

　減価償却費（3年目）＝（5,000.000円－3,009,195円）×0.369＝734,607円

　減価償却費（4年目）＝（5,000,000円－3,743,802円）×0.369＝463,537円

　減価償却費（5年目）＝（5,000,000円－4,207,339円）×0.369＝292,492円

その他の方法として，級数法と生産高比例法がある。

級　　数　　法：固定資産の耐用年数にわたり，毎期一定の額を算術級数的に逓減した費用を計上する方法。

生産高比例法：固定資産の耐用年数にわたり，毎期当該資産による生産又は用役の提供の度合いに比例した費用を計上する方法。この方法は，例えば，鉱業用設備，航空機，自動車等について適用することが認められている。

　なお，平成19年度の税制改正で，減価償却制度について，次のような変更が行われた[7]。

⑴　平成19年4月1日以後に取得をする減価償却資産については，償却可能限度額（取得価額の100分の95相当額）及び残存価額を廃止し，耐用年数経過時点に1円（備忘価額）まで償却できることとする。

　　この場合の定率法の償却率は，定額法の償却率（1/耐用年数）を2.5倍した数とし，定率法により計算した減価償却費が一定の金額を下回ることとなったときに，償却方法を定率法から定額法に切り替えて減価償却費を計算することとする。これにより，定率法を採用している場合にも，耐用年数経過時点に1円（備忘価額）まで償却できることとする。

　　この一定の金額とは，耐用年数から経過年数を控除した期間内に，その時の帳簿価額を均等償却すると仮定して計算した金額とする。なお，納税者の事務負担を考慮し，取得価額に一定の割合を乗じて当該一定の金額が計算できるように，モデルケース（初年度は期首に取得し，その後に減価償却費の過不足

額がないケース）を用いて，耐用年数ごとに一定の割合を定めておくこととする。

(2) 平成19年3月31日以前に取得をした減価償却資産については，償却可能限度額まで償却した事業年度等の翌事業年度以後5年間で1円（備忘価額）まで均等償却ができることとする。

(3) 減耗償却と取替法

最後に，減耗償却と取替法について簡単に説明する。減耗償却とは，鉱山業における埋蔵資源，油田の原油，林業における山林のように，採取されるにつれて漸次減耗し枯渇する天然資源である減耗性資産について適用される方法である。減耗償却は，減価償却費とは異なる別個の費用配分法であるが，手続的には生産高比例法と同様である（連続意見書第三）。

取替法とは，同種の物品が多数集まって1つの全体を構成し，老朽品の部分的取替を繰り返すことにより全体が維持されるような固定資産については，部分的取替を要する費用を収益的支出（費用）として処理する方法をいう。取替法の適用が認められる資産は，レール，信号機，送電線，需要者用ガス計量機器，工具器具備品等であり，これらは取替資産と呼ばれる。

この方法では，減価償却とは異なるが，資産の更新や廃棄を連続して繰り返す限り，各期間の費用がほぼ同額になり，定額法に近似した効果をもたらすといわれている。

2 無形固定資産

無形固定資産とは，具体的な形態を持たない無形の権益を総称するものであり，法律上の権利や経済的な優位性を表す財産などである。その性質上，以下の4つに分類することができる[8]。

① 法律上の権利－特許権，実用新案権，意匠権，商標権（以上，工業所有権という）並びに借地権，鉱業権，漁業権（これに準ずる法律上の諸権利）。

② 特定の法律の規定により施設設置費用を負担して得た利用権－専用側線

利用権，電気ガス供給施設利用権，水道施設利用権。
③　のれん
④　ソフトウェア（制作費）

　無形固定資産についての会計上の問題は，取得原価の決定とその償却である。まず法律上の権利である無形固定資産の取得原価は，原則として当該資産の取得のために支出した金額から減価償却累計額を控除した価額とする。償却については，一般的には残存価額をゼロとして，取得原価の全額を要償却額とする定額法が用いられる（図3－8）。しかし，鉱業権などは生産高比例法を採用することが適当である。貸借対照表価額は，減価償却累計額を控除した未償却残高を記載することになる。

図表3－8　無形減価償却資産の法定耐用年数（一部）

種　　　類	法定耐用年数
特　許　権	8
実用新案権	5
意　匠　権	7
商　標　権	10
ダム使用権	55
水　利　権	20
漁　業　権	10
ソフトウェア 　複写して販売するための原本 　その他のもの	3 5
電気ガス供給施設利用権	15
水道施設利用権	15

　次に，のれんとは，当該企業が同業他社に比べて優れている部分（有利な立地条件，信用，商号，市場占有率，優れた経営者や経営組織，仕入先や得意先，従業員の資質など），すなわち超過収益力を有する場合，その超過収益力に対する対価である。典型的には，買収による被取得企業（又は取得した事業）の取得原価が，取得した資産及び引受けた負債に配分された純額を超過する額を示していると

第2部　財務会計の構成要素

いえる。そして，有償で取得した場合に貸借対照表に計上される。したがって，自己創設のれんの計上は認められていない。

　このようなのれんは，20年以内のその効果が及ぶ期間にわたって，定額法その他の合理的な方法により償却する。ただし，その金額に重要性が乏しい場合には，のれんが生じた事業年度の費用として処理することができる。ただし，のれんは「固定資産の減損に係る会計基準」が適用される対象資産であることから，規則的な償却を行う場合でも，減損処理を行うこととされている[9]。

　次に，ソフトウェアとは，コンピュータを機能させるように指令を組み合わせて表現したプログラム等をいうと定義されている。ソフトウェアの制作費は，自社製作か外部購入かという取得形態別，またはその制作目的によって分類されている。「研究開発費等に係る会計基準」(企業会計審議会 [1998]) では，ソフトウェアの会計処理はその制作目的別に設定している。ソフトウェア制作費のなかで，研究開発に該当する部分については，研究開発費として費用処理する。市場販売目的のソフトウェアについては，最初に製品化された製品マスターの完成までに費用及び製品マスターまたは購入したソフトウェアに対する著しい改良に要した費用が研究開発費に該当する。

　研究開発費に該当しないソフトウェア制作費に関する会計処理は，①受注制作のソフトウェア，②市場販売目的のソフトウェア，③自社利用のソフトウェアに分類される。

①　受注制作のソフトウェア

　建設業における請負工事の会計処理に準じて，進行基準または完成基準で棚卸資産または収益に計上する。

②　市場販売目的のソフトウェア

　ソフトウェアを市場で販売する場合，製品マスターを生産して，これを複写したものを販売する。製品マスターの制作費は，研究開発費に該当する部分を除いて，無形固定資産として計上しなければならない。ただし，バグ取りやウィルス防止等，製品マスターの機能維持に要した費用は，資産ではなく，発生時に費用処理する。

③ 自社利用のソフトウェア

まず，ソフトウェアを用いて外部へのサービス提供目的の場合には，その提供により将来の収益獲得または費用削減が確実である場合には，将来の収益との対応により，適正な原価を集計して資産として計上しなければならない。社内利用のソフトウェアについては，完成品を購入した場合のように，その利用により将来の収益獲得または費用削減が確実である場合には，その取得に要した費用を資産として計上しなければならない。機械装置等に組み込まれているソフトウェアについては，当該機械装置等に含めて処理する。

ソフトウェアの計上区分については，市場販売目的のソフトウェア及び自社利用のソフトウェアを資産として計上する場合には，無形固定資産の区分に計上しなければならない。制作途中のソフトウェアの制作費については，無形固定資産の仮勘定として計上することとする。

ソフトウェアの減価償却方法については，無形固定資産として計上したソフトウェアの取得原価は，当該ソフトウェアの性格に応じて，見込販売数量に基づく償却方法その他合理的な方法により償却しなければならない。ただし，毎期の償却額は，残存有効期間に基づく均等配分額を下回ってはならない。いずれの減価償却方法による場合にも，毎期見込販売数量等の見直しを行い，減少が見込まれる販売数量等に相当する取得原価は，費用又は損失として処理しなければならない。

3　投資その他の資産

投資その他の資産とは，企業の経営支配，取引関係の維持，長期的な余裕資金の運用などのための長期的外部投資と，その他の長期債権，破産債権，再生債権，更生債権，長期前払費用から構成されている[10]。

前者に属する項目には，まず関係会社株式，関係会社社債，その他の関係会社有価証券，関係会社出資金，関係会社貸付金が挙げられるが，これらは他企業の支配目的に関する投資といえる。これらのなかで，関係会社貸付金以外は，「金融商品に関する会計基準」における有価証券に該当し，原則として取得原

価で評価される。さらに，投資有価証券，出資金，長期貸付金は企業の余裕資金の長期的な運用，言い換えれば長期の利殖目的で保有するものである。投資有価証券と出資金については，「金融商品に関する会計基準」における有価証券に含まれる。

後者については，まずその他の長期債権としては，株主，役員または従業員に対する長期貸付金が挙げられる。次に破産債権，再生債権，更生債権とは正常な営業循環からはずれた項目で，1年以内に回収が不可能になった債権である。さらには前払費用のなかで1年を超えて費用化されるものが長期前払費用である。この他にも，繰延税金資産，貸倒引当金などが属する。

第5節　繰延資産

1　繰延資産の意義と範囲

繰延資産とは，すでに代価の支払が完了し又は支払義務が確定し，これに対応する役務の提供を受けたにもかかわらず，その効果が将来にわたって発現するものと期待される費用について，その効果が及ぶ数期間に合理的に配分する目的で，経過的に資産計上するものをいう。

繰延資産は，棚卸資産や固定資産と同様に費用性資産としての性質を有するが，換金性や譲渡性を持っていない点でその性質を異にしており，当然のことであるが，債権者に対する債務の弁済手段としては利用することはできない。会社法の目的である債権者保護の観点からすれば，繰延資産は擬制資産であるためにその資産性は否認される。しかし，適正な期間損益計算の観点からその資産性が認められている。すなわち，その支出の効果が次期以降に及ぶとみなされるために，その支出時の費用とせずに，資産として繰り延べるほうが費用配分の観点から合理的であり，適切な期間損益計算が可能となるからである。

ただし，繰延資産の性質上，早期の償却を認めないことや，配当財源の対象とはしないことなどの規制を設けている。

繰延資産については，旧商法施行規則では繰延資産として計上できる8項目

が列挙されていたが，会社計算規則では繰延資産について，繰延資産の限定列挙が廃止され，繰延資産として計上することが適当であると認められるものと規定している[11]。繰延資産として計上することが適当であると認められるものの解釈については，「一般に公正妥当と認められる企業会計の慣行に従う」という会社法431条の規定や「この省令の用語の解釈及び規定の適用に関しては，一般に公正妥当と認められる企業会計の基準その他の企業会計の慣行をしん酌しなければならない」とする会社計算規則3条の規定に照らして判断することになる。

ASBJでは，計算規則におけるこれらの規定への対応として，これまで行われてきた繰延資産の会計処理を踏まえ，当面必要と考えられる実務上の取扱いについて検討し，2006年8月に実務対応報告第19号「繰延資産の会計処理に関する当面の取扱い」を公表した（企業会計基準委員会［2006c］）。それによれば，繰延資産として限定列挙されているのは，①株式発行費②社債発行費等③創立費④開業費⑤開発費の5項目である。

資産計上された繰延資産は，旧商法の規定により早期に費用として償却することが強制されていた。実務対応報告でも，所定の年数内の支出効果が及ぶ期間にわたって合理的な方法により規則的に償却すべき旨が規定されている。

また，繰延資産は換金価値がないために配当などの分配可能額の制約を受けてきたが，会社法の下でもそれは踏襲されている。

2　繰延資産の会計処理

ここでは，実務対応報告で限定列挙されていた繰延資産項目の内容と会計処理について概説する。なお，実務対応報告は，実務対応報告公表日以後に終了する事業年度及び中間会計期間から適用するとしている。ただし，会社法施行日（平成18年5月1日）以後本実務対応報告公表日前に終了した事業年度及び中間会計期間から本実務対応報告を適用することができる。又，新株発行費の取扱い等につき，経過措置が定められている。

第2部　財務会計の構成要素

①　株式交付費

　これは，株式による資金調達に関連して生ずる費用であり，新株発行のために要した費用と自己株式の処分の両方の場合の支出が含まれる。例えば，株式募集のための広告費，金融機関・証券会社の取扱手数料，株式申込証・目論見書・株式等の印刷費，変更登記の登録税など，株式の交付のために直接支出した費用である。株式交付費は，原則として，支出時に費用（営業外費用）として処理する。ただし，企業規模の拡大のために行う資金調達などの財務活動に係る株式交付費については，繰延資産に計上することができ，この時には株式交付の時から3年以内のその効果の及ぶ期間にわたって定額法により償却する。

②　社債発行費等

　社債発行費等は，社債発行費と新株予約権の発行費から構成される。社債発行費には，例えば，社債募集のための広告費，金融機関・証券会社の取扱手数料，社債申込証・目論見書・社債券の印刷費，社債登録税など，社債の発行に直接支出した費用が含まれる。新株予約権付社債を一括法で処理する場合には，その発行費用も新株予約権発行費ではなく社債発行費として処理する。

　社債発行費は，原則として支出時に費用（営業外費用）として処理する。ただし，社債発行による調達資金が将来の収益獲得に貢献することから繰延資産に計上することができ，この時には社債の償還までの期間にわたり（原則として）利息法により償却する。

　他方，新株予約権の発行に係る費用についても，資金調達などの財務活動に係るものについては，繰延資産に計上することができ，この時には3年以内のその効果の及ぶ期間にわたって定額法により償却する。

　なお，従来社債発行差金は繰延資産として計上されてきたが，会社計算規則第6条2項2号により，繰延資産として計上されることはなくなった。すなわち，社債の計上金額は額面価額ではなく期末の適正な時価となり，社債発行差金に相当する金額は負債から直接控除されることになった[02]。

③　創　立　費

　これは，会社成立のために要した費用であり，以下のものを含んでいる。定

款及び諸規則の作成費，株式募集費，株式申込証・目論見書，株券等の印刷費，創設事務所費，設立事務のために使用する使用人の給料手当，創立総会費，発起人の報酬，設立登記の登録税などである。

　創立費は，原則として支出時に費用（営業外費用）として処理する。ただし，創立費を支出しなければ会社は法的に成立せず，その効果は将来に及ぶと考えられることから繰延資産に計上することができ，この時には会社の成立の時から5年以内のその効果の及ぶ期間にわたって，定額法により償却する。なお，会社計算規則では，創立費は資本金または資本準備金から減額できるとされている[13]。しかし，創立費の支出自体は，株主との資本取引に該当しないことから，当面はこの規定は適用されないことになる

　④　開　業　費

　これは，会社成立後営業開始までに支払われた開業準備のための費用であり，土地・建物等の賃借料，広告宣伝費，通信交通費，事務用消耗品費，支払利息，使用人の給料手当，保険料，水道光熱費などである。開業費は，原則として支出時に費用（営業外費用）として処理する。ただし，開業費を支出しなければ営業開始して収益獲得に貢献できないことから繰延資産に計上することができ，この時には開業の時から5年以内のその効果の及ぶ期間にわたって，定額法により償却する。

　⑤　開　発　費

　開発費とは，新技術や新経営組織の採用，資源の開発，市場の開拓などのために支出した費用，生産能率の向上や生産計画の変更より，設備の大規模な配置換えなどを行った場合の費用のなかで，経常費の性格を持つ費用を除いたものをいう。

　開発費は，その内容により，原則として支出時に費用（売上原価または販売費及び一般管理費）として処理する。ただし，開発活動の成功により，将来の収益の拡大や費用の削減の効果が発現することから繰延資産に計上することができる。しかし，その支出の効果は不確実であり，効果の及ぶ期間も予測困難であることから，早期償却が求められる。このために，開発費は支出の時または支

第 2 部　財務会計の構成要素

出した事業年度から 5 年以内のその効果の及ぶ期間にわたって，定額法その他の合理的な方法により規則的に償却するとされている。その償却額は，売上原価または販売費及び一般管理費として処理され，効果が期待されなくなった開発費は，未償却残高を一括償却しなければならない。

　なお，新技術の採用であっても，研究開発目的のために導入する技術に関わる支出（人件費，原材料費，固定資産の減価償却費，間接費等の配賦額）は，研究開発費に含められるので，発生時に費用として処理する。これは，「研究開発費等に係る会計基準」において規定されている。基準でいう研究とは，新たな知識の発見を目的とした契約的な調査や探求を指し，他方開発とは，新しい製品・サービス・生産方法についての計画や設計，または既存の製品・サービス・生産方法を著しく改良するための契約や設計として，研究成果その他の知識を具体化することを意味している[14]。

　このような研究開発費は，その内容に応じて一般管理費または当期総製造費用として処理されるとともに，企業の収益性の重要な要因であるために，研究開発費の総額については財務諸表に注記しなければならない。

（注）
(1)　同様に負債とは，『過去の取引または事象の結果として，報告主体が支配している経済的資源を放棄または引き渡す義務，またはその同等物』と定義されている。
(2)　企業会計原則注解16：流動資産又は流動負債と固定資産又は固定負債とを区別する基準について（貸借対照表原則四の（一）及び（二））。
(3)　企業会計原則注解21：棚卸資産の貸借対照表価額について。
(4)　洗い替え法とは，期末に低価法の適用により評価減をしても，評価減前の原価法により価額を翌期以降の取得原価とする方法である。一方，切り放し法とは，評価減後の帳簿価額を翌期以降の取得原価とする方法である。
(5)　繰延税金資産とは，税効果会計を適用した場合に認識される将来減算一時差異に，法定実行税率を乗じて得た金額をいう。
(6)　日本公認会計士協会（2005）会計制度委員会報告第14号「金融商品会計に関する実務指針」，91項。
(7)　財務省［2006］，平成19年度税制改正の大綱。
(8)　会社計算規則第106条第 3 項。
(9)　「企業結合に係る会計基準」三・2・(4)。

第3章　資産会計

　企業結合会計基準では，20年以内の期間の償却の理由として，20年以内の期間のわたる償却が，諸外国の既存の会計基準で広く採用されてきた，企業における長期計画の期間が20年を超えることは稀である，20年を超える期間にわたる償却は，実質的に非償却の要素が強くなり，別途その場合の減損処理の必要性が生ずるなどが指摘されている。

　また，負債として固定負債に表示されるのれんを負ののれんという。負ののれんも20年以内の取得の実態に基づいた適切な期間で規則的に償却するが，負ののれんの金額に重要性が乏しい場合には，当該負ののれんが生じた事業年度の利益として処理することができる。

(10)　会社計算規則第106条第4項。
(11)　会社計算規則106条第5項。
(12)　金融商品会計基準第26項。
(13)　会計計算規則第74条1項2号。
(14)　企業会計基準審議会（1998）「研究開発費等に係る会計基準」（一）。

＜参考文献＞

新井清光・川村義則（2008）『現代会計学第9版』中央経済社。
企業会計基準委員会（2006a）企業会計基準第9号「棚卸資産の評価原則に関する会計基準」。
企業会計基準委員会（2006b）企業会計基準第10号「金融商品に関する会計基準」。
企業会計基準委員会（2006c）実務対応報告第19号「繰延資産の会計処理に関する当面の取扱い」。
企業会計審議会（1998）「研究開発費等に係る会計基準」。
クリフィックス税理士法人（2007）『最新会計基準入門三訂版』エクスメディア社。
桜井久勝（2007）『財務会計講義第8版』中央経済社。
醍醐聰（2008）『会計学講義第4版』東京大学出版会。
田中建二（2008）『財務会計入門第2版』中央経済社。
田中弘（2007）『新財務諸表論第3版』税務経理協会。
日本公認会計士協会（2005）会計制度委員会報告第14号「金融商品会計に関する実務指針」
森川八洲男（2005）『体系財務諸表論』中央経済社。
八田進二・橋本尚（2006）『新版財務会計の基本を学ぶ』同文舘出版。

第4章 負債会計

第1節 負債の意義

　負債とは，過去の取引・事象の結果として発生した現在の債務であり，将来，経済的資源を犠牲にしなければならないと予想される義務といわれる。そして，負債とは，こうした企業の経済的負担で，貨幣額によって合理的に測定できるものをいう。ここでいう経済的資源の犠牲あるいは経済的負担とは，現金の支払い，資産の移転やサービスの提供など将来における純資産の減少であって，確定しているものだけではなく，その可能性が高いものも含んでいる。

　負債の大部分は，第三者に対して将来一定の財またはサービスを給付すべき義務，すなわち法的債務（経済的給付義務）である。この債務は，金銭債務（金銭を返済しなければならない債務），物品引渡債務，および役務提供債務に3つに分けられる。例えば，買掛金，借入金などは金銭債務であり，前受金（買い手から受け取った手付金）は物品引渡債務，前受家賃（建物の賃貸料の前受分）は役務提供債務である。

　また，貸借対照表等式の資産＝負債＋純資産のとおり，負債は貸借対照表の貸方に純資産とともに計上される。これは，投下された資金の運用形態である資産に対応して，純資産とともにその調達源泉であることを意味している。

　負債には，法律上の債務以外にも会計上の負債とされるものもある。また，法律上の債務がすべて会計上の負債となるわけでもない。ここでいう会計上の負債とは，期間損益計算を合理的に行うために設定される項目である。つまり，会計上の負債としては，期間損益を正確に計算するために費用を見越したり，収益を繰り延べた結果発生する未払費用や前受収益などがある。例えば，未払利息は，未払費用の1つであり，利息後払いで借り入れた場合，利息の支払時

期は到来していないが，経過期間相当分の利息を見越して計上した債務である。

第2節　負債の分類

負債の分類には，以下の2つがあるが，資産の分類基準と同様の分類基準である正常営業循環基準と1年基準を適用して，以下のように流動負債と固定負債に分類され理解されることが一般的である。

(1) 流動・固定の分類

例えば，正常営業循環基準と1年基準で分類される場合，流動負債は次に適合するものとなる。

① 営業取引上発生した負債
② 営業外取引から生じた負債で，その支払期限が貸借対照表の翌日から1年以内に到来するもの
③ 1年以内に取り崩される引当金
④ 決算時の見越・繰延処理で生じる負債

また，①〜④に該当しない負債が固定負債となる。

例えば，「財務諸表等規則」によれば，以下のような項目が表示される。
○流動負債…支払手形，買掛金，短期借入金，未払金，未払費用，未払法人税等，繰延税金負債，前受金，預り金，前受収益，引当金(短期)。
○固定負債…社債，長期借入金，関係会社長期借入金，繰延税金負債，引当金(長期)。

(2) 属性的分類

債務たる負債は，確定債務と条件付債務(停止条件付債務)に細分される。確定債務は，債務の履行がすでに確定(債務者，返済期日，金額の確定)しているものであり，条件付債務は，所定の契約条件が生じたときに債務の履行義務が確定するものである。

債務でない負債とは，会計上の負債，期間損益計算目的のために設定される負債項目である。この負債項目と上記の条件付債務を合わせて負債の部に計上

される引当金または負債性引当金という。一方で，資産の部に計上される引当金は評価性引当金とも呼ばれ，その典型は貸倒引当金である。

負債を属性的分類でまとめると次のようになる。

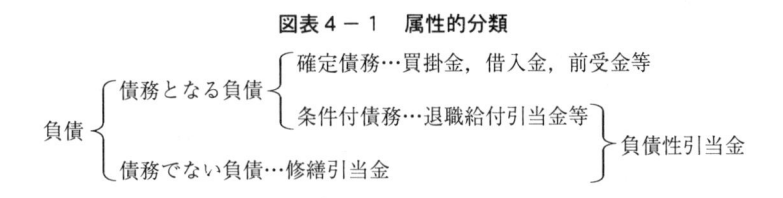

図表4-1　属性的分類

```
        ┌ 債務となる負債 ┌ 確定債務…買掛金，借入金，前受金等
        │                └ 条件付債務…退職給付引当金等 ┐
負債 ┤                                                  ├ 負債性引当金
        └ 債務でない負債…修繕引当金                     ┘
```

第3節　負債の評価基準

　負債の評価・測定は，基本的には資産評価の場合のような複雑さは少ないといえる。「企業会計原則」は負債の貸借対照表価額については特に定めていないが，一般的には次のように理解されているものと思われる。

　貸借対照表に記載する負債の価額は，原則として，過去の収入額又は合理的な将来の支出見込額を基礎として計上しなければならない。

1．買掛金，支払手形，その他金銭債務の貸借対照表価額は，契約に基づく将来の支出額とする。なお，社債については，社債の券面額と発行価額が異なる場合には，将来の債務額ではなく発行時の現金収入額となる。
2．前受金等の貸借対照表価額は，過去の収入額を基礎とし，次期以降の期間に配分すべき金額とする。
3．将来の特定の費用等に対応する引当金の貸借対照表価額は，合理的に見積もられた支出見込額とする。
4．退職給付引当金については，将来の退職給付総額のうち，貸借対照表日までに発生していると認められる額を算定し，貸借対照表価額とする。なお，退職給付総額には，退職一時金のほか年金給付が含まれる。

　上記3．の引当金については，その計上金額が企業の見込額によっているた

め，企業外部の客観的・公正な事実や基準がない。そのために，主観的に左右されたり，恣意的に操作される可能性もある。引当金の設定要件については「企業会計原則」注解18で規定しているが，例えば金額が合理的に見積もれない場合には引当金は計上できない。

また，決算日現在で未決済のデリバティブ取引について，取引の約定価額と決算日の時価の金額の差額として計算したデリバティブの時価がマイナスになるような場合，それを負債として貸借対照表に計上することになる。したがって，こうして計上される負債は，時価で評価されていることになる。

第4節　流動負債

負債は分類で述べたように流動負債と固定負債に分類される。流動負債と固定負債は，資産と同じように正常営業循環基準とワン・イヤー・ルール（一年基準）によって区分される。流動負債は，企業の主たる営業活動から生じた支払手形，買掛金などがある。また，貸借対照表日の翌日から起算して1年以内に弁済期限が到来するその他の負債（短期借入金，未払金，未払費用，預り金，前受収益，引当金など）がある。

1　流動負債の分類

流動負債は，主目的たる営業活動によって生じた仕入債務（支払手形，買掛金等）と，1年以内に支払期限が到来するその他の負債（短期借入金・預り金・前受金・未払金等）に分類される。

流動負債の分類
　　仕入債務（支払手形，買掛金など）
　　その他の流動負債（短期借入金・預り金・前受金・未払金など）

【企業会計原則】

企業会計原則は，流動負債の内容について次のように定めている。

> 第3　貸借対照表原則
> 【流動負債の内容】
> A　取引先との通常の商取引によって生じた支払手形，買掛金等の債務及び期限が1年以内に到来する債務は，流動負債に属するものとする。
> 　支払手形，買掛金その他流動負債に属する債務は，取引先との通常の商取引上の債務とその他の債務とに区別して表示しなければならない。

2　仕入債務

受取手形や売掛金のように主目的たる営業活動から生ずる金銭債権を売上債権または営業債権と呼ぶのに対して，支払手形や買掛金のような主たる営業活動による金銭債務が仕入債務または営業債務である。

支払手形は，仕入先との間に発生した営業取引に関する手形債務である。設備の建設や固定資産の購入の代価支払のための手形債務は，支払手形ではなく，「その他の負債」として流動負債と固定負債に分けて計上する。なお，その金額が負債・純資産の合計額の1％を超える場合には固定資産購入手形債務といった独立項目で表示することとなっている。

買掛金は，仕入先との通常の取引にもとづいて発生した営業上の未払金である。ただし，商品や原材料等の購入代金だけではなく，その企業の主たる営業目的にかかる役務の受入に際しての未払金まで含まれる。そうした役務の受入による未払金とは，電力会社の購入電力料の未払額などが代表的なものである。

商品や原材料等の購入を行った場合，その購入金額は通常買掛金に計上される。そして，月間の一定の支払日に支払いが行われると，買掛金は消えるが，手形で支払われた分については支払手形が発生することになる。

仕入債務については，簡潔にまとめてみると次のように説明できる。

第2部　財務会計の構成要素

勘定科目	説　明
買　掛　金	製品，商品等たな卸資産に対する未払債務
支　払　手　形	手形上の債務。ただし，金融手形は短期借入金又は長期借入金に含める。又，建物設備等の購入取引によって生じた債務は独立の勘定科目を設けて処理する。

3　その他の流動負債

　その他の流動負債には，短期借入金や預り金などのような金銭債務，前受金のような物品提供債務及び前受収益のような役務提供債務がある。なお，負債性引当金のうち短期の項目もこれに属する。

　その他の流動負債として，前受金がある。前受金は，商品・製品を売り上げる前に代金の一部または全部をあらかじめ受け取った場合に使用する勘定科目である。例えば，商品券やプリペイドカードについても発行企業からは前受金とみることもできる。

　また，資金の借入には手形借入，証書借入，当座借越等があり，これらの借入にかかわる金銭債務は借入金という。借入金は，1年基準によって，短期借入金と長期借入金に区分されている。ただし，返済期限が1年を超えて到来する場合でも分割返済の定めがあり，1年以内の返済予定額を正確に算定できるときは，原則としてその返済予定額を短期借入金（流動負債）とする。

　会社計算規則では，関係会社に対する金銭債務を他の金銭債務と区分して表示する旨の規定は設けていない。しかし，区分しない場合には注記を要する旨の規定が設けられている。一方，財務諸表等規則は，関係会社長期借入金は独立項目として記載すること，株主，役員，従業員からの借入金は「その他の負債」に含め，その額が負債と純資産の総額の1％を超える場合には「その他の負債」の中で独立項目とすることを規定している。

　その他の流動負債については，簡潔に以下のように説明できる。

勘定科目	説　明
未　払　金	器械，備品などの償却資産及び費用等に対する未払債務
短期借入金	金融機関などの外部からの借入金で，当初の契約において1年以内に返済期限が到来するもの
役員従業員 短期借入金	役員，従業員からの借入金のうち当初の契約において1年以内に返済期限が到来するもの
未払費用	賃金，支払利息，賃借料など時の経過に依存する継続的な役務給付取引において既に役務の給付は受けたが，会計期末までに法的にその対価の支払債務が確定していない分の金額
前　受　金	収益の前受額，その他これに類する前受額
預　り　金	従業員以外の者からの一時的な預り金
従業員預り金	源泉徴収税額及び社会保険料などの徴収額等，従業員に関する一時的な預り金
前受収益	受取利息，賃貸料など時の経過に依存する継続的な役務提供取引に対する前受分のうち未経過分の金額
賞与引当金	支給対象期間に基づき定期に支給する従業員賞与に係る引当金
その他の流動負債	仮受金など前掲の科目に属さない債務等であって，1年以内に期限が到来するもの。ただし，金額の大きいものについては独立の勘定科目を設けて処理することが望ましい

第5節　固定負債

1　固定負債の内容

固定負債の主なものは，長期借入金，社債及び長期の負債性引当金である。「企業会計原則」は固定負債について次のように定めている。

第3　貸借対照表原則

【固定負債の内容】

B　社債，長期借入金等の長期債務は，固定負債に属するものとする。

　　引当金のうち，退職給与引当金，特別修繕引当金のように，通常1年をこえて使用される見込のものは，固定負債に属するものとする。

第2部　財務会計の構成要素

固定負債については，流動負債と同様に簡潔に次のようにまとめておく。

勘定科目	説明
長期借入金	金融機関などの外部からの借入金で，当初の契約において1年を超えて返済期限が到来するもの
役員従業員長期借入金	役員，従業員からの借入金のうち当初の契約において1年を超えて返済期限が到来するもの
長期未払金	器械，備品など償却資産に対する未払債務（リース契約による債務を含む）のうち支払期間が1年を超えるもの
退職給付引当金	退職給付に係る会計基準に基づき従業員が提供した労働用益に対して将来支払われる退職給付に備えて設定される引当金
その他の固定負債	前掲の科目に属さない債務等であって，期間が1年を超えるもの。ただし，金額の大きいものについては独立の勘定科目を設けて処理することが望ましい

2　社債（普通社債，新株予約権付社債）

社債とは，社債券を発行して広く多くの人々（社債権者）から資金を借り入れることによって生じる債務である。

社債の発行には，以下のような形態がある。
① 券面額（社債金額）と同じ価額で発行する平価発行
② 券面額より低い価額で発行する割引発行
③ 券面額より高い価額で発行する打歩発行

社債の発行価額は，主として，その約定利子率と市場利子率との関係によっている。

例えば，市場が期待する利子率よりも低い約定利子率の社債は，額面金額よりも低い価額で売らなければ発行できない。つまり，②の割引発行である。また，市場が要求する利子率よりも高い価額で売り出すこともできる。これは，③の打歩発行となる。

さて，社債の種類については，普通社債，転換社債，新株引受権付社債などと呼ばれるものがあった。2003年商法改正により，転換社債と新株引受権付社

債は廃止となり，新株予約権付社債となっている。
　普通社債は，一般的に割引発行が主流である。社債は，債務額を貸借対照表価額とする。ただし，2006年5月の会社法改正後は，社債を社債金額よりも低い価額または高い価額で発行した場合には，償却原価法によって算定された価額を，貸借対照表価額とすることになっている。

(1) 社債の発行

設例1
　×1年4月1日（期首）に総額1,000,000円（年利3％，利払日3月末日）の社債を額面@100円につき@95円で発行し，払込金額は当座預金とした。また，社債の発行にともなって発生した諸費用90,000円は現金で支払った。
　（借）当 座 預 金　　950,000　　（貸）社　　　　債　　950,000
　（借）社債発行費　　　90,000　　（貸）現　　　　金　　 90,000

　社債を発行した場合には，払込金額を「社債」として計上する。なお，一年基準により，流動負債または固定負債に区別して表示する。

(2) 社債の利息

設例2
　×2年3月31日（決算日）に社債額面1,000,000円について利払日が到来したので利息を当座預金から支払った（年利3％）。
　（借）社 債 利 息　　 30,000　　（貸）当 座 預 金　　 30,000

　利払日については，社債に対する利息は，通常半年ごと（年2回）に支払われる。社債に対する利息については，支払利息とは区別することもあり，「社債利息」として処理する。社債利息については，損益計算書上の営業外費用に表示される。
　つまり，債務額と異なる金額で発行された社債は，従来はその差額に相当す

る金額を繰延資産（社債発行差金）あるいは負債として計上してきた。しかし，現在では，以下のように処理することになる。
① 発行時の収入金額で社債を計上する。
② 時の経過に伴ってその差額を償還期に至るまで一定の方法（利息法または定額法）で償却する。
③ 償還日では社債が社債金額になるように処理する。

また，社債の発行に要した諸費用がある。具体的には，広告費，取扱金融機関の手数料，目論見書，社債券等の印刷費，登録税などがある。これらは，その社債による資金調達のための費用であり，社債発行費と呼ばれる。社債発行費は，繰延資産として計上することができる。

(3) 決算時の社債について

設例3

×2年3月31日（決算日），×1年4月1日発行の社債（総額1,000,000円，額面@100円につき@95円で発行，償還期間5年，社債発行費90,000円）につき，決算において必要な処理を行う。ただし社債の額面金額と払込金額との差額は償還期間にわたって，償却原価法（定額法）によって社債の帳簿価額に加減する。また，社債発行費は社債の償還期間で月割償却する。

（借）社 債 利 息　10,000　　（貸）社　　　　　債　10,000
（借）社債発行費償却　18,000　　（貸）社 債 発 行 費　18,000

決算日において，社債を額面金額より低い価額で発行した場合には，償却原価法を適用する。すなわち，額面金額と払込金額との差額を（金利調整差額）を償還期に至るまで毎期一定の方法で，貸借対照表に調整することとなる。利息法による場合には，一般的に利払日ごとに償却額を計算して計上する。

また，社債発行費は原則として，支出時の費用として計上されるが，繰延資産として計上することも容認されている。繰延資産として計上した場合には，原則として利息法で社債の償還期間にわたって償却しなければならない。この

第4章　負債会計

場合には，社債発行費償却として損益計算書上の営業外費用に表示する。

なお，利払日と決算日が一致しない場合には，未払社債利息として前利払日の翌日から決算日までの期間に対応する社債利息を月割計算して見越計上する。

> **設例4**
>
> ×2年3月31日（決算日），社債利息の見越分を計上する（総額1,000,000円，利払日は12月末日，年利3％の社債の場合）。
>
> 　　（借）社 債 利 息　　7,500　　（貸）未払社債利息　　7,500

(4) 社債の償還①

> **設例5**
>
> ×1年4月1日に発行した社債（額面1,000,000円，帳簿価額990,000円）が満期日（×6年3月31日）をむかえたので，社債利息とともに当座預金により償還した（年利3％，利払日3月末日，決算日3月31日）。
>
> 　　（借）社 債 利 息　　 10,000　　（貸）社　　　　債　　 10,000
> 　　（借）社　　　　債　 1,000,000　　（貸）当 座 預 金　1,030,000
> 　　　　　社 債 利 息　　 30,000

満期償還における社債の償還期限には，社債を額面金額により，一括して償還し，最終日の社債利息を支払う。なお，金利調整額のみ償却残高がある場合には，償還日に償却する。

(5) 社債の償還②

> **設例6**
>
> ×1年4月1日に発行した社債（額面1,000,000円，帳簿価額988,000円）を×4年3月31日)に＠99円で買入償還し，利息とともに小切手を振り出して支払った。なお，この社債の発行条件は，払込金額980,000円，償還期間5年，

第2部　財務会計の構成要素

年利3％，利払日3月末日である。

（借）社　　　　債	988,000	（貸）当 座 預 金	1,020,000
社 債 利 息	34,000	社債償還益	2,000

　買入償還の場合とは，発行した社債を満期日前に買い入れる（償還する）ことである。この場合には，前決算日から買入償還までの償却原価を社債の帳簿価額に加減したあと，社債の帳簿価額を減少させる。

　また，買入償還は社債を市場から時価で購入するため，仕訳の貸借に差額が生じることになる。この差額は社債償還益（収益）または社債償還損（費用）として処理する。

(6) 新株予約株付社債

　新株予約権付社債は，新株予約権が付与された社債である。ただし，新株予約権証券は発行されず，新株予約権だけを分離して譲渡することはできない。

　新株予約権とは，将来の一定期間（権利行使期間）内に，一定の価額（権利行使価額）で，新株予約権の発行会社に対して新株の発行を請求できる権利をいう。新株予約権を購入した者にとっては権利行使期間中に有利な状況が生じた場合には行使できる権利であり，新株予約権の発行会社としては義務となる。

　新株予約権付社債を発行する場合は，社債の払込金額と新株予約権の払込金額を別々に決めて発行することが求められている。それにもとづき，社債対価と新株予約権対価を区別して会計処理することとなる。新株予約権付社債を区分法で，処理した場合の発行時，権利行使時の仕訳は以下のようになる。

　① 新株予約権付社債の発行時

（借）当 座 預 金	×××	（貸）社　　　　債	×××
当 座 預 金	×××	新 株 予 約 権	×××

② 新株予約権付社債の権利行使時（代用払込あり，自己株式移転のケース）

（借）社　　　　　債 ×××	（貸）自　己　株　式 ×××
新　株　予　約　権 ×××	その他資本剰余金 ×××

第6節　引　当　金

1　引当金の意義

　引当金は，期間損益の適正化の観点から，発生主義会計において設定されるものである。

　ある会計期間の利益を決定するにあたって，将来において発生すると予想される特定の費用または損失の見込額をその会計期間の費用または損失として引き当てた場合に計上される。引当金には賞与や退職給付に備えて計上した賞与引当金や退職給付引当金，あるいは製品の保証や工事の補償にともなって将来発生するかもしれない費用に備えて計上した製品保証引当金，工事補償引当金などがある。引当金を設定する場合の基本的な会計処理方法は次の通りである。

（借）○○引当金繰入 ×××	（貸）○　○　引　当　金 ×××

2　引当金計上の要件

　「企業会計原則」注解18では，引当金計上の要件として次の4つをあげている。
① 将来の特定の費用または損失であること
② その発生が当期以前の事象に起因していること
③ 発生の可能性が高いこと
④ その金額を合理的に見積もることができること

　引当金は，性格上，評価性引当金と負債性引当金とに区分される。
　評価性引当金のうち，貸倒引当金は，受取手形，売掛金，貸付金などの金銭債権について，将来回収不能となると予想される額を見積もって当期の費用と

して計上する際に生じるものである。すなわち，評価性引当金とは，特定の資産勘定の控除科目という性格を有する。貸倒引当金は，貸借対照表上の資産の部に計上され，対象となる資産科目ごとに，または流動資産や投資その他の資産について一括して，その金額債権から控除する形で表示される。

　負債性引当金は，負債の部に計上される。将来の支出を予定しているという点で評価性引当金と異なる。引当金の多くは条件付債務であり，条件付債務とは，将来ある一定の条件が満たされたときに確定債務に転化するものである。

　たとえば，製品保証引当金を例にして，4つの要件に当てはめていえば以下のようになる。

① 　製品にかかわるアフターコストである
② 　販売したという事実関係があること
③ 　故障・不具合が起こる可能性があること
④ 　部品等の金額，取替えの場合には新品の金額等が見積もれること

　一方，条件付債務でない引当金としては修繕引当金がある。修繕引当金は，設備などに修繕すべき箇所が生じているにもかかわらず，修繕が次期に繰り延べられた場合に設定される引当金である。この場合では，修繕すべき義務があるわけではない。よって，条件付債務にはならないということになる。

　また，引当金としては，最近「ポイント引当金」がある。ある企業が販売の結果，消費者にポイントというかたちで還元する際の「ポイント」であり，引当金として認識する必要がある。

　企業会計原則注解18は，引当金の種類について次のような具体的例示を行っている。

第4章 負債会計

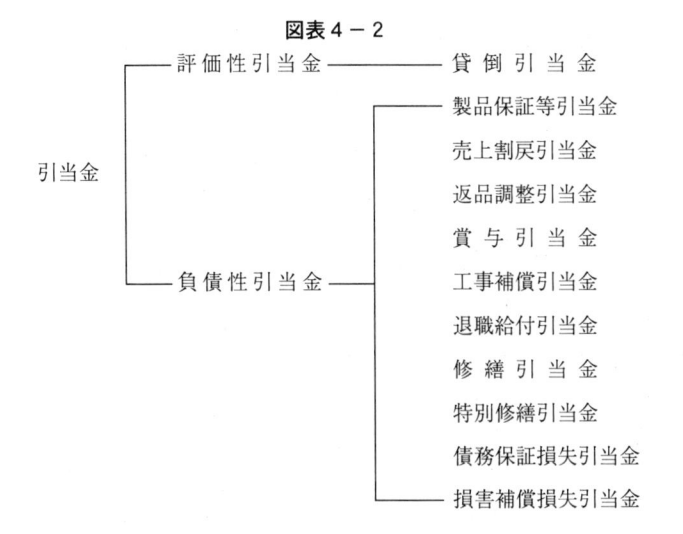

図表4−2

```
             ┌─ 評価性引当金 ──── 貸倒引当金
             │                  ┌ 製品保証等引当金
             │                  │ 売上割戻引当金
             │                  │ 返品調整引当金
             │                  │ 賞 与 引 当 金
引当金 ──────┤                  │ 工事補償引当金
             └─ 負債性引当金 ────┤ 退職給付引当金
                                │ 修 繕 引 当 金
                                │ 特別修繕引当金
                                │ 債務保証損失引当金
                                └ 損害補償損失引当金
```

　引当金は，当期に費用として計上するために設定するものであり，株主総会の決議によって積み立てられる任意積立金とは性格を異にする。また，期間損益計算に関係しない将来の支出，あるいは将来発生する可能性の低い偶発的な事象にかかる費用や損失については，負債性引当金を計上することは認められていない。

　以下には，修繕引当金，賞与引当金及び退職給付引当金を説明する。

3　修繕引当金

　使用している固定資産が修繕を必要としているにもかかわらず，何らかの理由によってその修繕を次期以降に延ばすことがある。この場合には修繕を必要とする原因の一部または全部が当期における資産の使用にあり，その修繕支出のうちの当期の負担に属する金額を見積もって当期の費用にする必要がある。この費用計上に伴って設けられる引当金が修繕引当金である。修繕引当金は，修繕にかかわる費用の期間配分を適正にするという目的から設定される。

第2部 財務会計の構成要素

> **設例1**
>
> 次の取引について仕訳しなさい。会計期間は1年，決算日は3月31日である。
> ① 平成×1年3月31日の決算にあたり，所有する設備の修繕を×2期中に行う予定を変更し，修繕引当金として5,000,000円を設定した。
> ② 平成×1年5月25日に修繕を行い，修繕費6,500,000円を小切手を振り出して支払った。なお，この修繕は，×2期に伴うものである。

① （借）修繕引当金繰入　5,000,000　　（貸）修 繕 引 当 金　5,000,000
② （借）修 繕 引 当 金　5,000,000　　（貸）当 座 預 金　6,500,000
　　　　修　　繕　　費　1,500,000

4　賞与引当金

　従業員などに対して次期に支給する賞与（未払賞与ではない。また役員賞与は含まれない）のうち，当期の負担に属する金額をあらかじめ見積計上した場合に設定される引当金が，賞与引当金である。これは，賞与の支給月と決算月が一致していないというところから生じるものであり，期間費用を適正化する目的で設けられた流動負債としての引当金である。

　また，決算期末に従業員に対する賞与支給額が確定している場合には，その賞与未払分は賞与引当金ではなく，未払賞与として計上される。

　なお，役員賞与は，従来利益処分で行われていたが，会社法施行後は役員賞与も費用処理されることになっている。その結果，株主総会の決議で決定される当期の職務にかかわる役員賞与については役員賞与引当金として負債に計上されることになる。

> **設例2**
>
> 次の取引について仕訳しなさい。会計期間は1年，決算日は3月31日である。

① 平成×1年3月31日の決算にあたり，役員賞与の支払見込額にもとづいて役員賞与引当金7,000,000円を設定した。
② 平成×1年6/30の株主総会の決議により役員賞与7,000,000円の支払が承認され，現金で支払われた。

① （借）役員賞与引当金繰入　7,000,000　　（貸）役員賞与引当金　7,000,000
② （借）役員賞与引当金　　　7,000,000　　（貸）現　　　　　金　7,000,000

5　退職給付引当金

企業が労働協約，就業規則などにもとづいて，従業員に対して退職一時金や年金（合わせて退職給付という）を支払うことを約束している場合，各会計年度末に，すでに発生した従業員に対する退職給付債務の金額（割引現在価値で評価する）を見積り，これから外部に積み立てた年金資産の金額（時価で評価する）を控除したものである。毎期の退職給付費用は，従業員による労働サービスの対価である勤務費用，退職給付債務から発生する利息費用，年金資産から生じた運用収益などからなる。したがって，退職給付引当金を設定することは，①各会計年度末における既発生の退職給付の正味の支払義務（条件付債務）を認識することと，②当該期間中に（従業員の労働提供を原因として）発生した退職給付費用を見積計上することとの二面性をもっている。

(1)　会　計　処　理

なお，基本的な会計処理は次のようになる。

① 退職給付引当金の繰入れ
　　（借）退職給付費用　×××　　（貸）退職給付引当金　×××

② 退職一時金の支給
　　（借）退職給付引当金　×××　　（貸）退職給付費用　×××

さて、退職給付引当金の額は、基本的には、退職給付引当金＝退職給付債務－年金資産で計算される。ここで、退職給付債務は、以下のような3つの手順を経て計算される。

① 将来の退職給付見込額を計算する。

まず、退職時に見込まれる退職給付総額の見積る。そして、退職時点での現在価値である退職給付見込額を算出する。その場合、退職時までに確実に見込まれる昇給等の要因も含めて見積もることになる。退職給付債務は、退職率、死亡率、昇給率、割引率、など多くの過程に基づいて算定される。割引率は、「安全性の高い長期の債権の利回りを基礎として決定しなければならない」とされている。

② ①のうち、期末までに発生している金額を見積もる。

次に、当期末までに発生したと認められる退職給付見込額を見積もる。従業員が労働を提供した各勤務期間に配分し、貸借対照表日までに発生していると認められる退職給付見込額を算定する。退職給付見込額をすでに発生した分と今後発生する分に分ける基準としては、勤務期間を基準とする方法を採用する期間基準が原則とされている。

③ ②の現在価値を計算する。

評価時点における市場利回りを基礎とした割引率を用いて算定する。市場利回りとは、長期国債などを基本とする。

次には、年金資産を計算する。企業外部に実際に積み立てられる資産で、企業自体の貸借対照表に計上されない年金基金に拠出された資産の額を時価基準で評価して計算する。

こうして計算された退職給付債務の額から年金資産の額を引いた額、つまり年金資産の積み立て不足額が貸借対照表に計上されていなければならない退職給付引当金の額となる。よって、この額から前期末の退職給付引当金の額を引いた額を当期の費用に計上し、引当金を増額することになる。

退職給付会計基準の運用は、2003年3月期から開始されている。新制度の初年度には、多額の積み立て不足が生ずると予想されたため、経過的な措置とし

て積み立て不足額を一度に費用計上せずに，15年以内の期間にわたって按分して費用処理することが認められていた。

　以下に，退職給付にかかわる会計処理について仕訳例を示しておく。退職給付引当金は，退職給付債務から年金資産を控除した正味の債務額を計上することとなり，時間の経過や実際の取引により退職給付債務と年金資産が増減することで，退職給付引当金がどのように増減するかを考えながら会計処理することが必要となる。

---

① 見積りによる退職給付費用
　　（借）退職給付費用　×××　　（貸）退職給付引当金　×××

---

② 年金掛金の拠出
　　（借）退職給付引当金　×××　　（貸）現　金　預　金　×××

---

③ 退職一時金の支給
　　（借）退職給付引当金　×××　　（貸）現　金　預　金　×××

---

④ 退職年金の支給
　　仕訳なし

---

⑤ 数理計算上の差異の費用処理
　　（借）退職給付費用　×××　　（貸）退職給付引当金　×××

第7節　その他の負債

その他の負債として未払法人税等などについて若干の説明を行っておく。

(1) 未払法人税等

企業が支払う主な税金は，法人税，住民税，事業税，固定資産税などがある。このうち，利益（所得）を基準として課せられるのは，法人税，住民税，事業税である。

法人税，住民税，事業税は，決算の時にその年度の所得に対して課される金額を計算し，損益計算書ではそれらを法人税等として税引前当期純利益から控除し，貸借対照表ではそれから中間申告納税した額を差し引いた額を未払法人税等として流動負債に計上する。

なお，過去においては事業税については，税務上は支払った金額が支払った年度の損金として扱われることから，企業会計上もこれを法人税等に含めずに，支払った年度の費用として計上する処理も認められていた。しかし，1998年12月の財務諸表等規則の改正によって，現在の処理方法に統一されている。

ただし，法人税，住民税と同じ扱いをする事業税は，利益を基準として課せられる事業税に限られる。業種の大半は，事業税については利益を基準とするが，電気供給業やガス供給業など一部の業種の事業税は利益ではなく，売上高に相当する事業収入を基準として課せられる。事業収入を基準として課せられる事業税は事業税または租税公課として営業費用に計上する。

(2) 繰延税金負債

税効果会計の適用により，繰延税金資産と逆の状態が生じた場合には，繰延税金負債という負債が計上される。例えば，当期に税法が認める固定資産圧縮積立金を積み立てた場合，当期はその額は損益計算書上の費用に計上されない。一方で課税所得の計算上は損金算入され，法人税等の額は少なくなる。

しかし，将来の損金に計上される減価償却費は圧縮後の額を基準に計算され，

取得原価を基準に計算される損益計算書上の減価償却費より少なくなる。減額された法人税等の額は結果としては将来において支払われることになる。そこで，当期に減額された法人税等の額は，未払いの状態にあると認識し，損益計算書上は法人税等を増額する項目である，法人税等調整額を計上するとともに，その額を貸借対照表上，負債に計上する。この負債が繰延税金負債である。

　この繰延税金負債のうち，流動資産または流動負債に関連して生じたもの，および特定の資産・負債に関連しない繰延税金負債で決算日後1年以内に取り崩されると認められるものが流動負債となる。それ以外の繰延税金負債は固定負債に分類される。

　なお，将来加算一時差異は，将来の法人税等の金額を増額させる効果を有することになり，一時差異に特定実効税率を乗じた金額を，以下の仕訳として繰延税金負債に計上する。

　　　(借)法人税等調整額　×××　　　(貸)繰延税金負債　×××

(3) リース負債

　リース取引は特定の物件の所有者が，その他の者に対してその物件を，一定契約期間，使用する権利を与え，その他の者は所定の手数料を所有者に支払う取引である。

　リース取引には，ファイナンス・リース取引とオペレーティング・リース取引がある。ファイナンス・リース取引は，たしかに法律上賃貸借取引ではある。しかし，実態は借手はリース期間中に途中解約できない，リース物件に関するコストをすべて負担するなど，リース物件の売買取引であるとみなされる。そこで，借手は原則としてリース物件に関する上記のすべてのコストを見積もり，これを一定割合で現在価値に割り引いて，リース物件をリース資産として資産の部に計上し，同額をリース負債として負債に計上しなければならない。

(4) 偶 発 債 務

　偶発債務とは，まだ確定した債務となっていないが，将来ある一定の条件を満たすような事象が生じたならば，確定債務に転化する可能性のある債務をいう。

　具体的には，手形の裏書や割引，債務の保証，係争事件に関する賠償義務などで将来において，確定した債務になる可能性のある債務である。

　偶発債務による損失の発生する可能性が高く，その発生原因が当期以前にあって，金額を合理的に見積もることができる場合には，引当金を設定する必要がある。それ以外の場合には，将来確定債務になる可能性があることから，注記による開示が要求される。

＜参考文献＞
新井清光『現代会計学』第9版，中央経済社，2008年。
小川　洌『会計学』放送大学教育振興会，2000年。
染谷恭次郎『現代財務会計』中央経済社，1998年。
中央コンサルティング㈱編『新会計基準の見方・読み方・分析の仕方』，金融ブックス，2002年。
Richard G. Schroeder, Myrtle W. Clark, and Jack M. Cathey. (2001), *Financial Accounting Theory and Analysis* （加古宜士，大塚宗春監訳『財務会計の理論と応用』中央経済社，2004年）。
Robert N. Anthony. ; Breitner, Leslie K. (2002) *Essencial of Accounting* （西山茂監訳『アンソニー会計学入門』東洋経済新報社，2007年）

第5章　純資産会計

第1節　株主資本と純資産の概念

1　純資産会計の概念

　純資産は，資産から負債を差引いた差額概念として捉えられる。なぜ従来の「資産－負債＝資本」という概念が消えたのか。これは，その他有価証券評価差額，新株予約権など，損益計算書を経由しないで直接純資産を増加させる中間的な性格の項目が発生してきたからである。
　したがって，貸借対照表上，資産性又は負債性をもつものを先ず資産の部又は負債の部に記載することとし，それらに該当しないものは資産と負債との差額として「純資産の部」に記載することとした。このため，純資産のうち株主に帰属する部分を「株主資本」（従来の資本部分）と，それ以外を「株主資本以外の項目」とに分けて表示することになった。

2　株主資本会計の範囲

　株主資本の会計は，企業の設立等に係わる資本の調達からその増減（増資，減資，株主資本計数の変動による増減，剰余金の処分）について測定・伝達する会計である。本節では，株主資本の増減を対象とする。

3　株主資本と純資産の分類

(1)　会社法上の分類

　会社法上，株主資本の部は，Ⅰ資本金（会445条1項），Ⅱ準備金（会445条3項，4項，5項），Ⅲ剰余金（会446条）から構成されている。準備金は，資本準備金

と利益準備金に分けられる。資本金および準備金は，株主に分配不能な性格を有している。他方，剰余金は，その他資本剰余金とその他利益剰余金から構成され，株主に分配可能な性格を有し，株主資本から資本金と準備金を控除した残高である。

＜会社法上の「株主資本の部」＞

Ⅰ	資　本　金
Ⅱ	準　備　金（資本準備金＋利益準備金）
Ⅲ	剰　余　金（その他資本剰余金＋その他利益剰余金）

(2) 会社計算規則上の「純資産の部」

会社計算規則上における純資産の分類は，企業会計上の分類と異なるところはない（計規108条，169条）。

イ	株主資本
ロ	評価・換算差額等
ハ	新株予約権

(3) 企業会計上の純資産の分類

図表5−1 <「純資産の部」>(「企業会計基準第5号」)(「適用指針第8号」)

個別貸借対照表の「純資産の部」の区分	連結貸借対照表の「純資産の部」の区分
(純資産の部) Ⅰ　株主資本 　1　資本金 　2　新株式申込証拠金 　3　資本剰余金 　　(1)　資本準備金 　　(2)　その他資本剰余金 　　　①　資本金及び資本準備金減少差益 　　　②　自己株式処分差益 　　　　　　　　　　資本剰余金合計 　4　利益剰余金 　　(1)　利益準備金 　　(2)　その他利益剰余金 　　　　××積立金 　　　　繰越利益剰余金 　　　　　　　　　　利益剰余金合計 　5　△自己株式 　　　　　　　　　　　株主資本合計 Ⅱ　評価・換算差額等 　1　その他有価証券評価差額金 　2　繰延ヘッジ損益 　3　土地再評価差額金 　　　　　　　　評価・換算差額等合計 Ⅲ　新株予約権 　　　　　　　　　　　　純資産合計	(純資産の部) Ⅰ　株主資本 　1　資本金 　2　新株式申込証拠金 　3　資本剰余金 　　(1)　資本準備金 　　(2)　その他資本剰余金 　　　　　　　　　　資本剰余金合計 　4　利益剰余金 　　(1)　利益準備金 　　(2)　その他利益剰余金 　　　　××積立金 　　　　繰越利益剰余金 　　　　　　　　　　利益剰余金合計 　5　△自己株式 　　　　　　　　　　　株主資本合計 Ⅱ　評価・換算差額等 　1　その他有価証券評価差額金 　2　繰延ヘッジ損益 　3　土地再評価差額金 　4　為替換算調整勘定 　　　　　　　　評価・換算差額等合計 Ⅲ　新株予約権 Ⅳ　少数株主持分 　　　　　　　　　　　　純資産合計

第2節　資本金の会計処理

1　資本金の増加

　資本金を増加させることを増資という。増資には株主から金銭の払込みや財産の給付を伴う有償増資と，単なる株主資本内部の計数変動として資本金の額を増加させる無償増資（準備金や剰余金の資本金への組入れなど）がある。

　会社法上，資本金とは法定資本ともいわれ，株式会社では，設立または株式の発行に際して別段の定め[1]がある場合を除いて，株主が払い込んだ金額または給付した財産の額の全額が原則として資本金になる（会445条1項）[2]。ただし，前項の払込み又は給付に係る額の2分の1を超えない額は，資本金として計上しないことができる（同条2項）。この資本金にしないこととした額は，資本準備金（「株式払込剰余金」という）として計上しなければならない（同条3項）。

①　新株式の発行

> **設　例**
> 　普通株式を1株1,000円で2,000株発行し，新株式の申込証拠金が払い込まれ，その後払込期日に申込証拠金の2分の1を資本金に組み入れた。

(1) 新株の申込期日の仕訳
　　（借）別　段　預　金　2,000,000　　（貸）新株申込証拠金[3]　2,000,000
(2) 全額を資本金に組み入れる場合（新株の払込期日）
　　（借）新株申込証拠金　2,000,000　　（貸）資　　本　　金　2,000,000
(3) 2分の1を資本金に組み入れる場合
　　（借）当　座　預　金　2,000,000　　（貸）資　　本　　金　1,000,000
　　　　　　　　　　　　　　　　　　　　　　　株式払込剰余金　1,000,000
　　　　　　　　　　　　　　　　　　　　　　　（資本準備金）

②　準備金の資本金組入れ（「株主資本の計数の変動」参照）

　準備金のうち，資本準備金を資本金に組み入れることは認められるが，資本

と利益の区分の原則から，利益準備金を資本金に組み入れることはできない（「会計基準第5号」（以下「会計基準」という）48①一）。

> **設 例**
> 株主総会の決議により，資本準備金100,000円を資本金に組み入れることにした。

　（借）資本準備金　100,000　　（貸）資　本　金　100,000

③ **剰余金の資本金組入れ**（「株主資本の計数の変動」参照）

剰余金のうち，その他資本剰余金を資本金に組み入れることができるが，資本と利益の区分の原則から，その他利益剰余金を資本金に組み入れることはできない（「会計基準」48①二）。

> **設 例**
> 株主総会の決議により，その他資本剰余金100,000円を減少させ，資本金に組み入れることにした。

　（借）その他資本剰余金　100,000　　（貸）資　本　金　100,000

④ **株式分割**（会183条）

株式分割は，株主の有する株式の数（発行済株式数）が分割の割合に応じて1株を5株とか10株に増加することである。株式の分割は，分割の対象である種類の株式の数だけが増加するが，払込が行われないため会社の純財産の変動はなく会計処理は不要となる。

⑤ **株式併合**（会180条）

株式併合とは，旧株2株を新株1株にするというように，発行済株式数を減少させることをいう（会180条1項）。株式の併合には，株主総会の特別決議（議決権の3分の2以上の賛成）が必要となる（会180条2項，309条2項4号）。株式の併合（無償）によって変わるのは株数だけであり，資本金の額が減少したりすることはないので会計処理は不要となる。

2　資本金の減少

①　資本金の減少の意味

資本金を減少させることを減資という。減資には，会社の純財産が減少するかどうかによって有償減資と無償減資に分けられる。

有償減資とは，会社の純財産の一部が株主に払い戻されて会社の資本金を減額させることをいう。減資によって株主に払い戻しをする場合には，先ず，減資の決議を行い，資本金から剰余金への組み入れを行い，減資の効力が発生した後に剰余金の配当（払い戻し）を行うことになる。無償減資は，純資産内部の構成要素が変動するだけであり，純資産は減少しないで，会社の資本金を減額させることをいう。

②　減資の手続

減資は，会社の財産が減少するので，会社の財産を担保とする債権者を保護するために，原則として株主総会の特別決議と債権者保護手続きが要求される（会447条1項）。

③　資本金の資本準備金への振り替え（「株主資本の計数の変動」参照）

資本金を減少させて，その一部または全部（100％減資）を準備金とすることができるが，この場合は資本と利益の区分の原則より「資本準備金」に限定される（会447条1項2号，計規49条1項1号）。また資本金を減少させてその一部または全部を剰余金とすることができるが，その場合も「その他資本剰余金」に限定される（会446条1項3号，計規50条1項1号）。

> **設　例**
>
> 株主総会の特別決議により，資本金2,000万円のうち，500万円を減少させ，資本準備金に振り替える決議がされた（単位：万円）。

（借）資　本　金　　500　　（貸）資 本 準 備 金　　500

④ **資本金のその他資本剰余金への振り替え**（「株主資本の計数の変動」参照）

> **設 例**
>
> 　株主総会の特別決議により，資本金3,000万円のうち，500万円を減少させ，その他資本剰余金に振り替える決議がされた（単位：万円）。

（借）資　本　金　　500　　　（貸）その他資本剰余金　　500

3　資本金の減少と欠損補てん（「株主資本の計数の変動」参照）

　欠損とは分配可能額がマイナスの状態をいう（計規179条）。欠損の補てんは，資本金の額の減少による方法（会447条1項）と準備金の額の減少による方法（会448条）とがある。資本金の額又は準備金の額の減少が欠損の額を超えない場合には，両者とも定時株主総会の普通決議で行われ，資本金の減少の場合は債権者保護手続（異議申し立ての公告等）を必要とし，準備金の減少の場合はそれを必要としない。

> **設 例**
>
> 　株主総会の決議（会452条）によって欠損（その他利益剰余金のマイナス）800万円の補てんを行うため，資本金1,000万円を減少することを決議した。
> （欠損補てん前の貸借対照表）
>
> **貸　借　対　照　表**　　　（単位：万円）
>
> | 資　産 | 1,700 | 負　　　債 | 500 |
> |---|---|---|---|
> | | | 資　本　金 | 2,000 |
> | | | 欠　損　金(4) | △ 800 |
> | | 1,700 | | 1,700 |

（借）資　本　金　　　　　1,000　　（貸）その他資本剰余金　　　1,000
　　　　　　　　　　　　　　　　　　　　（資本金減少差益）
　　　その他資本剰余金　　1,000　　　　　未 処 理 損 失　　　　　800
　　　（資本金減少差益）　　　　　　　　（繰越利益剰余金）
　　　　　　　　　　　　　　　　　　　　その他資本剰余金　　　　200
　　　　　　　　　　　　　　　　　　　　（資本金減少差益）

第2部　財務会計の構成要素

（欠損補てん後の貸借対照表）

貸　借　対　照　表　　　　（単位：万円）

資　産	1,700	負　　債	500
		資　本　金	1,000
		資本金減少差額(4)	200
	1,700		1,700

第3節　資本剰余金

1　資本剰余金の概念

　資本剰余金とは，資本取引から生じた剰余金であり，いわゆる株主からの払込資本の増減に係る取引から生ずるものであり，株主からの払込資本のうち資本金に組み入れられなかった部分をいう。資本剰余金は「資本性の剰余金」と呼ばれている（「会計基準」34項）。

2　資本剰余金の構成

　資本剰余金は，資本準備金及びその他資本剰余金に区分される。資本剰余金には，会計理論上，株主からの払込資本でありながら資本金，資本準備金で処理されない項目が生じる場合がある。例えば，資本金及び資本準備金の取崩しによって生じる「資本金及び資本準備金減少差益」や自己株式を処分した対価が自己株式の帳簿価額を超えた場合に発生する「自己株式処分差益」などは，「その他資本剰余金」に計上される。その他資本剰余金は，剰余金の配当として処分可能な性格を有している。資本剰余金は次のように区分される。

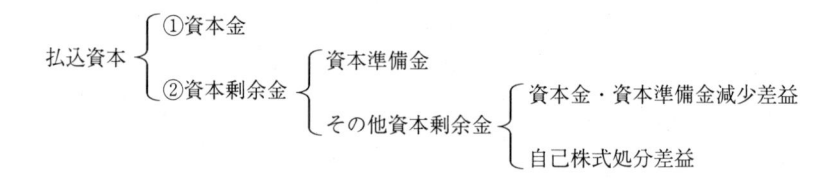

払込資本 ── ①資本金
　　　　　　②資本剰余金 ── 資本準備金
　　　　　　　　　　　　　　その他資本剰余金 ── 資本金・資本準備金減少差益
　　　　　　　　　　　　　　　　　　　　　　　　自己株式処分差益

3 資本準備金の会計処理

(1) 資本準備金の積立

① その他資本剰余金を原資として配当を行った場合には，債権者保護の観点からその他資本剰余金の額の10分の1に相当する額を資本準備金として積み立てなければならない（会445条4項）。

② その積立限度額は，資本準備金と利益準備金（「準備金」という）の合計額が資本金の4分の1を乗じて得た額（「基準資本金額」という）に達するまでとされている（計規45条1項）。

(2) 資本準備金の増加

① 株式の発行の資本準備金の計上（会445条2，3項，第2章1.参照）。

② 資本準備金は，株主総会の決議によって資本金又はその他資本剰余金を減少させて資本準備金とすることができる（「計数の変動」参照）。ただし，資本と利益の区分の原則により，利益準備金を資本準備金に振り替えることはできない。

(3) 資本準備金の減少 （「株主資本の計数の変動」参照）

① 株式会社は，資本準備金の額を減少させて「その他資本剰余金」(計規50条)ないし「資本金」(会448条)とすることができる。ただし，資本と利益の区分の原則により，資本準備金を利益準備金やその他利益剰余金に振り替えることはできない。

② 資本金および準備金（この両者を「資本金等」という）を減少させる場合（減少する準備金の額の全部を資本金とする場合を除く）には，「当該株式会社の債権者は，当該会社に対し資本金等の額の減少について債権者の異議を述べることができる。」（会449条1項）。

③ 資本準備金を減少させて欠損補てんすなわち損失の処理をするためには，会社法では原則として株主総会の決議が必要になる（会452条）。

4　その他資本剰余金

その他資本剰余金は，会計理論上，株主が払い込んだ払込資本の一部であるから配当に回せるものではないが，会社法上，株主総会の決議を経て配当原資にすることができる（会446条，計規177条）。

(1) **「資本金および資本準備金減少差益」**（「株主資本の計数の変動」参照）

株式会社は，株主総会の決議によって，資本金を減少させ，その減少額を構成する「資本金減少差益」（「その他資本剰余金」）とすることができる。また，資本準備金を減少させ，「資本準備金減少差益」（「その他資本剰余金」）とすることができる。「その他資本剰余金」は，配当の原資とすることができる。

(2) **剰余金の準備金への振り替え**（「株主資本の計数の変動」参照）

> **設　例**
> 株主総会において，その他資本剰余金を200,000円とその他利益剰余金100,000円を減少させ，準備金とすることを決議した。

　　（借）その他資本剰余金　200,000　　（貸）資 本 準 備 金　200,000
　　　　　その他利益剰余金　100,000　　　　　利 益 準 備 金　100,000

第4節　利益剰余金

1　利益剰余金の概念と構成

利益剰余金は，会社が稼得した利益のうち内部に留保された留保額をいい，留保利益ともいわれ，「利益準備金」と「その他利益剰余金」に区分される。利益準備金は，積立が強制されているものであり，その他利益剰余金は，会社が任意に会社内に留保される「任意積立金」とその使途（処分）が未定の状態にある「繰越利益剰余金」に分かれる。会計基準では，利益剰余金を本質的に利

第5章 純資産会計

益を源泉としているという意味で「利益性の剰余金」と呼んでいる。

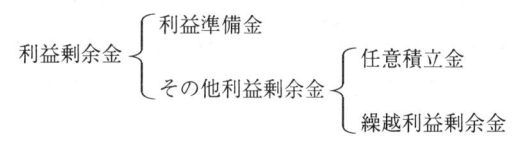

$$
\text{利益剰余金}\begin{cases}\text{利益準備金}\\ \text{その他利益剰余金}\begin{cases}\text{任意積立金}\\ \text{繰越利益剰余金}\end{cases}\end{cases}
$$

(1) 利益準備金の積立

① その他利益剰余金を原資として配当を行った場合には，その他利益剰余金の額の10分の1に相当する額を「利益準備金」として積み立てなければならない（会445条4項）。

② その積立限度額は，資本準備金と利益準備金（これらを「準備金」という）の合計額が資本金の4分の1を乗じて得た額（「基準資本金額」という）に達するまでとしている（計規45条）。

(2) 準備金積立額の計算

会社法では，配当日の準備金の額が基準資本金額未満の場合には，その準備金の額は次のイとロのいずれか少ない額に資本剰余金配当割合（又は利益剰余金配当割合）を乗じて得た額を積み立てる（計規45条1項2号）と規定している。

(イ) 分配した剰余金の額の10分の1に相当する額（準備金要積立額）

(ロ) 資本金の額の4分の1の額から準備金の額を控除した額（準備金計上限度額）

設 例

　その他利益剰余金（繰越利益剰余金）から600万円，その他資本剰余金から400万円を原資として，1,000万円の配当をすることを株主総会で決議した。

(1) 配当後の利益準備金と資本準備金，(2)その他利益剰余金とその他資本剰余金はそれぞれいくらになるか。(3)その仕訳をしなさい。

　なお，配当時直前の残高は，次の通りであった。

第2部　財務会計の構成要素

> 資本金：3,000万円，資本準備金：400万円，利益準備金：300万円
> その他利益剰余金：2,000万円，その他資本剰余金：1,000万円

解　答

・準備金の積立限度額（「基準資本金額」）：資本金3,000万円×1/4＝750万円
 (イ)　準備金の要積立額：剰余金からの配当額1,000万円×1/10＝100万円
 (ロ)　準備金として計上すべき額：基準資本金額は750万円であり，それから準備金700万円（＝資本準備金400＋利益準備金300）を差し引くと，準備金計上限度額は50万円になる。
(イ)100万円と(ロ)50万円のうち，少ない額(ロ)を積み立てることができる。

解答(1)　　配当後の利益準備金：330万円＝（300万円＋30万円＊1）
　　　　　　配当後の資本準備金：420万円＝（400万円＋20万円＊2）

解答(2)
　・その他利益剰余金1,370万円＝その他利益剰余金残高2,000万円－630万円
　・その他資本剰余金580万円＝その他資本剰余金残高1,000万円－420万円

解答(3)

(借)その他利益剰余金 　　（繰越利益剰余金）	630	(貸)未 払 配 当 金	1,000
その他資本剰余金	420	資 本 準 備 金	20＊1
		利 益 準 備 金	30＊2

　＊1　資本準備金の要積立額50×400/1,000（資本剰余金配当割合）→20
　＊2　利益準備金の要積立額50×600/1,000（利益剰余金配当割合）→30

(3)　**利益準備金の減少**（「株主資本の計数の変動」参照）

　会社は，株主総会の決議により，利益準備金を減少させ，その他利益剰余金とすることができる（計規45条）。しかし，資本と利益の区分の原則から，利益準備金を減少させてその他資本剰余金にすることはできない。

設　例
① 6月26日の株主総会の普通決議により，利益準備金250,000円を減少させ，その他利益剰余金に振り替える決議をした。

（借）利　益　準　備　金　　250,000　　（貸）その他利益剰余金　　250,000

2　その他利益剰余金

利益準備金以外の利益剰余金をその他利益剰余金といい，その他利益剰余金は「任意積立金」と「繰越利益剰余金」とに分類される。

(1)　任意積立金

任意積立金は，株主総会又は取締役会の決議に基づいて，その他利益剰余金から積み立てられた利益の内部留保額であり，会社が任意に積み立てることのできる積立金である（会452条）。使途が特定されている積立金には，配当平均積立金，事業拡張積立金，減債積立金，災害損失積立金などがあり，他方使途が特定されていない積立金を「別途積立金」という。

設　例
A社は，株主総会において，その他利益剰余金800万円を配当平均積立金500万円，災害損失積立金300万円にそれぞれ処分することを決議した。

（借）繰越利益剰余金　　　800　　（貸）配当平均積立金　　　500
　　　　　　　　　　　　　　　　　　　災害損失積立金　　　300

(2)　繰越利益剰余金

旧商法では，当期純利益と前期の繰越利益との合計金額を当期未処分利益としていたが，会社法ではそれを「繰越利益剰余金」という名称に代えた。会計基準では，損益計算書の末尾には従来どおり当期純利益が表示され，貸借対照表ではその当期純利益から振り替えられた繰越利益剰余金が表示される (35, 36

第2部　財務会計の構成要素

項)。

第5節　剰余金の配当等と分配可能価額

1　剰余金の配当等

　会社法では，剰余金の分配の範囲について，「株主に対する金銭等の分配（利益の配当，中間配当），資本金及び準備金の減少に伴う払い戻し（剰余金の配当）」と自己株式の有償取得（会社財産の株主に対する払い戻し）を併せて剰余金の配当等[5]と規定し，いずれも株主に対して会社財産の払い戻す行為であるとして，それらを「剰余金の分配」という概念で統一している。

2　剰余金の配当の回数と手続

(1)　剰余金の配当の回数

　剰余金の配当等は，期中，いつでも何度でも可能になったので，剰余金の額は，決算日の剰余金の額を指すのではなく，配当分配時あるいは配当支払日（配当の効力発生日）の剰余金の額を意味する。

(2)　「剰余金の配当」の手続

① 剰余金の配当の決定は，原則として，その都度，株主総会の普通決議によって行うことができる（会454条1項）。
② 但し，定款の定めに基づき，一事業年度の途中において1回に限り，取締役会の決議によって剰余金の配当をできる（中間配当，会454条5項)。
③ 中間配当以外に，例外として，一定の場合に，定款の定めにより取締役会の決議によって何度でも剰余金の配当ができる（会459条1項2号)。

3　「剰余金の額」の算定と「分配可能額」の算定

(1)　剰余金の額の算定（会446条1号〜7号）

　「剰余金の分配可能額」は「剰余金の額」を出発点として算定される。そし

て「剰余金の額」は，①「貸借対照表の最終事業年度末日の剰余金」だけでなく，②事業年度末日後，期中において剰余金分配時までに生じた「剰余金の変動額」を反映する項目を加算・減算して「配当の効力発生日の剰余金の額」が算定される。

① ＜最終事業年度末日の剰余金の額の算定＞

貸借対照表の「最終事業年度末日の剰余金の額」は，次の「第1段階の計算」を経て算定される（会446条1号）。

＜計算の第1段階＞（会446条1項1号）

① 最終事業年度末日の剰余金は，次の(イ)と(ロ)の合計額から(ハ)から(ホ)までの合計額を減じた額で計算される。

- (イ) 資産の額
- (ロ) 自己株式の帳簿価額
- (ハ) 負債の額
- (ニ) 資本金及び準備金の額の合計額
- (ホ) (ハ)及び(ニ)に掲げるもののほか，法務省令で定める各勘定科目に計上した額の合計額（計規177条）→ {(イ)+(ロ)} − {(ハ)+(ニ)＋剰余金}

図表5−2　最終事業年度末日の貸借対照表

(イ) 資　　産	(ハ) 負　　債		
	純資産	(ニ) 資　本　金	
		(ニ) 準備金（資本準備金・利益準備金）	
		(ホ) 法務省令で定める額（計規177）＊	
(ロ) 自己株式の帳簿価額		① 期末時点の「剰余金の額」	

＊ (ホ)の「法務省令で定める額」の項目は「評価・換算差額等」及び「新株予約権」が該当し，事業年度末の剰余金の額は，結局上記のように「その他資本剰余金」と「その他利益剰余金」の剰余金の合計額となる（会446条1号，計規177条）[6]。

設　例

次の貸借対照表から，最終事業年度末日の剰余金の額を算定しなさい。

第2部　財務会計の構成要素

貸借対照表

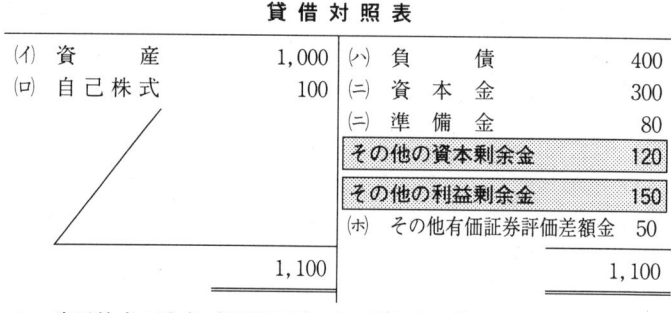

(イ) 資　　産	1,000	(ハ) 負　　債　　　400
(ロ) 自己株式	100	(ニ) 資　本　金　　300
		(ニ) 準　備　金　　 80
		その他の資本剰余金　120
		その他の利益剰余金　150
		(ホ) その他有価証券評価差額金　50
	1,100	1,100

＊　自己株式の残高（帳簿価額）は，剰余金の算定時には資産に準じて処理される。

解　答

剰余金の額＝[1,000(イ)＋100(ロ)]－[(400(ハ)＋300(ニ)＋80(ニ)]
　　　　　－[(1,100－780－120－150＝50(ホ)]＝1,100－780－50
　　　　　＝270（剰余金の額に一致＝120＋150）

②　＜分配時の「剰余金の額」の算定＞

　分配時の剰余金は，①で算定された「最終事業年度末日の剰余金の額」に，その末日後から分配時までに生じた期中の剰余金の変動の増減額を加減して次のように算定される。

＜計算の第2段階(1)＞　（期中の加算要因：②,③,④）（会446条2号～4号）

（第2号～第4号）最終事業年度末後の変動（期中の加算）	②　期末日後の自己株式処分差益（2号） ③　期末日後の資本金減少差益（資本金の減少額）（3号） ④　期末日後の準備金減少差益（準備金の減少額）（4号）

＜計算の第2段階(2)＞　（期中の減算要因：⑤,⑥,⑦）（会446条5号～7号）

（第5号～第7号）最終事業年度末日後の変動(期中の減算)	⑤　自己株式の消却額の帳簿価額（5号）＊ ⑥　剰余金の配当および金銭の交付等（6号） ⑦　法務省令で定める各勘定科目の額（計規178条1項） 　　（剰余金の資本金・準備金への振替額の剰余金の減少額，

第5章　純資産会計

	剰余金の配当の際の準備金の積立て，再編による自己株式の処分差額など）（7号）
分配時の「剰余金の額」（446条2号～7号）	

＊　自己株式の消却自体は，自己株式に計上されていた額をその他資本剰余金に振り替えるという表示上の問題で分配可能価額とは無関係の行為である。

図表5－3　分配時の剰余金の額（会446条2号～7号）

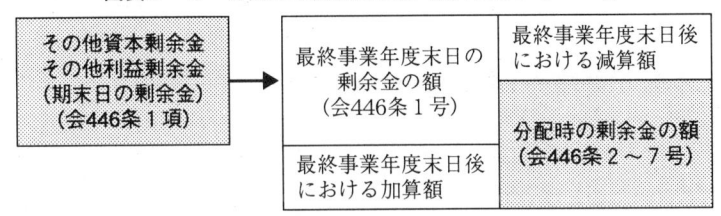

その他資本剰余金 その他利益剰余金 （期末日の剰余金） （会446条1項）	最終事業年度末日の 剰余金の額 （会446条1号）	最終事業年度末日後 における減算額
		分配時の剰余金の額 （会446条2～7号）
	最終事業年度末日後 における加算額	

(2)　＜剰余金の分配可能額の算定＞（会461条2項）

　剰余金の分配可能額は，上記②を受けて次の加算・減算項目を加減して算定される。

加算項目（2号）	①　臨時決算の事業年度の利益の額として計上した額（会461条2項2号イ） ②　臨時決算の事業年度の自己株式の処分した対価の額（同条2項2号ロ）
減算項目（3～6号）	③　自己株式の帳簿価額（会461条2項3号）＊1 ④　自己株式の処分対価の額（同条2項4号）＊2(7) ⑤　臨時決算の事業年度の損失の額として計上した額の合計額（計規185条） ⑥　前3号法務省令で定める勘定科目に計上した額の合計額（計規186条）

＊1　自己株式の帳簿価額を控除するのは，すでに取得した段階で過去の株主へ剰余金の払戻しが行われているので，剰余金の分配可能額の算定においてはマイナスする必要があるからである。

＊2　期中の自己株式の処分差損益は剰余金の額に反映させるが，自己株式の処分対価は分配可能額には反映されない。

171

第2部　財務会計の構成要素

図表5－4　分配可能額の算定（会461条2項）

分配時の剰余金の額（会446条2項）	分配時の剰余金の額（会446条2項）	③自己株式の帳簿価額
		④自己株式の対価の額
		⑤臨時決算の純損失
		⑥法務省令で定める額
	①②臨時決算の利益等	分配可能額

4　分配可能額の「その他の控除項目」

剰余金の分配可能額を算定する場合に，会461条2項3号～5号以外に，6号として剰余金の額から控除されるべき項目「法務省令で定める各勘定科目に計上した額の合計額」を掲げている（計規186条6号）。

図表5－5　法務省令で定めるその他の控除項目（会461条6号）と分配可能額

剰余金の額	分配時の剰余金の額	会461条2項3～5号の控除項目	
		法で定める省令控除項目	のれん等調整額の超過額
			その他有価証券評価差額金（差額損）
			土地再評価差額金（差額損）
			純資産（300万円）の不足額
		分　配　可　能　額	

(1)　のれん等調整額

のれんは会社法上，費用の繰延であり，資産として問題点があることから，資産計上した「のれんの2分の1に相当する額＋繰延資産の合計額＞資本金等（資本金と準備金の合計額）」（のれん等調整額）の場合には，その超過額を控除することにしている。その減額の相手勘定は「その他資本剰余金」としてその額を上限としている。

(2)　評価・換算差額等と分配可能額

時価評価により発生するその他有価証券差額損，土地再評価差額損を分配可

能額の計算上減額することとしている。これは基本的には，未実現利益については分配可能額には算入させず，未実現損失については実現したものとして分配可能額から控除することとしている。

(3) **臨時決算制度と分配可能額**

会社法では，事業年度毎の通常の決算のほかに，期末から期中の特定の日（「臨時決算日」という）までの損益等を反映した貸借対照表・損益計算書を作成し配当可能額に反映させることができる。これを臨時決算制度といい（会441条），これは株主に対し柔軟に利益を還元できるという趣旨である。

(4) **純資産額が300万未満の場合の配当制限**

純資産額が300万円未満の場合には，たとえ計算上の剰余金（配当可能額）が存在していても，債権者保護のためこれを株主に分配できない規制である（会458条）。分配後の純資産が300万円を下回る結果になる場合も規制を受ける。
・剰余金の配当限度額の計算＝剰余金の分配可能額－純資産配当規制額
・純資産配当規制額＝300万円－{(資本金の額＋準備金の額)＋新株予約権の額＋評価・換算差額等に計上した額}（マイナスの場合は，ゼロとする）

設　例

次の貸借対照表から，純資産額300万円分配規制額と剰余金の分配可能額を計算しなさい。

貸借対照表　　　　（単位：百万円）

資産	1,000	負債	600
		資本金	100
		準備金	50
		その他の資本剰余金	200
		その他有価証券評価差額金	50
	1,000		1,000

第2部　財務会計の構成要素

解　答

・純資産配当規制額＝300－(100＋50＋50)＝100
・剰余金の分配可能額＝その他利益剰余金200－100＝100

　設例では，純資産は400万円あるが，その内300万円の純資産は最低確保しなければならず，その残額100万円しか配当に回すことができない。したがって，分配可能な「その他利益剰余金」は200万円あるが，その内100万円しか剰余金の分配はできないことになる。

設　例

　次の前提条件の下で，平成Ｘ１年８月31日における分配可能額を求めなさい（最終事業年度末は平成Ｘ１年３月31日であり，株主総会は平成×１年６月26日である）。

期首貸借対照表　　　　　（単位：千円）

資　　産	10,000	負　　債	4,000
自　己　株　式	1,000	資　本　金	2,500
		資本準備金	1,500
		その他の資本剰余金	1,000
		その他の利益剰余金	1,800
		株式等評価差額金	200*
	11,000		11,000

（前提条件）

① 平成X1年４月30日に自己株式200を取得した。
② 平成X1年６月26日株主総会で配当500を実施する（その他利益剰余金を原資）。
③ 平成X1年６月26日の株主総会で資本準備金を500減少させ，資本準備金減少差益とする。
④ 平成X1年８月１日に自己株式500を700で処分した（出資行為に準じた払込）。
⑤ 平成X1年９月１日に自己株式300消却した（その他資本剰余金を原資）。

第5章　純資産会計

* 会計期間平成X1年4月1日～平成X1年9月30日までの期間利益は1,000であったが、臨時決算（臨時計算書類の作成）は行わなかった。

解　答

	借　　方	金額	貸　　方	金額
①	自己株式（取得）	200	現金預金	200
②	その他利益剰余金	550	未払配当 利益準備金	500 50
③	資本準備金	500	資本準備金減少差益	500
④	現金預金（自己株式処分対価）	700	自己株式（自己株式の処分） 自己株式処分差益	500 200
⑤	その他資本剰余金（原資）	300	自己株式（自己株式の消却）	300
⑥	当期純利益	150	利益剰余金（繰越利益剰余金）	150

＜最終事業年度末日の剰余金の額＞（平成X1年3月31日のB/Sの資料より算定）

　　剰余金の額＝（資産の額10,000＋自己株式1,000）－（負債の額4,000＋資本金
　　　　　　　及び準備金4,000（2,500＋1,500）＋（株式等評価差額金200）
　　　　　　　＝11,000－8,200＝2,800（資本剰余金1,000＋利益剰余金1,800）

　　最終事業年度末日の剰余金の額2,800……………………………………………①

＜最終事業年度末日後の剰余金の増減額＞

　　① 自己株式処分差益（その他資本剰余金）　　　200
　　② 資本準備金減少差益（その他資本剰余金）　　500
　　③ 自己株式の消却（その他資本剰余金）　　　△300
　　④ 4/26の配当（その他利益剰余金）　　　　　△500
　　　 利益準備金　　　　　　　　　　　　　　　△ 50
　　　 最終事業年度末日後の分配時の剰余金の額2,650 …………………②＊
　　⑤ 繰越利益剰余金（期間損益150）（臨時決算を経ないので加算しない。）

＜分配時の剰余金の額＞

　　＊ 分配時の剰余金は、「その他資本剰余金」1,400（1,000＋500＋200－300）＋「その

175

他利益剰余金」1,250（1,800－550）＝2,650と一致する。

＜分配可能額の算定＞

分配可能額＝分配時の剰余金の額2,650（上記②）－自己株式（帳簿残高）400＊
　　　　　－自己株式処分対価700＝1,550

　＊　400＝1,000（期末残高）＋200（期末後の自己株式の取得）－500（自己株式の処分）
　　　　－300（自己株式の消却）

5　剰余金配当の限度額

(1) 剰余金を配当した場合，資本金の4分の1に達するまで，分配可能額の10分の1を資本準備金または利益準備金として積み立てなければならないため，分配可能額の中から準備金積立額を控除しなければならない。

分配可能額 $(X) = (110)$ $X = D + (\frac{1}{10})D$,　$X = (\frac{11}{10})D$ $100 \times \frac{11}{10} = 110$	準備金積立金 $= (10)$，$100 \times \frac{1}{10} = 10$ 剰余金配当の限度額 (D) $= 100 (\frac{10}{11})X$，$110 \times \frac{10}{11} = 100$

(2) すなわち，準備金を積み立てる場合には，実際の配当限度額は，分配可能額110から準備金積立額10を控除した額であり，「分配可能額 $\times \frac{10}{11}$」＝110 $\times \frac{10}{11}$ ＝100，と計算される。したがって，分配可能額が500の場合には，剰余金の配当限度額は500 $\times \frac{11}{10}$ ≒454.5となる。逆にいえば，配当額500を維持するためには，分配可能額は550＝500 $\times \frac{11}{10}$ を確保しなければならない。

第6節　株主資本等変動計算書の作成

1　基本原則

(1) 目的～株主資本等変動計算書の目的は，貸借対照表の純資産の部の一会計期間における変動額のうち，主として，株主に帰属する部分の株主資本の各項目の変動事由を報告するものである（会計基準第6号1項）。

第5章　純資産会計

(2) **具体的記載内容（計規127条）**
① **株主資本等変動計算書の表示方法**（ひな型参照）
純資産の各項目を横型様式と縦型様式により作成することもできる。
② **株主資本等変動計算書の表示区分**
株主資本等変動計算書に表示される各項目の前期末残高および当期末残高は，前期及び当期の貸借対照表の純資産の部における各項目の期末残高と整合させている。

(3) **株主資本の各項目**
① **貸借対照表項目**
株主資本の各項目は，前期末残高，当期変動額および当期末残高に区分し，当期変動額は変動事由ごとにその金額を表示する（6項）。
② **損益計算書項目**
個別損益計算書の当期純損益は，その他利益剰余金またはその内訳項目である繰越利益剰余金の変動事由として表示する（7項）。

(4) **株主資本以外の各項目**
貸借対照表の純資産の部における株主資本以外の各項目は，前期末残高，当期変動額および当期末残高に区分し，当期変動額は純額で表示する。

2　株主資本等変動計算書の変動事由

① 当期純利益又は当期純損失
② 新株の発行又は自己株式の処分（新株の発行に準ずる）
③ 剰余金の配当（その他資本剰余金又はその他利益剰余金）
④ 自己株式取得・消却
⑤ 株主資本の計数の変動

第2部 財務会計の構成要素

(1) 純資産の各項目を横に並べる型
① 株主資本等変動計算書

図表5－5 ＜株主資本等変動計算書のひな型＞（企業会計基準第6号）

	株主資本								評価・換算差額等(*2)			新株予約権	純資産合計(*3)
	資本金	資本剰余金			利益剰余金			自己株式	株主資本合計	その他有価証券評価差額金	繰延ヘッジ損益	為替換算調整勘定	評価・換算差額等合計(*3)		
		資本準備金	その他資本剰余金	資本剰余金合計(*3)	利益準備金	その他利益剰余金		利益剰余金合計(*3)							
						××積立金	繰越利益剰余金								
前期末残高	×××	×××	×××	×××	×××	×××	×××	×××	△×××	×××	×××	×××	×××	×××	×××
当期変動額(*4)															
新株の発行	×××	×××		×××						×××					×××
剰余金の配当							△×××	△×××		△×××					△×××
当期純利益							×××	×××		×××					×××
自己株式の処分									×××	×××					×××
×××××															
株主資本以外の項目の当期変動額（純額）											(*5)×××	(*5)×××	(*5)×××	×××	(*5)×××	×××
当期変動額合計	×××	×××	－	×××	×××	×××	×××	×××	×××	×××	×××	×××	×××	×××	×××
当期末残高	×××	×××	×××	×××	×××	×××	×××	×××	△×××	×××	×××	×××	×××	×××	×××

（*1）その他利益剰余金については、その内訳科目の前期末残高、当期変動額及び当期末残高の各金額を注記により開示することができる。この場合、その他利益剰余金については、その内訳科目の前期末残高、当期変動額及び当期末残高の合計額を記載する。
（*2）評価・換算差額等の内訳科目の前期末残高、当期変動額及び当期末残高の合計額を注記により開示することができる。この場合、評価・換算差額等については、当期末残高の合計額を株主資本等変動計算書に記載する。
（*3）各合計欄の記載は省略することができる。
（*4）株主資本の各項目の変動事由及びその金額の記載は、概ね個別貸借対照表における表示の順序による。
（*5）株主資本以外の各項目は、当期変動額を純額で記載することに代えて、変動事由ごとにその金額を記載することができる。また、変動事由ごとにその金額を個別株主資本等変動計算書又は注記により表示する場合には、概ね株主資本の各項目に関係する変動事由の次に記載する。

第5章　純資産会計

> **設　例**
> 次の資料から株主資本等変動計算書を作成しなさい（「適用指針第9号」の設例を一部修正）。

(1) A社の決算日は，3月31日である（当会計期間：X1年4月1日～X2年3月31日）。

(2) A社は，X1年4月に新株による増資2,000百万円を実施し，資本金として1,000百万円，資本準備金として1,000百万円をそれぞれ計上している。

(借) 現 金 預 金 　2,000　　（貸) 資 本 金 　　　1,000
　　　　　　　　　　　　　　　　資 本 準 備 金 　1,000

(3) A社は，X1年6月の株主総会において，利益準備金200万円をその他利益剰余金（繰越利益剰余金）への振替えを決議した。

(借) 利 益 準 備 金 　200　　（貸) その他利益剰余金 　200

(4) X1年6月の株主総会において，その他利益剰余金（繰越利益剰余金）からの配当1,000百万円の分配と利益準備金100万円への繰入れを決議した。

(借) 繰越利益剰余金 　1,100　　（貸) 未 払 配 当 　　1,000
　　　　　　　　　　　　　　　　　利 益 準 備 金 　 　100

(5) X2年3月期において，自己株式400万円を取得し，自己株式のうち帳簿価額300万円を350万円で処分した。その差額はその他資本剰余金（「自己株式処分益」）となる。

(借) 自 己 株 式
　　　(△株主資本)　 　400　　（貸) 現 金 預 金 　　400
　　　現 金 預 金
　　　(処分対価の額) 　350*　　　 自 己 株 式 　　　300
　　　　　　　　　　　　　　　　その他資本剰余金 　 50

(6) X2年3月期のA社の当期純利益は2,000百万円である。

(借) 当 期 純 利 益 　2,000　　（貸) 繰越利益剰余金 　2,000

(7) A社のX1度末とX2年度末の貸借対照表の純資産は次の通りである。

179

第2部　財務会計の構成要素

<貸借対照表の純資産の部>

(単位：百万円)

	×1年3月31日	×2年3月31日	増　減
純資産の部			
Ⅰ　株主資本			
1　資本金	10,000	11,000	1,000
2　資本剰余金			
(1)　資本準備金	1,000	2,000	1,000
(2)　その他資本剰余金	100	150	50
資本剰余金合計	1,100	2,150	1,050
3　利益剰余金			
(1)　利益準備金	500	400	△100
(2)　その他利益剰余金			
繰越利益剰余金	4,500	5,600	1,100
利益剰余金合計	5,000	6,000	1,000
4　自己株式	0	△100	△100
株主資本合計	16,100	19,050	2,950
純資産合計	16,100	19,050	2,950

<株主資本等変動計算書の変動事由の具体例>

①　当期純利益又は当期純損失（設例(6)の取引）

②　新株の発行又は自己株式の処分（新株の発行に準ずる）（設例(5)の取引）

③　剰余金の配当（その他資本剰余金又はその他利益剰余金）（設例(4)の取引）

④　自己株式取得・処分・消却（設例(6)の取引）

⑤　株主資本の計数の変動（設例(3)の取引）

第5章　純資産会計

<株主資本等変動計算書>

株主資本等変動計算書
（平成×1年4月1日〜平成×2年3月31日）　　（単位：百万円）

	株主資本								自己株式	株主資本合計	純資産合計
	資本金	資本剰余金			利益剰余金						
		資本準備金	その他資本剰余金	資本剰余金合計	利益準備金	その他利益剰余金繰越利益剰余金	利益剰余金合計				
①前期末残高*	10,000	1,000	100	1,100	500	4,500	5,000		0	16,100	16,100
②当期変動額											
新株の発行	1,000	1,000		1,000						2,000	2,000
剰余金の配当					100	△1,100	△1,000			△1,000	△1,000
利益準備金の取崩					△200	200				ー	ー
当期純利益						2,000	2,000			2,000	2,000
自己株式の取得									△400	△400	△400
自己株式の処分			50	50					300	350	350
当期変動額合計	1,000	1,000	50	1,050	△100	1,100	1,000		△100	2,950	2,950
③当期末残高	11,000	2,000	150	2,150	400	5,600	6,000		△100	19,050	19,050

第7節　株主資本の部の計数の変動

　株式会社は，いつでも，株主総会の決議によって，株主資本の部の計数（数字・金額の移動）の変動（資本金，準備金，その他資本剰余金および利益剰余金間の変動）をさせることができるようになった（会447条1項，448条1項等）。これは，株主資本の項目間の組み合わせの移動が認められたものであるが，資本と利益の区分の原則から，資本性の項目と利益性の項目との間の移動は原則として認められていない。

第2部　財務会計の構成要素

図表5-5　株主資本の計数の変動のケース

	計数の変動のケース	会社法，会社計算規則	本書の頁
①	資本金から準備金への振替え[8]	会447条1項2号	p.160
②	資本金から剰余金への振替え[9]	会446条3号，計規50条1項1号	p.160
③	準備金から資本金への組入れ[10]	会448, 450条，計規48条1項	p.158
④	剰余金から資本金への組入れ[11]		p.159
⑤	準備金から剰余金への振替え[12]	会446条4項，計規50条1項2号，52条1項1号	p.164 / p.166
⑥	剰余金から準備金への振替え[13]	会451条，計規49条1項2号，51条1項	p.164

第8節　自己株式の会計[11]

1　自己株式の意義

　自己株式の取得は，株主との間の資本取引であり，「会社所有者に対する会社財産の払戻し」という性格を有することを主な論拠として「資本の控除」としての考え方をとっている（会計基準適用指針第2号32項）。取得した自己株式は，取得原価をもって純資産の部の株主資本から控除するとしている。

2　自己株式の取得および保有

　自己株式の取得は，原則として，その効力が生ずる日における分配可能額の範囲内で認められており，株主に交付する金銭等の帳簿価額の総額は分配可能額を超えることができない（会461条1項）。

(1)　自己株式の金額の決定

　会社法では，株式会社が当該株式会社の株式を取得する場合には，その取得価額を増加すべき自己株式の額としている（計規47条）。

第5章 純資産会計

> **設　例**
> 　A社は，自己株式を1,000万円で取得した。なお，取得費用は50万円である。

　(借) 自　己　株　式　　　1,000　　　(貸) 現　金　預　金　　　1,050
　　　（資　本　控　除）
　　　自己株式取得費＊　　　　50
　　　（営　業　外　費　用）

　　＊　付随費用は，資産の取得原価と異なり，損益取引として取得原価に含めない。

(2)　自己株式の表示

「期末に保有する自己株式は，純資産の部の株主資本の末尾に自己株式として一括して控除する形式で表示する」(会計基準第1号8項)としている。

自己株式を取得しても発行済株式総数が減少するわけでなく，取得後の処分または消却もあり得ると考え，取得原価で一括して純資産の部の株主資本全体の控除項目とする方法が適切である(32項)と考えられる。

(3)　自己株式の取得の財源規制

会社法では，株主総会の決議によって以下の事項 (会156条1項) を定め，分配可能額 (会461条2項) の範囲内で自己株式の取得ができることとされた。その事項とは，①取得する株式の数，②取得する株式と引き換えに交付する金銭の内容とその総額，③株式を取得できる期間などである。

3　自己株式の売却（処分）

(1)　自己株式の処分の性格と会計処理

自己株式等会計基準では，自己株式の処分は，新株の発行と同様の経済的実態を有するという考え方を採っている。そして，自己株式の処分が新株の発行と同様の経済的実態を有するものであるとすると，その処分差額も株主からの払込資本と同様のものとしてそれを資本剰余金として会計処理することが適切

第2部　財務会計の構成要素

である（36, 37項）。

(2) 自己株式処分差額の性格と会計処理

「自己株式処分差額」とは，自己株式の処分の対価から自己株式の帳簿価額を控除した額であり，その自己株式処分差額が正の値の場合には当該差額を自己株式処分差益といい，「その他資本剰余金」に計上される（5, 9項）。また，自己株式差額が負の場合には当該差額を自己株式処分差損といい，それは「その他資本剰余金」から減額し（10項），減額しきれない場合には「その他利益剰余金（繰越利益剰余金）」から減額するものとしている（12項）。

設　例

株式会社は，①平成Ｘ1年4月1日に自己株式2,000株を1株2,000円で取得した。その取得費用は50,000円であった。②Ｘ2年3月31日にそのうち1,000株を1株2,300円で処分した。また，③残りの1,000株はＸ2年8月30日に1株当り1,500円で処分した。なお，Ｘ2年3月31日現在のその他資本剰余金の残高は300,000円であった。①〜③の仕訳をしなさい。

解　答

① （借）自　己　株　式　4,000,000　　（貸）現　金　預　金　4,050,000
　　　　　自己株式取得費　　50,000

② （借）現　金　預　金　2,300,000　　（貸）自　己　株　式　2,000,000
　　　　　　　　　　　　　　　　　　　　　　その他資本剰余金　　300,000
　　　　　　　　　　　　　　　　　　　　　　（自己株式処分差益）

③ （借）現　金　預　金　1,500,000　　（貸）自　己　株　式　2,000,000
　　　　　その他資本剰余金　　300,000
　　　　　（自己株式処分差損）
　　　　　その他利益剰余金　　200,000
　　　　　（繰越利益剰余金）

＊　なお，自己株式の取得に際しての付随費用は資本取引ではなく，損益取引として営業外費用に計上する。

4　自己株式の消却と会計処理

　自己株式の消却とは，発行済株式数の一部を市場から有償で買い上げ，自己株式を消滅させることをいう。会社法は，株式の消却を自己株式に限定し，先ず会社は自己株式として取得した上で，次にこれを消却すべきものとしている。株式会社が自己株式を消却する場合には，原則として減少する自己株式の帳簿価額をその他資本剰余金の額から控除するとしている（「自己株式等会計基準」3項，11項）。自己株式の消却は，発行済株式総数を減少させる効果はあるが，当然に発行可能株式総数を減少させることはないものとされ，会社法では定款または株主総会の決議により減少することを定めた場合にのみ減少することとなった。

設　例
　(1)発行済株式20万株のうち2万株を1株500円で買入れ，(2)それを消却した。

解　答

(1)　（借）自　己　株　式　10,000　　（貸）現　金　預　金　10,000
　　　　　　（20万株×500円）
(2)　（借）その他資本剰余金　10,000　　（貸）自　己　株　式　10,000

第9節　株主資本以外の項目

　個別貸借対照表上，評価・換算差額等及び新株予約権などがこれに属し，連結貸借対照表上では，これに加えて少数株主持分が該当する。
　純資産のうち株主に帰属する部分を「株主資本」と表記し，株主に帰属しない性格を有する「少数株主持分」，「新株予約権」，「繰延ヘッジ損益」，および「その他有価証券差額金」などの項目が「株主資本以外の項目」として分類され，これらを純資産の部に記載することになった。

第2部　財務会計の構成要素

純資産 ｛ 株主資本〜所有主（株主）に帰属する部分
　　　　株主資本以外の項目〜負債（債権者）にも株主にも帰属しない部分

① **評価・換算差額等**

評価・換算差額等は，払込資本ではなく，かつ，いまだ当期純利益に含められていないことから，株主資本とは区別し，株主資本以外の項目としている。この項目には，その他有価証券評価差額，土地評価差額金などが含まれる。

② **新株予約権**

これは報告主体の所有者である株主とは異なる新株予約権者との直接的な取引によるものであり，親会社株主に帰属するものではないために株主資本と区別される。会計処理は，権利が行使されたときは資本金又は資本金及び資本準備金に振り替えられ，権利が行使されずに権利行使期限が到来したときは利益として処理する。

③ **少数株主持分**

この少数株主持分は，子会社の資本のうち親会社に帰属していない部分であり，親会社に帰属するものでないため株主資本とは区分される。連結財務会計の作成においては親会社説によるため，少数株主損益は，連結損益計算書において当期の損益から控除し，当期純利益は親会社の株主に帰属する利益の額として計算される。

④ **繰延ヘッジ損益**

繰延ヘッジ損益とは，時価評価されているヘッジ手段に係る損益または評価差額をその発生時の損益として認識せず，ヘッジ対象（リスクのある金融資産や負債）に係る損益が認識されるまでそれを純資産の部に繰延べ計上することである。それによって，ヘッジ手段の損益とヘッジ対象の損益とを同一時期に対応させ，リスクをヘッジするものである。

⑤ **為替換算調整勘定**（連結財務諸表を参照せよ）

第5章　純資産会計

(注)
(1)　会社法445条1項は原則規定であり，「別段の定め」とは例外規定となり，資本金の組入れの2分の1条項や「その他資本剰余金または資本準備金の資本金組入れ」など払込みを伴わない資本金の増加である。
(2)　会社法制定前は，株式会社は1,000万円，有限会社は300万円まで出資しなければ設立できないという最低資本制度の規制が存在していた。会社法では，最低資本金規制が撤廃され，下限規制がなくなった。
(3)　株式払込期日前に新株の引受人からの払込み金額は，株式申込証拠金勘定に貸記され，払込期日が到来したときに，資本金勘定に振り替えられ，その時から株主となる資格を有する。
(4)　欠損の額は，ゼロとゼロから分配可能額を減じて得た額のいずれか高い金額をもって欠損の額とすると規定している（施規68条）。要するに，分配可能額がマイナスである場合の絶対値である。すなわち，その他利益剰余金がマイナス（繰越損失）の状態である。
(5)　剰余金の配当等とは，剰余金の配当（金銭等の配当），資本金および準備金の減少に伴う払い戻し（剰余金を原資とする金銭等の分配）および自己株式の有償取得を併せていう（会461条）。また，剰余金の配当等を含めて，損失の処理，任意積立金の積立てその他剰余金の処分も「剰余金についてのその他の処分」（会452条）として，広く剰余金の処分（分配）という。
(6)　法務省令で定める各勘定科目の額は，次の1項から，2項から4項までに掲げる額の合計額を減じて得た額として計算される（計規177条）。1．最終事業年度の末日の資産の額及び自己株式の帳簿価額の合計額，2．最終事業年度の末日の負債の額及び資本金および準備金の合計額，3．その他資本剰余金額，4．その他利益剰余金の額
(7)　自己株式の処分価額は，なぜ分配可能額の算定において控除されるのか。自己株式を処分すると，その対価相当額だけ純資産が増加する。すなわち，自己株式の対価額＝自己株式の帳簿価額＋自己株式差損益となり，減少する自己株式の帳簿価額は分配可能額の増加要因となり，自己株式の差損益も剰余金の増減を通じて，分配可能額の増加要因となる。しかし，自己株式の対価額については，通常の決算か，臨時決算を経ない限り，分配可能額に組入れないことにしている（461条2項4号）。したがって，通常の自己株式の処分では，自己株式の対価額を分配可能額から減額することとなり，分配可能額の増加要因である処分差損益＋帳簿価額と同額になるため，分配可能額は変わらないという結論になる（郡谷大輔，和久友子編著，pp.329-330）。
(8)　資本金を資本準備金に組入れることはできるが，利益と資本の区分の原則から，資本金を利益準備金に組入れることはできない。
(9)　資本剰余金を資本金に組入れることはできるが，資本と利益の区分の原則から，利益剰余金を資本金に組入れることはできない。
(10)　資本準備金を資本金に組入れることはできるが，資本と利益の区分の原則から，利益準備金を資本金に組入れることはできない。
(11)　資本金を資本剰余金に組入れることはできるが，資本と利益の区分の原則から，資

第 2 部　財務会計の構成要素

本金を利益剰余金に組入れることはできない。

⑿　利益準備金を取り崩して，その他利益剰余金に組入れて，また資本準備金を取り崩してその他資本剰余金に組入れて，剰余金の配当に回すことはできるが，利益と資本の区分の原則により，利益準備金からその他資本剰余金とか，資本準備金をその他利益剰余金とすることができない。

⒀　その他資本剰余金を資本準備金へ，またその他利益剰余金を利益準備金へ組入れることはできるが，資本と利益の区分の原則から，その他資本剰余金を利益準備金へ，またその他利益剰余金を資本準備金へ振り替えることは原則としてできない。ただし，利益剰余金がマイナスのとき（欠損状態）に限り，その他資本剰余金で欠損を補てんすることは認められている。

＜参考文献＞

秋坂朝則『会社計算規則』税務研究会出版局，2007 年 7 月。

あずさ監査法人［編］『資本会計の実務ガイド』［第 2 版］中央経済社，2006 年 9 月。

岩崎　勇『純資産会計の考え方と処理方法』税務経理協会，2007 年 8 月。

郡谷大輔，和久友子［編著］『会社法の計算詳解』中央経済社，2006 年 9 月。

企業会計基準委員会『貸借対照表の純資産の部の表示に関する会計基準』（企業会計基準第五号），2005 年 12 月 9 日。

企業会計基準委員会『株主資本等変動計算書に関する会計基準』（企業会計基準六号），2005 年 12 月 27 日。

企業会計基準委員会『株主資本等変動計算書に関する企業会計の適用指針』（企業会計基準適用指針第 9 号），2005 年 12 月 27 日。

企業会計基準委員会『自己株式及び準備金の額の減少等に関する会計基準』（企業会計基準第一号），最終改正 2006 年 8 月 11 日。

中島祐二，山田真之介，平井　清［編］『資本の部の実務 Q＆A』中央経済社，2005 年 8 月。

手塚仙夫，稲見誠一，西村美智子『自己株式・資本の会計・税務』清文社，2003 年 4 月。

第6章　損益会計

第1節　損益の意義

　企業は営利を目的として設立された組織体であり，さまざまな経済活動を営んでいる。そして，その経済活動の結果，獲得された純利益を算定する役割が損益計算である（純損失が算定される場合もある）。現在の企業会計は「継続企業の公準」のもとで，企業は半永久的に存続するものと仮定しており，企業の全存続期間を一定の期間ごとに人為的に区切り，その会計期間ごとに損益計算を行っている。

　損益会計を構成する2つの主要概念は収益と費用である。収益（Revenue）とは増資などの資本取引以外の事象によって純資産を増加させる原因であり，また費用（Expense）とは減資などの資本取引以外の事象によって純資産を減少させる原因である。一定期間における収益と費用を発生源泉別に総括的に対応させて純損益を計算表示し，経営成績を明示しようとするものが損益計算書（P/L）である。

　経営成績を明らかにするため損益計算書のボトムラインで示される利益が当期純利益（Net Profit）である。しかし，近年，当期純利益に代えて包括利益（Comprehensive Income）を公表させようとする傾向がみられ，アメリカでは，すでに1997年6月に公表されたSFAS（財務会計基準書）130号によって，包括利益の情報開示を義務付けている。包括利益とは，会計期間における貸借対照表の純資産の増減のうち，資本取引によらないものである。「包括利益」は，「純利益」と「その他の包括利益」から構成され，「純利益」は会計期間における業績として認識されるが，「その他の包括利益」は期間損益に含めることが妥当でない純資産の増減を示す。

第2部　財務会計の構成要素

　従来の会計処理によれば，資本取引を除く貸借対照表上の純資産の増減つまり貸借対照表の純利益は損益計算上の純利益と一致していた。このような関係は「クリーンサープラス関係」と呼ばれ，会計の基本的な原則の一つである。しかしながら，近年の金融資産の時価評価が進んだ結果，「その他の有価証券評価差額」，「為替換算調整勘定」，「繰延ヘッジ損益」など，損益計算書を経由しないで直接，貸借対照表の純資産に算入される項目が増加してきた。これによって生じた損益計算書上の純利益を経由しない純資産の増減が「その他の包括利益」に該当する。

　このような状況のなかで，経営者の恣意性を排除し，「その他の包括利益」の取り扱いを透明化するため，「純利益」よりも「包括利益」を重視しようとする傾向がみられる。これは，基本的な損益観として「収益・費用アプローチ」よりも「資産・負債アプローチ」を重視すべしとする動きを反映している。

　日本においても，「損益計算書等には，包括利益に関する事項を表示することができる」(計規126条) と規定され，包括利益概念が初めて会社法に導入された。今後，損益計算書に代えて包括利益計算書が導入されるかもしれない。

第2節　損益会計の諸原則

　企業会計原則（損益計算書原則一）では，損益計算の基本原則について次のように述べている。

　「損益計算書は，企業の経営成績を明らかにするため，一会計期間に属するすべての収益とこれに対応するすべての費用とを記載して経常利益を表示し，これに特別損益に属する項目を加減して当期純利益を表示しなければならない。」

　ここでの経営成績とは，一定期間における財貨・用役（経済的便益）の費消である費用をその努力の成果としての財貨・用役（経済的便益）の獲得である収益に対応させることによって明らかにされる。それは，収益と費用の差額である純利益として示される。そのため，費用と収益の対応を要請する損益計算の基

本原則を費用収益対応の原則と呼ぶ。

第3節　収益・費用の認識

　収益・費用の認識とは，どの時点に，またどのような条件を満たしたときに収益・費用を財務諸表の本体に計上するかいうことであり，それは同時に収益・費用の期間帰属の決定の問題でもある。

　収益は通常いずれかの期間に収入を伴い，費用は支出を伴う。収入は現金等の流入を意味し，支出は現金等の流出を意味する。期間損益計算を適正に行うためには，日常の取引においてその収入が収益であるかどうか，その支出が費用であるかどうかを決定しなければならない。そして，その収益・費用がいずれの会計期間に属するのかを決定しなければならない。

　収益・費用がどの会計期間に計上されるかによって，期間損益は相違してくる。しかも，収益・費用の発生源泉である取引の種類は多様であり，それに応じて収益・費用の期間帰属を決定する基準は異なっている。このため，期間損益計算においては，収益・費用の期間帰属の決定は最も重要な問題となっている。このように，収益と費用がいずれの会計期間に帰属するか，その時期を決定し，損益計算書への記載を決定することを，収益・費用の認識という。

第4節　収益・費用の認識基準

1　現金主義

　収益・費用の認識についての基本的な考え方には，現金主義（Cash basis）と発生主義（Accrual basis）がある。現金主義とは，現金の収入と支出に基づいて収益と費用を認識しようとする考え方である。確かに，このような考え方は，現金の収支という極めて明確な事実に基礎をおくため，計算が単純かつ確実であり，現金という最も明確な資産の裏付けを持つ，複雑な会計処理も要求されないという長所を有す。しかし，現代のような複雑な経済社会においては，収

益・費用の認識基準としては適切性を欠いている。つまり，現金主義は，信用経済の発展と固定資産の増加・商品の在庫の存在などに伴って，収益・費用の発生時期と収入・支出の時期とが期間的にずれ，企業の経営成績を示す期間損益を計算するためには適切ではなくなった。例えば，現金主義によれば，ある会計期間に商品を掛で販売し，その代金を次期に現金で受け取れば，売上高は商品を販売した会計期間ではなく，代金を回収した期間に計上されることになる。これでは，販売努力の成果が期間的に示されなくなってしまう。このため，今日の企業会計においては，現金主義会計に代えて発生主義会計を基本としている。ただし，商品在庫や固定資産をほとんど持たなく，サービス提供後に即座に報酬を現金で受け取るようなサービス業では現金主義が適用されることになる。

2 発生主義

一方，発生主義とは企業活動に伴って生じる財貨・役務の経済価値の発生・費消の事実に基づいて，収益・費用を認識する考え方である。つまり，収益および費用は経済的事実に即して把握されるのである。ただし，発生主義といっても，すべての収益・費用を発生主義に基づいて認識するわけでない。確かに費用は発生主義に基づいて認識されるが，多くの収益は実現主義によって認識される。収益の認識についていえば，収益は生産過程においてその価値が徐々に形成されていくものであるが，その生産過程においてどの程度の価値形成がなされたかを客観的に把握することは困難であり，その算定も難しい。したがって，収益の認識については，経済的事実を最も適切に反映する特定の時点を選択し，収益を全額認識する方法がとられている。ただし，長期請負工事における工事進行基準の工事収益や売買目的有価証券の時価評価による運用益などは，収益認識における発生主義の適用例である。

3 実現主義

実現主義（Realization basis）とは，商品や製品の引渡しや役務の提供により

換金性の高い資産を取得した時点で収益を認識しようとする考え方である。

　企業会計原則によれば,「すべての費用及び収益は,その支出及び収入に基づいて計上し,その発生した期間に正しく割当てられるように処理しなければならない。ただし,未実現収益は,原則として,当期の損益計算に計上してはならない。」(損益計算書原則一のA)と述べている。つまり,収益について確実性と客観性という観点から,収益は当期に実現したものを認識すべきことを要請する原則である。前述したように,収益は,生産段階の進行につれ徐々に形成されていくわけであるが,その多くは確実に実現される保証もなく,測定も困難を伴うので,収益は測定可能になる実現時点において認識するのが一般的である。

　実現主義の適用において問題となるのは,実現の意味である。実現とは次の2つの要件を満たすことである。
　① 企業が財貨やサービスを提供する。
　② その対価として現金などの貨幣性資産を取得する。

　通常,商品販売業においては,仕入→受注→発送→買手の受入れ→代金の請求→代金の回収という活動を行う。この販売活動において,上記の2つの要件を満たすのが発送の時点である。つまり,発送時点では,商品を提供しており,現金,売掛金,受取手形などの貨幣性資産を取得しているからである。この時点では,財貨やサービスの価格が決定されて売上収益を確実に計算することができ,その資金的裏付けも確保されている。また,この時点までには,大部分の費用も確定され,収益と費用の対応という面からも好都合である。

　企業における主要な収益は,商品や製品の販売による売上高である。売上高は販売時点で認識されるが,販売時点とは売主が商製品を発送(引渡)した時点である。売主は,この時点において販売した商製品に責任をもつからである。この収益認識基準を販売基準という。これは,実現主義の具体的な適用基準であり,一般的な収益認識基準の原則的な基準である。ただし,通常の販売形態以外の特殊販売形態へ適用する場合には,それぞれの特殊性を考慮して,実現主義を適用することになる。

第2部　財務会計の構成要素

第5節　特殊販売形態における収益認識

　通常の販売形態においては，販売基準が適用されるが，特殊販売形態を採用している場合は別個に検討しなければならない。企業会計原則注解（注6）では，委託販売，試用販売，予約販売および割賦販売の4つをあげ，それぞれの実現時点を明示している。

1　委　託　販　売

　「委託販売については，受託者が委託品を販売した日をもって売上収益の実現の日とする。従って，決算手続中に仕切精算書（売上計算書）が到達すること等により決算日までに販売された事実が明らかとなったものについては，これを当期の売上収益に計上しなければならない。ただし，仕切精算書が販売のつど送付されている場合には，当該仕切精算書が到達した日をもって売上収益の実現の日とみなすことができる。」(注解・注6)

　委託販売とは，商品などの販売を他企業に委託する販売方法である。売上を増大させるため，販売拠点を拡大するのに，この委託販売という形態をとることがある。委託販売において，委託品を受託者に積送しただけでは，単なる委託品の移送にすぎない。したがって，委託販売における売上収益の認識は，①受託者が委託品を販売した日か②仕切精算書が到達した日のいずれかの日に認識される。①が原則であるが，委託者は仕切精算書を入手するまで，委託品が販売された事実やその詳細を把握することができないため，仕切精算書が定期的に販売のつど送付されている場合には，仕切精算書が到達した日に収益を認識することも容認している。これを仕切精算書到達日基準という。

設例1
　次の取引を仕訳しなさい。
(1) 埼玉商店に販売を委託し，商品560,000円（原価）を発送した。なお，

第6章 損益会計

発送運賃8,000円は現金で支払った。

(借) 積　送　品　568,000　　(貸) 仕　　　　入　560,000
　　　　　　　　　　　　　　　　　　現　　　　金　　8,000

(2) 上記の商品について，埼玉商店から売上計算書とともに委託者に支払う手数料などを差し引いた手取金664,000円を同店振り出しの小切手で受け取り，ただちに当座預金とした。

(借) 当　座　預　金　664,000　　(貸) 売　　　　上　664,000
　　　仕　　　　入　568,000　　　　　積　送　品　568,000

2　試　用　販　売

「試用販売については，得意先が買取りの意思を表示することによって売上が実現するのであるから，それまでは，当期の売上高に計上してはならない」(注解：注6)

試用販売とは，顧客に商品等を一定期間試用させたのち，買取るかどうかの判断をさせる販売方法である。

試用販売の収益の認識は，試用品の発送時点ではなく，得意先の買取りの意思表示に基づいて行われる。これは買取意思表示基準という。得意先の買取りの意思表示によって販売行為が完了するものであるから，実質的には販売基準の適用にほかならない。

この場合，買取りの意思表示が明示的に行われなくとも，一定の試用期間内に返送または拒絶の意思表示がない限り販売が成立する旨の契約や商慣習がある場合には，試用期間が満了した時点で買い取りの意思表示があったものとみなして収益を認識する。これを黙示による買取りの意思表示という。

試用販売で商品を発送しても，販売が確定したわけでないので，通常の売上収益を計上することはできない。対照勘定を用いる場合は売価で，試用品勘定を用いる場合は原価で記入する。

第2部　財務会計の構成要素

> **設例2**
>
> 次の取引を仕訳しなさい。
>
> (1) 千葉商店に試用販売のため，商品（原価550,000円，売価700,000円）を発送した（対照勘定を用いる）。

　　　（借）試用販売売掛金　700,000　　（貸）試用販売仮売上　700,000

> (2) 千葉商店から，上記商品の半分を買い取る旨の通知があった。なお，代金は掛けとした。

　　　（借）売　　掛　　金　350,000　　（貸）試　用　売　上　350,000
　　　　　　試用販売仮売上　350,000　　　　　試用販売売掛金　350,000

> (3) 決算時の仕訳をしなさい。

　　　（借）繰　越　商　品　275,000　　（貸）仕　　　　　入　275,000

3　予約販売

「予約販売については，予約金受取額のうち，決算日までに商品の引渡し又は役務の給付が完了した分だけを当期の売上高に計上し，残額は貸借対照表の負債の部に記載して次期以降に繰延べなければならない」(注解：注6)

予約販売とは，買手から予約金を受け取って，後日商品を引き渡すという販売形態であり，雑誌や全集物などの出版業などで用いられている。予約販売の場合，予約金を受け取っただけでは，販売行為は終了しておらず，商品の引渡しや役務の給付を行ってはじめて完了する。したがって，予約販売においては，実際に商品を引き渡したときに売上収益を認識する。予約金受取額のうち決算日までに販売行為が完了していない分は，前受金として処理する。

> **設例3**
>
> 次の取引を仕訳しなさい。

(1) 東京書店は，顧客から「月刊会計学研究」の年間予約購読料30,000円を現金で受け取った。

(借)現　　　　金　30,000　　(貸)前　受　金　30,000

(2) 先の雑誌の今月号を予約者に引き渡した。

(借)前　受　金　2,500　　(貸)売　　　　上　2,500

4 割賦販売

　割賦販売とは，代金の支払いを分割して行う販売方法である。高価な商品などの場合，代金を一度で支払うことは困難を伴うことが多いので，割賦販売という販売形態が広く普及している。

　割賦販売についても，収益の認識は原則として販売基準によって行われる。しかし，割賦販売については，とくに販売基準に代えて回収基準や回収期限到来基準を用いることも認められる。割賦販売契約は通常の販売契約と異なり，代金の回収が長期にわたり，貸倒れの発生する危険性が高く，また代金回収のために生じる事後費用は多額になるなどの理由で，販売基準以外の方法も認めている。回収基準は割賦金を受け取ったとき収益を認識するものであり，現金主義の系譜に入る。回収期限到来基準は，割賦金を受け取ったかどうかに関係なく，割賦金の支払期日が到来したとき収益を認識する基準である。販売基準と比較すると，これらの基準は収益の計上を遅らせ，分割して計上する結果になる。

　割賦販売について，販売基準，回収基準，回収期限到来基準のいずれを採用するかは，企業の選択に委ねられている。しかし，その選択の仕方は損益計算書や貸借対照表に大きな影響を与えるので，割賦販売の収益認識基準は重要な会計方針として開示されなければならない。

第2部　財務会計の構成要素

> **設例 4**
>
> 次の取引を販売基準および回収基準で仕訳しなさい。
>
> (1) 横浜商店は商品480,000円（原価360,000円）を6カ月の月賦で販売した。

・販売基準：（借）売　掛　金　480,000　　（貸）割 賦 売 上　480,000
・回収基準：（借）割賦売掛金　480,000　　（貸）割 賦 仮 売 上　480,000

> (2) 横浜商店は先の割賦販売の第1回目の割賦金80,000円を現金で受け取った。

・販売基準：（借）現　　　　金　80,000　　（貸）売　掛　金　80,000
・回収基準：（借）現　　　　金　80,000　　（貸）割 賦 売 上　80,000
　　　　　　　　　割賦仮売上　80,000　　　　　割賦売掛金　80,000

※　決算時の処理

割賦販売を販売基準で処理した場合，決算時においても通常の掛け販売と同様に処理すればよいが，回収基準で処理している場合には，期中に回収された売上収益のみが計上されることになる。そこで，未回収額に含まれている売上原価を明らかにするため，決算時には未回収額の割賦売掛金に含まれる原価部分を期末商品棚卸高に加えなければならない。期末商品棚卸高に加える原価は，次の算式によって求める。

$$期末商品棚卸高に加える原価 = 割賦売掛金残高 \times \frac{割賦売上原価}{割賦売上高}$$

上記の場合，回収基準で処理している時，決算時の仕訳は以下のようになる。

（借）繰　越　商　品　300,000　　（貸）仕　　　　入　300,000

なお，回収基準においても，販売基準と同様に商品の引渡し時点で売上収益を計上し，決算時点で未回収の売上代金に含まれる利益の額を控除する未実現利益控除法がある。この未実現利益控除法では，期末の売掛金に含まれている利益を次の式で計算して次期へ繰延べることになる。

$$繰延べられる利益 = 期末割賦売掛金残高 \times \frac{割賦売上高 - 割賦売上原価}{割賦売上高}$$

上記の横浜商店の場合，第1回目の割賦金を受け取った後の決算時において

は，繰延べられる利益は (480,000－80,000)×120,000/480,000＝100,000

したがって，決算時には，次の仕訳を行う。

（借）割賦売上利益控除　100,000　　（貸）繰延割賦売上利益　100,000

借方の割賦売上利益控除は売上総利益の控除項目を意味しており，損益計算書上，売上原価からの控除項目として記載される。一方，貸方の繰延割賦売上利益は，貸借対照表上，流動負債の区分に記載するか，割賦売掛金から直接控除する。繰延割賦売上利益は，次期に割賦売掛金が回収されれば拘束を解除されるので，次期の決算において，繰延割賦売上利益戻入ａ／ｃへ振り替える。

（借）繰延割賦売上利益　100,000　　（貸）繰延割賦売上利益戻入　100,000

5　長期の請負工事収益

長期請負工事とは建物，道路，橋梁，ダムなどその建設に数年間要し，あらかじめ契約によって請け負う工事形態である。このような長期請負工事の場合，収益の認識について工事完成基準と工事進行基準という2つの方法が認められている。工事完成基準とは，工事が完成し，その引渡しが完了したときに収益を認識計上する基準であり，販売基準と同様な考え方に基づく。工事完成基準によると，工事を行っても，完成・引渡しまでは収益は認識されないで，引き渡した期間に一挙にその工事の収益が全額計上される。このため，工事完成基準は工事の完成・引渡しが毎期平均的に行われている場合は問題がないが，そうでない場合は期間利益が工事引渡時の会計期間に偏在し，各会計期間の経営活動を適切に反映せず，期間損益計算の適切性を欠くことになる。一方，工事進行基準とは，各会計期間における工事の進行度（完成度）に応じて，工事請負価格（工事総収益）を各期間の工事収益として分割計上する方法である。長期請負契約の場合，相手先も請負金額も確定しており，代金の一部を前受けしているので，完成・引渡しの前に収益を認識する工事進行基準が認められている。

なお，工事進行基準の進行度は，原則として，発生工事原価に基づいて決定される。したがって，各会計期間の工事収益は見積もられた予想工事総原価に対する各期の実際発生工事原価の割合によって計算される。

$$当期工事収益 = 請負契約価格 \times \frac{当期実際発生原価}{見積総工事原価}$$

なお，従来，この2つの基準の選択適用が認められていたが，企業会計基準委員会（ASBJ）が2007年12月に公表した「工事契約に関する会計基準」（企業会計基準第15号）では2009年4月1日以降に開始となる事業年度からは工事進行基準が原則として適用されることになる。

> **設例5**：関東建設株式会社は工事期間3年にわたる高層ビルの建設を請け負った。工事完成基準および工事進行基準による工事収益を計算しなさい。
> 請負契約価格：126,000万円，　見積総工事原価：90,000万円
> 実際発生原価：第1年度36,000万円
> 　　　　　　　第2年度30,000万円
> 　　　　　　　第3年度24,000万円

解説

工事完成基準では，工事完成時に工事収益の全額126,000万円認識される。他方，工事進行基準では次の算式によって各期の工事収益を認識し計上する。

$$工事収益 = 請負契約価格 \times \frac{実際発生原価}{見積総工事原価} - 前期までの工事収益累計額$$

第1年度：$126,000 \times \dfrac{36,000}{90,000} - 0 = 50,400$　　　　　　（単位：万円）

第2年度：$126,000 \times \dfrac{36,000 + 30,000}{90,000} - 50,400 = 42,000$

第3年度：$126,000 \times \dfrac{36,000 + 30,000 + 24,000}{90,000} - (50,400 + 42,000) = 33,600$

	工事完成基準	工事進行基準
第 1 年 度	−	50,400万円
第 2 年 度	−	42,000万円
第 3 年 度	126,000万円	33,600万円

6　棚卸減耗費と商品評価損

　商品の期末棚卸は，売上原価を計算し売上総利益を計算するだけでなく，次期に繰り越す商品の正しい有高を決定するために行われる。

　商品などの数量を計算する方法には，継続記録法と棚卸計算法がある。前者は受入・払出を継続的に商品有高帳などに記録することによって，1会計期間の売上数量または消費数量を把握する方法である。後者は受入記録と定期的な実地棚卸により，1会計期間の売上数量または消費数量を把握する方法である。

　継続記録法では，常に払出数量と在庫数量を知ることができるが，紛失や盗難などによる減耗の発生を把握することができない。そこで，定期的に実施棚卸を併用することによって，帳簿棚卸数量と実地棚卸数量との差額から数量不足を把握することができる。この数量不足による損失は棚卸減耗損といわれ，その金額は棚卸減耗量に単価を乗じて計算される。

　　　　棚卸減耗費＝原価×(帳簿棚卸数量－実地棚卸数量)

　なお，棚卸減耗費は原価性の有無によって，損益計算書の表示区分が異なる。原価性があるとは，その発生が制御不能であり必然的に生じる場合である。それに対して，原価性がないとは，制御可能な場合である。原価性があると認められる場合は売上原価の内訳科目もしくは販売費とされるが，原価性がないと認められる場合は営業外費用もしくは特別損失とされる。

　商品の期末評価は，企業会計基準9号「棚卸資産の評価に関する会計基準」(平成18年7月5日公表)によって，低価法が義務付けられている。つまり，期末における原価と時価を比べ，いずれか低い価額で評価する。また，時価が原価より著しく下落し，原価まで回復すると認められない限り，時価で評価しなければならない。時価の下落によって生じる損失を商品評価損という。

第2部　財務会計の構成要素

　　商品評価損＝（原価－時価）×実地棚卸数量

　商品評価損は，その発生原因によって，損益計算書では次のように区分表示する。低価法によって生じた商品評価損は，原則として売上原価の内訳科目または営業外費用とする。時価が原価より著しく下落した時に生じる評価損は，原則として営業外費用または特別損失とする。

　また，流行遅れなどの原因で商品の価額が下落した場合や棚ざらしなどによって生じる評価損も商品評価損といわれる。この場合の評価損も，原価性の有無によって，損益計算書の区分表示が異なる。原価性がある場合は，売上原価の内訳科目もしくは販売費とする。原価性がない場合は，営業外費用もしくは特別損失とする。

設例6

　次の資料によって，決算整理仕訳を示しなさい。ただし，商品の評価は低価法であり，棚卸減耗費は売上原価の内訳科目とし，商品評価損は営業外費用とする。

　　期首商品棚卸高：280,000円

　　期末商品棚卸高：帳簿棚卸数量　1,000個　原価＠300円

　　　　　　　　　　実地棚卸数量　　 980個　時価＠290円

解　説

　帳簿棚卸数量と実地棚卸数量との差額が棚卸減耗である。したがって，棚卸減耗費は次のように計算される。

　　300×(1,000個－980個)＝6,000

　また，低価法が適用されるので，この場合，時価が原価を下回っており，時価で評価することになり，商品評価損が生じる。商品評価損は次のように計算される。

　　(300－290)×980個＝9,800

　したがって，仕訳は次のようになる。

第6章 損益会計

(借) 仕　　　　入	280,000	(貸) 繰　越　商　品	280,000
(借) 繰　越　商　品	300,000	(貸) 仕　　　　入	300,000
(借) 棚　卸　減　耗　費	6,000	(貸) 繰　越　商　品	15,800
商　品　評　価　損	9,800		
(借) 仕　　　　入	6,000	(貸) 棚　卸　減　耗　費	6,000

第6節　費用収益対応の原則

　期間損益計算において，当該会計期間の収益と費用を，その間における成果とそれを生み出すために生じた犠牲という金額的な対応関係が成立するように計算することを要求する原則を費用収益対応の原則という。

　発生主義によって認識された費用は，そのまま発生した会計期間の費用となるわけではない。今日の企業会計における損益計算は収益と費用の差額として期間損益を求めるという損益法によって企業の経営成績を明らかにしようとするものである。したがって，収益獲得の原因である費用とその結果である収益を関連づけ，一定期間に認識された収益と関連性をもつ費用を，収益が認識された期間と同一の期間の費用として認識し，期間収益と期間費用を因果関係によって結びつけ，一定期間の経営成績を明らかにするものである。それは，発生主義によって認識された発生費用を，実現主義によって認識された期間収益に結びつけて期間費用を決定し，収益と費用との因果関係にもとづいて期間損益計算を行うとする最も基本的な原則である。

1　個別対応

　収益と費用の対応の仕方については，個別対応と期間対応という2つの形態がある。個別対応とは商品等を媒体とする対応であり，費用を期間収益と直接的に対応させるものであるので，直接的対応とも呼ばれている。商品等の売上高と売上原価との対応は個別対応の典型的な例である。売上高と売上原価の対応は明確であり，販売された商品等を媒介として売上高と売上原価は明確な因

果関係をもっている。個別対応における収益・費用の関係は，売上高がまず実現主義によって決定され，つぎに売上原価をそれに対応させるのであり，商品等は販売されてはじめて売上原価という費用になる。

2 期間対応

一方，期間対応とは会計期間を媒体とする対応であり，ある会計期間に獲得された収益と，それらの収益を獲得するために必要とされた費用を期間的に対応させるものであり，間接的対応とも呼ばれている。例えば，販売費や一般管理費は売上収益獲得に必要とされる費用であるが，個々の売上収益と個別的に対応させることは困難であるので，期間的に売上収益と対応させることになる。

確かに，対応の形態には個別対応と期間対応が存在することは理念的には区別することが可能であるが，営業外費用と営業外収益との対応，あるいは売上原価の中に棚卸減耗損が内在している可能性などを考慮すれば，対応形態を明確に区別することは困難であるといえる。つまり，ある費用がどれだけの収益をどの期間に生み出したかを明確に把握することは困難な場合が多いといえる。

第7節　損益計算書の構成

会社法は，損益計算書の区分表示に関して会社計算規則（119条）に定め，財務諸表等規則との整合性を図った。これまで，企業会計原則の損益計算書原則二は「損益計算書には，営業損益計算，経常損益計算及び純損益計算の区分を設けなければならない。」と述べられており，区分損益計算を要求していたが，会社計算規則では区分タイトルを廃止した。

しかし，区分表示そのものは継続しており，以下のように区分して表示しなければならない。

① 売　上　高
② 売　上　原　価
③ 販売費及び一般管理費

④　営業外収益
⑤　営業外費用
⑥　特　別　利　益
⑦　特　別　損　失

　損益計算書の区分表示は，企業の機能別活動による経営成績を明瞭に示すように，営業損益計算，経常損益計算および純損益計算の区分を設け，純利益がどの経営活動からもたらされたかを機能別活動に従って段階的に把握させようとするものである。

1　営業損益計算

　営業損益計算は，一会計期間に属する売上高から売上原価を控除して売上総利益を計算表示し，これから販売費及び一般管理費を控除して，営業利益を計算表示する。

①　売上高と売上原価

　当該企業の営業活動から生じる費用および収益を記載して営業利益を計算するわけであるが，売上原価は売上高に対応する商品の仕入原価または製造原価である。商業の場合は，期首商品棚卸高に当期商品仕入高を加算した合計額から期末商品棚卸高を控除する形式で表示し，製造業の場合は，期首製品棚卸高に当期製品製造原価を加えた合計額から期末製品棚卸高を控除する形式で表示する。なお，二つ以上の営業を目的とする企業にあっては，その費用および収益を主要な営業別に区分して記載する。

②　販売費及び一般管理費

　販売費とは，販売活動に起因する財貨・用役の費消に伴い発生する費用である。具体的には，販売手数料，荷造費，運搬費，広告宣伝費，交際費，交通費，通信費，保管費，見本費，販売関係従業員の人件費，販売部門の諸経費などである。一方，一般管理費とは，一般管理活動に起因する財貨・用役の費消に伴い発生する費用である。具体的には，一般管理業務に従事する役員・従業員の給料手当・賞与・福利厚生費，一般管理部門の交際費・旅費交通費・通信費・

消耗品費・租税公課・減価償却費，修繕費・保険料などである。

販売費と一般管理費とは本来その性格を異にするが，両者の厳密な区別が困難であるため，損益計算書には「販売費及び一般管理費」として一括表示する。販売費及び一般管理費は，売上収益獲得のためには不可欠な費用であるが，売上原価のように売上高と個別対応関係をもたないので，期間対応によって財貨・用役の費消事実に基づいて認識し，その支出額によって測定する。

2　経常損益計算

経常損益計算は，営業損益計算の結果を受けて，営業利益に営業外収益を加算し，営業外費用を減算して経常利益を求める。

①　営業外収益

企業の主たる営業活動以外の活動により経常的に生じる収益をいう。営業収益が商品等の販売や役務の給付から生じるのに対し，営業外収益は主として企業の財務活動から生じる。これには，受取利息，有価証券利息，受取配当金，仕入割引，有価証券売却益，有価証券評価益，投資不動産賃貸料などが含まれる。

②　営業外費用

企業の主たる営業活動以外の活動により経常的に生じる費用をいう。営業費用が営業収益実現のための売上原価・販売費及び一般管理費として決定されるのに対して，営業外費用は種々の属性をもつ諸項目から構成される。ⓐ企業の財務活動から生じる費用としては，支払利息，社債利息，売上割引，社債発行費償却，有価証券売却損，有価証券評価損など，ⓑ営業活動に付随して生じるが営業費用を構成しないものとしては原材料評価損など，ⓒ営業活動の開始準備のために要した組織費用で営業費用を構成しないものとしては，創立費償却，開業費償却などが含まれる。ただ，これらの中では，支払利息などが中心となる。

3 純損益計算

　純損益計算は，経常損益計算の結果を受けて，経常利益に特別利益を加算し，特別損失を減算して税引前当期純利益を計算し，また税引前当期純利益から法人税額・住民税額等を控除し，税効果会計適用上の法人税等調整額を加減して当期純利益を計算表示する。特別損益は臨時損益や前期損益修正のように非経常的・臨時的に発生するものをいう。

① 臨時損益項目
　a．固定資産売却損益
　b．投資有価証券売却損益
　c．減損損失
　d．災害損失

② 前期損益修正
　a．過年度における引当金の過不足修正額
　b．過年度における減価償却の過不足修正額
　c．過年度における棚卸資産評価の訂正額
　d．過年度の償却済債権の取立額

※　なお，会社計算規則（120条～125条）では，損益計算書の区分損益表示として，「売上総利益金額（売上総損失金額）」，「営業利益金額（営業損失金額）」，「経常利益金額（経常損失金額）」，「税引前当期純利益金額（税引前当期純損失金額）」など，従来，会計慣行として「○○利益（○○損失）」と表示していたものを，「○○利益金額（○○損失金額）」として示すように定めている。
　　また，会社法は，従来，損益計算書の末尾に記載されていた「未処分利益」の計算」を削除して「当期純利益金額」までとしている（会社計算規則125条）。貸借対照表には「未処分利益」の項目が同様に削除され，「繰越利益剰余金」の項目に変更になった。
　　利益処分（剰余金の処分）の明細については，従来の「未処分利益の計算書」（「利益金処分計算書」）が削除され，新たに創設した「株主資本等変動計算書」と名称を変えてその中に記載されることとなった。なお，損益計算書には，米国基準や国際会計基準と同様に，包括利益に関する事項も表示することができるようになった（会計計算規則126条）。

「損益計算書の様式」

商企業の損益計算書の記載様式（「財務諸表等規則」様式3号）は，次のとおりである。

```
                    損 益 計 算 書
              平成×年×月×日～平成×年×月×日
 I  売 上 高                                          ××××
 II 売 上 原 価
        期首商品棚卸高              ××××
        当期商品仕入高              ××××
           合        計             ××××
        期末商品棚卸高              ××××
         売 上 総 利 益                               ××××
 III 販売費及び一般管理費
        販 売 手 数 料              ××××
        広 告 宣 伝 費              ××××
        …………                      ××××
         営 業 利 益                                  ××××
 IV 営業外収益
        受 取 利 息                ××××
        有 価 証 券 利 息          ××××
        受 取 配 当 金             ××××
        投資不動産賃貸料            ××××
        …………                      ××××
        …………                      ××××      ××××
 V 営業外費用
        支 払 利 息                ××××
        社 債 利 息                ××××
        社債発行費償却              ××××
        売 上 割 引                ××××
        …………                      ××××      ××××
         経 常 利 益
 VI 特別利益                        ××××
        前期損益修正益              ××××
        固定資産売却益              ××××
        貸倒引当金戻入              ××××
        …………                      ××××      ××××
```

208

Ⅵ　特別損失		
前期損益修正損	××××	
固定資産売却損	××××	
減 損 損 失	××××	
災 害 損 失	××××	
………………	××××	××××
	××××	
税引前当期純利益（又は税引前当期純損失）		××××
法 人 税 等	××××	
法人税等調整額	××××	××××
当期純利益（又は当期純損失）		××××

＜参考文献＞

伊藤邦雄「現代会計入門」（第7版）日本経済新聞社，2008.4。
浦崎直浩「収益認識の測定アプローチの意義と課題」企業会計，中央経済社，2008.8。
菊谷正人，石山　宏「新会計基準の読み方」（第3版）税務経理協会，2006.11。
小林秀行「詳解企業会計基準」ダイヤモンド社，2007.8。
中央青山監査法人研究センター（編）「収益の認識」白桃書房，2004.3。
中島茂幸「新会社法における会計と計算書類」税務経理協会，2006.10。
広瀬義州「財務会計」（第8版），中央経済社，2008.4。
万代勝信「収益認識プロジェクトの概要」企業会計，中央経済社，2008.8。
渡辺和夫「財務諸表論の基礎」（六訂版）税務経理協会，2007.3。

第7章　財務諸表の表示

第1節　計算書類と財務諸表

　企業活動を行い，その事業成果としての財政状態や経営成績等を表示する財務諸表は，現行の法制度の下では(1)会社法に基づく計算書類と(2)金融商品取引法に基づく財務諸表とがある。本章は，こうした計算書類と財務諸表についての概要を説明する。なお，計算書類と財務諸表の雛形は本章の末尾に掲げることとし，また，本章に述べる内容は，他の章で述べている内容もあるので，その場合には関連の章を参照することが有用である。

第2節　計算書類および連結計算書類について

　会社法に基づく計算書類は，(1)会社が成立の日における成立時貸借対照表と(2)各事業年度に係る計算書類とがある。本節は，各事業年度に係る計算書類および連結計算書類について述べることとする。なお，会社法のもとでは，計算書類とは個別会社の計算書類を言い，連結計算書類とは連結グループの計算書類を示す。

　計算書類の記載する金額の単位は，1円単位，千円単位，百万円単位のいずれかを使用する。また，計算書類は，原則として日本語で表示するものとしているが，「株主等の多くが外国人であったり，その多くが外国語による開示を求めている場合には，日本語以外の言語で表示できることとしたほうが会社関係者の利害調整を目的とする会社法規制のあり方として望ましい」（会社法の計算詳解，郡谷大輔，和久友子編著，中央経済社，2006年，39頁）として，その他の言語をもって表示することが不当でない場合には，日本語以外の言語で表示する

第2部　財務会計の構成要素

ことも差し支えないとされている。旧商法のもとでは，株主が外国人1人であっても旧商法に基づく計算書類を日本語で作成したり，日本語と外国語を並列に並べて作成したりしていたが，当該規定により，計算関係書類を日本語以外の言語で表示することを許容（計規89条2項但し書き）されることは，現在の企業のグローバル化の背景を考えると，作成者側にとって計算書類作成の負担が軽くなることになると考えられる。

(1) **各事業年度に係る計算書類**

計算書類の内容は，以下のもので構成される。
① 貸借対照表
② 損益計算書
③ 株主資本等変動計算書
④ 個別注記表

　計算書類の作成期間は1年を超えることができないが，決算日を変更する場合には最初の事業年度においては，1年6ヶ月以内でもよくなった（計規91条2項）。従前は，決算期を変更した結果，1ヶ月の会計期となった場合には1ヶ月の計算書類を作成する必要であったために，たな卸資産の実地棚卸しや銀行残高や売掛金残高などの確認状を1ヶ月以内で行う事例もあった。1年6ヶ月の決算期間が容認されたことは作成者側の作成負担も軽減されることになると思われる。

(2) **各事業年度における連結計算書類**

連結計算書類は，以下のもので構成される（計規93条）。
① 連結貸借対照表
② 連結損益計算書
③ 連結株主資本等変動計算書
④ 連結注記表

なお，連結計算書類は下記の条件のもとで作成できる。

第7章 財務諸表の表示

① 会計監査人設置会社であれば，作成することができる（会社法444条1項）である。
② 事業年度の末において大会社であって証券取引法（金融商品取引法とチェック必要）24条1項の規定により有価証券報告書を内閣総理大臣に提出しなければならないものは，当該事業年度に係る連結計算書類を作成しなければならない（会444条3項）。

2－(1) **貸借対照表および連結貸借対照表**

貸借対照表及び連結貸借対照表は資産，負債および純資産に区分して表示しなければならない（計規105条1項）。上記の各区分に表示される資産，または負債についての各項目は，当該項目にかかる資産または負債を示す適当な名称を付す（計規105条2項）こととしている。

① 資　　産
② 負　　債
③ 純 資 産

上記の各項目の内容および表示については，他の章を参照のこと。

また，貸借対照表及び連結貸借対照表の事例については，本書の第8章を参照のこと。

2－(2) **損益計算書および連結損益計算書**

損益計算書および連結損益計算書は，売上高，売上原価，販売費及び一般管理費，営業外収益，営業外費用，特別利益および特別損失に区分して表示しなければならない（計規119条1項）と規定している。この表示方法は，マルチプル・ステップ（Multiple-step）であり，従前と同様である。

① 損益計算書の表示－事例については本書の第6章を参照のこと。
② 連結損益計算書の表示－事例については本書の第8章を参照のこと

2－(3) **株主資本等変動計算書および連結株主資本変動計算書**

株主資本等変動計算書および連結株主資本変動計算書とは，貸借対照表・連結貸借対照表の純資産の部の各項目に係る前事業年度から当事業年度末までの間の変動を，その変動事由とともに明らかにするものである（計規127条）。

213

第 2 部　財務会計の構成要素

株主資本等変動計算書は，下記の区分に応じ，その内容を区分して表示することが必要である。

① 株主資本等変動計算書
　（ⅰ）　株主資本
　　　　　―資本金
　　　　　―新株式申込証拠金
　　　　　―資本剰余金
　　　　　―資本準備金
　　　　　―その他の資本剰余金
　　　　　―利益剰余金
　　　　　―利益準備金
　　　　　―その他の利益剰余金
　　　　　―自己株式
　　　　　―自己株式申込証拠金
　　（注）　なお，資本剰余金と利益剰余金は適当な名称を付した科目に細分することができる（計規127条4項1号・2号）。

　（ⅱ）　評価・換算差額等
　　　　　―その他有価証券評価差額金
　　　　　―繰延ヘッジ損益
　　　　　―土地再評価差額金
　　　　　―為替換算調整勘定
　（ⅲ）　新株予約権
② 連結株主資本等変動計算書
　　連結株主資本変動計算書は以下のとおりである。
　（ⅰ）　株主資本
　　　　　―資本金
　　　　　―新株式申込証拠金
　　　　　―資本剰余金

　　　　　－利益剰余金
　　　　　－自己株式
　　　　　－自己株式申込証拠金
　（ⅱ）　評価・換算差額等
　　　　　－その他有価証券評価差額金
　　　　　－繰延ヘッジ損益
　　　　　－土地評価差額金
　　　　　－為替換算調整勘定
　（ⅲ）　新株予約権
　（Ⅳ）　少数株主持分

　　　　株主資本変動計算書の事例－本書の該当ページを参照のこと。
　　　　連結株主資本変動計算書の事例－本書の該当ページを参照のこと。

2－(4)　注　記　表

　企業の財政状態，経営成績，キャッシュ・フローの変動を理解するためには，計算書類は注記表と併読する必要がある。この意味で，注記表（個別注記表及び連結注記表をいう。会社計算規則128条）は重要である。

　注記表に含まれる注記事項は，12項目にわたる（計規129条1項）が，(1)会計監査人設置会社，(2)会計監査人を設置していない公開会社，(3)会計監査人を設置しないで非公開会社の場合では，注記事項が異なり，図表7－1を参照のこと。

2－(5)　会社計算規則と財務諸表等規則の注記との比較

　財務諸表等規則の総則に記述されている注記事項等と会社計算規則の注記事項を比較すると，図表7－2を参照のこと。

2－(6)　附属明細書

　附属明細書は下記のものから構成される（計規145条）。
　①　有形固定資産及び無形固定資産の明細
　②　引当金の明細

③ 販売費及び一般管理費の明細

④ 会計監査人設置会社以外の株式会社において，関連当事者との取引にかかる注記（計規140条1項）の内容の一部を省略した場合における当該事項

第3節　連結財務諸表規則に基づく連結財務諸表および財務諸表等規則に基づく財務諸表

金融商品取引法に基づき開示される企業の財務書類は下記のものから構成される。なお，財務諸表に表示される財務諸表項目の会計上の認識及び測定基準について，財務諸表等は各章を参照のこと。

1．連結財務諸表
　(1)　連結貸借対照表
　(2)　連結損益計算書
　(3)　連結株主資本等変動計算書
　(4)　連結キャッシュ・フロー計算書
　(5)　連結附属明細表
　　　① 社債明細表
　　　② 借入金等明細表
　上記の連結財務諸表の例については第8章を参照のこと。

2．中間連結財務諸表
　① 中間連結貸借対照表
　② 中間連結損益計算書
　③ 中間連結株主資本等変動計算書
　④ 中間連結キャッシュ・フロー計算書

3．財務諸表
　① 貸借対照表
　② 損益計算書
　③ 株主資本等変動計算書

第7章 財務諸表の表示

 ④ キャッシュ・フロー計算書
 ⑤ 附属明細表
  ⅰ）有価証券明細表
  ⅱ）有形固定資産明細表
  ⅲ）社債明細表
  ⅳ）借入金等明細表
  ⅴ）引当金明細表
  （注）なお，連結財務諸表を作成している場合にはⅲ）及びⅳ）の作成を要しない。

4．中間財務諸表
 ① 中間貸借対照表
 ② 中間損益計算書
 ③ 中間株主等変動計算書
 ④ 中間キャッシュ・フロー計算書（中間連結財務諸表を作成している場合には中間キャッシュ・フロー計算書を除く。）

5．四半期報告制度

 四半期開示制度以外の対象会社は，有価証券報告書を提出しなければならない会社のうち，証券取引所に上場されている有価証券の発行会社である会社（以下，「上場会社等」という）とされている。これにより，半期報告制度は廃止され，四半期報告制度に統一される。

 四半期連結財務諸表は下記の内容から構成される。
 ① 四半期連結貸借対照表
 ② 四半期連結損益計算書
 ③ 四半期連結キャッシュ・フロー計算書

第2部　財務会計の構成要素

＜資料＞

1．金融商品取引法に基づく「連結財務諸表」のひな型
  (1) 連結貸借対照表（第8章　連結財務諸表を参照のこと）
  (2) 連結損益計算書（第8章　連結財務諸表を参照のこと）
  (3) 連結株主資本等変動計算書（第8章　連結財務諸表を参照のこと）
  (4) 連結キャッシュ・フロー計算書（第9章　キャッシュ・フロー計算書を参照のこと）

　　　　（資料：『連結財務諸表規則』，様式第四号，第五号，第六号，第七号，第八号）

2．金融商品取引法に基づく「財務諸表」のひな型
  (1) 貸借対照表
  (2) 損益計算書（第6章　損益会計を参照のこと）
  (3) 株主資本等変動計算書（第5章　純資産会計を参照のこと）
  (4) キャッシュ・フロー計算書（第9章　キャッシュ・フロー計算書を参照のこと）

　　　　（資料：「財務諸表等規則」，様式第二号，第三号，第四号，第五号，第六号）

3．会社法に基づく「連結計算書類」のひな型（p.216）
  (1) 連結貸借対照表（本書p.217）
  (2) 連結損益計算書（本書p.218）
  (3) 連結株主資本等変動計算書（本書p.219）
  (4) 連結注記表（本書p.221　図表7－1）
　　　　図表7－1　「個別」及び「連結」注記表（本書p.220）
　　　　図表7－2　財規及び計算規則の注記事項の比較表（本書p.221）

4．会社法に基づく「計算書類」のひな型
  (1) 貸借対照表
  (2) 損益計算書
  (3) 株主資本等変動計算書
  (4) 個別注記表

　　（注）「会社法施行規則及び会社計算規則による株式会社の各種書類のひな型」を参照のこと。
　　　　　社団法人　日本経済団体連合会，経済法規委員会企画部会，2007年2月。

第7章 財務諸表の表示

5．会社法に基づく「連結計算書類」のひな型 (注)

(1) 連結貸借対照表

連結貸借対照表

(平成〇年〇月〇日現在) （単位：百万円）

科　　　　目	金　　額	科　　　　目	金　　額
(資産の部)		(負債の部)	
流 動 資 産		流 動 負 債	
現 金 及 び 預 金	×××	支 払 手 形 及 び 買 掛 金	×××
受 取 手 形 及 び 売 掛 金	×××	短 期 借 入 金	×××
有 価 証 券	×××	リ ー ス 負 債	×××
商 品 及 び 製 品	×××	未 払 金	×××
仕 掛 品	×××	未 払 法 人 税 等	×××
原 材 料 及 び 貯 蔵 品	×××	繰 延 税 金 負 債	×××
繰 延 税 金 資 産	×××	〇 〇 引 当 金	×××
そ の 他	×××	そ の 他	×××
貸 倒 引 当 金	△×××	固 定 負 債	
固 定 資 産		社 債	×××
有形固定資産		長 期 借 入 金	×××
建 物 及 び 構 築 物	×××	リ ー ス 債 務	×××
機 械 装 置 及 び 運 搬 具	×××	〇 〇 引 当 金	×××
土 地	×××	そ の 他	×××
リ ー ス 資 産	×××	負　債　合　計	×××
建 設 仮 勘 定	×××		
そ の 他	×××	(純資産の部)	
無形固定資産		株 主 資 本	×××
ソ フ ト ウ ェ ア	×××	資 本 金	×××
リ ー ス 資 産	×××	資 本 剰 余 金	×××
の れ ん	×××	利 益 剰 余 金	×××
そ の 他	×××	自 己 株 式	△×××
投資その他の資産		評価・換算差額等	×××
投 資 有 価 証 券	×××	その他有価証券評価差額金	×××
繰 延 税 金 資 産	×××	繰 延 ヘ ッ ジ 損 益	×××
そ の 他	×××	土 地 再 評 価 差 額 金	×××
貸 倒 引 当 金	△×××	為 替 換 算 調 整 勘 定	×××
繰 延 資 産		新 株 予 約 権	×××
社 債 発 行 費	×××	少 数 株 主 持 分	×××
		純　資　産　合　計	×××
資　産　合　計	×××	負債・純資産合計	×××

(記載上の注意)
(1) 新株式申込証拠金あるいは自己株式申込証拠金がある場合には，純資産の部の株主資本の内訳項目として区別掲記する。
(2) ファイナンス・リース取引の貸主側の場合には，リース債権，リース投資資産により表示する。
(3) 「棚卸資産」として一括表示し，その内訳を示す科目及び金額を注記することも考えられる。

219

第2部　財務会計の構成要素

(2)　連結損益計算書

連結損益計算書
(自平成〇年〇月〇日　至〇年〇月〇日)　　(単位：百万円)

科　　　　目	金	額
売　上　高		×××
売　上　原　価		×××
売　上　総　利　益		×××
販売費及び一般管理費		×××
営　業　利　益		×××
営業外収益		
受取利息及び配当金	×××	
有価証券売却益	×××	
持分法による投資利益	×××	
そ　の　他	×××	×××
営業外費用		
支　払　利　息	×××	
有価証券売却損	×××	
そ　の　他	×××	×××
経　常　利　益		×××
特　別　利　益		
前期損益修正益	×××	
固定資産売却益	×××	
そ　の　他	×××	×××
特　別　損　失		
前期損益修正損	×××	
固定資産売却損	×××	
減　損　損　失	×××	
そ　の　他	×××	×××
税金等調整前当期純利益		×××
法人税，住民税及び事業税	×××	
法人税等調整額	×××	×××
少　数　株　主　利　益		×××
当　期　純　利　益		×××

第 7 章　財務諸表の表示

(3) 連結資本等変動計算書

連結株主資本等変動計算書

(自平成○年○月○日　至平成○年○月○日)

(単位：百万円)

	株主資本					評価・換算差額等(*1)					新株予約権	少数株主持分	純資産合計
	資本金	資本剰余金	利益剰余金	自己株式	株主資本合計	その他有価証券評価差額金	繰延ヘッジ損益	土地再評価差額金	為替換算調整勘定	評価・換算差額等合計			
平成○年○月○日残高	xxx	xxx	xxx	△xxx	xxx	xxx	xxx	xxx	xxx	xxx	xxx	xxx	xxx
連結会計年度中の変動額													
新株の発行	xxx	xxx			xxx								xxx
剰余金の配当			△xxx		△xxx								△xxx
当期純利益			xxx		xxx								xxx
○○○○○													
自己株式の処分				xxx	xxx								xxx
その他			xxx		xxx								xxx
株主資本以外の項目の連結会計年度中の変動額(純額)						xxx	xxx	xxx	xxx	xxx	△xxx	△xxx	xxx
連結会計年度中の変動額合計	xxx	xxx	xxx	xxx	xxx	xxx	xxx	xxx	xxx	xxx	△xxx	xxx	xxx
平成○年○月○日残高	xxx	xxx	xxx	△xxx	xxx	xxx	xxx	xxx	xxx	xxx	xxx	xxx	xxx

(記載上の注意)

(1) 連結株主資本等変動計算書の表示区分は、連結貸借対照表の純資産の部における各項目との整合性に留意する。

(2) 記載例は連結財務諸表規則に定める様式に準じて記載するが、記載例中の「平成○年○月○日残高」を「前期末残高」または「当期末残高」、「連結会計年度中の変動額」を「当期変動額」と記載することもできる。

(3) 会社法上、連結株主資本等変動計算書の様式は規定されていないが、XBRL 導入後の有価証券報告書に含まれる連結株主資本等変動計算書の様式に準じて、縦並び形式で作成することもあると考えられる。

221

第2部　財務会計の構成要素

図表7－1　「個別」及び「連結」注記表

注記事項（計算規則129条）	個別注記表 会計監査人設置（1項）	個別注記表 非会計監査人設置・公開（2項2号）	個別注記表 非会計監査人設置・非公開（2項1号）	連結注記表（2項3号）
①継続企業の前提に関する注記	○			○
②重要な会計方針に係る事項（連結注記表は，連結計算書類作成のための基本となる重要な事項）に関する注記	○	○	○	○
③貸借対照表等に関する注記	○	○		○
④損益計算書に関する注記	○	○		
⑤株主資本等変動計算書（連結注記表の場合は，連結注記資本等変動計算書）に関する注記	○	○	○	○
⑥税効果会計に関する注記	○	○		
⑦リースにより試用する固定資産に関する注記	○	○		
⑧関連当事者との取引に関する注記	○	○		
⑨1株当たり情報に関する注記	○			○
⑩重要な後発事象に関する注記	○			○
⑪連結配当規制適用会社に関する注記	○			
⑫その他の注記	○	○	○	○

出所：郡谷大輔，和久友子編著『会社法の計算詳解』，中央経済社，2006年，67頁

第7章　財務諸表の表示

図表7－2　財規及び計算規則の注記事項の比較表

項　　　　目	財　　規	計 算 規 則
重要な会計方針	8条の2	132条
会計方針の変更	8条の3	132条
重要な後発事象	8条の4	142条
追加情報	8条の5	144条
リース取引	8条の6	139条
有価証券	8条の7	
デリバティブ取引	8条の8	
持分法損益等	8条の9	
関連当事者との取引	8条の10	140条
税効果会計	8条の12	138条
退職給付	8条の13	
ストック・オプション等の交付	8条の14	
ストック・オプション	8条の15	
自己株式オプション等を対価とする取引	8条の16	
パーチェス法を適用した場合	8条の17	
持分プーリング法を適用した場合	8条の18，19	
共通支配下の取引等	8条の20	
子会社が親会社を吸収合併した場合	8条の21	
共同支配企業の形成	8条の22	
事業分離	8条の23	
分離先企業	8条の24	
企業結合に関する重要な後発事業等	8条の25	
事業分離に関する重要な後発事業等	8条の26	
継続企業の前提	8条の27	131条

出所：郡谷大輔，和久友子編著『会社法の計算詳解』，中央経済社，2006年，84頁

第8章　連結財務諸表

第1節　連結会計の意義

わが国では，証券取引法適用会社に対して，1977年4月以後に開始される事業年度より連結財務諸表の開示が要求されることになった。

この制度化に向けて，1975年に企業会計審議会より，「連結財務諸表原則」（以下，「連結原則」と略称）が公表された。「連結原則」は1997年に改正がなされた。企業における連結経営の進展を反映して，これまでの個別情報中心の考えから連結情報重視の開示制度への転換を図ることを狙いとする改正であった。

このように，企業活動の多角化，国際化に伴う連結経営の進展を反映して，企業集団についての会計情報開示を充実させるために，連結財務報告制度の充実，改善が図られてきた。一方で，親会社の業績をより良く見せるために，子会社を利用しての粉飾決算も多く見られた。これを防止するために，子会社を含めての企業集団についての連結財務諸表の作成，公表を求めるという側面も見逃すことはできない。

連結財務諸表は，支配従属関係にある2以上の会社からなる企業集団を単一の組織体とみなして，親会社が当該企業集団の財政状態，経営成績および連結貸借対照表「純資産」の部の株主資本及びそれ以外の各項目の変動状況を総合的に報告するために作成される（【連結原則】第一参照）。

今日，我が国では，連結財務諸表は次の計算書および明細表から構成されている。

1．連結貸借対照表（以下，連結B/Sと略称）
2．連結損益計算書（以下，連結P/Lと略称）
3．連結株主資本等変動計算書[1]（以下，連結S/Sと略称）

4．連結キャッシュ・フロー計算書

　5．連結附属明細表

　また，会社法上においても，大会社であって有価証券報告書提出会社[2]は，連結計算書類（上記1～3の計算書および連結注記表）（【会社計算規則】96）を作成しなければならない（444Ⅲ）[3]。

第2節　連結の範囲

　親会社は，原則としてすべての子会社を連結の範囲に含めなければならない。親会社とは，他の会社を支配している会社，子会社とは当該他の会社を指す。また，親会社および子会社が他の会社を支配している場合における当該他の会社も子会社とみなす。ここで支配とは，他の会社の意思決定機関を支配していることを指す。他の会社の議決権の過半数を実質的に所有している場合は当然のこととして，過半数に達していなくとも高い比率の議決権を所有しており，当該会社意思決定機関を支配している一定の事実が認められる場合には支配の存在を認定する。どこまで連結の対象（連結の範囲に含める）とするかは，持株基準ではなく支配力基準を採用する（【連結原則】第三，一，注解4，5参照）。連結集団の業績をより良く見せるため，業績の悪い子会社の持株比率を意図的に過半数を割り込むように切り下げて，連結対象から外す行動が多く見られた。これらの会計行動を防止するため持株基準から支配力基準への転換が，1997年の改訂「連結原則」において導入された[4]。

　なお，更生会社，整理会社，破産会社等であって，かつ有効な支配従属関係が存在せず，組織の一体性を欠くと認められる会社は子会社に該当しないものとする（【連結原則】注解3）。

　また，非連結子会社および関連会社については，持分法を適用する（【連結原則】第四，八，1）。非連結子会社とは，子会社ではあるが小規模会社であるため，連結の対象にするほどの重要性が乏しいと考えられる会社，支配が一時的であると認められる会社，連結すると逆に利害関係者の判断を著しく誤らせる恐れ

がある会社を指す（【連結原則】第三，一，4，注解6）。

　関連会社とは，親会社および子会社が，子会社以外の他の会社の財務および営業の方針決定に際して重要な影響を与えることができる場合における当該他の会社を指す。具体的には，子会社以外の他の会社の議決権の$\frac{20}{100}$以上を実質的に所有している場合，また$\frac{20}{100}$に達しなくとも当該会社の財務および営業の方針決定に対して重要な影響を与えることができる場合の当該他の会社を指す。「影響力基準」が適用される（【連結原則】第四，八，2，(1)，(2)，注解4，20）。

第3節　連結精算表の作成

　連結財務諸表は，各決算日ごとに親会社，子会社の個別財務諸表をベースにして作成される。以下連結B/S，連結P/Lおよび連結S/Sの作成に際しての主要な会計処理について概説する。

　連結財務諸表の表示形式は次の通りである。

第2部　財務会計の構成要素

連結貸借対照表

区分	注記番号	前連結会計年度 (平成　年　月　日)　金　額 (円)	構成比(%)	当連結会計年度 (平成　年　月　日)　金　額 (円)	構成比(%)
(資産の部)					
I　流動資産					
現金及び預金		×××		×××	
受取手形及び売掛金		×××		×××	
貸倒引当金		-×××　×××		-×××　×××	
有価証券		×××		×××	
たな卸資産		×××		×××	
繰延税金資産		×××		×××	
その他		×××		×××	
流動資産合計		×××		×××	
II　固定資産					
1　有形固定資産					
建物及び構築物		×××		×××	
減価償却累計額		-×××　×××		-×××　×××	
機械装置及び運搬具		×××		×××	
減価償却累計額		-×××　×××		-×××　×××	
土地		×××		×××	
建設仮勘定		×××		×××	
その他		×××		×××	
減価償却累計額		-×××　×××		-×××　×××	
有形固定資産合計		×××		×××	
2　無形固定資産		×××		×××	
のれん					
その他		×××		×××	
無形固定資産合計		×××		×××	
3　投資その他の資産					
投資有価証券		×××		×××	
長期貸付金		×××		×××	
貸倒引当金		-×××　×××		-×××　×××	
繰延税金資産		×××		×××	
その他		×××		×××	
投資その他の資産合計		×××		×××	
固定資産合計		×××		×××	
III　繰延資産					
創立費		×××		×××	
開業費		×××		×××	
新株発行費		×××		×××	
社債発行費		×××		×××	
社債発行差金		×××		×××	

第8章　連結財務諸表

開　発　費		×××		×××
繰延資産合計		×××		×××
資産合計		×××		×××
（負債の部）				
Ⅰ　流　動　負　債				
支払手形及び買掛金		×××		×××
短期借入金		×××		×××
未払法人税等		×××		×××
繰延税金負債		×××		×××
引　当　金				
製品保証引当金	×××		×××	
………………	×××	×××	×××	×××
そ　の　他		×××		×××
流動負債合計		×××		×××
Ⅱ　固　定　負　債				
社　　　債		×××		×××
長期借入金		×××		×××
繰延税金負債		×××		×××
引　当　金				
退職給付引当金	×××		×××	
………………	×××	×××	×××	×××
負ののれん		×××		×××
そ　の　他		×××		×××
固定負債合計		×××		×××
負債合計		×××		×××
（純資産の部）				
Ⅰ　株　主　資　本				
１　資　本　金		×××		×××
２　資本剰余金		×××		×××
３　利益剰余金		×××		×××
４　自　己　資　本		－×××		－×××
株主資本合計		×××		×××
Ⅱ　評価・換算差額等				
１　その他有価証券評価差額金		×××		×××
２　繰延ヘッジ損益		×××		×××
３　土地評価差額金		×××		×××
４　為替換算調整勘定		×××		×××
評価・換算差額等合計		×××		×××
Ⅲ　新株予約権		×××		×××
Ⅵ　少数株主持分		×××		×××
純資産合計		×××		×××
負債純資産合計		×××		×××

第2部　財務会計の構成要素

連結損益計算書

区　　分	注記番号	前連結会計年度 自　平成　年　月　日 至　平成　年　月　日		当連結会計年度 自　平成　年　月　日 至　平成　年　月　日	
		金　額（円）	百分比(%)	金　額（円）	百分比(%)
Ⅰ　売　上　高		×××		×××	
Ⅱ　売上原価		×××		×××	
売上総利益（又は売上総損失）		×××		×××	
Ⅲ　販売費及び一般管理費					
…………		×××		×××	
…………		×××		×××	
…………		×××	×××	×××	×××
営業利益（又は営業損失）			×××		×××
Ⅳ　営業外収益					
受取利息		×××		×××	
受取配当金		×××		×××	
有価証券売却益		×××		×××	
負ののれん償却額		×××		×××	
持分法による投資利益		×××		×××	
…………		×××		×××	
…………		×××	×××	×××	×××
Ⅴ　営業外費用					
支払利息		×××		×××	
有価証券売却損		×××		×××	
持分法による投資損失		×××		×××	
…………		×××		×××	
…………		×××	×××	×××	×××
経常利益（又は経常損失）			×××		×××
Ⅵ　特別利益					
前期損益修正益		×××		×××	
固定資産売却益		×××		×××	
…………		×××		×××	
…………		×××	×××	×××	×××
Ⅶ　特別損失					
前期損益修正損		×××		×××	
固定資産売却損		×××		×××	
減損損失		×××		×××	
災害による損失		×××		×××	
…………		×××		×××	
…………		×××	×××	×××	×××
税金等調整前当期純利益			×××		×××
（又は税金等調整前当期純損失）					
法人税，住民税及び事業税		×××		×××	
法人税等調整額		×××	×××	×××	×××
少数株主利益（又は少数株主損失）			×××		×××
当期純利益（又は当期純損失）			×××		×××

第8章 連結財務諸表

連結株主資本等変動計算書

当連結会計年度(自平成 年 月 日至平成 年 月 日)

	株主資本				評価・換算差額等			新株予約権	少数株主持分	純資産合計
	資本金	資本剰余金	利益剰余金	自己株式	株主資本合計	その他有価証券評価差額金	繰延ヘッジ損益	為替換算調整勘定	評価・換算差額等合計			
平成 年 月 日残高(円)	×××	×××	×××	-×××	×××	×××	×××	×××	×××	×××	×××	×××
連結会計年度中の変動額												
新株の発行	×××	×××			×××							×××
剰余金の配当			-×××		-×××							-×××
当期純利益			×××		×××							×××
自己株式の処分				×××	×××							×××
………												
株主資本以外の項目の連結会計年度中の変動額(純額)						×××	×××	×××	×××	-×××	×××	×××
連結会計年度中の変動額(合計)(円)	×××	×××	×××	×××	×××	×××	×××	×××	×××	×××	×××	×××
平成 年 月 日残高(円)	×××	×××	×××	-×××	×××	×××	×××	×××	×××	×××	×××	×××

231

連結B/Sについては,「少数株主持分」および「為替換算調整勘定」が「純資産」の部に表示される。その結果,連結S/Sにおいては,個別S/Sに見られない両科目が追加される。連結P/Lにおいては「税金等調整前当期純利益」に法人税額や税効果会計適用による「法人税等調整額」さらに「少数株主利益」が控除されて,「当期純利益」(連結利益)が計算表示される。

連結財務諸表の作成には,連結精算表(5)を用いる。連結精算表上において,各決算日における親会社,子会社の財務諸表数値を合算し,さらに連結消去・振替仕訳(連結仕訳)を行い,連結財務諸表を作成する。なお,同一環境下で行われた同一の性質の取引等について,親子会社間で統一された会計処理の原則および手続きを採用しなければならない(【連結原則】第三,三)。このように毎決算日において,連結財務諸表は親会社,子会社の個別財務諸表より作成される。前期末の連結B/Sをベースにして,連結グループ会社において発生した取引結果を記録し,今期の連結財務諸表を作成する訳ではない。あくまで,毎期の親会社,子会社の個別財務諸表に基づき作成するため,各期ごとに前期までなされた連結仕訳(開始仕訳)を行い,更に当期中に発生した連結グループ会社(間)取引を原因として要求される連結仕訳を追加する。

このため,連結財務諸表作成手続きを理解するためには,連結仕訳の内容を理解しなければならない。連結仕訳の実質は,連結グループ会社全体の財政状態,経営成績および純資産の変動内容を正しく報告するために,親会社,子会社の個別財務諸表数値の単なる合算値に対して加えるべき消去・修正ポイントということになる。

第4節 連結貸借対照表の作成

連結B/Sの作成に際しては,次のような手続きが必要とされる。なお,税効果会計,持分法については,節を改め述べることにする。

1. 投資勘定と資本勘定の相殺消去
2. 債権と債務の相殺消去

3．税効果会計の適用

4．持分法の適用

1　投資勘定と資本勘定の相殺消去

　株式の取得もしくは子会社設立によって親子関係が成立する。親，子会社の個別財務諸表数値を単純に合算すると，親会社の投資勘定と子会社の資本勘定とが重複して計上されることになってしまう。あるいは，親会社の投資勘定を子会社の資産勘定と負債勘定の実態表示へ転換するためには，親会社投資勘定と子会社資本勘定とを相殺消去する必要がある。この手続きを資本連結手続きと呼ぶ。

　資本連結手続きを行うに際して，支配獲得日において，子会社の資産および負債を時価評価することが求められている（【連結原則】第四，二，1，注解10）。

　時価評価の方法には，子会社の資産，負債について，親会社の持分に相当する部分について，株式の取得日ごとに公正な評価額で評価し，一方，少数株主持分については，子会社の個別B／S上の金額による方法（部分時価評価法）と，子会社の資産，負債のすべてを，支配獲得日の時価により評価する方法（全面時価評価法）とがある。いずれかの方法を選択して評価する。

　また，支配獲得時までに2回以上にわたって株式取得を行った場合には，原則として部分時価評価法採用時には，いわゆる段階法を採用し，全面時価評価法採用時にはいわゆる一括法を採用する（【連結原則】第四，二，1，注解8）。

　時価評価した評価額と子会社の個別B／S上の金額との差額を評価差額と呼ぶ。これは，子会社資本とする（【連結原則】第四，二，2）。株式の取得日または支配獲得日における子会社の資本（評価差額を含む）は当該取得日または支配取得日において親会社に帰属する部分と少数株主に帰属する部分とに分け，前者は親会社の投資と相殺消去し，後者は少数株主持分として処理する。また，子会社の株式の取得日または支配獲得日後に生じた子会社の剰余金のうち，少数株主に帰属する部分は，次の仕訳により少数株主持分として処理する。

　　　少数株主損益　　×××　　　少数株主持分　　×××

第2部　財務会計の構成要素

　親会社投資勘定と子会社資本の相殺消去の際に，差額が発生する場合，これをのれん（連結調整勘定）[6]として処理する。これについては，原則として計上後20年以内に定額法その他合理的な方法により償却しなければならない（【連結原則】第四，三）。借方に発生した連結調整勘定は無形固定資産に，貸方に発生した連結調整勘定は固定負債として計上される。またそれぞれの償却費用（収益）は，販売費および一般管理費，営業外収益に計上される。

　支配獲得後に子会社株式を追加取得した場合には，追加取得した株式に対応する持分（追加取得持分）を少数株主持分から減額し，追加取得持分と追加投資額とを相殺消去する。その際に差額が生じた場合には，連結調整勘定として処理する（【連結原則】第四，五，1）。部分時価評価法を採用している場合には，追加取得持分は，子会社の資産および負債のうち追加取得持分に相当する部分を原則として追加取得日の時価により評価し（評価差額の発生），一方，減額する少数株主持分については，子会社個別B／S上の金額に基づき算定する。また全面時価評価法採用時には，追加取得持分についても少数株主持分についても，追加取得日における少数株主持分の額により算定する（【連結原則】注解12）。

　支配獲得後に子会社株式を売却した場合でも支配関係が継続している場合には，売却した株式に対応する持分（売却持分）を親会社持分から減額し，少数株主持分を増額させる。売却持分と投資減少額との差額は，子会社株式の売却損益の修正として処理する。また，売却に伴う連結調整勘定償却額（連結調整勘定未償却額のうち売却した株式に対応する部分）についても同様に処理する（【連結原則】第四，五，2）。

　部分時価評価法を採用している場合には，増額する少数株主持分は，子会社の個別B／Sの資本の額に基づいて算定し，売却持分に含まれる評価差額は，それに対応する子会社の資産および負債と相殺消去する。また，全面時価評価法を採用している場合には，増額する少数株主持分は売却持分と同額とする（【連結原則】注解13）。

第8章　連結財務諸表

設例1

　P社は，下記の表にあるようにS社株式を取得した。部分時価評価法－段階法で処理した場合と，全面時価評価法－一括法で処理した場合の連結仕訳について概説する。なお，S社においては，配当は一切なされておらず，利益剰余金の増加は当期純利益の獲得によるものである。P社，S社ともに決算日は3月31日である。S社は土地については，2,600万円で取得しており，また社債については，5,000万円で発行している。連結調整勘定については，20年にわたって定額法で償却する。

(単位：万円)

取得日	取得割合	取得原価 (売却価額)	S社の資本 資本金	S社の資本 利益余剰金	土地の時価	社債の時価
2003.3.31	+30%	10,500	30,000	3,000	3,000	5,000
2004.3.31	+40%	15,500	30,000	5,000	3,500	4,820
2005.3.31	+10%	3,500	30,000	6,500	2,900	4,980
2006.3.31	−20%	(7,800)	30,000	7,500	2,900	4,970

部分時価評価法 (2004.3.31)

① (借) 土　　　　地　　　　120　　(貸) 評 価 差 額　　120[1]
② (借) 資　本　金　　30,000　　(貸) S 社 株 式　　10,500
　　　　利 益 剰 余 金　3,000　　　　　少数株主持分　23,100[2]
　　　　評 価 差 額　　　120
　　　　連結調整勘定　　　480[3]
③ (借) 連結調整勘定償却　24　　(貸) 連結調整勘定　　24
④ (借) 利 益 剰 余 金　1,400　　(貸) 少数株主持分　1,400
　　　　(少数株主損益)
⑤ (借) 土　　　　地　　　360　　(貸) 評 価 差 額　　432[4]
　　　　社　　　　債　　　　72
⑥ (借) 少数株主持分　14,000[5]　(貸) S 社 株 式　15,500
　　　　評 価 差 額　　　432

235

第2部　財務会計の構成要素

```
              連結調整勘定     1,068⁽⁶⁾
⑦（借）資  本  金    30,000  （貸）S 社 株 式    26,000
       利益剰余金     4,424        少数株主持分   10,500
       連結調整勘定    1,524
       土     地       480
       社     債        72
```

①および②の仕訳は，2003.3.31日における30％S社株取得分に対応する時価評価および投資と資本の相殺消去仕訳である。

(1)　$(3,000-2,600) \times 0.3 = 120$

(2)　$(30,000+3,000) \times 0.7 = 23,100$

(3)　$10,500-(30,000+3,000) \times 0.3 - 120 = 480$

③の仕訳は，連結調整勘定償却のための仕訳である。④の仕訳はS社当期純利益の少数株主持分への振替仕訳である。$(5,000-3,000) \times 0.7 = 1,400$

⑤および⑥の仕訳は2004.3.31日における40％S社株取得分に対応する時価評価および投資と資本の相殺消去仕訳である。

(4)　$(3,500-2,600) \times 0.4 + (5,000-4,820) \times 0.4 = 432$

(5)　S社の個別B/S上の資本額(30,000+5,000)に基づき，
　　　$(30,000+5,000) \times 0.4 = 14,000$と算定。

(6)　$15,500-(14,000+432) = 1,068$

⑦の連結仕訳は，①～⑥の仕訳を合計したものである。2004.3.31日（支配獲得日）連結決算において部分時価評価法－段階法を用いて資本連結手続きを行った場合の連結仕訳である。また，2005.3.31日連結決算においての開始仕訳となる。

全面時価評価法 (2004.3.31)

```
①（借）土     地       900  （貸）評 価 差 額    1,080⁽¹⁾
       社     債       180
②（借）資  本  金    30,000  （貸）S 社 株 式    26,000
       利益剰余金     5,000        少数株主持分   10,824⁽²⁾
```

　　　　評　価　差　額　　　1,080
　　　　連 結 調 整 勘 定　　　744(3)
③（借）資　　本　　金　　30,000　　（貸）S　社　株　式　　26,000
　　　　利 益 剰 余 金　　　5,000　　　　　少数株主持分　　10,824
　　　　連 結 調 整 勘 定　　　744
　　　　土　　　　地　　　　900
　　　　社　　　　債　　　　180

　①および②の仕訳は，2004.3.31日（支配獲得日）における時価評価および投資と資本の相殺消去仕訳である。

　⑴　$(3,500-2,600)+(5,000-4,820)=1,080$

　⑵　$(30,000+5,000+1,080)\times 0.3=10,824$

　⑶　$26,000-(30,000+5,000+1,080)\times 0.7=744$

　③の仕訳は，①と②の仕訳の合計であり，2004.3.31日（支配獲得日）連結決算において全面時価評価法－一括法を用いて資本連結手続きを行った場合の仕訳である。また，2005.3.31日連結決算においての開始仕訳となる。

部分時価評価法 (2005.3.31) 10％追加取得

①（借）連結調整勘定償却　　77.4　　（貸）連結調整勘定　　　77.4(1)
②（借）少 数 株 主 損 益　　450.0　　（貸）少数株主持分　　　450.0(2)
③（借）土　　　　地　　　　30.0　　（貸）評　価　差　額　　32.0(3)
　　　　社　　　　債　　　　 2.0
④（借）少数株主持分　　 3,650.0(4)　（貸）S　社　株　式　　3,500.0
　　　　評　価　差　額　　　32.0　　　　　連 結 調 整 勘 定　　182.0(5)

　⑴　$480\div 20+1,068\div 20=77.4$

　⑵　$(6,500-5,000)\times 0.3=450$

　⑶　$(2,900-2,600)\times 0.1+(5,000-4,980)\times 0.1=32$

　⑷　S社の個別B/Sの資本額（30,000+6,500）に基づき，
　　　$36,500\times 0.1=3,650$と算定。

　⑸　$3,500-(3,650+32)=-182$

第2部　財務会計の構成要素

全面時価評価法 (2005.3.31) 10％追加取得

①	(借) 連結調整勘定償却	37.2	(貸) 連結調整勘定	37.2[1]
②	(借) 少数株主損益	450.0	(貸) 少数株主持分	450.0
③	(借) 少数株主持分	3,758.0[2]	(貸) S 社 株 式	3,500.0
			連結調整勘定	258.0[3]

(1) $744 \div 20 = 37.2$

(2) 少数株主持分は追加取得時の少数株主持分額に基づき算定する。

　　（前期末少数株主持分10,824＋当期少数株主持分増加額（仕訳②）450＝11,274
　　$11,274 \times \dfrac{10\%}{30\%} = 3,758$）

(3) $3,500 - 3,758 = -258$

部分時価評価法 (2006.3.31) 20％売却

①	(借) 連結調整勘定償却	77.40	(貸) 連結調整勘定	77.40
	連結調整勘定	9.10	連結調整勘定償却	9.10
②	(借) 少数株主損益	200.00	(貸) 少数株主持分	200.00
③	(借) S 社 株 式	7,375.00[2]	(貸) 少数株主持分	7,500.00[1]
	連結調整勘定	43.23[6]	土　　　　地	127.50[3]
	株式売却損益	570.07[7]	社　　　　債	18.50[4]
			連結調整勘定	342.30[5]

(1) 増額する少数株主持分はＳ社の個別Ｂ／Ｓの資本の額 (30,000＋7,500) に基づき, $(30,000+7,500) \times 0.2 = 7,500$ と算定。

(2) Ｓ社株式投資減少額は $(10,500+15,500+3,500) \times \dfrac{20\%}{80\%} = 7,375$ と算定。

(3) これまでの土地評価差額 (480＋30) の売却株式対応分の消去額は, $(480+30) \times \dfrac{20\%}{80\%} = 127.5$ と算定。

(4) これまでの社債評価差額 (72＋2) の売却株式対応分の消去額は, $(72+2) \times \dfrac{20\%}{80\%} = 18.5$ と算定。

(5) 借方連結調整勘定未償却額のうち売却株式対応分。
　　$(1,524-77.4-77.4) \times \dfrac{20\%}{80\%} = 342.3$

(6) 貸方連結調整勘定未償額のうち売却株式対応分。

$(182-9.1) \times \dfrac{20\%}{80\%} = 43.23$

(7) 株式売却損益は，③の仕訳の借方合計額と貸方合計額の差額として算定。

$(7,500+127.5+18.5+342.3)-(7,375+43.23)=570.07$

全面時価評価法 (2006.3.31) 20％売却

①	(借)	連結調整勘定償却	37.20	(貸)	連結調整勘定	37.20
		連結調整勘定	12.90		連結調整勘定償却	12.90
②	(借)	少数株主損益	200.00	(貸)	少数株主持分	200.00
③	(借)	Ｓ　社　株　式	7,375.00	(貸)	少数株主持分	7,716.00⁽¹⁾
		連結調整勘定	61.28⁽³⁾		連結調整勘定	167.40⁽²⁾
		株式売却損益	447.12⁽⁴⁾			

(1) 増加する少数株主持分は，売却持分と同額となる。売却持分の算定はＳ社の個別Ｂ／Ｓの資本額に評価差額を加えた金額に売却株式比率を乗じ，次のように算定。$(30,000+7,500+1,080) \times 0.2 = 7,716$ もしくは，直接，少数株主持分金額より算定。$(10,824+450-3,758+200)=7,716$

7,716は持株比率20％分であるので，丁度その分，少数株主持分が増加する。

(2) 借方連結調整勘定未償却残高のうち売却株式比率対応分。

$(744-37.2-37.2) \times \dfrac{20\%}{80\%} = 167.4$

(3) 貸方連結調整勘定未償却残高のうち売却株式比率対応分。

$(258-12.9) \times \dfrac{20\%}{80\%} = 61.28$

(4) 株式売却損益は借方合計額と貸方合計額の差額として算定。

$(7,716+167.4)-(7,375+61.28)=447.12$

2　債権と債務の相殺消去

　連結会社間での債権，債務は，連結集団内での内部取引として，次のように仕訳を行い相殺消去しなければならない（【連結原則】第四，六，注解14)。

第2部 財務会計の構成要素

買　掛　金	×××	売　掛　金	×××
借　入　金	×××	貸　付　金	×××
前　受　収　益	×××	前　払　費　用	×××
未　払　費　用	×××	未　収　収　益	×××
支　払　手　形	×××	受　取　手　形	×××
社　　　債	×××	投資有価証券	×××

　上記1，2および5行目の仕訳に見られるように債権額を減少させた場合には，それに応じて貸倒引当金の金額を次の仕訳により調整する。

| 貸　倒　引　当　金 | ××× | 貸倒引当金繰入額 | ××× |

　連結会社間で手形取引が行われた場合，上記5行目の消去仕訳が必要となる。なお，連結会社が振り出した手形を他の連結会社が銀行割引した場合，借入金に振り替える。

| 支　払　手　形 | ××× | 短　期　借　入　金 | ××× |

第5節　連結損益計算書の作成

　連結P/Lの作成に際しては次のような手続きが必要とされる。
1. 連結会社相互間の取引高の相殺消去
2. 未実現損益の消去
3. 少数株主損益の計上
4. 連結調整勘定の償却
5. 税効果会計の適用
6. 持分法適用による投資損益の計上

　3および4については前節において述べた。5および6については，節を改め述べることにする。

1　連結会社相互間の取引高の相殺消去

　連結会社相互間の取引は，連結集団の内部取引として相殺消去する。例えば，

商品販売，利息授受，配当金の授受の取引は，次の仕訳によって相殺消去する。

売　　　　　上	×××	売　上　原　価	×××
受　取　利　息	×××	支　払　利　息	×××
受　取　配　当　金	×××	配　当　金	×××
少　数　株　主　持　分	×××		

2　未実現損益の消去

　連結会社相互間の取引によって取得した棚卸資産，固定資産その他の資産に含まれる連結会計上の未実現損益は全額を消去する（【連結原則】第五，三，1）。
　親会社から子会社へ上記資産が売却される場合は，ダウンストリームの取引，子会社から親会社へと売却される場合には，アップストリームの取引と呼ばれる。ダウンストリーム取引，アップストリーム取引いずれの場合においても，未実現損益全額を消去する。ただし，アップストリーム取引については，子会社に少数株主が存在する場合，消去金額は持株比率に応じて少数株主持分に配分する（【連結原則】第五，三，3）。このようにアップストリーム取引については，全額消去・持分比率負担方式，ダウンストリーム取引については，全額消去・親会社負担方式が適用される。

> **設例2**
> 　P社は，S社株式の60％を取得している。P社はS社に対して仕入価格に25％の利益を付加して販売している。P社，S社ともに決算日は，3月31日である。当期におけるP社からS社への販売額は17,000万円である。また次に示すように，前期末および今期末のS社におけるP社からの仕入商品についての商品在庫高は，次の通りである。2006.3.31日において必要とされる連結仕訳について概説する。
> 　2005.3.31　　3,000万円
> 　2006.3.31　　4,000万円

第2部　財務会計の構成要素

① （借）売　　　　　上　　17,000　　（貸）売　上　原　価　17,000
② （借）利益剰余金期首残高　　600　　（貸）商　　　　　品　　600[(1)]
　　　　商　　　　　品　　　600　　　　　売　上　原　価　　600
③ （借）売　上　原　価　　　800　　（貸）商　　　　　品　　800[(2)]

設例3

　同一のP社，S社においてS社からP社への当期販売額が26,000万円であり，S社は仕入価格に25％の利益を付加してP社に販売している。前期末および今期末におけるP社におけるS社からの仕入商品についての商品在庫高は，次の通りである。2006.3.31日において必要とされる連結仕訳について概説する。

　　2005.3.31　　6,000万円
　　2006.3.31　　4,500万円

---

① （借）売　　　　　上　　26,000　　（貸）売　上　原　価　26,000
② （借）利益剰余金期首残高　　720　　（貸）商　　　　　品　1,200[(3)]
　　　　少　数　株　主　持　分　　480
　　　　商　　　　　品　　1,200　　　　　売　上　原　価　1,200
　　　　少　数　株　主　損　益　　480　　　少　数　株　主　持　分　　480
③ （借）売　上　原　価　　　900　　（貸）商　　　　　品　　900[(4)]
　　　　少　数　株　主　持　分　　360　　　少　数　株　主　損　益　　360

　①の仕訳は，共に取引高の相殺消去仕訳である。②の□□□中の仕訳は，共に前期末の在庫商品中の未実現利益を消去するための仕訳であり，今期の開始仕訳となる。②のその他の仕訳は，共に期首商品棚卸高についてすべて販売されたと想定し，未実現利益を実現利益とするための仕訳である。売上原価を減少させることにより，間接的に利益を増加させる。また，アップストリーム取引（**設例3**）については，利益増加により，持分比率分，少数株主持分を増加させるための仕訳が追加される。③の仕訳は，共に今期末の商品中の未実現利

第8章 連結財務諸表

益を消去するための仕訳である。アップストリーム取引の場合には，未実現利益のうち持分比率に応じた分を少数株主持分に負担させる。

(1) $3,000 \times \dfrac{0.25}{1.25} = 600$

(2) $4,000 \times \dfrac{0.25}{1.25} = 800$

(3) $6,000 \times \dfrac{0.25}{1.25} = 1,200$

(4) $4,500 \times \dfrac{0.25}{1.25} = 900$

> **設例4**
>
> S社は2004.4.1日において機械（取得原価5,000万円，減価償却累計額2,000万円）を，P社に3,300万円で現金で売却した。P社は同機械を定額法（耐用年数5年, 残存価額0円）で減価償却を実施している。P社, S社ともに決算日は3月31日である。なお，P社はS社株式の70%を取得している。2005.3.31日, 2006.3.31日において必要とされる連結仕訳について概説する。

2005.3.31

① （借）機 械 売 却 益　　　300　　（貸）機　　　　　械　　　300
　　　　少 数 株 主 持 分　　　 90　　　　少 数 株 主 損 益　　　 90
② （借）機械減価償却累計額　　 60　　（貸）機械減価償却費　　　 60
　　　　少 数 株 主 損 益　　　 18　　　　少 数 株 主 持 分　　　 18

2006.3.31

① （借）利益剰余金期首残高　　168　　（貸）機　　　　　械　　　300
　　　　少 数 株 主 持 分　　　 72
　　　　機械減価償却累計額　　 60
② （借）機械減価償却累計額　　 60　　（貸）機械減価償却費　　　 60
　　　　少 数 株 主 損 益　　　 18　　　　少 数 株 主 持 分　　　 18

第2部　財務会計の構成要素

③　（借）利益剰余金期首残高　　126　　（貸）機　　　　械　　300
　　　　　少数株主持分　　　　　 54
　　　　　機械減価償却累計額　　 120

　本取引は，アップストリーム取引のため，未実現利益は，全額消去・持分比率負担方式により消去する。2005.3.31日付の①の仕訳はＳ社に生じた機械売却益とＰ社に存在する未実現利益を相殺消去するための仕訳である。また，少数株主持分比率に対応する未実現利益（300万円×0.3＝90万円）を少数株主持分に負担させるための仕訳である。②の仕訳は，減価償却費過大分（300万円÷5年＝60万円）を修正するための仕訳であり，減価償却費が減少したことによる利益増加分の少数株主持分比率に対応する金額を少数株主持分に加算するための仕訳である。
　2006.3.31日付の①の仕訳は，前期の①と②の仕訳を合計した開始仕訳である。②の仕訳は前期②の仕訳と同一内容である。①と②の仕訳を合計すると③の仕訳となる。

第6節　税効果会計の適用

　連結会計においても税効果会計が適用される。税効果会計は会計上と税務上の収益または費用（益金または損金）の認識時点の相違や，会計上と税務上の資産または負債の額に相違がある場合において，「法人税等」額を適切に期間配分して，「税金等調整前当期純利益（損失）」と「法人税等」の金額との対応関係を適切に計算表示することを目的とする会計である。
　連結会計上の税効果会計が適用されるケースには，次のようなものがある。
　①　資本連結に際して評価差額を計上した場合
　②　連結会社間の取引により発生した未実現利益を消去した場合
　③　債権，債務の消去により貸倒引当金を減額修正した場合
　①については，子会社の土地等について評価増を計上した場合，いわゆる将来加算一時差異が生じる。時価評価した時点で評価増に対する税効果額（評価

増額×実効税率）を「繰延税金負債」に計上し，土地売却時に「繰延税金負債」を取り崩して，当該取崩額を「法人税等調整額」に貸方計上する（【連結財務諸表における税効果会計に関する実務指針】Ⅰ, 23, 24）。

設例5

設例1においての全面時価法（2004.3.31）採用時に税効果会計を適用（実効税率40％）した時の資本連結のための仕訳は次の通りである。

① （借）土　　　　地　　　　900.0　（貸）評　価　差　額　　　648.0
　　　　　社　　　　債　　　　180.0　　　　繰延税金負債　　　432.0[1]
② （借）資　本　金　　30,000.0　（貸）S　社　株　式　　26,000.0
　　　　　利益剰余金　　　5,000.0　　　　少数株主持分　　10,694.4
　　　　　評　価　差　額　　　648.0
　　　　　連結調整勘定　　1,046.4
③ （借）資　本　金　　30,000.0　（貸）S　社　株　式　　26,000.0
　　　　　利益剰余金　　　5,000.0　　　　少数株主持分　　10,694.4
　　　　　連結調整勘定　　1,046.4　　　繰延税金負債　　　432.0
　　　　　土　　　　地　　　　900.0
　　　　　社　　　　債　　　　180.0

設例1の場合とは，連結調整勘定，少数株主持分の金額に変動がみられる。

(1)　(900＋180)×0.4＝432

---

②の場合には，連結会計上は，未実現利益が控除されているにもかかわらず，売却側の連結会社において売却益に対する課税がなされている。このため，いわゆる将来減算一時差異が発生している。連結集団からすると税の前払いが発生していると考えられ，繰延税金資産を計上することにより税効果を認識する。

第2部　財務会計の構成要素

> **設例6**
> 　設例2について税効果会計を適用する。実効税率は，40%とする。**設例2②**☐☐☐☐中の仕訳に②'の仕訳が，②のその他の仕訳に②"の仕訳が，また③の仕訳に③'の仕訳が追加される。
>
> ②'（借）繰 延 税 金 資 産　　　240　　　（貸）利益剰余金期首残高　　240[(1)]
> ②"（借）法人税等調整額　　　240　　　（貸）繰 延 税 金 資 金　　240[(2)]
> ③'（借）繰 延 税 金 資 産　　　320　　　（貸）法人税等調整額　　320[(3)]

　②'の仕訳は，前期末になされた仕訳を再現するものであり，②"の仕訳は未実現利益が実現したと想定するため，一時差異が解消したことを認識するものである。

　③'の仕訳は，期末商品棚卸高中の未実現利益に対する税効果を認識する仕訳である。

　(1)および(2)　600×0.4＝240

　(3)　800×0.4＝320

　③については，債権，債務の消去に伴い，各連結会社ベースで設定された貸倒引当金の金額が連結集団からすると過大に計上される結果となる。この場合，貸倒引当金額の修正とともに，いわゆる将来加算一時差異が発生するため，これについての税効果を認識する必要がある。次の仕訳が必要となる。

　　貸 倒 引 当 金　　×××　　　貸倒引当金繰入額　　×××
　　法人税等調整額　　×××　　　繰 延 税 金 負 債　　×××

第7節　持　分　法

　非連結子会社および関連会社に対して，持分法が適用される。持分法は，被投資会社（持分法適用会社）の純資産および損益のうち投資会社（親会社）に帰属する部分の変動に応じてその投資額を修正する方法である（【連結原則】注解

17，1）。これにより，非連結子会社および関連会社の主として損益の状況を連結財務諸表に反映させることを狙いとするものである。持分法による会計処理は次の通りである。

なお，持分法適用に際しては原則として連結子会社と同様の処理を行う（【連結原則】注解17，2および3）。したがって，通常の資本連結と同様，持分法適用会社の資産，負債を時価評価する。評価差額を考慮して投資差額を算定する。また持分法適用会社と連結会社間の取引に係る未実現利益は消去される。さらに，税効果会計も適用される。

設例7

持分法を用いて，次の取引を処理する仕訳について概説する。
① Ｐ社は前期末にＺ社の発行済株式の25％を，4,600万円で現金でもって取得した。Ｚ社の純資産額は18,400万円であった。
② Ｚ社は，今期1,500万円の純利益を獲得した。
③ Ｐ社はＺ社より125万円の配当を受け取った。

① （借）Ｚ 社 株 式　　4,600　　（貸）現　　　　　　金　　4,600
② （借）Ｚ 社 株 式　　　375　　（貸）持分法による投資損益　 375
③ （借）現　　　　　金　　　125　　（貸）Ｚ 社 株 式　　　 125

仕訳②は，Ｚ社の獲得した利益（純資産増加分）のうちＰ社持分相当額を株式評価額に反映させるものである。また，仕訳③は，配当を受け取った場合にはＺ社の純資産が減少するのでその影響を反映させるための仕訳である。

なお，上記設例において，Ｚ社の資産，負債を時価評価した結果，Ｚ社の純資産額が17,200万円であった場合，投資差額は，次のように300万円と算定される。

$$4,600 - 17,200 \times 0.25 = 300$$

これを20年にわたって定額法で償却すると，上記②の仕訳に次の仕訳が追加される。

第2部 財務会計の構成要素

（借）持分法による投資損益　　15　　（貸）Ｚ　社　株　式　　15

第8節　連結株主資本等変動計算書の作成[7]

　下記の連結精算表，「株主資本等変動計算書区分」(以下Ｓ/Ｓ区分と略称)を参照していただきたい。各勘定科目の「前期末残高」合計欄の金額は，親子会社それぞれの個別株主資本等変動計算書の該当する勘定科目の「前期末残高」金額の合計額として算定される。これら「前期末残高」の金額は前期連結Ｂ/Ｓ上の「純資産の部」の該当する勘定科目の金額と一致する。

　「連結仕訳」欄には開始仕訳および当期において必要とされる連結仕訳が転記される。

　前者については，該当する科目の「前期末残高」欄に，後者については該当する勘定科目の「当期変動額」中の該当する変動事由欄に転記がなされる。なお，「利益剰余金」，「当期変動額」欄には，連結精算表，「損益計算書」区分で算定された「当期純利益」金額が変動事由として表示される。またＳ/Ｓ区分の各勘定科目の「当期末残高」，「連結仕訳」欄に示された金額は，「貸借対照表」区分の該当する勘定科目の連結仕訳欄にそのまま移記される。

　このようにして算定されるＳ/Ｓ区分の各勘定科目の「連結財務諸表」欄に示される「当期末残高」の金額は，当期の連結Ｂ/Ｓ，「純資産の部」の該当する勘定科目の金額と一致する。

第8章 連結財務諸表

連 結 精 算 表

	個別 P社	個別 A社	合計	連結 借方		連結 貸方		連結財務諸表
貸借対照表								
諸 資 産	1,700	600	2,300			⑤	50	2,250
繰延税金資産				⑤	20			20
A 社 株 式	300		300			①	300	0
連結調整勘定				①	60	②	6	54
資 産 合 計	2,000	600	2,600		80		356	2,324
諸 負 債	920	170	1,090					1,090
資 本 金	600	250	850		250			600
利 益 剰 余 金	480	180	660		338		140	⑯462
少数株主持分					48		220	172
負債純資産合計	2,000	600	2,600		636		360	2,324
損益計算書								
収 益	1,428	900	2,328	⑤	50			2,278
受 取 配 当 金	72		72	④	72			0
費 用	1,200	650	1,850					1,850
連結調整勘定償却				②	6			6
少数株主損益				③	60			60
法 人 税 等	120	100	220					220
法人税等調整額			0			⑤	20	△ 20
当期純利益	180	150	330	⑯188		⑯20		⑯162
株主資本等変動計算書								
資 本 金								
前期末残高	600	250	850	①	250			600
当期変動額	0	0	0					0
当期末残高	600	250	850		250			600
利益剰余金								
前期末残高	550	150	700	①	150			550
当期変動額								
剰余金の配当	△ 250	△ 120	△ 370			④	120	△ 250
当期純利益	180	150	330	⑯188		⑯20		⑯162
当期末残高	480	180	660		338		140	⑯462
少数株主持分								
前期末残高						①	160	160
当期変動額								
剰余金の配当				④	48			△ 48
当期純利益						③	60	60
当期末残高					48		220	172

（みすず監査法人【2007】, 354頁）。

第 2 部　財務会計の構成要素

(注)

(1)　2005年に成立した会社法は，2006年 5 月 1 日から施行された。施行日以後終了する中間会計期間ならびに連結会計年度から，これまで作成されてきた連結剰余金計算書に代えて，連結株主資本等変動計算書が作成・公表されることになった。

(2)　大会社は，会計監査人を置かねばならない（328Ⅰ，Ⅱ，327Ⅵ）。連結計算書類は，監査役（委員会設置会社においては監査委員会）および会計監査人の監査を受けねばならない（444Ⅳ）。公開会社は，取締役会を置かねばならない（327Ⅰ①）。会計監査人設置会社であって取締役会設置会社である場合には，監査済連結計算書類について取締役会の承認を受けねばならず（444Ⅴ），また定時株主総会の招集通知に際して，取締役は株主に承認済連結計算書類を提供しなければならない（444Ⅵ）。さらに，取締役は定時株主総会において取締役会の承認済連結計算書類を提出し，その内容および監査役（あるいは監査委員会）および会計監査人の監査結果を報告しなければならない（444Ⅶ）。なお，本章の記述において，条数のみを示しているものは「会社法」の条数を指す。

(3)　次の記述に見られるように，連結財務諸表（連結 B / S，連結 P / L および連結 S / S）と連結計算書類とは同一内容となっている。

　　「連結ベースの計算書類（財務諸表）の二重作成を回避するため，証券取引法に基づいて作成される連結財務諸表を連結計算書類とすることが実質的に可能となるように商法施行規則は連結計算書類の様式を定めている」（弥永［2005］，450頁）。

(4)　連結対象会社をどのように決定するかという問題は，常に新しい展開をみせている。すなわち，連結はずしによる新しく，より巧妙な粉飾手法が開発されている。2006年初頭において発生したライブドア事件について，田中，保田氏は次のように述べている。

　　「不良債権の飛ばしやカネボウの粉飾とは少し毛色が違い，不良資産の隠蔽ではなく，不当な利益を積極的に計上するために本来連結の対象に含めるべき投資事業組合をはずした，という点が特徴です。……………

　　ライブドアの傘下にある投資事業組合の行った自己株売買によって得た売却益を，ライブドアの連結決算上，損益計算書の売上高および経常利益に計上していたことが問題とされたのです。……………

　　当局は，自己株売買を行った投資事業組合は形式的には外部の第三者を装っているものの，実質的にはライブドアの子会社と同様であり，同社の分身そのものであるから，自己株売買はライブドア自身が行った資本取引であり，売上高や経常利益に計上するのは不適切であると判断したのです（田中，保田［2006］，103〜104頁）」。

　2006年春に発覚した日興コーディアルグループの会計不正問題は，2007年に入って，その内容が明らかになってきた（「日興争奪戦が火をつける証券」『週刊ダイヤモンド』2007/ 2 /24，「日興不正会計」『読売新聞』2007/ 2 /20参照）。

　日興コーディアルグループ（持株会社，日興と略称）の子会社である日興プリンシパル・インベストメンツ（投資会社，NPIと略称），さらにNPIの子会社である特別目的会社（SPC）であるNPIホールディングス（NPIHと略称）につき，前者については連結対象とし，後者については連結対象から意図的に除外した。

第8章　連結財務諸表

　　NPIHは，「ベルシステム24」社を買収するために設定されたSPCであり，その買収資金は，NPIに向けて「他社株転換社債」(EB債)を発行することにより調達した。
　　この場合他社株とは「ベルシステム24」社株のことであり，EB債を保有するNPIには，「ベルシステム24」社株の株価がEB債発行時に設定した「権利行使価格」を上回れば評価益が発生し，またNPIHには同額の評価損が発生することになる。さらに，実際のEB債発行決議日（2004年9月22日，「ベルシステム24社」株価26,540円）を8月4日（「ベルシステム24社」株価24,480円）と改ざん，NPI（および日興）に計上される評価益を水増しした。評価益が計上されるNPIについては，連結対象とし，評価損が計上されるNPIHは連結対象から外すという方法により，日興の利益水増しがなされた。

(5)　連結精算表の形式が統一化されていないため，連結財務諸表作成への理解を難しくしているとの指摘がなされている。(桜井[2006], 27～34頁)においてなされている連結精算表についての解説を是非参照していただきたい。

(6)　「連結財務諸表規則・同ガイドライン」(28Ⅳ, 38Ⅴ) によれば，これを「のれん」として表示することとしている。その金額の実質を勘案して，そのように表示することを指示しているものと思われる。しかし，これまで使用されてきた「連結調整勘定」という用語は算定プロセスを直接想起させるため，本節ではこの用語を使用する。

(7)　本節の記述は，全面的に，(みすず監査法人[2007], 345～355頁)に依拠している。

＜参考文献＞
伊藤邦雄 (2006)『ゼミナール　現代会計入門 (第6版)』日本経済新聞社。
桜井久勝 (2004)『例解　連結会計』税務経理協会。
杉山　学 (編著) (2006)『連結会計の基礎知識 (第4版)』中央経済社。
田中慎一，保田隆明 (2006)『投資事業組合とは何か』ダイヤモンド社。
広瀬義州 (編著) (2006)『連結会計入門 (第4版)』中央経済社。
みすず監査法人(編) (2007)『連結財務諸表の作成実務 (第3版)』中央経済社。
弥永真生 (2005)『リーガルマインド　会社法 (第9版)』有斐閣。

第3部

財務会計の個別問題

第9章　キャッシュ・フロー計算書

第1節　キャッシュ・フローの意義

　ビジネスにとって，日々の取引の基本となるものは現金に代表される資金である。資金を潤沢に準備することで，日々の経営に必要な人件費，材料費といった諸経費を負担することができ，同時にそのことは充実したサービスの提供をも可能にするであろう。充実したサービスの提供は，ひいては安定した収益の獲得へと繋がる。この資金に関する支出と収入を管理することは，健全な経営のためには不可欠な経営上の課題である。

　貸借対照表と損益計算書は，会計の最も重要かつ基本的な財務諸表である。しかし，その2つの財務諸表からは，ビジネスの基本である資金の流れを読み取ることができない。とりわけ，不安定な経済環境に晒されている今日においては，資金の流れを把握することがますます重要となっており，資金の流れを示したキャッシュ・フロー計算書の重要性がますます高まってきている。

第2節　利益とキャッシュ・フロー

1　損益計算とキャッシュ・フロー

　企業において，収入として組織に資金が流入する，あるいは支出として資金が流出するということは，最も基本的な経済事象である。あらゆる経済取引が現金を中心とした資金を通じて行われているために，日々の取引を円滑かつ遅滞なく行うためには，経営のためには健全な資金管理というものが最重要課題であるといえよう。

　適正な利益計算を行う会計原則においては，貸借対照表と損益計算書という

第3部　財務会計の個別問題

2つの重要な財務諸表が作成される。この会計原則においてその基礎を支える根本原則が発生主義という考え方であった。発生主義では，費用が合理的に発生していると判断される場合には，当期の損益計算に費用として計上するものである。損益計算書原則では，次のように定めている。

　「すべての費用及び収益は，その支出及び収入に基づいて計上し，その発生した期間に正しく割当てられるように処理しなければならない。」

　費用の大部分は，資金的な支出を伴うものと考えられるが，その他にも当期に合理的に発生していると考えられる費用，例えば減価償却費・貸倒引当金繰入などは資金的な支出を伴うものではない。しかし，当期に損益計算に算入することが妥当であると考えられている。なお，収益については，発生主義の考え方をベースとしながらも，未実現利益の問題への対応，あるいは保守的な会計という観点から，より資金的な客観性を求めた実現主義が採用されている。

　現在の会計制度は，発生主義および実現主義という根本原則のもと，費用及び収益を計上している。収益は，企業の経済活動における経済的な成果を指し，純資産の増加原因を表しており，費用はその経済的成果を得るために負担した経済的な犠牲を指し，純資産の減少原因を表している。つまり，発生主義および実現主義により計上した費用及び収益で当期の損益計算を行い，利益が計算される。利益は，純額での純資産の増減結果であり，その結果が貸借対照表に期末の財政状態として示されるのである。

　より適切な期間損益計算を行うために，費用の概念が現金主義から発生主義へと移行されるという歴史的経緯があるが，他方においてある問題が指摘できる。つまり，経済取引の基本である資金の流れ，つまりキャッシュ・フローに関する情報をほとんど提供しないという点である。期首（前期末）の貸借対照表と期末の貸借対照表の現金あるいはその他の資金についての勘定を比べることで，その会計期間の純額でのキャッシュの増減を把握することは可能である。しかし，収入がいくらあり，それに対して支出がいくらあったのか，あるいはその収入・支出がどのような活動から生じたものなのかに関する情報は，貸借対照表と損益計算書からはその全貌を読み取ることができないのである。

2　キャッシュ・フローの重要性

ところが，一般的な見方からすると，利益があることと資金があることを同じこと（同額）だと誤解してしまう傾向にある。これまで損益計算書を作成することを通じて利益を計算する方法を学んだ。つまり，利益＝収益－費用と定義することができる。したがって，収益が増えれば利益が増え，また同時に費用が減少すれば利益が増えることとなる。一方，キャッシュ・フローは，資金の動きを表すものであるから，キャッシュ・フロー＝収入－支出と定義される。

利益＝収益－費用
キャッシュ・フロー＝収入－支出

ここで，注目すべきことは，利益とキャッシュ・フローの違いである。定義式を比べることで，その性質の違いは明らかになるであろう。つまり，収益と収入の違い，また費用と支出の違いを明らかにすることが必要である。この定義の違いから明白なことは，収益と収入が異なる場合，また費用と支出が異なる場合に利益とキャッシュ・フローに差が生じるということである。では，収益と収入または費用と支出が異なる場合とは，どういう場合であろうか。

これには，大きく分けて2つの場合がある。

(1) 収益・費用を計上する時と，資金の受取・支払の時の時間的な差がある場合

これについては，商品を売り上げたときの仕訳を考えると分かりやすいであろう。商品を売り上げて，代金をどのような手段で受け取るかによって，どのような差があるかを確認してみる。

① 商品を売り上げて，代金は現金で受け取った場合

（借）現　　　金　×××　　　（貸）売　　　上　×××

② 商品を売り上げて，代金は売掛金で受け取った場合（信用のある取引相手との取引で，代金を後日受け取る場合には，売掛金という勘定を用いる）。商品引渡時の仕訳は，

第3部　財務会計の個別問題

　　（借）売　掛　金　×××　　　　（貸）売　　　上　×××

となる。そして，その売掛金を回収したさいの仕訳は，

　　（借）現　　　金　×××　　　　（貸）売　掛　金　×××

となる。

　この2つの仕訳を比べて，明らかなことは代金の受取時の手段によって，収入のタイミングが異なるという点である。つまり，現金取引の場合には，売上の計上と収入のタイミングが同時である。一方で，売掛金取引の場合には売上の計上と収入のタイミングが異なる。もし，商品引渡と代金回収の間に決算を迎えた場合には，この取引に関して利益は計上されても資金の回収がなされない，つまり利益はあるのにお金が無いという状態といえよう。

(2) 資金の動きの無い取引の場合

　代表的なものとしては，固定資産の減価償却があげられる。決算時に固定資産の減価償却費を計上する場合は，次のような仕訳がなされる。

　　（借）減　価　償　却　費　×××　　　（貸）減　価　償　却　累　計　額　×××

減価償却費は費用であるから，取引することにより，損益計算書の利益額が減少することになる。しかし，これに対してお金を支払うことは無いから，キャッシュ・フローが変動することはない。

　減価償却に代表されるように，企業の財政状態や経営成績を適切に計算するために，資金の動きを伴わない取引がしばしば行われる（非資金取引と呼ばれる）。このような取引が行われると，利益とキャッシュ・フローの間に差が生じることとなる。

　上記のような取引が行われることによって，利益の額とキャッシュ・フローの間に差が生じることになる。ほとんどの取引が現金によって行われるのであれば，この差は小さいものであったかもしれない。しかし，現在では現金を含まない取引が頻繁に行われるので，利益とキャッシュ・フローの差を理解することは，ますます重要となってきているのである。

　したがって，損益計算書と貸借対照表からだけでは読み取ることのできない，

第9章　キャッシュ・フロー計算書

当期に資金を何に使い（キャッシュ・アウトフロー），そしてどのように資金を得たのか（キャッシュ・インフロー）を明らかにするキャッシュ・フロー計算書を理解し，作成できることが重要となってきているのである。

(3) キャッシュ・フロー計算書の作成目的

企業のキャッシュ・フロー計算書の作成基準である，連結キャッシュ・フロー計算書等の作成基準ではその作成目的を次のように定めている。

【連結キャッシュ・フロー計算書作成基準】第一　作成目的
「連結キャッシュ・フロー計算書は，企業集団の一会計期間におけるキャッシュ・フローの状況を報告するために作成するものである」（キャッシュ・フロー計算書作成基準）。

なお，連結とは企業集団のことをさすが，集団ではなく一社のみをさす個別のキャッシュ・フロー計算書の作成基準に関しては，上記の連結キャッシュ・フロー計算書の作成基準に準じて作成されるものとされている。

(4) キャッシュの範囲

キャッシュ・フロー計算書において，キャッシュの基本は現金であることは言うまでもないが，その性質から現金に近い機能を有しているものについても資金の範囲として認めている。つまり，現金とは即時的に支払手段として機能する流動資産であるから，この即時性あるいは資産の流動性に着目し，現金に近い機能を果たすとされるものはキャッシュの範囲に含めることとしたのである。

キャッシュ・フローとは，キャッシュとフローに分けて考えると分かり易いであろう。キャッシュとは，基本的に銀行の現金を引き出すためのキャッシュカードのように，一般的には手許（てもと）にある現金を指す。一方，フローという言葉は，動きという意味である。したがって，キャッシュ・フローとは，現金の動きということになる。そして，次のような定義式で表される。

$$キャッシュ・フロー＝収入－支出$$

ちなみに、収入をキャッシュ・インフロー、支出をキャッシュ・アウトフローという。

ところで、会計でいうキャッシュの概念は、経営に必要な資金という意味で用いられる。もちろん、現金はその資金の代表的なものであり、現金には通貨だけでなく他人振り出しの小切手などの通貨代用証券も含まれる。そのほか、当座預金などの預金も企業の資金として考えられるだろう。

キャッシュ・フロー計算書におけるキャッシュの概念は、「現金及び現金同等物」と定義される。現金は、手許にある現金と要求払預金（当座預金・普通預金・通知預金等：要求すればすぐに現金化できる預金のこと）が含まれる。あくまでもキャッシュ・フロー計算書におけるキャッシュには、いわゆる預金が含まれることに注意したい。

また、現金同等物とは、容易に換金可能であり、かつ、価値の変動について僅少なリスクしか負わない短期投資のこととされている。これには3ヶ月以内の定期預金・譲渡性預金・コマーシャルペーパー・売戻し条件付現先・公社債投資信託といったものが含まれる。この定義はやや難しいが、キャッシュとは、現金とすぐに現金化可能な預金ということで理解するとよいであろう。

要求払預金とは、当座預金・普通預金・通知預金が含まれており、必要となった時点で要求次第即時に支払手段として機能するものである。勘定科目で言うと、預金勘定がこれにあたる。

一方、もう少し資金の概念を広げたものが現金同等物である。現金同等物は、短期的な投資であり、容易に現金化することが可能であり、満期日が非常に短く、利子率の変動による価額の変動の危険がほとんどない短期投資を言う。現金および預金は、紙幣に金額が記載されているように、その金額が確定していることが1つの特徴である。一方、株式などの有価証券は、確かに売却をすればすぐに現金化することは可能であるが、その時価は常に変動するものであり、現金化した時の金額が一定ではない。ところが短期的に現金化可能な投資の中には、金額の変動が少なく、資金と近い機能を果たすものもあり、それらは資金の範囲に含まれる。

第2節　キャッシュ・フロー計算書の基本構造

1　キャッシュ・フローの源泉と使途

　キャッシュ・フロー計算書は，企業の資金の源泉，つまりどのように収入を得たのかということと，企業の資金の使途，つまり資金をどのような支出に用いたのかを示す表である。企業の資金の源泉と使途は多岐にわたっているために，その取引の内容によって分類することが必要であろう。

　そこで，キャッシュ・フロー計算書では，資金の源泉と使途を，「営業活動」「投資活動」「財務活動」の3つに分類し，それぞれの活動からのキャッシュ・フローの純額を合計することで全体の当期のキャッシュ・フローを算出する。

　そこに，期首の残高を加算することで最終的に期末に残った資金残高，つまり現金及び現金同等物が算出されるというのがキャッシュ・フロー計算書の基本構造である。基本構造を簡潔に表すと次のとおりである。

```
              キャッシュ・フロー計算書
    Ⅰ  営業活動によるキャッシュ・フロー
                    ⋮
    Ⅱ  投資活動によるキャッシュ・フロー
                    ⋮
    Ⅲ  財務活動によるキャッシュ・フロー
                    ⋮
    Ⅳ  現金及び現金同等物の増加額（当期のキャッシュ・フロー）
    Ⅴ  現金及び現金同等物の期首残高
    Ⅵ  現金及び現金同等物の期末残高
```

(1)　**営業活動によるキャッシュ・フロー**

　「営業活動によるキャッシュ・フロー」では，いわゆる本業の部分での資金の動きが表される。営業活動という言葉が用いられ，サービスを提供することが主たる業務であるから，収益に関連するキャッシュの変動が表示される。

　また後述する投資活動によるキャッシュ・フロー，財務活動によるキャッ

シュ・フローに分類されないキャッシュ・フローはすべて営業活動によるキャッシュ・フローに分類される。なお，受取利息，受取配当金及び支払利息に係るキャッシュ・フローは，営業活動によるキャッシュ・フローに分類する方法が多く採用されている。

(2) 投資活動によるキャッシュ・フロー

「投資活動によるキャッシュ・フロー」では，企業の投資活動に関する資金の動きが表示される。経営活動においては多くの土地・建物のほかに高額の機器等，多くの固定資産が必要となる。したがって，投資の大部分は固定資産に対するものであると考えられる。つまり，土地・建物・備品などの固定資産の取得・売却がそれにあたる。また，現金同等物の定義に含まれない短期投資によるキャッシュ・フローも投資活動によるキャッシュ・フローに分類される。

(3) 財務活動によるキャッシュ・フロー

「財務活動によるキャッシュ・フロー」では，資金調達と運用に関する資金の動きが表示される。サービス提供のためには，資金を準備する必要がある。営業活動から必要な資金を調達できることは理想的な状況と言えるが，より充実したサービスのためにはより多くの資金が必要となり，銀行などの金融機関より融資を受ける。財務活動によるキャッシュ・フローには，借入による資金の収入や返済のための資金の支出などが含まれる。

3つの区分のうち，最も重要なのは，営業活動によるキャッシュ・フローである。この本業部分に必要な資金に余裕がなければ，日々の業務に支障をきたしてしまう。したがって，つねに営業活動によるキャッシュ・フローに注視し，その状況を見て必要な投資活動・財務活動を行う必要がある。そして，前ページの表のⅠ～Ⅲの各活動によるキャッシュ・フローを合計すると，当期のキャッシュ・フローとなり，Ⅳの現金及び現金同等物の増加額で表示される。ただし，常に増加するとは限らないので，正の値ならば増加，負の値ならば減少ということになる。Ⅳの当期のキャッシュ・フローに，Ⅴ現金及び現金同等

物（期首残高）を加算すると，Ⅵ現金及び現金同等物（期末残高）が算出される。そして，この金額は通常，貸借対照表の現金および現金同等物の合計金額と一致する。

つまり，キャッシュ・フロー計算書は，当期の資金収支の活動を3つの区分に分類表示することで，資金がどのような活動に使われたか，またどのように回収したかが表示され，その結果，期首の現金及び現金同等物が会計期間の最後（期末）にはいくらになったのかが表示されることとなる。

第3節　表 示 方 法

1　直接法と間接法

キャッシュ・フロー計算書の基本的な構造は，営業活動・投資活動・財務活動という3つの活動区分でキャッシュ・フローの状況を表すが，本業の部分である営業活動によるキャッシュ・フローに関して，直接法と間接法という2つの表示形式がある。

直接法と間接法のどちらの方法を用いても結果は同じとなるが，表示方法によりまず作成方法が異なり，またそこから読み取れる情報の性質も若干異なる。

2　直 接 法

直接法とは，主要な取引ごとにキャッシュ・フローを総額表示する方法である。

直接法による表示（個別財務諸表の場合）

Ⅰ　営業活動によるキャッシュ・フロー	
営 業 収 入	×××
原材料又は商品の仕入支出	△×××
人 件 費 支 出	△×××
その他営業支出	△×××
小　　　　計	×××
利息及び配当金の受取額	×××
利息の支払額	△×××

第3部　財務会計の個別問題

損害賠償金の支払額	△×××
…………	×××
法人税等の支払額	△×××
営業活動によるキャッシュ・フロー	×××

　直接法での営業活動によるキャッシュ・フロー計算書は，営業活動における収入・支出の関係する取引のすべてを抽出し，その総額でもって表示する方法である。すべての収支が表示されるために，直感的にも理解しやすいという利点をもつ。しかし，作成のためには，日々の取引の中からキャッシュ・フローに関する取引を会計記録の中から取り出す作業は決して容易な作業ではなく，作成の労力を要すという実務的な問題点があげられる。

　また，キャッシュ・フロー計算書が作成されるようになったのは，発生主義会計を採用したことにより，収益と費用から計算される利益と，収入と支出から計算されるキャッシュ・フローの間に差が生じるようになったためである。直接法を用いた営業活動によるキャッシュ・フローでは，間接法とは異なり，損益計算から算出される利益というものが計算に含まれているわけではないので，利益とキャッシュ・フローに差が生じた理由を明らかにしないという点が指摘できる。

3　間　接　法

間接法による表示（個別財務諸表の場合）

Ⅰ　営業活動によるキャッシュ・フロー		
税引前当期純利益		×××
減　価　償　却　費		×××
貸倒引当金の増加額		×××
為　替　差　損		×××
有形固定資産売却益	△	×××
売上債権の増加額	△	×××
棚卸資産の減少額		×××
仕入債務の減少額	△	×××
…………		×××
小　　　　計		×××

利息及び配当金の受取額	×××
利息の支払額	△ ×××
損害賠償金の支払額	△ ×××
………………	×××
法人税等の支払額	△ ×××
営業活動によるキャッシュ・フロー	×××

　間接法は，税引前当期純利益の金額から資金の動きを伴わない取引（非資金損益項目）を調整する方法である。この方法は，しばしば調整法とも呼ばれる。

　間接法は，利益とキャッシュ・フローの間になぜ差が生じるのかという点に着目した方法と言えるだろう。この差が生じる理由は，大きく分けて2つある。1つは，費用・収益の計上のタイミングと支出・収入のタイミングとが異なる場合であり，もう一方は固定資産の減価償却費に代表されるように，資金の増減はないが損益計算で行われる取引の存在である。間接法では，税引前当期利益から計算を始め，この差の調整計算を行うことで，営業活動によるキャッシュ・フローを計算する。

　直接法と間接法は，計算過程が異なるが，その結果は同じとなる。しかし，全てのキャッシュ・フローに関する取引が表示されている直接法と比べると，間接法は理解しにくいという欠点がある。その一方で，間接法は，作成された損益計算書から，非資金損益項目を調整することで作成するため，期中の全ての取引から必要なものを抽出するといった煩雑な作業が必要なく，作成に関して実務的な利点がある。また，利益とキャッシュ・フローとの差を明確に表示するので，損益計算とキャッシュ・フローの状況の関係性を把握しやすいという利点がある。一般的には，その実務的な優位性からも，間接法の方が広く用いられている。

　なお，直接法と間接法との作成方法は，営業活動によるキャッシュ・フローの区分で生じるものである。投資活動によるキャッシュ・フロー，財務活動によるキャッシュ・フローの作成は同一のものであり，ひな型は，以下に示す通りである。

第3部 財務会計の個別問題

投資活動によるキャッシュ・フロー

Ⅱ 投資活動によるキャッシュ・フロー		
有価証券の取得による支出	△	×××
有価証券の売却による収入		×××
有形固定資産の取得による支出	△	×××
有形固定資産の売却による収入		×××
投資有価証券の取得による支出	△	×××
投資有価証券の売却による収入		×××
貸付による支出	△	×××
貸付金の回収による収入		×××
………………		×××
投資活動によるキャッシュ・フロー		×××

財務活動によるキャッシュ・フロー

Ⅲ 財務活動によるキャッシュ・フロー	
短期借入による収入	×××
短期借入金の返済による支出	△×××
長期借入による収入	×××
長期借入金の返済による支出	△×××
社債の発行による収入	×××
社債の償還による支出	△×××
株式の発行による収入	×××
自己株式の取得による支出	△×××
配当金の支払額	△×××
………………	×××
財務活動によるキャッシュ・フロー	×××

4　表示に関する諸規則

　キャッシュ・フロー計算書においても総額主義が適用され，「投資活動によるキャッシュ・フロー」及び「財務活動によるキャッシュ・フロー」の区分では，主要な取引ごとにキャッシュ・フローを総額表示しなくてはならない。

　例えば，借入れによる収入と支出を相殺し，純額で表示することは認められない。なお，期間が短く，かつ回転が早い項目に係るキャッシュ・フローについては純額での表示が認められている。これは，損益計算書原則等でも求められていた，総額主義の考え方に他ならない。

また，キャッシュ・フロー計算書に影響を与えるいくつかの項目については注記して報告しなくてはならないことも求めている。

第4節　キャッシュ・フロー計算書作成の具体例

1　キャッシュの増減の仕組み

さて，まずキャッシュの増減の仕組みを理解する。間接法は，期首と期末の貸借対照表を比較することで作成する方法であるから，資産・負債・純資産の各項目と現金預金の関係を理解しなくてはならない。これを貸借対照表等式から考えてみる。貸借対照表等式は，資産と負債・純資産の関係を式で表したもので，貸借対照表の構造を示したものである。

$$貸借対照表等式：資産＝負債＋純資産$$

ここで，キャッシュ・フローは現金預金（現金及び現金同等物）の動きであるから，貸借対照表等式の資産を次のように分解する。

$$現金預金＋その他の資産＝負債＋純資産$$

```
               キャッシュの増減原則
（現金預金以外の）その他の資産の増加　⇒　キャッシュの減少
（現金預金以外の）その他の資産の減少　⇒　キャッシュの増加
              負債・純資産の増加　⇒　キャッシュの増加
              負債・純資産の減少　⇒　キャッシュの減少
```

この関係式から，期首と期末の貸借対照表を比較することで，各勘定の増減関係とキャッシュの増減関係を見ることが，間接法によるキャッシュ・フロー計算書の作成の第一歩である。

これを簡単なキャッシュ・フロー計算書作成のための精算表で確認してみる。ここでは，現金預金・売掛金・固定資産，買掛金・短期借入金，資本金からなる簡単な貸借対照表で確認してみる。精算表から明らかなように，期首には現金預金が2,000あり，期末には2,500ある。したがって，当期は500のキャッシュの増加があったことになる。では，それは，他の勘定の増減とどのように

第3部　財務会計の個別問題

関連しているのであろうか。

簡単な増減例

貸借対照表				キャッシュの増減	
		期首残高	期末残高	キャッシュの減少	キャッシュの増加
資産の部	現 金 預 金	2,000	2,500		※（500）
	売 掛 金	1,500	2,000	500	
	固 定 資 産	3,000	2,800		200
	合　　　計	6,500	7,300		
負債の部	買 掛 金	1,500	1,800		300
	短期借入金	2,000	2,300		300
純資産の部	資 本 金	3,000	3,200		200
	合　　　計	6,500	7,300	500	1,000

　売掛金は，現金預金以外の資産であるが，期首と期末を比較すると500増加している。その他の資産の増加は，キャッシュの減少要因であるから，キャッシュの増減を表す例では，減少に500と記入する。同じように，その他の勘定についても期首と期末を比較し，キャッシュの増減原則にもとづいて，増減を記入してみる。全て，記入すると，キャッシュの増加は1,000，キャッシュの減少は500であることが分かる。よって，これを合算すると，差し引きキャッシュの増加が500となる。

　※　キャッシュの増加（500）＝その他の資産の増減（−500＋200）
　　　　　　　　　　　　　　　＋負債・純資産の増減（300＋300＋200）

　このように，簡単な例ではあるが，まず期首と期末の貸借対照表を比較することで，キャッシュの増減の事実と，他の勘定との関係をおおよそ明らかにすることができる。しかし，キャッシュ・フロー計算書の作成は，これだけでは不十分である。それは，間接法ではあくまでも利益の額とキャッシュ・フローの違いを明らかにし，それを3つの活動，営業活動・投資活動・財務活動に分類しなくてはならないからである。したがって，次にキャッシュ・フロー計算書を作成するために修正方法を説明する。

第9章 キャッシュ・フロー計算書

2 間接法によるキャッシュ・フロー計算書の作成

さて，キャッシュの増減が，他の勘定の増減とどのような関係にあるのかを確認した。この増減を，キャッシュ・フロー計算書の3つの活動へ振り替える必要がある。

ここで，注意しなくてはならないのは，前項で確認したキャッシュの増減関係はあくまでも，純額による増減であるという点である。例えば，設例では，固定資産の減少が200であった。この200の減少は，単純に200だけ減少したのか，それとも，新たに1,800取得して2,000を売却（あるいは除却）したのか，どちらの場合であっても，固定資産200の減少である。したがって，勘定によっては，他の資料や総勘定元帳を用いて，純額による増減を総額による増減に修正し，キャッシュ・フロー計算書の各活動にあてはめる修正の仕訳が必要である。

(1) キャッシュの増減表の作成

ここでは，総合的な設例を用いて，各勘定の増減関係をキャッシュ・フロー計算書に振り替える方法を説明する。次の条件で，キャッシュ・フロー計算書を作成する。

ここで，設例にあるように，キャッシュの増加400（4,400−4,000）と他の勘定の増減を明らかにするために，まずキャッシュの増減表を作成すると次のようになる。

第3部 財務会計の個別問題

● 設例の条件「キャッシュの増減表」

期首貸借対照表				
現 金 預 金	4,000	買 掛 金	3,500	
売 掛 金	5,200	短 期 借 入 金	4,000	
有 価 証 券	1,500	長 期 借 入 金	1,500	
商 品	600	資 本 金	6,000	
前 払 利 息	250		
有形固定資産	3,500		
貸 倒 引 当 金	△50		
合 計	15,000	合 計	15,000	

損益計算書（一部）	
⋮	
減価償却費	900
⋮	
営業利益	3,150
（営業外収益）	
（営業外費用）	
有価証券評価損	300
支払利息	1,450
経常利益	1,400
（特別損失）	
有形固定資産売却損	300
税引前当期純利益	1,100

期末貸借対照表				
現 金 預 金	4,400	買 掛 金	4,000	
売 掛 金	5,800	短 期 借 入 金	4,200	
有 価 証 券	1,800	長 期 借 入 金	1,800	
商 品	700	資 本 金	7,100	
前 払 利 息	400		
有形固定資産	4,100		
貸 倒 引 当 金	△100		
合 計	17,100	合 計	17,100	

（期首資本・税引前当期純利益）

有価証券の明細	
期 首 残 高	1,500
当 期 購 入 額	600
当 期 評 価 額	△300
期 末 残 高	1,800

長期借入金明細	
期 首 残 高	1,500
当 期 借 入 額	2,000
当 期 返 済 額	△1,700
期 末 残 高	1,800

支払利息勘定			
期首前払利息	250	期末前払利息	400
当 期 支 払 額	1,600	損 益	1,450
	1,850		1,850

有形固定資産の明細

	①取得価額	②減価償却累計額	①-②帳簿価額	
期 首 残 高	7,000	3,500	3,500	
当 期 増 加 額	2,000		2,000	
当 期 減 少 額	1,000	500	500	売却損300
期 末 残 高	8,000	3,900	4,100	
減価償却費	900			

短期借入金明細	
期 首 残 高	4,000
当 期 借 入 額	5,000
当 期 返 済 額	4,800
期 末 残 高	4,200

　期首と期末の貸借対照表の各項目を比較することで，キャッシュの増減関係を確認した。したがって，このキャッシュの増減関係を，キャッシュ・フロー計算書で表示すべき内容に修正する必要がある。中には，単純にその金額を振り替えればよいものもあれば，総勘定元帳の他の資料を用いて修正を行わなくてはならないものもある。

　そこで，キャッシュの増減表を，以下のように拡張して，キャッシュ・フロー計算書を作成するための精算表を作成する。なお，設例のキャッシュの増

第9章 キャッシュ・フロー計算書

減関係は既に記入してある。

キャッシュ・フロー計算書作成のための精算表のフォーマット

	期首	期末	キャッシュの増減 キャッシュの減少	キャッシュの増加	修正記入		残高
貸借対照表							
現 金 預 金	4,000	4,400	400				
売 掛 金	5,200	5,800	600				
有 価 証 券	1,500	1,800	300				
商 品	600	700	100				
前 払 利 息	250	400	150				
有 形 固 定 資 産	3,500	4,100	600				
貸 倒 引 当 金	−50	−100		50			
合 計	15,000	17,100					
買 掛 金	3,500	4,000		500			
短 期 借 入 金	4,000	4,200		200			
長 期 借 入 金	1,500	1,800		300			
純 資 産	6,000	7,100		1,100			
合 計	15,000	17,100	2,150	2,150			
キャッシュ・フロー計算書					キャッシュ減	キャッシュ増	キャッシュ・フロー計算書
Ⅰ 営 業 活 動							
税引前当期利益							
減 価 償 却 費							
貸倒引当金増加額							
有形固定資産売却損							
支 払 利 息							
有価証券評価損							
売上債権の増加額							
棚卸資産の増加額							
仕入債務の増加額							
利息の支払額							
Ⅱ 投 資 活 動							
有価証券の取得による支出							
有形固定資産の取得による支出							
有形固定資産の売却による収入							
Ⅲ 財 務 活 動							
短期借入れによる収入							
短期借入金の返済による支出							
長期借入れによる収入							
長期借入金の返済による支出							
Ⅳ 現金及び現金同等物増加額							
Ⅴ 現金及び現金同等物期首残高							
Ⅵ 現金及び現金同等物期末残高							

第3部　財務会計の個別問題

　この精算表は，上段が期首と期末の貸借対照表を比較したものであり，下段がキャッシュ・フロー計算書という構造になっている。そして，修正仕訳の列でキャッシュの増減をキャッシュ・フロー計算書に振り替えることによって，最終的に右下の部分にキャッシュ・フロー計算書が完成する構造となっている。なお，この表におけるキャッシュ・フロー計算書の各項目は，前項でのキャッシュの増減関係の設例で必要な項目のみを記載している。実務では貸借対照表の勘定の数もさらに多くなり，キャッシュ・フロー計算書の各項目の数も多くなることに注意したい。

(2)　キャッシュ・フロー計算書の作成

　さて，ここでキャッシュの増減関係をキャッシュ・フロー計算書へ修正する方法を示してみる。

　キャッシュ・フロー計算書の雛型をもう一度見てみると，例えば売上債権の増加額，仕入債務の増加額などは，単純に期首と期末を比較したものの増加額を振り替えるだけでよい。一方，投資活動の有価証券などは，取得による支出と，売却による収入という項目があるように，期首と期末を比較した増加額を他の資料を用いて修正する必要があることが分かる。そこで，まず単純に振り替えることができる項目を振り替え，次に修正が必要なものを仕訳してみる。

第9章 キャッシュ・フロー計算書

キャッシュ・フロー計算書作成のための精算表

	期首	期末	キャッシュの増減		修正記入		残高
			キャッシュの減少	キャッシュの増加			
貸借対照表							
現 金 預 金	4,000	4,400	400		⑧	400	0
売 掛 金	5,200	5,800	600		①	600	0
有 価 証 券	1,500	1,800	300		③	300	0
商 品	600	700	100		①	100	0
前 払 利 息	250	400	150		⑦	150	0
有形固定資産	3,500	4,100	600		④	600	0
貸 倒 引 当 金	−50	−100		50	① 50		0
合 計	15,000	17,100					0
買 掛 金	3,500	4,000		500	② 500		0
短 期 借 入 金	4,000	4,200		200	⑥ 200		0
長 期 借 入 金	1,500	1,800		300	⑤ 300		0
純 資 産	6,000	7,100		1,100	② 1,100		0
合 計	15,000	17,100	2,150	2,150			0
キャッシュ・フロー計算書							キャッシュ・フロー計算書
Ⅰ 営業活動			キャッシュ減	キャッシュ増			
税引前当期純利益					②	1,100	1,100
減価償却費					④	900	900
貸倒引当金増加額					①	50	50
有形固定資産売却損					④	300	300
支払利息					⑦	1,450	1,450
有価証券評価損					③	300	300
売上債権の増加額			① 600				−600
棚卸資産の増加額			① 100				−100
仕入債務の増加額					①	500	500
							0
利息の支払額			⑦ 1,600				−1,600
							0
Ⅱ 投資活動							0
有価証券の取得による支出			③ 600				−600
有形固定資産の取得による支出			④ 2,000				−2,000
有形固定資産の売却による収入					④	200	200
							0
							0
Ⅲ 財務活動							0
短期借入れによる収入					⑥	5,000	5,000
短期借入金の返済による支出			⑥ 4,800				−4,800
長期借入れによる収入					⑤	2,000	2,000
長期借入金の返済による支出			⑤ 1,700				−1,700
							0
Ⅳ 現金及び現金同等物増加額			⑧ 400				400
Ⅴ 現金及び現金同等物期首残高							4,000
Ⅵ 現金及び現金同等物期末残高							4,400
			13,950	13,950			

第3部　財務会計の個別問題

① 単純に残高を振り替える項目

　今回の設例では，売掛金・商品・貸倒引当金・買掛金の増加額は，その金額をそのままキャッシュ・フロー計算書へ振り替えることが可能である。換言すれば，キャッシュ・フロー計算書において，上記の項目は，1年間の取引の結果，その増減のみを表示することを求めているとも言える。よって，これらの項目は，そのままキャッシュ・フロー計算書へ振り替える仕訳を修正記入欄で行う。

（借）売上債権の増加額*	600	（貸）売　掛　　金	600
（借）棚卸資産の増加額*	100	（貸）商　　　　品	100
（借）貸　倒　引　当　金	50	（貸）貸倒引当金増加額*	50
（借）買　　掛　　金	500	（貸）仕入債務の増加額*	500

　精算表の修正記入欄には，これらの仕訳には①を付してある。上記の仕訳における*は，キャッシュ・フロー計算書の項目であることを意味している。つまり，貸借対照表の増減をキャッシュ・フロー計算書に振り替えていることが分かる。振り替えた結果，一番右の残高の列において，貸借対照表の増減の残高は0になっていることが確認できる。

② 利益の振り替え

　純資産額の増減の結果は，1年間の経営成績である損益計算書の税引前当期純利益1,100をあげた結果の増減である。間接法では，この税引前当期純利益から計算をはじめる。よって，純資産額の増減を税引前当期純利益に振り替える。

（借）純　資　　産	1,100	（貸）税金等調整前* 当期純利益	1,100

③ 有価証券の修正

　有価証券に関しては，若干の修正が必要である。というのも，投資活動において，取得による支出と売却による収入に分かれて表示する必要があるからである。また，有価証券勘定は，期末に時価評価した際に，評価損あるいは評価益が生じるので，そちらも修正する必要がある。付属資料より，当期の購入額

が600，そして当期に売却を行っていないが，期末に評価損300計上しているので期首1,500だったものが期末に1,800になっている。したがって，当期の純増加額300をキャッシュ・フロー計算書に振り替える仕訳は，以下のとおりである。

（借）有価証券の* 取得による支出	600	（貸）有　価　証　券	300
		有価証券評価損*	300

④ 有形固定資産の修正

有形固定資産の処理に関しては，若干の修正が必要である。当期の増加は600である。ところが，有形固定資産は，キャッシュ・フロー計算書の雛型から明らかなように，投資活動で取得による支出と売却による収入に分けて表示する必要がある。また，減価償却にも影響を与える。よって，付属資料から修正が必要となる。有形固定資産の明細より，増加額は当期の取得は2,000である。一方，減少した部分は有形固定資産1,000で減価償却累計額500を差し引いた帳簿価額500の売却と，当期の減価償却費900であり，合計すると1,400となる。ちなみに，500の売却のうち収入は200で残額は売却損を計上している。したがって，2,000の増加と1,400の減少を相殺すると，当期の純増加額600となる。よって，有形固定資産の純増加額600をキャッシュ・フロー計算書に振り替える仕訳は，以下のとおりとなる。

（借）有形固定資産の 取得による支出	2,000	（貸）有 形 固 定 資 産	600
		有形固定資産の* 売却による収入	200
		有形固定資産売却損*	300
		減 価 償 却 費	900

⑤ 長期借入金の修正

長期借入金は，当期の純増加額は300であるが，これを借入による収入と返済による支出に分ける必要がある。これを，付属資料から，キャッシュ・フロー計算書に振り替える仕訳は，以下のとおりとなる。

第3部　財務会計の個別問題

| （借）長期借入金 | 300 | （貸）長期借入による収入* | 2,000 |
| 長期借入金の*
返済による支出 | 1,700 | | |

⑥　短期借入金の修正

短期借入金も，長期借入金修正と同様に，当期の純増加額200を，当期借入額5,000と当期返済額4,800に分ける必要がある。その仕訳を示すと以下のとおりである。

| （借）短期借入金 | 200 | （貸）短期借入による収入* | 5,000 |
| 短期借入金の*
返済による支出 | 4,800 | | |

⑦　利息の修正

支払利息の修正は，若干の注意が必要である。通常，利息の支払は会計期間とのずれが生じることがあるので，前払利息あるいは未払利息の形で，費用の見越・繰延処理を行う。この設例では，期首の前払利息が250で期末の前払利息が400であり，当期の前払利息の純増加額が150となっている。損益計算においての当期の支払利息は，1,450であるが，これを当期のキャッシュの支払をした支払利息に修正する必要がある。期首の前払利息は，前期に支払ったが当期の費用となるものであり，期末の前払利息は当期に支払ったが来期の費用となる部分である。これを修正する必要があり，それを仕訳で示すと以下のとおりである。

| （借）利息の支払額* | 1,600 | （貸）前受利息 | 150 |
| | | 支払利息* | 1,450 |

⑧　現金預金の振り替え

最後に，現金預金の変動分を，キャッシュ・フロー計算書に振り替える仕訳を行う。ただし，あくまでも現金預金の増減は，貸借を一致させるために用いられる数字なので，増加している場合には減少に数字が入っていることに注意したい。

| （借）現金及び現金*
同等物の増加額 | 400 | （貸）現金預金 | 400 |

これで全ての修正仕訳が完了することになる。精算表は，キャッシュの増減表の残高が全てゼロになっていることが分かる。同時に，キャッシュ・フロー計算書の右の列に残高を記入していくと，精算表の右下にキャッシュ・フロー計算書が完成した。この部分を取り出して，キャッシュ・フロー計算書を示すと以下のとおりである。

キャッシュ・フロー計算書

I	営業活動によるキャッシュ・フロー	
	税引前当期純利益	1,100
	減価償却費	900
	貸倒引当金増加額	50
	有形固定資産売却損	300
	支払利息	1,450
	有価証券評価損	300
	売上債権の増加額	△600
	棚卸資産の増加額	△100
	仕入債務の増加額	500
	利息の支払額	△1,600
	営業活動によるキャッシュ・フロー残高	2,300
II	投資活動	
	有価証券の取得による支出	△600
	有形固定資産の取得による支出	△2,000
	有形固定資産の売却による収入	200
	投資活動によるキャッシュ・フロー残高	△2,400
III	財務活動	
	短期借入れによる収入	5,000
	短期借入金の返済による支出	△4,800
	長期借入れによる収入	2,000
	長期借入金の返済による支出	△1,700
	財務活動によるキャッシュ・フロー残高	500
IV	現金及び現金同等物増加額	400
V	現金及び現金同等物期首残高	4,000
VI	現金及び現金同等物期末残高	4,400

簡単な設例ではあるが，間接法によるキャッシュ・フロー計算書の作成方法を説明してきた。実務では，当然貸借対照表の勘定科目の数もはるかに多くな

第3部　財務会計の個別問題

り，必然的にキャッシュ・フロー計算書の項目の数も多くなる。しかし，基本的な構造そして作成方法は，なんら変化はない。

　ここで，重要なことは，キャッシュ・フロー計算書は，貸借対照表・損益計算書と並んで，あくまでも外部公表用の書類であるという点である。つまり，資金の動きを知るために，作成される書類であり，基本的に年に1度作成される財務諸表である。キャッシュ・フロー計算書を通じて，外部利害関係者も，資金をどのように集め，そしてどのような活動に使ったのかを理解することができるのである。

　そして，このようにキャッシュ・フロー計算書を正確に作成し，公表することは，ひいては経営者が資金の活動を理解し，健全な経営をすることにつながるのである。

　キャッシュ・フロー計算書は資金管理にとって重要な書類である。実際の資金管理は，1年という期間で見ることも重要であるが，その一方で日々の資金の動き，あるいは週・月といったより短い期間での資金の動きを知ることも必要となるであろう。

　最後に，直接法のキャッシュ・フロー計算書の作成については，営業収入をまずは把握する。同様に，営業にかかわる支出を把握することで算定される。営業支出は，原材料または商品の仕入れ支出，人件費支出，その他の支出に区分されている。

　また，役員賞与も営業活動によるキャッシュ・フローに影響してくることになる。会社法施行で，利益処分計算書が削除されている。これまで，利益処分計算書に計上されていたが，今後は役員報酬の1つとして損益計算書に計上される。したがって，役員賞与は営業活動によるキャッシュ・フローに直接結びつく人件費支出としての性格を有するということになる。

<参考文献>

鎌田信夫『現金収支情報の開示制度』税務経理協会，1997年。
染谷恭次郎『キャッシュ・フロー計算書』中央経済社，2000年。
菊池誠一『連結経営におけるキャッシュ・フロー計算書』中央経済社，1998年。
企業会計審議会『連結キャッシュ・フロー計算書等の作成基準の設定に関する意見書』
　　1998年10月。
FASB Statement of Financial Accounting Statements No. 95, *Statement of Cash Flows,*
　　1987年11月。

第10章　リース会計

第1節　リースの基礎概念

1　リースの意義と分類

　リースという設備調達手段は，企業活動はもちろんのこと，われわれの生活に不可欠である。例えば，飲料水の自動販売機，スーパーやコンビニのショーケースやPOS（point of sales）システム，会社で利用されるPCやFAXなどの情報通信機器，社用車として利用するカーリース，さらには航空機や船舶にまで，その利用範囲は多岐にわたっている。わが国でも90％以上がリースを利用しているが，社団法人リース事業協会が実施した「リース需要動向調査」（2005年調査）ではその割合が94％にも拡大している[1]（図表10-1）。

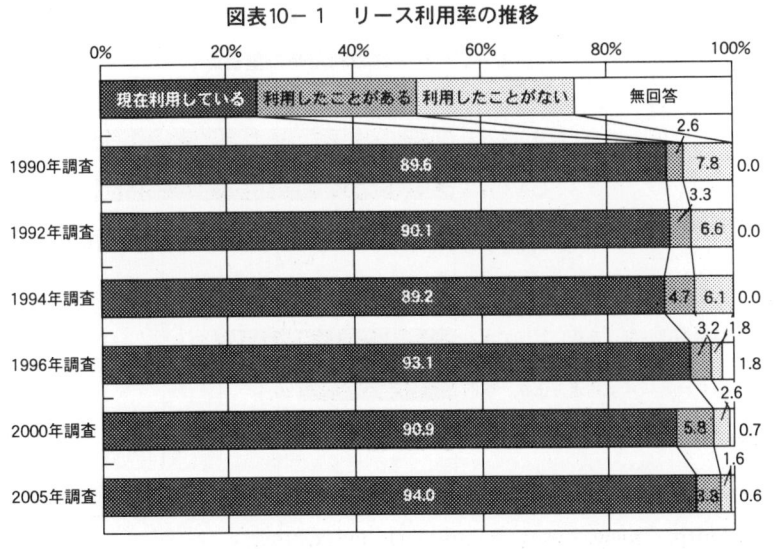

図表10-1　リース利用率の推移

調査年	現在利用している	利用したことがある	利用したことがない	無回答
1990年調査	89.6		7.8	2.6 / 0.0
1992年調査	90.1	3.3	6.6	0.0
1994年調査	89.2	4.7	6.1	0.0
1996年調査	93.1	3.2	1.8	1.8
2000年調査	90.9	2.6	5.8	0.7
2005年調査	94.0	1.6	3.8	0.6

出所：リース事業協会（2005），2頁。

第3部　財務会計の個別問題

「リース」の語源は,「賃貸借する」を意味する Lease であるが[2],現代的な意味でリースを定義すれば,あらゆる動産設備（情報関連機器,産業機械,工作機械,輸送用機器,商業用機械設備,医療機器）を対象として,必要な物件を借手であるユーザーが選定し,貸手であるリース会社がこれを購入し,ユーザーに賃貸する設備調達手段といえる。リース取引は,通常はファイナンス・リース取引とオペレーティング・リース取引に分類される。前者は,わが国ではリース取引全体の90％以上を占めているものであり,その特徴は,原則として中途解約が禁止され,リース期間を通じて購入代金,金利,固定資産税,保険料,利益のほとんどすべてを,借手が支払うリース料で回収するという点である。このように,企業にとっては金融的な側面が強調されていることから,フルペイアウト・リースとも呼ばれている。

それに対して後者は,情報通信機器,自動車,建設機械など汎用性がある物件が対象となっており,レンタルもこの範疇に含められる。これは,物件の一時的な使用を目的とする賃貸借的な性格を有するリースである。その特徴は,第1に,解約予告期間を置けば中途解約ができるので,リース期間に拘束されることなく,必要な期間だけ使用できる点である。第2には,借手が支払う

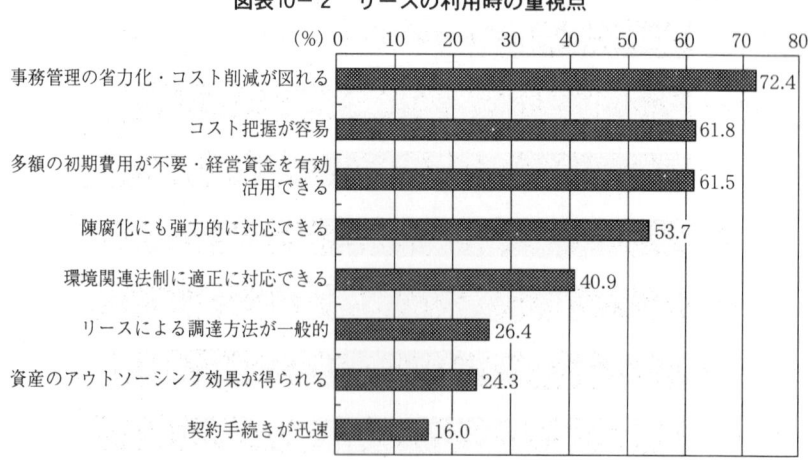

図表10−2　リースの利用時の重視点

項目	(%)
事務管理の省力化・コスト削減が図れる	72.4
コスト把握が容易	61.8
多額の初期費用が不要・経営資金を有効活用できる	61.5
陳腐化にも弾力的に対応できる	53.7
環境関連法制に適正に対応できる	40.9
リースによる調達方法が一般的	26.4
資産のアウトソーシング効果が得られる	24.3
契約手続きが迅速	16.0

出所：http://www.leasing.or.jp/sitemap/index.html.

リース料で，リース設備投資額の回収が予定されていないことから，ノン・フルペイアウト・リースとも呼ばれている。

ユーザーである借手にとって，リース利用には多くのメリットがある。それは，「リース需要動向調査」におけるわが国企業のリース利用時の重視点（図表10-2）から，その効用を読み取ることができる。その上位には，「事務管理の省力化・コスト削減が図れる」，「コスト把握が容易」，「多額の初期費用が不要・経営資金を有効活用できる」などのメリットが挙げられている。

2　リース取引の会計処理

リースは，法形式上は「賃貸借取引」に該当するが，その経済的実質は「金融取引」あるいは「売買取引」と捉えられている。そこで，リース取引の会計処理をめぐっては，2つの考え方が主張されている。

その1つは，リースの法的形式を重視して，一般の賃貸借に準じた会計処理を行うもので，「賃貸借処理」または「オフバランス処理」と呼ばれている。この方法では，リース物件の法的な所有権が，貸手であるリース会社に帰属するために，リース会社はリース物件を貸借対照表にリース資産（または貸与資産）として計上し，リース期間にわたり定額法で減価償却を行う。また借手から受け取るリース料は，当該資産の使用料という意味でリース会社の損益計算書に営業収益として計上されることになる。

他方，借手であるユーザーは，毎期の支払リース料を損益計算書に費用として計上するだけで，貸借対照表上はオフバランスされて，注記でその情報が開示されることになる。したがって，借手にとっては，所有資産のような繁雑な会計処理をすることなく，リース物件を使用収益することにより所有資産と同一の経済的効果を得ることができることになる。

もう1つは，リースの経済的実質を重視して，賃貸借としてではなく，金融または割賦売買とみなして会計処理を行う方法であり，「売買処理」または「オンバランス処理」と呼ばれている。この方法は，IASをはじめとして，国際的にもリース会計における原則的な処理方法として定着している。

この方法では，借手はリース物件を実質的に割賦購入した場合と同様の会計処理が要求される。借手は，リース物件を貸借対照表にリース資産として計上し，同時に対応する債務をリース負債として計上する。リース資産はリース期間にわたり減価償却を行い，リース負債は元本の返済と金利の支払いとして処理する。他方，リース会社の場合には，リース物件は資産計上の対象とはならず，その代わりに割賦販売したとみなすために，リース債権を資産として計上する。したがって，受取リース料はリース債権の回収として処理されることになる。

わが国のリース会計基準については後述するが，従来の基準では原則は売買処理であるが，所有権が移転しないファイナンス・リース取引については賃貸借処理を採用することが容認されていた。しかし，2007年3月のリース会計基準の改定により，売買処理に統一するという方向性が打ち出された。

3　リースのオンバランス処理と実質優先思考

前項で指摘したように，リースのオンバランス処理の理論的根拠になっているのは，リース取引の法的形式に基づくのではなく，その経済的実質を重視して会計処理を行おうとする思考である。これは一般的に「実質優先思考」(substance over form) と呼ばれている。この考え方は，リース会計に先駆的な役割を果たしている米国をはじめ，イギリス，カナダ，オーストラリアなどにおいて広く支持され，GAAPの基本的な概念として定着している。

この考え方が会計の表舞台に登場したのは，1970年10月に，米国公認会計士協会（AICPA）の会計原則審議会（APB）から公表されたステートメント第4号「企業の財務諸表の基礎概念および会計原則」である。そこでは，財務会計の基本的特質として13の概念が提示されているが，その一つとして次のように規定されている（AICPA [1970] par. 127)[3]。

「F-12　形式よりも実質の優先（substance over form）財務会計は，たとえ，法的形式が経済的実質と異なり，異なる取扱いを示唆することがあろうとも，事象の経済的実質面に力点を置く。」

この考え方は，会計処理されるべき事象の経済的実質が法的形式と合致している場合には問題とはならないが，もし両者が乖離している状況では，会計人は提示される情報が当該経済活動をより適切に反映するように，事象の形式よりも実質を優先すべきということを意味している。そこでは，資産の"所有"という側面よりも，その"使用"という側面が強調されることになる。

　これに従えば，リース取引の実質は，資産の購入にあたり当該資産を担保に融資を受ける物融や，あるいは資産を割賦または延べ払いにより購入し，その支払いが終了するまで当該資産の所有権の移転が留保される場合と，実質的には変わらないことになる。そして借手は，法的形式からはリース財産の所有権を取得していないが，経済的実質として，当該リース財産を使用する権利を，その権利に対して負う支払義務と引き換えに取得していることになる。このような論理により，一定の要件を備えたファイナンス・リースについてのオンバランス処理の合理性が主張されている。

第2節　国際会計基準におけるリース会計の特徴

　国際会計基準においてリースの会計上の取扱いが規定されたのは，1982年9月に公表された国際会計基準第17号「リースの会計処理」(旧IAS17)である。その後，当時の国際会計基準委員会（IASC）は，証券監督者国際機構（IOSCO）の指示のもとで「コア・スタンダード」の完成を目指し，IASの改訂と新IASの設定作業に着手することになるが，リース会計基準もコア・スタンダードの1つとして，1996年6月に改訂プロジェクトを開始した。

　そして，1997年4月の理事会において公開草案第56号を承認・公表した。それを受けて，公開草案に対するコメントを募り調整を図ったうえで，1997年12月に改定IAS17（以下，IAS17と略す）が公表され，1999年1月から発効している[4]。IAS17は，大枠においては米国のリース会計基準（SFAS13）の考え方が踏襲されているが，その性格上各国の状況に即した弾力的な配慮がなされている。

以下では，主に借手の立場に焦点を当てて，IAS17の内容を概観してみよう。

1 リースの意義と分類

IAS17において，リースとは「貸手が一括払いまたは数次の支払いを得て，契約期間中，資産の使用権を賃借人に移転する契約」と定義されている (IASC [1997], par.2)。リースの分類については，従来どおり，ファイナンス・リースとオペレーティング・リースという2分類法を採用され，ファイナンス・リースとは「資産の所有に伴うリスク (risks) と経済価値 (rewards) を実質的にすべて移転するリース」として，オペレーティング・リースとは「ファイナンス・リース以外のリース」と定義されている (IASC [1997], par.3)。

この定義では，資産の所有に伴うリスクと経済価値に貸手または借手がどの程度関わっているかに基づく，いわゆる「リスク・経済価値アプローチ」(risks and rewards approach) が採用されているが，これはSFAS13におけるそれと同一の概念と捉えられる。この考え方は，前述のように，取引及びその他の事象は単に法的形式に従うのではなく，その実質及び財務上の実態に従って会計処理並びに表示されるべきであるとする「実質優先思考」がリースオンバランスの理論的基礎となっていることを示すものである。

ここで，リスクとは「リース資産の遊休または技術的陳腐化により生ずる損失の可能性及び経済的諸条件の変化に起因する収益額の変動の可能性を含むもの」として，経済価値とは「リース資産の経済的耐用年数にわたる活動により収益が生ずるという期待および価値評価または残存価値の実現による利得の期待によってあらわされるもの」として定義されている (IASC [1997], par.5)。

2 借手におけるリースオンバランスの判定基準

リース取引をリスク・経済価値アプローチに従って分類すると，リスクと経済価値が実質的に移転するかを識別する判定基準が，リースのオンバランスの範囲を決定する場合の重要なファクターとなる。IAS17では，ファイナンス・リースの状況の例として，次の5つの判定基準を提示している (IASC[1997], p

第10章 リース会計

ar.8)。

①　所有権移転基準（当該リースによりリース期間の終了までに借手に資産の所有権が移転する）。

②　割安購入選択権基準（借手が当該資産の購入選択権を与えられており，かつその購入価格が選択権の行使日の公正価値よりも十分に低いと予想されるので，リース開始日に当該選択権の行使が合理的に確実視される）。

③　経済的耐用年数基準（所有権が最終的に移転するか否かに関わらず，リース期間が当該資産の経済的耐用年数の大部分を占める）。

④　現在価値基準（リース開始日における支払リース料総額の現在価値が，当該リース資産の公正価値と少なくとも実質的に一致する）。

⑤　特別仕様基準（リース資産が，借手のみが主要な変更なしに使用できるといった特殊な性質を有している）。

①から④の判定基準については，SFAS13における判定基準と基本的に同一である。ただし，③の経済的耐用年数基準と④の現在価値基準には具体的な数値が明示されていないが，それはIASの性格上，その具体的な運用は各国の判断に委ねられていることに起因する。

⑤の基準は新たに設けられたものであるが，これはわが国リース会計基準でも設定されている特別仕様物件リースに該当する。これは，当該物件が返還されても，第3者にリースや売却をすることが難しいという性質を具備したものであるために，借手の専用性を強調した基準といえる。以上のリースの分類については，図表10−3のように整理される。

さらに，IAS17において注目すべき点は，リースを分類する際に，契約の形式よりも，取引の実態に基づく分類方法を採用することが強調されているために，以下の3つの状況も，単独であるいは組み合わせで，ファイナンス・リースとして分類される指標となり得るとしていることである（IASC [1997], par. 9）。

(a)　もし借手が当該リース契約を解除できる場合には，その解約に関連する貸手の損失は借手の負担となる。

第3部　財務会計の個別問題

(b) 残存資産の公正価値変動による利得または損失は，借手に帰属する。
(c) 借手が市場のリース料相場よりも十分に低いリース料で次期のリース契約を継続できる。

これらの3つの状況は，これまでのファイナンス・リースの判定基準を補足する意味で設けられたものであるが，明らかにそのオンバランスの範囲の拡張を想定している。換言すれば，一定の条件を兼ね備えたオペレーティング・リースにまで，オンバランスの範囲を広げることによって，従来よりも広範な基準を採用したいとの方針と捉えられる[5]。

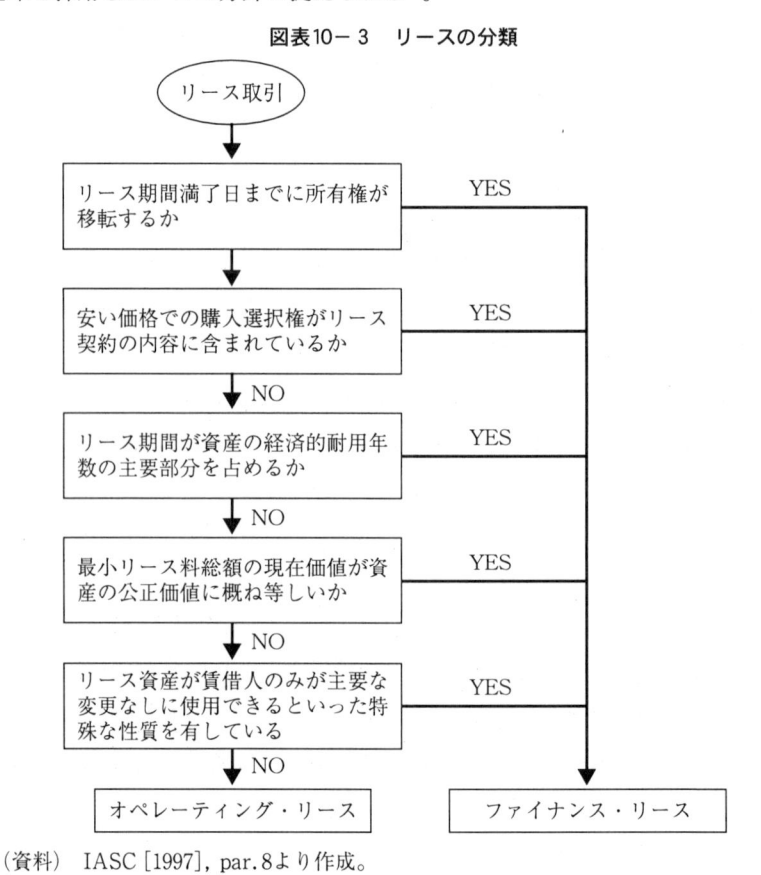

図表10-3　リースの分類

```
                    ┌─────────┐
                    │ リース取引 │
                    └────┬────┘
                         ▼
        ┌──────────────────────────┐     YES
        │ リース期間満了日までに所有権が ├──────┐
        │ 移転するか                     │     │
        └────────────┬─────────────┘     │
                     │NO                       │
                     ▼                         │
        ┌──────────────────────────┐     YES  │
        │ 安い価格での購入選択権がリース ├──────┤
        │ 契約の内容に含まれているか     │     │
        └────────────┬─────────────┘     │
                     │NO                       │
                     ▼                         │
        ┌──────────────────────────┐     YES  │
        │ リース期間が資産の経済的耐用年 ├──────┤
        │ 数の主要部分を占めるか         │     │
        └────────────┬─────────────┘     │
                     │NO                       │
                     ▼                         │
        ┌──────────────────────────┐     YES  │
        │ 最小リース料総額の現在価値が資 ├──────┤
        │ 産の公正価値に概ね等しいか     │     │
        └────────────┬─────────────┘     │
                     │NO                       │
                     ▼                         │
        ┌──────────────────────────┐     YES  │
        │ リース資産が賃借人のみが主要な ├──────┤
        │ 変更なしに使用できるといった特 │     │
        │ 殊な性質を有している           │     │
        └────────────┬─────────────┘     │
                     │NO                       ▼
          ┌──────────────────┐    ┌──────────────────┐
          │ オペレーティング・リース │    │ ファイナンス・リース │
          └──────────────────┘    └──────────────────┘
```

（資料）　IASC [1997], par.8より作成。

3 借手の会計処理および開示

借手の会計処理は，SFAS13と大枠において同じであり，その内容は以下のように要約される（IASC [1997], par. 12, 17, 19）。

[会計処理]
(1) ファイナンス・リースについては，リース開始日におけるリース資産の公正価値かまたは支払リース料総額の現在価値のいずれか低い額で，貸借対照表に資産及び負債として表示しなければならない。その際の支払リース料総額の現在価値を割引率については，リースの計算利子率であり，それが確認できない場合は借手の追加借入利子率を用いなければならない。
(2) ファイナンス・リースでは，各会計期間において金融費用と同様に資産について減価償却費が生ずる。減価償却できるリース資産の減価償却の方針は，自己所有の減価償却資産に採用する償却方針と首尾一貫しなければならない。認識される減価償却は，国際会計基準第16号「有形固定資産」(IAS16) 及び国際会計基準第38号「無形資産」(IAS38) で示されている基準に準拠して計算しなければならない。
(3) リース料については，金融費用と負債残高の返済部分とに区分しなければならない。金融費用は，各期の金融費用が負債残高に対してほぼ一定の期間利子率となるようにリース期間にわたって配分されなければならない。
(4) リース資産の減損の可能性のある場合に，その評価に必要となる指針の設定に当たって，国際会計基準第36号「資産の減損」(IAS36) に準拠した取り扱いが要求される。すなわち，自己の所有資産と同様に，ファイナンス・リースについて，価値の減損が認められる場合には，帳簿価格は回収可能額まで減額しなければならない。

他方，オペレーティング・リースの会計処理についても，SFAS13と同様に賃貸借処理を行う点で基本的な違いは見られない。すなわち，リース料は，他の規則的な方法が利用者の便益の時間的パターンを表す以外は，リース期間を

第3部　財務会計の個別問題

通じて定額法によって損益計算書上に費用として認識しなければならない。

次にリースの開示については，IAS17では，従来の開示項目に加えて，IOSCOの指示による事項や各国会計基準の要求を踏まえ，国際会計基準第32号「金融商品：開示および表示」(IAS32) の要請に従って新たな項目が追加された(IASC [1997], par. 23, 27)[6]。

借手のファイナンス・リースについては，(a)資産の種類ごとの貸借対照表日現在の帳簿価格，(b)貸借対照表日現在の支払リース料総額の合計及びその現在価値を，1年以内，1年超5年以内，5年超期間について開示，(c)借手の重要なリース契約に関する，少なくとも以下の事項も含む一般的な記述（変動リース料の算定基礎，更新または購入選択権及びエスカレーション条項の有無と条件，配当，追加借入及び追加リースの関する制限のような，リース契約条件によって課された制限）を開示する。

借手のオペレーティング・リースについては，(a)解約不能オペレーティング・リース契約において1年以内，1年超5年以内，5年超下記の各期間に区分された，将来の解約不能支払リース料総額の合計額，(b)借手の重要なリース契約に関する，少なくとも以下の事項も含む一般的な記述（変動リース料の算定基礎，更新または購入選択権及びエスカレーション条項の有無と条件，配当，追加借入及び追加リースの関する制限のような，リース契約条件によって課された制限）を開示する。

4　リース会計基準の新展開

現在，リース会計基準は新たな展開を迎えている。国際会計基準審議会 (IASB) とFASBの共同プロジェクトとして現行基準（IAS17及びSFAS13）の改定作業に着手している。現行基準は，その有用性について多くの問題点が指摘されて，オフバランスシート取引の温床と批判されてきたにもかかわらず，公表以来基本的な会計処理方法は変更されていない。

特に，米国ではオペレーティング・リース取引の経済的影響が極めて大きいことが問題視されている。例えば，AICPAのAccounting Trends & Techniques

の調査（対象企業300社）では，オペレーティング・リースのみを開示している企業数が1990年度では187社であったが，2004年度には316社と15年間で約70ポイントも大幅に増加しており，オペレーティング・リースへのシフトが加速している。これは実質的にはファイナンス・リース取引でありながら，割引率，更新選択権，残存価値，変動リース料などの取扱いを利用してオンバランスを回避することにより，オペレーティング・リースへとシフトしている状況の深刻さを示すものである[7]。

　このような状況を踏まえて，IASBでは，2003年からリサーチ・プロジェクトとしてIAS17の改定の検討作業を進めてきた。その検討内容は，2002年2月に公表されたG4+1のポジション・ペーパー「リース：新たなアプローチの実施－リース契約のもとで生ずる資産及び負債に関する賃借人の認識－」をベースとして，現行基準を抜本的に見直すものである（Nailor and Lennard [2000]）。具体的には，リース取引の本質を「使用権の売買」と捉えて，すべての長期リースについて借手が資産・負債を認識する「資産・負債アプローチ」（asset and liability approach）を採用して，さらに使用権だけではなくそれに付随するオプション（更新選択権，購入選択権，偶発リース料）や残価保証を別個の資産・負債として認識する「構成要素アプローチ」（component approach）を提案するものである[8]。そこでは，リース会計の根拠を従来の売買取引との経済的実質ではなく，資産・負債アプローチに立脚した論理を展開するために必要な概念フレームワークとの整合性に求めている点に特徴がある。

　IASBとFASBは，共同プロジェクトとして2006年12月に財務諸表の作成者，監査人，利用者や有識者など18名のメンバーから構成されるワーキンググループを組織して検討を進めていたが，2009年3月には予備的見解を示すディスカッション・ペーパーを公表した。このように，リース会計基準をめぐっては現行基準の見直し作業が加速化することが予想されるだけに，今後の国際的動向には注目していく必要がある。

第3節　わが国のリース会計基準の展開

1　わが国リース会計基準（改正前リース会計基準）の設定とその適用実態

わが国におけるリースの会計上の取扱いが規定されたのは，1993年6月に企業会計審議会から公表された「リース取引に係る会計基準に関する意見書」である。それを受けて，1994年2月に日本公認会計士協会（JICPA）から，実務上の具体的な運用ルールを定めた「リース取引の会計処理及び開示に関する実務指針」が策定された[9]。会計基準が設定される以前は，会計上のルールが整備されていなかったことから，実質的には，税法上のリース通達で規定されている賃貸借処理が実務慣行として機能し，それがわが国リース産業の発展の大きな牽引力となっていた。

わが国において，会計基準が策定された背景としては，まずリース産業が著しい成長を遂げて，設備調達手段として認知されるとともに，国民経済においても重要な役割を担うまでに発展した状況が指摘される。もう一つの背景は，会計基準の国際的調和化の観点からの要請である。欧米諸国ではリース会計基準がすでに制度化されており，IASにおいても，リース会計基準をコア・スタンダードとして位置付けるなど，その重要性が認識されていた。このような状況のもとで，国際的水準に達した会計基準の形成が必要とされたのである。

改正前リース会計基準の特徴を要約すると，次の2点である。第1点は，法的形式よりも経済的実質を優先するとの立場から，ファイナンス・リース取引については，オンバランス処理に相当する売買処理を行うことを原則としている点である。この点では，形式上はグローバル・スタンダードとの整合性は一応図られていることになる。

もう1点は，リース業界や借手に対する配慮から，所有権の有無によって，所有権移転ファイナンス・リース取引と所有権移転外ファイナンス・リース取引に区分して，後者について例外処理として賃貸借処理を容認した点である。

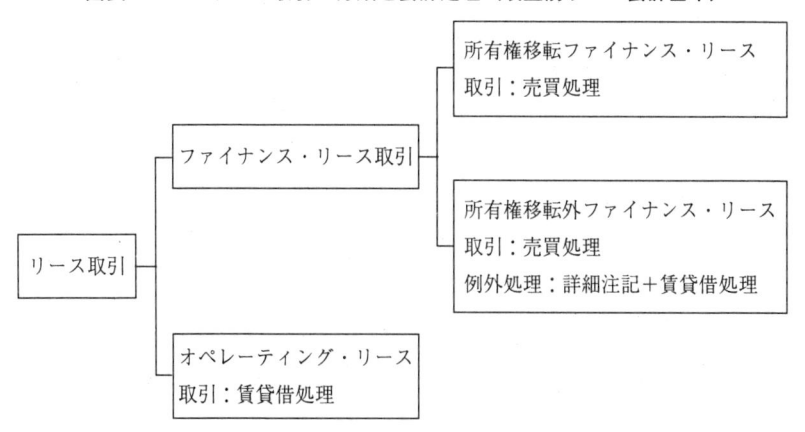

図表10-4　リース取引の分類と会計処理（改正前リース会計基準）

```
                              ┌─ 所有権移転ファイナンス・リース
                              │  取引：売買処理
              ┌─ ファイナンス・リース取引 ─┤
              │               │  所有権移転外ファイナンス・リース
リース取引 ──┤               └─ 取引：売買処理
              │                  例外処理：詳細注記＋賃貸借処理
              │
              └─ オペレーティング・リース
                 取引：賃貸借処理
```

　ただし，売買処理が原則であるので，賃貸借処理を採用した場合でも，同様な情報効果を与えるために，注記においてオンバランスに相当する詳細な情報（資産情報，負債情報，損益情報，処理基準）を開示することが要求されている。この結果，図表10－4に示すように，いずれの処理が採用されようとも開示の面ではリースに関する重要な情報が入手できる措置が講じられている。

　そのために，リース会計の類型化からいえば，形式面ではオンバランス基準として捉えられるが，所有権移転外ファイナンス・リース取引については，上記の容認規定から売買処理と賃貸借処理の選択が可能な基準となっている。その背景には，確定決算主義による税務との整合性を確保して，会計基準の適用による実務上の混乱を回避しようとすることがあった。

　その結果，社団法人リース事業協会の実態調査（2002年度）によれば，図表10－5に示すように，原則である売買処理の採用企業は皆無に等しく，例外処理である賃貸借処理が大半を占める結果となっている[10]。ただし，所定のオンバランスに相当する詳細な注記情報は開示されていることから，リース会計情報としての情報ショートはないことが明らかにされている（図表10－6　全日本空輸の事例を参照）。

第3部　財務会計の個別問題

図表10-5　所有権移転外ファイナンス・リースの会計処理方法

	連結	単体
売買処理	3社（ 0.3%）	2社（ 0.2%）
賃貸借処理	1,048社（ 96.9%）	1,264社（ 95.8%）
記載なし	30社（ 2.8%）	53社（ 4.0%）
合計	1,081社（100.0%）	1,319社（100.0%）

出所：リース事業協会編集部特別調査結果（2003）を基に作成。

図表10-6　全日本空輸のリースの注記情報

(リース取引関係)

前連結会計年度 (自平成16年4月1日　至平成17年3月31日)	当連結会計年度 (自平成17年4月1日　至平成18年3月31日)
1．リース物件の所有権が借主に移転すると認められるもの以外のファイナンス・リース取引 (1) リース物件の取得価額相当額，減価償却累計額相当額及び期末残高相当額	1．リース物件の所有権が借主に移転すると認められるもの以外のファイナンス・リース取引 (1) リース物件の取得価額相当額，減損償却累計額相当額，減損損失累計額相当額及び期末残高相当額

	取得価額相当額 (百万円)	減価償却累計額相当額 (百万円)	期末残高相当額 (百万円)
航空機	326,539	195,921	130,618
その他	14,818	8,451	6,367
合計	341,357	204,372	136,985

	取得価額相当額 (百万円)	減損償却累計額相当額 (百万円)	期末残高相当額 (百万円)
航空機	278,217	174,619	103,607
その他	11,688	6,449	5,239
合計	289,905	181,059	108,846

前連結会計年度	当連結会計年度
(2) 未経過リース料期末残高相当額 　　1年内　　　　33,066百万円 　　1年超　　　110,470百万円 　　合計　　　　143,536百万円 (3) 支払リース料，減価償却費相当額及び支払利息相当額 　　支払リース料　　33,444百万円 　　減価償却相当額　33,616百万円 　　支払利息相当額　 3,967百万円 (4) 減価償却費相当額の算定方法 　　リース期間を耐用年数とし，残存価額を零とする定額法によっている。 (5) 利息相当額の算定方法 　　リース料総額とリース物件の取得価額相当額との差額を利息相当額とし，各期への配分方法については，利息法によっている。 2．オペレーティング・リース取引 　　未経過リース料 　　　1年内　　　　28,660百万円 　　　1年超　　　　46,095百万円 　　　合計　　　　74,755百万円	(2) 未経過リース料期末残高相当額等 　　未経過リース料期末残高相当額 　　1年内　　　　26,879百万円 　　1年超　　　 87,143百万円 　　合計　　　　114,022百万円 (3) 支払リース料，リース資産減損勘定の取崩額，減価償却費相当額，支払利息相当額及び減損損失 　　支払リース料　　36,735百万円 　　減価償却相当額　31,476百万円 　　支払利息相当額　 3,216百万円 (4) 減価償却費相当額の算定方法 　　同左 (5) 利息相当額の算定方法 　　同左 2．オペレーティング・リース取引 　　未経過リース料 　　　1年内　　　　31,791百万円 　　　1年超　　　121,934百万円 　　　合計　　　　153,725百万円 (減損損失について) 　リース資産に配分された減損損失はない。

出所：全日本空輸の有価証券報告書（2005年度）。

このように，改正前リース会計基準は，「詳細注記による賃貸借処理」という実態を実務上示すことになったことから，それがグローバル・スタンダードと齟齬をきたすとして問題視されたのである。そこで，このような状況をもたらしている原因は，わが国特有な賃貸借処理の容認にあるとして，その廃止問題が議論の俎上に載せられたのである。

2 リース改定論議と新リース会計基準の特徴

以上のような状況のもとで，企業会計基準委員会（ASBJ）では，2002年7月にリース会計専門委員会を設置して，例外処理の廃止についての審議を開始した。例外処理に対するASBJの問題意識は，次の2点である。

① ファイナンス・リース取引については，借手において資産及び負債を認識する必要がある。特に，いわゆるレンタルとは異なり，使用の有無にかかわらず借手はリース料の支払義務を負い，キャッシュ・フローは固定されているため，借手は債務を計上すべきである。

② 本来，代替的な処理が認められるのは，異なった経済的実態に異なった会計処理を適用することで，事実をより適切に伝えられる場合であるが，例外処理はほぼすべてを占める状況は，会計基準の趣旨を否定するような特異な状況であり，早急に是正される必要がある。

しかし，リース専門委員会における審議は，ASBJとリース業界の間で基準の趣旨と取引の実態をめぐって意見が対立するなど難航を極めたが[(11)]，2007年3月に企業会計基準第13号「リース取引に関する会計基準」及び企業会計基準適用指針第16号「リース取引に関する会計基準の適用指針」（以下，「新リース会計基準」と略す）が公表された。リース会計基準の改定に当たっては，税務との調整という大きな課題が残されていたために，2006年7月に一旦試案が公表されたうえで，公開草案，会計基準という段階を踏んでいる[(12)]。

新リース会計基準の特徴として，以下の諸点が指摘できる。まず，その適用範囲は「リース会計基準においてファイナンス・リース取引と判定された取引のうち，通常の保守等以外の役務提供が組み込まれていないリース取引及び不

動産に係るリース取引を取り扱う」としている（企業会計基準委員会［2007］，適用指針3項）。

ファイナンス・リース取引とは，リース契約に基づくリース期間の中途で当該契約を解除できないリース取引またはこれに準ずるリース取引で，リース物件からもたらされる経済的利益を実質的に享受し，かつその使用に伴って生じるコストを実質的に負担することになるリース取引と定義して，それ以外の取引をオペレーティング・リース取引としている。

リース取引の分類については，図表10－7のように所有権の有無から，リース物件の所有権が借手に移転すると認められるリース取引（所有権移転ファイナンス・リース取引）とリース物件の所有権が借手に移転すると認められる以外のリース取引（所有権移転外ファイナンス・リース取引）とに区分している。以上の定義や分類は改正前リース会計基準を踏襲しており，変更されていない。

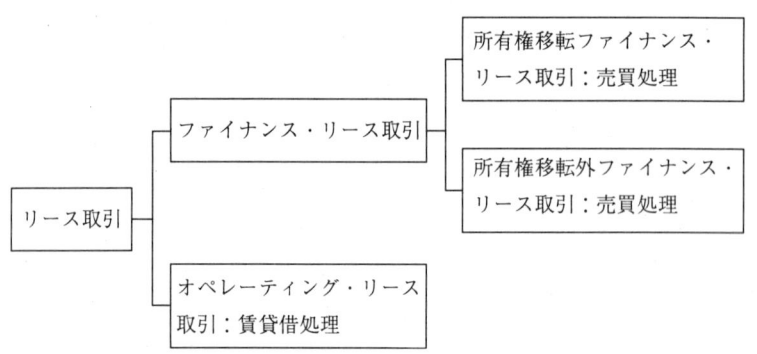

図表10－7　リース取引の分類と会計処理（新リース会計基準）

```
                    ┌─ ファイナンス・リース取引 ─┬─ 所有権移転ファイナンス・
                    │                              │   リース取引：売買処理
リース取引 ─────────┤                              │
                    │                              └─ 所有権移転外ファイナンス・
                    │                                  リース取引：売買処理
                    └─ オペレーティング・リース
                       取引：賃貸借処理
```

新リース会計基準の最大の特徴は，所有権移転外ファイナンス・リース取引は，所有権移転ファイナンス・リース取引とは経済的に異なる性質を有すると考えて，改正前リース会計基準と同様に両者を区分しているが，会計処理面では所有権の移転の有無に関わらず通常の売買処理に準じた会計処理に一本化したことである。これにより，所有権移転外ファイナンス・リース取引に容認されていた詳細注記を条件とした賃貸借処理の余地はなくなり，国際基準とのコンバージェンスが図られることになるが，わが国のリース会計実務に大きな変

次に、ファイナンス・リース取引の判定基準について、改正前実務指針に比べると判定フローの変更が行われている点も留意すべきである。図表10－8に示すように、現在価値基準と経済的耐用年数基準を満たすものをファイナンス・リース取引としたうえで、「所有権移転条項付リース」、「割約購入選択権付リース」及び「特別仕様のリース物件」のいずれかに該当するものを所有権移転ファイナンス・リース取引として、それ以外を所有権移転外ファイナンス・リース取引として規定している。

図表10－8　ファイナンス・リース取引の判定基準

```
以下の2要件のいずれかを満たすか      NO
 1．現在価値基準              ───→  オペレーティング・リース取引
 2．経済的耐用年数基準
            │ YES
            ▼
    ファイナンス・リース取引
            │
            ▼
以下の3要件のいずれかを満たすか      NO
 1．所有権移転条項付リース         ───→  所有権移転外ファイナンス・
 2．割安購入選択権条項付リース              リース取引
 3．特別仕様のリース物件
            │ YES
            ▼
 所有権移転ファイナンス・リース取引
```

ここで、現在価値基準とは「解約不能のリース期間中のリース料総額が、当該リース物件を借手が現金で購入するものと仮定した場合の合理的見積額の概ね90パーセント以上であること」と、経済的耐用年数基準は「解約不能のリース期間が、当該リース物件の経済的耐用年数の概ね75パーセント以上であること」と規定されている（企業会計基準委員会[2007]、適用指針9項）。従来は所有権移転外ファイナンス・リース取引に適用されていた現在価値基準と経済的耐用年数基準という数値基準を、ファイナンス・リース取引の識別基準に据えた点

が大きな変更点であるが，これは国際基準には見られないわが国独自の判定基準といえる[13]。

第3点は，借手における重要性の判断基準である。適用指針では，以下のように個々のリース資産に重要性がないと認められた場合には，オペレーティング・リース取引の会計処理に準じて，賃貸借処理を行うことができるとしている。

① 重要性が乏しい減価償却資産について，購入時に費用処理する方法が採用されている場合で，リース料総額が当該基準以下の取引。
② リース期間が1年以内の取引。
③ 企業の事業内容に照らして重要性の乏しいリース取引でリース契約1件当たりのリース料総額が300万円以下のリース取引。

また，中小企業の取扱いについては「中小企業の会計に関する指針」で対応することとしているが，過重負担にならないように従来どおりの賃貸借処理を採用し，支払リース料を費用として処理することが容認されている。

なお，リース会計基準改定における懸案事項であった税務との調整は，平成19年度の税制改正において減価償却制度の改正が行われて，リース税制についても変更された。すなわち，リース会計基準の変更により，所有権移転外ファイナンス・リース取引は従来の賃貸借取引から売買取引とみなすとされている。これにより，リース会計基準と税制の一体的解決の道が示されたことになるが，今後，借手は償却期間をリース期間とし残存価額をゼロとする「リース期間定額法」による償却法でリース資産を税務処理することになる。また，借手がリース料を賃借料として経理した場合でも，償却費として取り扱われることになる[14]。

第4節　リース取引の会計処理

本節では，新リース会計基準の設例を参考にして，具体的な会計処理を示してみよう[15]。

第10章 リース会計

	条　件
(1)	所有権移転条項なし，割安購入選択権なし，特別仕様物件はない
(2)	リース物件は，通常使用される機械装置である
(3)	解約不能のリース期間5年
(4)	借手の見積現金購入価額：48,000千円（貸手のリース物件購入価額もこれと等しいが，借手においてはその価額は明らかでない）
(5)	リース料：月額1,000千円　支払は半年ごと（各半期の期末に支払う）で，リース料総額60,000千円
(6)	リース物件の経済的耐用年数8年
(7)	借手の減価償却方法　定額法
(8)	借手の追加利子率：年8％
(9)	貸手の見積残存価額はゼロである
(10)	リース開始日×1年4月1日　決算日3月31日

1　借手の会計処理

(1)　リース取引の判定

　まず，当該リース取引が所有権移転ファイナンス・リース取引か，所有権移転外ファイナンス・リース取引かを判定しなければならない。上記の条件では，所有権移転条項や割安購入選択権も付与されておらず，さらに特別仕様のリース物件でもないので所有権移転ファイナンス・リース取引には該当しないことになる。そこで，所有権移転外ファイナンス・リース取引に該当するかを，現在価値基準と経済的耐用年数基準に基づいて判定することが必要となる。

　① 　現在価値基準

　　　上記の条件では貸手の計算利子率は知れ得ないので，借手の追加借入利子率8％を用いて現在価値を計算する。

$$\frac{6,000}{(1+0.08\times 1/2)}+\frac{6,000}{(1+0.08\times 1/2)^2}+\frac{6,000}{(1+0.08\times 1/2)^3}$$
$$+\cdots\cdots\frac{6,000}{(1+0.08\times 1/2)^{10}}$$

第3部　財務会計の個別問題

リース料総額の現在価値48,665千円／見積現金購入価額48,000千円＝101％（＞概ね90％）となり，現在価値基準を満たしている。他方，経済的耐用年数基準に照らして計算すると，解約不能リース期間5年／経済的耐用年数8年＝62.5％（＜概ね75％）となり，基準は満たしていない。

したがって，当該リース取引は現在価値基準により所有権移転外ファイナンス・リース取引に該当している。

(2) 会計処理

次に，所有権移転外ファイナンス・リース取引の会計処理について説明しよう。会計処理については通常の売買取引に係る方法に準じた会計処理を採用するので，貸借対照表にリース資産とそれと同額のリース債務が計上されることになる。その計上価額は，リース料総額の現在価値と借手の見積現金購入価額のいずれか低い金額を採用するが，リース料総額の現在価値48,665千円＞見積現金購入価額48,000千円であるので，48,000千円が計上される。

・X1年4月1日（リース開始日）

　　　（借）機 械 装 置　　48,000　　　（貸）リ ー ス 債 務　　48,000

リース資産である機械装置については，リース期間にわたって減価償却を実施する。すなわち，減価償却費は，耐用年数はリース期間の5年，残存価額は0として半年分を計算すると，4,800千円となる。

　　48,000千円×1/5×1/2＝4,800千円

リース債務については元本が返済されることになるが，リース料がその元本返済額と利息の支払に区分されるので，それぞれの相当額（半年分）を計算しなければならない。利息相当額の算定に必要な利子率は以下のようになる。その計算の結果,適用される利子率は，r＝8.555％なり，これに従って，リース債務の返済スケジュールは図表10−10のようになる。

$$\frac{6,000}{(1+r \times 1/2)}+\frac{6,000}{(1+r \times 1/2)^2}+\frac{6,000}{(1+r \times 1/2)^3}=48,000千円$$

以上の手続により，第1回目以降の会計処理を示すと以下のようになる。

・X1年9月30日（第1回支払日，中間決算）

（借）リース債務	3,947	（貸）現金預金	6,000
支払利息	2,053		
減価償却費	4,800	減価償却累計額	4,800

・X2年3月31日（第2回支払日，決算日）

（借）リース債務	4,116	（貸）現金預金	6,000
支払利息	1,884		
減価償却費	4,800	減価償却累計額	4,800

・X6年3月31日（最終回支払日，リース物件の返却）

（借）リース債務	5,754	（貸）現金預金	6,000
支払利息	246		
減価償却費	4,800	減価償却累計額	4,800
減価償却累計額	48,000	機械装置	48,000

図表10-9　リース債務の返済表

(単位：千円　千円未満は端数調整している)

返済日	期首元本	返済合計	元本分	利息分	期末元本
×1年／9／30	48,000	6,000	3,947	2,053	44,053
×2年／3／31	44,053	6,000	4,116	1,884	33,937
×2年／9／30	33,937	6,000	4,291	1,709	35,646
×3年／3／31	35,646	6,000	4,475	1,525	31,171
×3年／9／30	31,171	6,000	4,667	1,333	26,504
×4年／3／31	26,504	6,000	4,866	1,134	21,638
×4年／9／30	21,638	6,000	5,074	926	16,564
×5年／3／31	16,564	6,000	5,292	708	11,272
×5年／9／30	11,272	6,000	5,518	482	5,754
×6年／3／31	5,754	6,000	5,754	246	0
合計	—	60,000	48,000	12,000	—

第3部　財務会計の個別問題

(参考)　X1年9月30日の利息（リース債務48,000千円について半年分の利息計算）：
期首リース債務残高48,000千円×4.2775％＝約2,053.2千円
（年利8.555％であるので，半年では8.555％÷2＝4.2775％で計算する）
X1年9月30日の元本分の計算：
リース料6,000千円－利息分2,053千円＝3,947千円
X1年9月30日の期末リース債務残高：
期首リース債務残高48,000千円－元本分3,947千円＝44,053千円
（以下，同様な計算プロセスをとる）。

2　改正前会計基準の処理（賃貸借処理）

改正前リース会計基準では，所有権移転外ファイナンス・リース取引については，通常の賃貸借取引に係る方法に準じた会計処理を容認していた。会計処理は，前述のように損益計算書でリース料の支払を行うだけであり，貸借対照表上をオフバランスされる。それを補完する意味で，注記において詳細なリース情報（資産情報，負債情報，損益情報）の開示が要求されていた。参考までに，会計処理を示すと以下のようになる。

・X1年9月30日（第1回支払日）

　　（借）支払リース料　　　6,000　　　（貸）現　金　預　金　　6,000
・X2年3月31日（第2回支払日）

　　（借）支払リース料　　　6,000　　　（貸）現　金　預　金　　6,000
（以後，同様の仕訳を行う）。

所有権移転外ファイナンス・リース取引に関する注記事項（X2年3月31日）

a）　リース物件の取得価額相当額，減価償却累計額相当額及び期末残高相当額
　　機械及び装置
　　取得価額相当額　　　　48,000千円
　　減価償却累計額相当額　　9,600千円
　　期末残高相当額　　　　38,400千円
b）　未経過リース料期末残高相当額

	1年以内	1年超	合　計
未経過リース料期末残高相当額	8,766千円	31,171千円	39,937千円

c) 当期の支払リース料,減価償却費相当額,及び支払利息相当額
　　　支払リース料　　　12,000千円
　　　減価償却費相当額　　9,600千円
　　　支払利息相当額　　　3,937千円
d) 減価償却費相当額の計算方法は,定額法によっている。
e) 利息相当額の算定方法は,リース料総額とリース資産計上価額との差額を利息相当額とし,各期への配分方法については,利息法によっている。

3　貸手の会計処理

　貸手の場合の会計処理については,借手の同様に現在価値基準と経済的耐用年数基準で判定する必要がある。まず,現在価値基準による判定では,リース物件の見積残存価額がゼロであるために,リース料総額を年8.555％で割り引いた現在価値48,000千円は,貸手の購入価額48,000千円に等しい。つまり,現在価値48,000／貸手の購入価額48,000＝100％（＞概ね90％）となり,現在価値基準を満たすことになる。

　他方,経済的耐用年数基準による判定では,リース期間5年／経済的耐用年数8年＝62.5％＜概ね75％となり,基準は満たさない。したがって,当該リース取引は現在価値基準により,貸手にとっても所有権移転外ファイナンス・リース取引に該当する。会計処理は以下のように3つの方法のいずれかを選択適用することになる。

(a)　リース取引時に売上高と売上原価を計上する方法
(b)　リース受取時に売上高と売上原価を計上する方法
(c)　売上高を計上せずに利息相当額を各期に配分する方法

　ここでは,例として(b)の方法に従って会計処理を示すと以下のようになる。

・X1年4月1日（リース開始日）
　　（借）リース投資債権　　48,000　　（貸）買　　掛　　金　　48,000
・X1年9月30日（第1回回収日）

第3部　財務会計の個別問題

|(借)現　金　預　金|6,000|(貸)売　　上　　高|6,000|
|リース売上原価|3,947|リース投資債権|3,947|

・X2年3月31日（第2回回収日）

|(借)現　金　預　金|6,000|(貸)売　　上　　高|6,000|
|リース売上原価|4,116|リース投資債権|4,116|

・X6年3月31日（最終回の回収とリース物件の受領）

|(借)現　金　預　金|6,000|(貸)売　　上　　高|6,000|
|リース売上原価|3,947|リース投資債権|3,947|

（注）
(1) わが国のリース取引の利用実態については，社団法人リース事業協会『リース需要動向調査報告書』及び『リース・ハンドブック』（隔年度発行）に詳細に説明されている。リース需要動向調査は，1974年以来資本金1,000万円以上の企業を対象に実施されている。
　　また，リース事業協会のHP（http://www.leasing.or.jp）においても最新のデータが入手できる。
(2) リースの起源や意味については，次の文献に論述されている。
　　嶺輝子（1986）『アメリカリース会計論』多賀出版，3－34頁。
　　宮内義彦（1997）『リースの知識〈新版〉』日本経済新聞社，10－15頁。
　　庄政志（1993）『リースの実務知識（全訂版）』商事法務研究会，2－11頁。
　　茅根聡（1998）『リース会計』新世社，1－3頁。
(3) American Institute of Certified Public Accountants[1970], "Statement of Accounting Principles Board No 4 , *Basic Concepts and Accounting Principles underlying Financial Statements of Business Enterprises,* "AICPA. 川口順一訳（1975）「アメリカ公認会計士協会　企業会計原則」同文舘，58頁。
　　この思考の淵源は，Paton, W. A and A.C. Littleton の『会社会計基準序説』（1940年）にすでに見いだされ，その後，『AAA1957年版会計原則』（1957年），『アメリカ会計学会基礎的会計理論（ASOBAT）』（1966年）へと至るプロセスにおいて展開された主張のなかで，生成されてきたと思われる。
(4) International Accounting Standards Committee[1997], "International Accounting Standards IAS17(Revised), *Leases,* "IASC.
(5) この背景には，SFAS13に代表されるように，実質はファイナンス・リースであるにもかかわらず，オンバランス化の判定基準を回避することによってオペレーティング・リースとして処理されているリース取引が圧倒的に多く存在するために，オンバランスの範囲の拡大によって，これらのリース取引も資本化対象に組み込もうとする

意図が窺える。

(6) 新たな開示要求事項は「リース取引から生ずる資産及び負債，収益及び費用は，他の資金調達手段から生ずる資産及び負債と同様に取り扱われなければならない」という趣旨に基づいて開示の強制が要請されたものであり，開示の強化を通して，財務諸表の利用者にとって，将来のキャッシュ・フローを予測する際の必要な情報として役割を期待されている。

(7) SECの調査結果（2005年）でも，サンプル企業の約77％がオペレーティング・リースの情報を報告したのに対して，キャピタル・リースの情報は約31％に過ぎないことが示されている。

(8) Nailor Hans and Audrew Lennard [2000], *"Lease：Implementation of New Approach,"* IASC.
　なお，その詳細については，以下の文献で検討している。
　茅根聡「リース会計基準の行方－G4＋1ポジション・ペーパーの提案に焦点を当てて－」『會計』第161巻第1号，2002年1月，12－27頁。
　加藤久明「リース会計基準の改定をめぐる論点整理－G4＋1のポジション・ペーパーを中心に－」『會計』第164巻第5号，2003年11月，30－42頁。

(9) 改正前のリース会計基準及び実務指針については，次の文献を参照されたい。
　新井清光・加古宜士編著，前掲書。
　新井清光・北村吉弘編著（1995）『リース会計と実務』税務経理協会。
　服部　勝（1994）『借手・貸手それぞれの立場からみた新リース会計基準』税務研究会出版局。旬刊経理情報編集部編（1994）『リース会計実務のすべて』中央経済社。

(10) リース事業協会編集部「リース情報の開示と賃貸借処理削除の影響－リース会計基準見直し関連特別調査結果」『リース』第32巻第1号，2003年1月，1－20頁。

(11) わが国の改訂論議については，以下の文献を参照されたい。
　茅根聡「わが国会計基準の改定問題をめぐって」『會計』第163巻第4号，2003年4月，72－84頁。
　茅根聡「リース会計基準の国際的動向とわが国基準改訂の意味」『リース研究』第2号，2006年3月，11－16頁。

(12) 試案，公開草案及び会計基準の内容・解説については，以下の文献を参照されたい。
　企業会計基準委員会（2007）『企業会計基準第13号「リース取引に関する会計基準」及び企業会計基準適用指針第16号「リース取引に関する会計基準の適用指針」』。
　湯川喜雄「試案「リース取引に関する会計基準（案）」及び試案「リース取引に関する会計基準の適用指針（案）」の解説」『企業会計』第58巻第10号，2006年10月。
　茅根聡「リース会計基準試案の特徴と課題」『企業会計』第58巻第12号，2006年12月。
　小賀坂敦「公開草案「リース取引に関する会計基準（案）」等について」『企業会計』第59巻第3号，2007年3月。
　小賀坂敦「企業会計基準第13号「リース取引に関する会計基準」等の解説」『企業会計』第59巻第7号，2007年7月。

(13) 現在価値基準の「概ね90パーセント以上」と経済的耐用年数基準の「概ね75パーセ

第3部　財務会計の個別問題

ント以上」はわが国独自のものであるが，その「概ね」の理由として，現在価値基準の判定に見積りが多いためであり，「88％や73％でも実質的にフルペイアウトと考えられる場合には，ファイナンス・リース取引と判定されることになる。」と説明されている（企業会計基準委員会［2007］，適用指針94項）。

(14)　平成19年度税制改正の大綱（平成18年12月19日　財務省），3．リース取引関連税制。税制改正大綱の詳細は，自由民主党のＨＰを参照されたい。

(15)　ここで示した会計処理は，適用指針［設例1］所有権移転外ファイナンス・リース取引」を参考にしており，それを要約したものである。

＜参考文献＞

新井清光・北村吉弘編著(1995)『リース会計と実務』税務経理協会。
川口順一訳(1975)「アメリカ公認会計士協会　企業会計原則」同文舘。
企業会計基準委員会(2007)『企業会計基準第13号「リース取引に関する会計基準」及び企業会計基準適用指針第16号「リース取引に関する会計基準の適用指針」』。
小賀坂敦，2007年3月「公開草案「リース取引に関する会計基準（案）」等について」『企業会計』第59巻第3号。
小賀坂敦「企業会計基準第13号「リース取引に関する会計基準」等の解説」『企業会計』第59巻第7号，2007年7月。
古藤三郎訳(1973)『アメリカ公認会計士協会・リース会計』同文舘。
旬刊経理情報編集部編(1994)『リース会計実務のすべて』中央経済社。
庄政志(1993)『リースの実務知識（全訂版）』商事法務研究会。
茅根聡(1998)『リース会計』新世社。
茅根聡「リース会計基準の行方－Ｇ４＋１ポジション・ペーパーの提案に焦点を当てて－」『會計』第161巻第1号，2002年1月，12－27頁。
茅根聡「わが国会計基準の改定問題をめぐって」『會計』第163巻第4号，2003 年4月。
茅根聡「リース会計基準の国際的動向とわが国基準改訂の意味」『リース研究』第2号，2006年3月，1－16頁。
茅根聡「リース会計基準試案の特徴と課題」『企業会計』第58巻第12号，2006年12月。
服部勝(1994)『借手・貸手それぞれの立場からみた新リース会計基準』税務研究会出版局。
嶺輝子(1986)『アメリカリース会計論』多賀出版。
嶺輝子「リース会計の問題点－特にリースの貸借対照表能力について－」『會計』第122巻第5号，1982年11月。
宮内義彦(1997)『リースの知識〈新版〉』日本経済新聞社。
リース事業協会編集部「リース情報の開示と賃貸借処理削除の影響－リース会計基準見直し関連特別調査結果」『リース』第32巻第1号，2003年1月。
リース事業協会『リース需要動向調査報告書』及び『リース・ハンドブック』
リース事業協会http://www.leasing.or.jp。
American Institute of Certified Public Accountants[1970], "Statement of Accounting

第10章 リース会計

Principles Board No4, *Basic Concepts and Accounting Principles underlying Financial Statements of Business Enterprises,* "AICPA.

International Accounting Standards Committee [1997], "International Accounting Standards IAS17(Revised), *Leases,* "IASC.

Nailor Hans and Audrew Lennard [2000], *"Lease : Implementation of New Approach,* IASC.

Myers, John H. [1962], "Accounting Research Study No.4, *Reporting of Leases in Financial Statements,* "AICPA.

第11章　減損会計

第1節　減損会計導入の経緯

　減損とは，固定資産の収益性が低下し，投資額が回収できなくなった状態をいい，そのような場合に回収可能性を財務諸表に反映させるために，固定資産の帳簿価額を回収可能額まで減額する会計処理を減損会計という。

　米国では，FASBが正式に減損会計プロジェクトとして取り掛かったのが，1988年であり，その後1995年にSFAS121号「長期資産の減損および処分予定の長期性資産の会計処理」が正式に公表された。他方，国際会計基準では，IASCが米国から10年遅れること1998年，IAS36号「資産の減損」を正式な基準として公表している。

　わが国においては，1999年に企業会計審議会が減損会計を正式に最優先課題として議題に取上げ，その後2000年に「論点整理」を公表し，2002年には，「固定資産の減損に係る会計基準の設定に関する意見書」(以下「意見書」という)の公開草案を公表し，同年正式に企業会計審議会から減損会計基準が公表され，2005年4月1日以後開始する事業年度から強制適用[1]されることになった。

　わが国においては，それまで固定資産の減損に関する処理基準がなく，特にバブル崩壊後不動産をはじめ固定資産の価格や収益性が著しく低下している状況において，それらの帳簿価額が価値を過大に表示したまま将来に損失を繰り延べているのではないかという問題が提起されてきた。このような状況において，財務諸表への社会的な信頼を損ねているという指摘があり，減損に関する会計処理を整備し，投資者に的確な情報を提供するとともに，会計基準の国際的調和化を図るなどの観点から，米国に7年の遅れをとったが，固定資産の減損会計基準[2]が制定されることになった。

第2節　減損の定義

1　減損の定義

(1)　日本基準では，固定資産の減損とは，「資産の収益性の低下により投資額の回収が見込めなくなった状態であり，減損処理とは，そのような場合に，一定の条件（減損損失の認識の判定）の下で回収可能性を反映（減損損失の測定）させるように帳簿価額を減額する会計処理である。」（「意見書」三，3）と規定している。

(2)　米国基準では，SFAS144号で減損の定義を「長期性資産の帳簿価額がその公正価値を超える状態である」と明記した（2001年，par.7）。

(3)　国際会計基準では，減損を「資産の回収可能価額を上回る帳簿価額が付されている状態」であると定義し，そのような状態が存在するとき，両者の差額を減損損失として処理すると規定している（IAS36号，1998年，par.5）。

以上のように，3つの会計基準のいずれも，減損を「帳簿価額よりも回収可能価額が低下した状態」とみている。このような状態が明確になった場合に，減損損失を認識・測定する行為が減損会計である。米国基準だけが減損した資産に公正価値を使用しているが，公正価値は「当該資産を自発的な当事者間の取引によって売買できる価額」と定義され，取得原価の同意義として減損処理後の当該資産の新しい原価の基礎となるものとしている。

2　減損処理以外の固定資産の減価処理

減損処理以外に固定資産の帳簿価額を減額する会計処理には，次のような項目がある。

① 減価償却：固定資産の正規の減価償却費の計上
② 災害のよる損失等：災害や事故等の偶発的な事情による固定資産本体の減失による特別損失の計上
③ 臨時償却：固定資産の予測不能な著しい機能的原因による耐用年数や残

存価額の変更や修正による減価の計上などがある。

①は，所定の減価償却方法に基づいて，計画的，規則的に実施されるものであり，臨時的，偶発的なものではない。②は，臨時償却に類似するが，その性格は固定資産の実体が減失した部分の簿価の切り下げによる臨時的な損失である。③は，所定の計画に基づいて規則的に計上される減価償却費と異なり，その性格は耐用年数の変更や残存価額の修正による過年度の償却不足による臨時償却の性格を有するので，前期損益修正項目として処理される。

> **設　例**
> 　会社は，機械装置（取得原価1,000,000円，残存価額10%）について定額法により減価償却を行ってきたが，当期末に陳腐化が著しく，取得時から期首まで5年経過した時点で，従前の耐用年数12年を8年に変更し，臨時償却を実施した。

(1) 臨時償却の計算

12年の耐用年数の場合：$1,000,000 - (1,000,000 - 100,000) \times 5/12$
$= 625,000$（帳簿価額）

8年の耐用年数の場合：$1,000,000 - (1,000,000 - 100,000) \times 5/8$
$= 437,500$（帳簿価額）

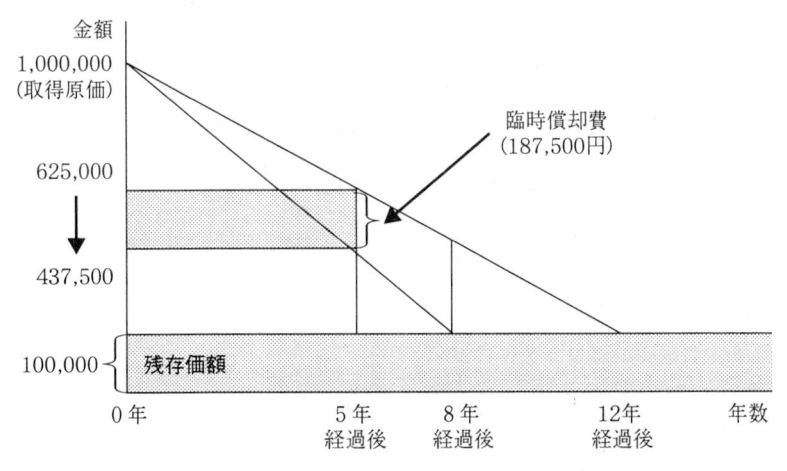

3 減損の対象資産

(1) 一般的な減損の対象資産

基準書では，固定資産に分類される資産を減損の対象資産としている。固定資産には，有形固定資産，無形固定資産および投資その他の資産が該当するが，その固定資産のうち，土地・建物を含む投資不動産や建設仮勘定，のれん，リース資産および遊休資産などが減損の対象資産になる。

(2) 資産のグルーピング
① 資産のグルーピングの方法

一般的には，減損の認識・測定では，個別の資産ごとに行われる。しかし，複数の資産が一体となって独立したキャッシュ・フローを生み出す場合は，減損損失の認識・測定に当たっては，合理的に資産をグルーピングしなければならない（「意見書」四2.(6)①）。そのグルーピングは，ある資産グループのキャッシュ・フローが他の資産または資産グループのキャッシュ・フローから概ね独立したキャッシュ・フローを生み出す最小の単位で行われる（会計基準二6(1)）。概ね独立したキャッシュ・フローとは，他の資産グループから影響を受けずに収益を稼得できる最小単位をいう。グルーピングの範囲を最小単位とするのは，他の資産グループの収益で当該資産の減損を相殺し，減損処理を回避しないようにするためである。

② 資産グループについて認識された減損損失の配分

資産グループについて認識された減損損失は，当該資産グループの各構成資産に配分する。その方法としては，帳簿価額に基づいて各構成資産に比例配分する方法が考えられるが，各構成要素の時価を考慮した配分方法も認められる（「意見書」四2.(6)②）。

(3) 共用資産
① 共用資産の範囲
　共用資産とは，複数の資産または資産グループの全社的なキャッシュ・フローの生成に寄与する資産をいう（同上(7)①）。例えば，本社の建物や試験研究施設などは，全社的な将来キャッシュ・フローの生成に寄与するが，全社的な資産でなくとも，複数の資産又は資産グループを含む部門全体の将来キャッシュ・フローの生成に寄与している資産は，当該部門の共用資産となる。

② 共用資産のグルーピング
　基準では，原則として[3]，共用資産と，その共用資産が将来キャッシュ・フローの生成に寄与している資産又は資産グループを含む，より大きな単位でグルーピングを行う方法をとる。すなわち，共用資産に減損の兆候がある場合の共用資産に係る減損の認識の判定は，共用資産が関連する複数の資産又は資産グループに共用資産を加えた，より大きな単位で行うこととしている（同上(7)②）。

③ 共用資産の減損損失の認識と測定（より大きな単位でグルーピングしたケース）
　共用資産に関して，より大きな単位でグルーピングを行う場合には，減損損失の兆候の把握，認識・測定に関する判定については，先ず，共用資産を含まない各資産又は資産グループごとに行い，その後，共用資産を含む，より大きな単位で行う（同上(7)③）。

　また，共用資産を含む，より大きなグルーピングに関する減損損失の認識の判定は，①共用資産を含まない各資産又は資産グループの帳簿価額に共用資産の帳簿価額を加えた金額と，割引前将来キャッシュ・フローの総額を比較することによって，減損損失を認識する（同上(7)③）。②その結果，減損損失を認識することになった場合には，共用資産を加えることによって算定される減損損失の増加額は，原則として，共用資産に配分する。

第3部　財務会計の個別問題

> **設　例**
>
> 　次の資料に基づき，共用資産を含む，より大きな単位で減損損失を認識し，測定しなさい（「適用指針」[**設例7－1**]を一部修正。）。
>
> （資　料）
>
> | | 資産A | 資産B | 資産C | 共用資産 | 合　計 |
> |---|---|---|---|---|---|
> | 帳 簿 価 額 | 300,000 | 240,000 | 500,000 | 400,000 | 1,440,000 |
> | 減 損 の 兆 候 | あり | なし | あり | あり | |
> | 割引前将来キャッシュ・フロー | 350,000 | N/A | 400,000 | N/A | 1,150,000 |
> | 回 収 可 能 価 額 | N/A | N/A | 260,000 | N/A | 850,000 |
> | 減損損失の認識 | （×） | （×） | （○） | （○） | |
>
> （注）　資産A，B，Cおよび共用資産を含む，より大きな単位での割引前将来キャッシュ・フローは1,150,000であり，それらの回収可能価額は850,000であった。

解　答

(1)　資産Aは，減損の兆候はあったが，割引前将来キャッシュ・フローが帳簿価額を上回るので，減損損失は認識しない。

(2)　資産Bは，減損の兆候がないので，減損処理は行わない。

(3)　資産Cは，帳簿価額が割引前将来キャッシュ・フローを上回るので，減損損失を認識する。資産Cの減損損失の測定＝500,000－260,000＝240,000

(4)　共用資産も減損の兆候があるので，共用資産を含む大きな単位での割引前将来キャッシュ・フロー1,150,000と減損損失控除前帳簿価額（1,040,000＋400,000＝）1,440,000とを比較し，後者が前者を上回っているので，それらの回収可能価額850,000まで減損損失を認識・測定する。

　　帳簿価額1,440,000－回収可能価額850,000＝590,000（減損損失）

(5)　減損損失590,000のうち，資産グループに係る減損損失240,000を控除した減損損失の増加額350,000は原則として共用資産に配分する。その仕訳は次頁のようになる。

（借）減 損 損 失　590,000　　　（貸）資　産　C　240,000
　　　　　　　　　　　　　　　　　　　共 用 資 産　350,000

(4) **主要な資産**

　主要な資産とは，資産グループの将来キャッシュ・フロー生成能力にとって最も重要な構成資産をいう（「意見書」注解（注3））。この主要な資産は，資産グループを行う際に行われ，当期に主要な資産とされた資産は，原則として翌期以降の会計期間においても，当該資産グループの主要な資産になる（「適用指針」22項）。

　「主要な資産」は，当該資産グループの減損の兆候を判断したり，資産グループについて減損損失を認識するか否かを判定する将来の割引前キャッシュ・フローの総額を見積ったりする場合に，当該主要な資産の経済的残存耐用年数も含めて重要な要素になる。

　「主要な資産」を決定する場合に，以下のような要素を含めて総合的に判断するとしている（「適用指針」23項）。

① 企業は，当該資産を必要とせずに資産グループの他の構成資産を取得するかどうか。

② 企業は，当該資産を物理的および経済的に容易に取り替えないかどうか。

　また，それ以外に当該資産の経済的残存使用耐用年数の長さや取得原価や帳簿価額も勘案することも考えられる。なお，共用資産は，原則として，主要な資産には該当しない。

第3部　財務会計の個別問題

4　収益性の低下(キャッシュ・フローの低下)と投資の成功・失敗

(1)　Ro＞Bo, Rt＞Bt のケース

図表11－1　投資が成功したケース

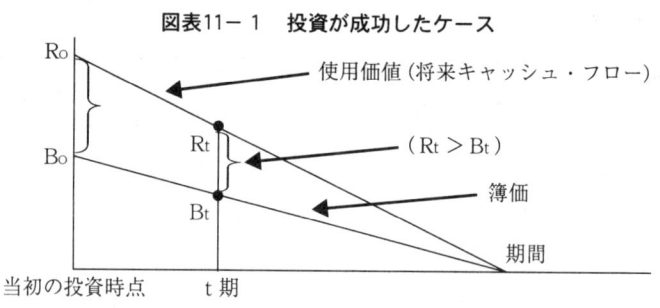

（出所）　ASBJ『詳解減損会計適用指針』(2004) 中央経済社, p.9

　企業が投資を行うのは, 図表11－1のように, 当初の投資時点で投資額Boを上回る回収可能額Ro（将来キャッシュ・フローの現在価値）が期待される場合（Ro－Bo＝プラス）である。このケースは, 投資が成功した場合である。t期でも（Rt＞Bt＝プラス）の成功したケースである。

(2)　Ro＞Bo, Bt＞Rt のケース

図表11－2　投資が失敗したケース

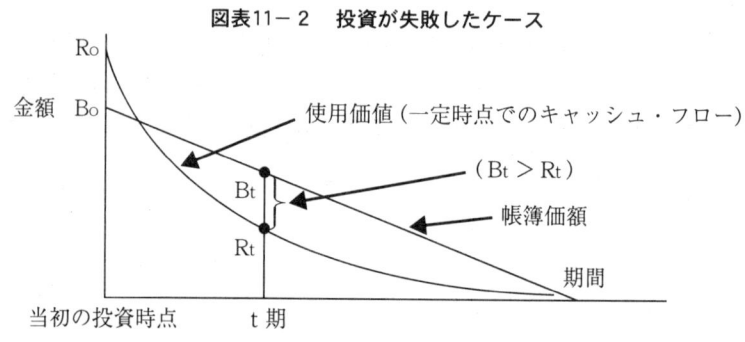

（出所）　ASBJ, 同上, p.9

　図表11－2のケースでは, 当初の当期時点ではRo＞Bo が期待されたが, t期の帳簿価額Btがその時点における回収可能額Rtを上回っており, 帳簿価額Btの回収が見込めなくなる状態である。

第11章 減損会計

第3節　減損会計の会計処理プロセス

　減損損失を測定するためには，次のような一定の手続きによって行われる。減損損失を認識・測定するためには，次の3つのステップの順序で行われる。

<減損処理の3つのステップ>

第1のステップ
減損の兆候

外部情報：・企業を取り巻く諸環境の悪化
　　　　　・資産の市場価格の著しい下落
内部情報：・資産の陳腐化
　　　　　・休止中の資産
　　　　　・資産の物理的損傷
　　　　　・事業廃止・リストラ・資産の処分等の計画

↓Yes

第2のステップ
減損損失の認識の判定

「資産の帳簿価額」＞「割引前将来キャッシュ・フロー」
（資産の帳簿価額が割引前将来キャッシュ・フローよりも金額が大きい場合）

↓Yes

第3のステップ
減損損失の測定

「資産の帳簿価額」＞「回収可能価額」（将来キャッシュ・フローの割引現在価値）（使用価値）と正味売却価額のうちいずれか大きい方の金額

図表11-3　減損損失の兆候・認識・測定のプロセス

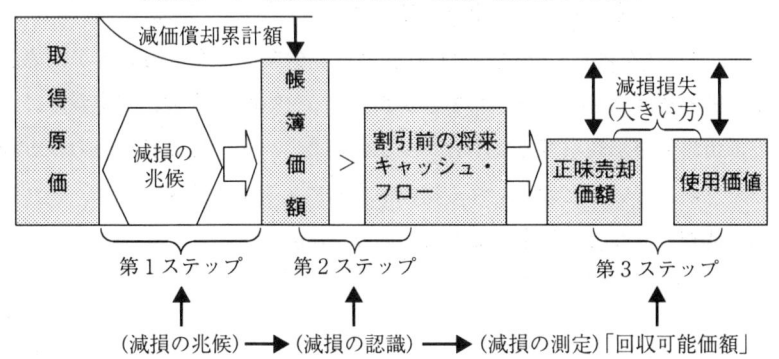

取得原価 / 減価償却累計額 / 帳簿価額 ＞ 割引前の将来キャッシュ・フロー → 正味売却価額・使用価値（減損損失＝大きい方）

減損の兆候 — 第1ステップ
第2ステップ
第3ステップ

（減損の兆候）→（減損の認識）→（減損の測定）「回収可能価額」

317

1　第1ステップ：減損の兆候

　第1のステップは，資産又は資産グループに減損損失が生じている可能性を示す事象（以下「減損の兆候」という。）があるかどうかの判定を行う。減損の兆候の具体的事象として，「固定資産の減損に係る会計基準」（以下「減損基準」という。）では，次の4つを挙げている。

(1)　資産又は資産グループが使用されている営業活動から生ずる損益[4]又はキャッシュ・フローが継続してマイナスになっているか，あるいは，継続してマイナス[5]となる見込みであること（「減損基準」二1,①）。

(2)　資産又は資産グループが使用されている範囲又は方法について，当該資産又は資産グループの回収可能性を著しく低下させる変化[6]が生じたか，あるいは，生ずる見込みであること。

(3)　資産又は資産グループが使用されている事業に関連して，経営環境が著しく悪化したか，あるいは悪化する見込みであること。

　「経営環境の著しい悪化」の例：①材料価格の高騰や，製・商品店頭価格やサービス料金，賃料水準の大幅な下落，製・商品販売量の著しい減少などが続いているような市場環境の著しい悪化，②技術革新による著しい陳腐化や特許期間の終了による重要な関連技術の拡散など技術的環境の著しい悪化，③重要な法律改正，規制緩和や規制強化，重大な法律違反の発生などの法律的環境の著しい悪化などが挙げられている（「適用指針」14項）。

(4)　資産又は資産グループの市場価額が著しく下落したこと。

　「市場価格が著しく下落したこと」とは，少なくとも市場価格が帳簿価額から50％程度以上に下落した場合が該当する（89項）。なお，固定資産については市場価格が観察可能な場合が少ないため，一定の評価額や適切に市場価格を反映していると考えられる指標が容易に入手できる場合には，これらを市場価格とみなして使用するとしている（15項）。

2　第2ステップ：減損の認識

　第2のステップは，ある特定の資産が減損している可能性のある減損の兆候がある場合には，その資産に減損損失があるかどうかの確実な判定（減損が存在しているか否かのテストを「回収可能額テスト」という）を行う手続きである。この場合，減損の兆候ありと判断された特定の資産は，投資額の回収可能性について調査を行い，回収可能性の有無によって投資が回収できるか否かを判定をする必要がある。この判定を行うことを「減損損失の認識」という。この判定は，確実性をもって行われることが要求される。減損基準では，いわゆる蓋然性の基準，すなわち「減損の存在が相当程度に確実な場合に限って減損損失を認識することが適当である」と述べている。具体的には，次のような判定基準に従って減損損失の認識を行う（「減損基準」二2）。

(1) 減損損失の認識の判定

① 減損の兆候がある資産又は資産グループについての減損損失を認識するかどうかの判定は，資産あるいは資産グループから得られる割引前将来キャッシュ・フローの総額と帳簿価額を比較することによって行い，資産又は資産グループから得られる割引前将来キャッシュ・フローの総額が帳簿価額を下回る場合には，減損損失を認識する（「減損基準」二2.(1)）。

② 減損損失を認識するかどうかを判定するために割引前将来キャッシュ・フローを見積る期間は，（その期間が何年かということが重要であるが基準では）資産の経済的残存使用年数又は資産グループ中の主要な資産の経済的残存使用年数と20年のいずれか短い方とする（「減損基準」二2.(2)）。

　　この経済的残存使用年数と20年のいずれか短い方としたのは，土地など使用期間が無限となりうることや，長期間にわたると将来キャッシュ・フローに見積りの不確実性が高まるという理由からである[7]。のれんも同じようにその残存償却年数と20年のいずれか短い年数とする（「適用指針」37項(4)）。

第3部　財務会計の個別問題

(2) 割引前将来キャッシュ・フロー総額の見積

① 当該資産の経済的残存使用年数が20年を超えない場合には，当該資産の経済的残存使用年数経過時点における当該資産の正味売却価額を，20年目までの割引前将来キャッシュ・フローに加算する（「適用指針」18項(1)）。

・経済的残存使用年数(15年)＜20年

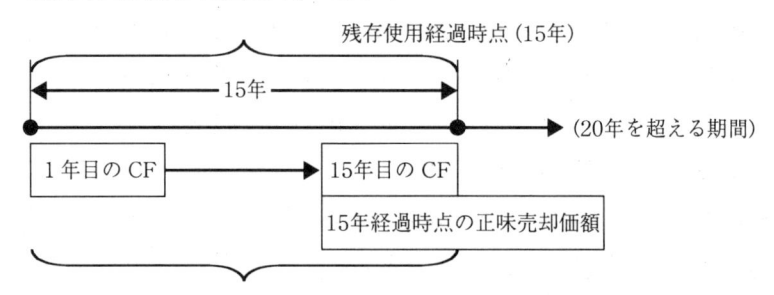

```
                    残存使用経過時点 (15年)
   ←――――― 15年 ―――――→
   ●――――――――――――――●―――――→ (20年を超える期間)
   ┌────────┐      ┌────────┐
   │1年目のCF│ ――→ │15年目のCF│
   └────────┘      └────────┘
                  ┌──────────────────┐
                  │15年経過時点の正味売却価額│
                  └──────────────────┘
```

　　割引前将来CFの総額
　　＝(15年目までの割引前将来CF)＋(15年経過時点の正味売却価額)

② 資産の残存使用年数が20年を超えた場合には，21年目以降に見込まれる将来キャッシュ・フローに基づいて算定された20年経過時点の回収可能価額を算定し，20年目までの割引前将来キャッシュ・フローに加算する（「適用指針」18項(2)）(注)。

・経済的残存使用年数(25年)＞20年

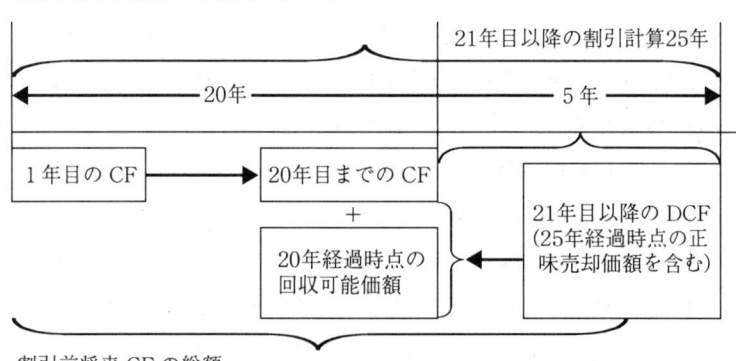

```
                               21年目以降の割引計算25年
   ←―――――― 20年 ――――――→←――― 5年 ―――→
   ┌────────┐    ┌──────────┐   ┌──────────────┐
   │1年目のCF│ → │20年目までのCF│   │21年目以降のDCF│
   └────────┘    └──────────┘   │(25年経過時点の正│
                        ＋        │味売却価額を含む)│
                 ┌──────────┐   └──────────────┘
                 │20年経過時点の│ ←―
                 │回収可能価額 │
                 └──────────┘
```

　　割引前将来CFの総額
　　＝(20年目の割引前将来CF)＋(20年経過時点の回収可能価額)[8]

<第2ステップの例題>

設 例

割引前将来キャッシュ・フロー(資産Aの経済的残存使用年数が20年を超える場合)を計算しなさい。この設例は、**減損会計基準の「適用指針の設例2」**を修正して作成したものである。

(1) 前提条件

X社の保有する主要な資産A(経済的残存使用年数25年)につき、今般、減損の兆候が見られたため、減損損失の認識の判定を行う。今後10年間の割引前将来キャッシュ・フローは800、11年から20年までの割引前のキャッシュ・フローは700とする。21年から25年までは30とする。資産Aの25年経過時点の正味売却価額は80とする。また、X社が用いる割引率は5%とする。

年数等	今後10年間の割引前キャッシュ・フロー	11～20年間	21年	22年	23年	24年	25年	25年経過時点 資産Aの正味売却価額
キャッシュ・フロー	800	700	30	30	30	30	30	80

解 答

<割引前将来キャッシュ・フロー>

{(1～10年)+(11年～20年)+(21年～25年)}

先ず、20年までの割引前将来キャッシュ・フローを計算し、その後20年以降の場合には、20年経過時点における回収可能価額であるから、その後のキャッシュ・フロー(25年経過時点の正味売却価額を含む)を現在価値に割引いた価額を、20年経過した割引前将来キャッシュ・フローに加算して算定する。

$$= (800+700) + \frac{30}{1+1.05} + \frac{30}{(1+1.05)^2} + \frac{30}{(1+1.05)^3} + \frac{30}{(1+1.05)^4}$$

$$+ \frac{30+80}{(1+1.05)^5} = 1,500 + 193 = 1,693$$

(3) 認識の判定基準：「割引前将来キャッシュ・フローの総額」

　固定資産の減損は，資産の収益性の低下により投資額の回収が見込めなくなった状態が相当程度に確実な場合に限って減損損失を認識することになる。減損会計基準は「割引前将来キャッシュ・フローの総額」を減損の認識基準としている。「割引前将来キャッシュ・フローの総額が帳簿価額を下回った場合」とは，減損の存在が相当程度に確実であることを意味し，残存の使用期間において，会計上，損失が計上されることを意味し，それは投資の収益性が低下したと想定することができるからである。

3　第3のステップ：減損の測定

　第3のステップは，減損損失が相当程度確実であるという判定（「減損損失の認識」）がされた資産又は資産グループは，帳簿価額を回収可能価額まで減額し，当該減少額を減損損失として当期の損失とする（「減損基準」二3.）。回収可能価額は，正味売却価額の算定（28項）および使用価値の算定（31項）に基づいて行われる。

　第3のステップでは，減損損失を算定する。ここでは回収可能価額とは何か，また回収可能価額の算定はどのようになされるかということが課題となる。

① 　回収可能価額は，資産または資産グループの正味売却価額と使用価値のいずれか高い方の金額が選択される（「減損基準」注解（注1）1.）。

② 　使用価値とは，資産または資産グループの継続的使用と使用後の処分によって生ずると見込まれる将来キャッシュ・フローの割引現在価値である（同注解（注1）4.）。

③ 　正味売却価額とは，資産または資産グループの売却時価から処分費用見込額を控除して算定される金額である（同注解（注1）2.）。

(1) 回収可能価額の算定（「適用指針」28項，31項）

　企業は，固定資産を回収する場合に，それらに対する投資を売却と使用のいずれかによって回収するため，売却による回収額である正味売却価額と，使用

による回収額である使用価値のいずれか高いほうの金額を回収可能価額として選択することになる（「意見書」四(3)）。固定資産が減損すれば，経営者はその資産を売却するかまたは継続的使用をするかの意思決定を行う。経営者はその大きい方を選択するのが合理的選択であろう。

① **正味売却価額の算定**

(イ) ここにおいて注意しなければならない点は，正味売却価額は2つの時点，すなわち将来時点の正味売却価額と現在時点の正味売却価額（25項）があり，前者は減損損失の認識の判定のために算定されるものであり，割引前将来キャッシュ・フローを算定する場合に経済的残存使用経過時点の正味売却価額である（18項(1)）。また減損損失の測定において，使用価値を算定するにあたり，使用後の処分によって生ずると見込まれる将来キャッシュ・フローの現在価値を算定するためにも用いられる（31項(2)）。後者は減損損失の測定において，回収可能価額を算定するにあたって正味売却価額を算定する（25項）。

(ロ) 正味売却価額は，固定資産の時価から処分費用見込額を控除して算定される金額であるとされ，その場合の時価とは「公正評価額をいう。通常それは観察可能な市場価格をいい，市場価格が観察できない場合には合理的に算定された価額[9]をいう。」（同注解（注1）3．）とされている。

(ハ) 処分費用見込額は，現在時点でキャッシュ・フローとして支払わなければならない価額であり，その現在価値が売却時価から控除される（112項）。

② **使用価値の算定**

(イ) 使用価値の定義（「減損基準」注解（注1）4．）

　　使用価値とは，資産または資産グループの継続的使用と使用後の処分によって生ずると見込まれる将来キャッシュ・フローの現在価値である。この場合の使用価値は，現在から将来にわたる回収可能価額を反映させることになるので，使用価値は，今後生ずると見込まれる将来キャッシュ・フローを，現在時点に割り引いた現在価値とすることが適当である。したがって，使用価値を算定するためには，以下の3つの値を合理的に見積も

第3部　財務会計の個別問題

　る必要がある。
　(a)　継続的使用によって獲得される将来キャッシュ・フロー
　(b)　使用後の処分から得られるキャッシュ・フロー
　(c)　割引率
　　その算式を示せば，次の通りになる。
　　使用価値(DCF)＝割引前将来キャッシュ・フロー総額÷割引率
㈹　使用価値の算定に際して用いられる割引率
　　使用価値の算定に際して用いられる割引率は，貨幣の時間価値を反映した**税引前の利率**とする（「減損基準」二 5 .）。これは将来キャッシュ・フローも税引前キャッシュ・フローを用いているからである。
　　減損損失の測定に当り，使用価値を算定する際の割引率は，減損損失の測定時点での合理的な割引率として決定する必要がある（124項）。
③　減損損失の測定
　減損損失は「減損損失と認識された資産，または資産グループについては，帳簿価額を回収可能価額まで減額し，当該減少額を減損損失として当期の損失とする。」（「減損基準」二 3 .）。減損損失は，固定資産売却損などと同じく固定資産の臨時的な損失として考えられるため原則として特別損失とすることになる。
　　減損損失＝帳簿価額－回収可能価額

設　例

　減損の兆候が認められ，次のデータによって，4 年経過時点での減損損失の金額を求めなさい。

　ある設備（取得原価10,000,000円，残存価額は取得原価の10％，耐用年数 8 年，定額法によって減価償却を行う。）を 4 年間使用してきた。5 年目以降のキャッシュ・フローと 8 年目の正味売却価額は次の通りである。
　（資料）

	5 年目	6 年目	7 年目	8 年目	8 年目の正味売却価額
割引前将来キャッシュ・フロー	800,000	800,000	800,000	800,000	600,000

第11章 減損会計

　　なお，当該資産の4年目末の売却時価は2,700,000円であり，売却費用は200,000円と見積もられた。
　① 4年目末における当該設備の帳簿価額と5年目からの将来の割引前キャッシュ・フローを計算する。
　② 当該資産の帳簿価額と比較し，帳簿価額が①の金額を超えていた場合には，減損損失を認識する。
　③ 回収可能価額を算定するため，使用価値と正味売却価額を算定し，その両者を比較して回収可能価額を求める。なお，正味売却可能価額は，2,500,000である。
　④ 最後に帳簿価額から回収可能価額を差し引いて，減損損失を算定する。

解　答

① 4年経過時点の当該設備の帳簿価額は，次の通りである。

　帳簿価額 $= 10,000,000 - (10,000,000 - 1,000,000) \times \dfrac{4\text{年}}{8\text{年}}$
　　　　　$= 5,500,000$円

　4年経過時点の向こう4年間の将来キャッシュ・フローは，次の通りである。

　割引前将来キャッシュ・フローの総額
　　$= 800,000 + 800,000 + 800,000 + 800,000 + 600,000 = 3,800,000$円

② 「帳簿価額5,500,000円」＞「将来キャッシュ・フロー3,800,000円」となるから，減損損失を認識する。

③ 正味売却可能価額 $= 2,500,000 = 2,700,000 - 200,000$

④ 使用価値 $= \dfrac{800,000}{1+0.1} + \dfrac{800,000}{(1+0.1)^2} + \dfrac{800,000}{(1+0.1)^3} + \dfrac{(800,000+600,000)}{(1+0.1)^4}$
　　　　　$= 3,901,920$

⑤ 回収可能価額は，正味売却可能価額と使用価値の大きいほうの金額3,901,920円となるから，減損損失は1,598,080円＝5,500,000－3,901,920と

なる。

第4節　減損処理後の会計処理

これまで減損損失の認識と測定の問題を中心に説明してきたが，減損処理を行った後の会計処理をどのように取り扱うのかがここでの焦点となる。

1　減損損失処理後の減価償却の計算

(1)　減損処理後の貸借対照表価額（帳簿価額）

適用指針 (55項) では，「減損処理を行った資産については，減損損失を控除した帳簿価額に基づき減価償却を行う。」（「減損基準」三1．及び2．）とあるので，減価償却については，減損損失を控除した帳簿価額に基づいて行われ，それから残存価額を控除した金額と残存耐用年数に基づき，企業が採用している減価償却の方法に従って，規則的，合理的に配分することになる (134項，135項)。そして，以下の例示にも示すように，減損損失を控除した帳簿価額に基づいて計算された減価償却控除後の未償却残高が貸借対照表価額となる。

(2)　減損処理後の残存価額

残存価額は，当初の減損処理前の残存価額ではなく，耐用年数到来時において予想される当該資産の正味売却価額となる。したがって，減損処理の測定を行った際に，将来の正味売却価額を見積もるが，それは将来キャッシュ・フローの構成要素となるだけでなく，その後の減価償却計算における構成要素である残存価額を決定していることにもなる。なお，残存価額は，耐用年数到来時において予想される当該資産の正味売却価額であるが，減価償却費の計算においては現在時点まで割り引かれないことに留意する (135項)。ただし，減損損失の測定の際の使用後の処分による将来キャッシュ・フローは，現在価値に割引いた後の額が用いられることになる。

(3) 減損処理後の耐用年数

残存耐用年数は，減損処理後の経済的残存使用年数を新たに設定することになる。

2　減損損失の戻入れ

減損会計基準では，国際会計基準とは異なり，減損損失の戻入れは行わない（適用指針55項）。減損会計基準では，その理由について次のように述べている（「意見書」四3.(2)）。

① 減損の存在が相当程度確実な場合に限って減損損失を認識および測定している。

② 戻入れは事務的負担を増大させる恐れがある。

しかし，国際会計基準では，減損処理は回収可能価額の見積りに基づいて行われるため，その見積りに変更があり，減損損失が減額される場合には，減損損失の戻入れを行う必要があるという考え方を採っている。

3　財務諸表における減損処理の開示

(1) 貸借対照表における表示方法 （「減損基準」四1.「適用指針」57項）

① 減損処理を行った資産の貸借対照表における表示は，原則として，減損処理前の取得原価から減損損失を直接控除し，控除後の金額をその後の取得原価とする形式で表示する（「直接控除形式」）。

＜減損損失累計額の表示＞

各有形固定資産に対する減損損失累計額は，当該各資産の金額（減価償却累計額を，当該資産の金額から直接控除しているときは，その控除額の金額）から直接控除し，その控除残高を当該各資産の金額として表示しなければならない（「財務諸表等規則」第26条の二参照）。

② ただし，減価償却を行う有形固定資産については，当該資産に対する減損損失累計額を，取得原価から間接控除する形式（「独立間接控除形式」）で表示することもできる。

第3部 財務会計の個別問題

③　前頁②の場合，減損損失累計額を減価償却累計額に合算して表示（「合算間接控除形式」）することができる。

　　減損処理を行った資産の貸借対照表における表示形式は，原則として直接控除形式によるが，例えば減価償却を行う有形固定資産の減価償却累計額については，各資産項目に対する控除項目として掲記する（間接控除形式）が，減損損失累計額と減価償却累計額の性格は異なるものと考えられるから，貸借対照表において直接控除形式を採るなど，減価償却累計額の表示形式と同じものである必要はない（139項）。

上の3つの表示方法を示すと次のような形式になる
（前提）：　　資産の種類　　機械装置
　　　　取得原価100，減損処理前の減価償却額30，減損損失額25
　　　　減損処理後の減価償却額15→帳簿価額30（100－(30＋25＋15)）

①　直接控除形式(イ)

　　　機 械 装 置　　　75[1]
　　　減価償却累計額　　45[2]
　　　―――――――――――――
　　　　　　　　　　　　30

　　(1)　機械装置75＝取得原価100－減損処理額25
　　(2)　減損処理前の減価償却額30＋処理後の減価償却額15

　（機械装置の帳簿価額は，減損損失累計額を減損処理前の取得原価から直接控除し，減損処理後の資産の帳簿価額とし，それから減損処理以前の減価償却累計額と処理後の減価償却費を間接的に控除する。）

②　直接控除形式(ロ)

　　　機 械 装 置　　　45[1]
　　　減価償却累計額　　15[2]
　　　―――――――――――――
　　　　　　　　　　　　30

　　(1)　機械装置45＝取得原価100－減損処理前の減価償却額30－減損処理額25
　　(2)　減損処理後の減価償却額15

③　間接控除形式（ただし，減損損失累計額と減価償却累計額を合算する方式によった場合）

機械装置	100[1]
減価償却及び減損損失累計額	70[2]
	30

(1) 機械装置100は減損処理前の取得原価そのままである。
(2) 70＝減損処理前と処理後の減価償却費45（30＋15）＋減損損失25

　会社法では，会社計算規則111条で，有形固定資産に対する減損損失累計額の表示を規定しているが，ほぼ財務諸表等規則と減損会計基準と同じ内容になっている。

(2) 損益計算書における減損損失の表示方法

　減損損失は，原則として，特別損失とする（「減損基準」四2.）。これは減損損失が固定資産に関する臨時的な損失であるためである（経過報告）。

図表11－4　財務諸表等規則様式第三号［損益計算書］

Ⅶ　特別損失				
1．前期損益修正損	×××		×××	
2．固定資産売却損	×××		×××	
3．減損損失	×××		×××	
4．災害による損失	×××		×××	

区　分	注記番号	前事業年度 自　平成17年4月1日 至　平成18年3月31日		当事業年度 自　平成18年4月1日 至　平成19年3月31日	
		金　額（円）	百分比（％）	金　額（円）	百分比（％）
Ⅶ　特別損失					
1．固定資産売却損	※5	3,277		1,886	
2．投資有価証券売却損		7		－	
3．固定資産除却損	※6	5,242		5,447	
4．減損損失	※7	2,581		9,287	

出所：新日本石油株式会社（『有価証券報告書』）2007年3月期（H.18.4.1～H.19.3.31）より抜粋

(3) 減損にかかわる注記事項（「減損基準」四3.「適用指針」58項，140－142項）

　減損会計基準では，「重要な減損損失を認識した場合には，減損損失を認識した資産，減損損失の認識に至った経緯，減損損失の金額，資産のグルーピン

第3部　財務会計の個別問題

グの方法，回収可能価額の算定方法等について注記する。」と規定している（基準四3.）。

新日本石油株式会社の減損に係る注記（2007年3月期）

前　事　業　年　度 （自平成17年4月1日　至平成18年3月31日）	当　事　業　年　度 （自平成18年4月1日　至平成19年3月31日）
8．※7　減損損失 　当社は，キャッシュ・フローを生み出す最小単位として，SSについては1SS毎，SS以外については原則として1物件毎を基本単位としてグルーピングしております。 　地価の下落などにより，以下の資産グループ21件の帳簿価額を回収可能価額まで減額し，当該減少額を減損損失（2,581百万円）として特別損失に計上しております。	8．※7　減損損失 　当社は，キャッシュ・フローを生み出す最小単位として，SSについては1SS毎，SS以外については原則として1物件毎を基本単位としてグルーピングしております。 　地価の下落などにより，以下の資産グループ47件の帳簿価額を回収可能価額まで減額し，当該減少額を減損損失（9,287百万円）として特別損失に計上しております。

用途	場所	種類	減損損失 （百万円）
SS	ルート16深作SS （埼玉県さいたま市） ほか4件	土地	1,112
遊休資産ほか	船橋油槽所跡地 （千葉県船橋市） ほか15件	土地 建物 その他	1,469
合計			2,581

用途ごとの減損損失の内訳
　SS　　　　　　　　　　　　1,112百万円
　　　　　　　　　　　　（内，土地1,112）
　遊休資産ほか　　　　　　　1,469百万円
　　　　　　　　（内，土地1,170，建物181
　　　　　　　　　　　　　　　その他117）
　SSの資産グループの回収可能価額については，主として使用価値により測定しており，将来キャッシュ・フローを4.5％で割り引いて算出しております。
　遊休資産などの資産グループの回収可能価額については，主として正味売却価額により測定しております。なお，土地についての正味売却価額は，主として公示価格に基づく評価額によっております。

用途	場所	種類	減損損失 （百万円）
不動産事業	オートプロ鎌ヶ谷SS跡地 （千葉県鎌ヶ谷市）	土地	177
遊休資産ほか	旧新日本石油加工㈱ 東京工場 （東京都江東区） ほか45件	土地 建物 その他	9,110
合計			9,287

用途ごとの減損損失の内訳
　不動産事業　　　　　　　　　177百万円
　　　　　　　　　　　　（内，土地177）
　遊休資産ほか　　　　　　　9,110百万円
　　　　　　　（内，土地7,534，建物1,310
　　　　　　　　　　　　　　　その他264）
　不動産事業の資産グループの回収可能価額については，主として使用価値により測定しており，将来キャッシュ・フローを4.5％で割り引いて算出しております。
　遊休資産などの資産グループの回収可能価額については，主として正味売却価額により測定しております。なお，土地についての正味売却価額は，主として公示価格に基づく評価額によっております。

　適用指針58項では，「重要な減損損失を認識した場合には，損益計算書に係る注記事項として，以下の項目を注記する。」としている。これは特別損失として減損損失が計上されるところから損益計算書の注記事項とされたのである。

(イ)　注記事項（「適用指針」57項）

　①　減損損失を認識した資産又は資産グループについては，その用途，種

類，場所などの概要
② 減損損失の金額に至った経緯
③ 減損損失の金額については，特別損失に計上した金額と主な固定資産の種類ごとの減損損失の内訳
④ 資産グループについて減損損失を認識した場合には，当該資産グループの概要と資産をグルーピングした方法
⑤ 回収可能価額が正味売却価額の場合には，その旨及び時価の算定方法，回収可能価額が使用価値の場合には，その旨及び割引率（141項）

ただし，減損会計基準を始めて適用した事業年度においては，減損損失を計上していなくても，全般的な資産のグルーピングの方針等を注記することができる（140項）。

このただし書きは，たとえ減損損失を計上するにいたらなかった場合でもできるだけ企業の固定資産の減損会計に関する情報の開示を妨げないことを規定したものである。

なお，財務諸表等規則第95条の三の二にも「減損損失に関する注記」としてほぼ同様の事項を注記として掲げることを要求している。

(ロ) 割引率の開示

上の(5)の回収可能価額が使用価値の場合には，使用価値の算定に際して割引率の決定が重要な要素になる。減損損失の測定においては，将来キャッシュ・フローの見積値から乖離するリスクを反映させるため，貨幣の時間価値だけを反映した無リスクの割引率を用いて使用価値を算定するため，この割引率を開示することになる。

(注)
(1) 企業会計審議会「固定資産の減損に係る会計基準」「固定資産の減損に係る会計基準の設定に関する意見書の二」（2002年8月9日），企業会計基準委員会，企業会計基準適用指針第6号「固定資産に係る会計基準の適用指針」（2003年10月31日）
(2) 2004年3月期（草々期適用）の適用会社は同年9月中間期から適用した上場会社360社を含めて510社であった。2005年3月期「早期適用会社」からの適用会社は約370社であった。日本経済新聞の調査全上場企業（2,648社）（2006年7月20日）では，2004年

331

第3部　財務会計の個別問題

3月期~06年3月期に減損処理した金額は，4兆5千億円弱であった。内訳は，2004年3月期が8,636億円，05年3月期が1兆5,413億円，06年3月期が2兆500億円余で3年間で最高であった。

(3)　選択的な方法としては，共用資産の帳簿価額を各資産又は資産グループに配分した上で，各資産グループで認識された減損損失を，帳簿価額に基づく比例配分等の合理的な方法で，共用資産の配分額を含む当該資産グループの各構成資産に配分することもできる（「意見書」四2(7)④を参照）。

(4)　「適用指針」によれば，「営業活動から生ずる損益」とは，企業全体のレベルでなく，資産及び資産グループのレベルにおいて内部的な管理会計上の損益区分から入手できる情報に基づいて把握されると指摘している。

(5)　「適用指針」によれば，「継続してマイナス」とは，おおむね過去2期がマイナスであったことを意味し，「継続してマイナスとなる見込み」とは，前期と当期以降の見込みが明らかにマイナスとなる場合を意味している。

(6)　資産又は資産グループの回収可能価額の著しい低下の事象とは，資産又は資産グループが使用されている事業を廃止又は再編すること，当初の予定よりも著しく早期に資産又は資産グループを処分すること，それらを当初の予定と異なる用途に転用すること，それらが遊休状態になったことなどをいう（「減損基準」注解（注1））。

(7)　国際会計基準IAS36号では，将来キャッシュ・フロー見積もりの上限の期間は，最大でも5年でおり，米国基準FAS144号は，償却性資産である主要な資産の残存試用期間を用いており，上限を設けていない。

(8)　例えば，20年までの割引前将来CFが200（10×20年）であり，21年目以降のCFも毎年10が期待できるとすると，それを5％で割り引くとすると，43（9.5+9.1+8.6+8.2+7.9）となり，25年経過時点の正味売却価額を5とし，それを5％で割り引くと，4になる。したがって，20年経過時点の回収可能価額は，47（43+4）となり，20年間の割引前キャッシュ・フロー200に加算すると，25年間の割引前将来キャッシュ・フローの総額は，247となる。

(9)　市場価格が監察できない場合の「合理的に算定された価額」とは，不動産鑑定士からの鑑定評価額や製造業や販売業者，物件売買仲買会社などの第三者から入手した価格を，合理的に算定された価額とすることができるとしている（28項(2)①②））。

＜参考文献＞

伊藤邦雄責任編集，田中建二，弥永真生，米山正樹著『時価会計と減損』中央経済社，2004年7月。

小澤義哉・橘田万理恵［著］『総解説　減損会計検討状況の整理』東洋経済新報社，2003年6月。

企業会計基準委員会事務局，財団法人財務会計基準機構［編］『詳解減損会計適用指針』中央経済社，2004年2月。

企業会計審議会「固定資産の減損に係る会計基準」2002年8月9日。

企業会計審議会「固定資産の減損に係る会計基準の設定に関する意見書」2002年8月9

日。
企業会計基準委員会，企業会計基準適用指針第6号「固定資産の減損に係る会計基準の適用指針」，2003年10月31日。
栗原学，山田徳昭，長谷川英司，吉田実貴人著『減損会計の仕組みと対策』中央経済社，2001年12月。
中央青山監査法人 研究センター『減損会計基準ガイドブック』中央経済社，2002年10月。
辻山栄子［編著］『逐条解説 減損会計基準』中央経済社，2003年6月。
広瀬義州・岡島進吾編『コメンタール国際会計基準』税務経理協会，1999年11月。

第12章　退職給付会計

第1節　退職給付会計の意義

　退職給付とは，従業員が企業を退職時またはそれ以降退職金または年金として企業から受け取るものである。退職給付会計はこれらの退職金および年金の会計を取り扱うものである。退職給付会計は，退職給付制度を取り巻く法制度の複雑さ，退職給付支払いのための年金数理の採用，退職給付制度への税制度及び会計概念の思考方法を総合的に勘案するために，複雑化している。退職給付会計は，わが国独自の退職給付制度を考慮するとともに，現在進行中の国際的なコンバージェンスをも考慮することが必要となる。国際的な年金会計基準は，現在見直しを行っており，正式に公表された場合には，会計基準のコンバージェンスの観点から，将見直しを必要とされると考えられる[1]。

　本稿では，主として，現在のわが国の退職給付会計基準の内容とその論点を説明することとする。

第2節　退職給付会計の特徴

　わが国及び国際的に採用している退職給付会計の特徴は，主に3つの要素から成り立っている。

1　遅延認識の論理

　企業は，退職給付制度を採用している場合，退職金（年金）を従業員に退職時またはそれ以後に支払う。退職給付会計においては，退職給付債務は年金数理を使用して算定され，年金資産は公正価値により決定される。これらの金額は

一定時点において，算定・評価される。こうして算定・評価された金額は，一定時点の（見積もり）金額であり，殆どの場合その後の実績値と異なる。この見積値と実績値との差額を，数理計算上の差異（IAS[2]やSFAS87[3]では"年金数理上の差損益"(actuarial gains and losses)）と言う。数理計算上の差異は，発生時に損益に計上しないで，将来の年度に繰延べて損益に計上することが容認されている。会計上，取引は発生時点で認識することが一般的であるが，退職給付会計では，数理計算上の差異を発生時に損益として認識せずに，将来の年度に繰延べて損益計上する「遅延認識」の論理の採用に特徴がある。

2 退職給付債務と年金資産との相殺−「純額方式」の採用

退職給付会計は，退職給付債務と年金資産とを貸借対照表に認識・計上するアプローチとして，退職給付債務と年金資産とをそれぞれ総額で認識・計上する「総額方式」[4]と退職給付債務と年金資産とを相殺して純額で計上する「純額方式」とが議論されてきた。

現行の会計基準では，退職金（年金）規定に基づき算定される退職給付債務と退職金（年金）支払のための年金資産とは相殺して，純額で貸借対照表に計上する「純額方式」を採用している。

3 退職給付費用計上についての純額方式の採用

退職給付会計上，損益計算書に計上する退職給付費用は，従業員の勤務に伴い発生する勤務費用，退職給付債務にかかる利息費用，年金資産から発生する年金資産運用益，年金数理計算上の損益がある。これらの費用を，損益計算書に，勤務費用，利息費用，年金資産運用収益などを，それぞれ別個に計上するのではなく，合計して純年金費用として計上する方式を採用している[5]。

退職給付会計基準は上記の3つの主要な特徴を持つものであるが，現行の会計基準は，これらの方式の採用により，事業主の退職給付債務や退職給付費用の比較可能性や理解可能性を増すものと考えている[6]。

第3節　退職給付制度の種類

　退職給付制度について，本稿では，退職給付会計の適用の観点から，(1)単独事業主制度と複数事業主制度と，(2)確定給付年金制度と確定拠出年金制度について説明する。なお，事業主は，一定の期間にわたり労働を提供した従業員に退職時または退職時以降，退職一時金または年金を支払う場合が多いが，この退職一時金及び年金を「退職給付」と言う。したがって，本稿で述べる退職給付は退職一時金及び年金の双方を含むものである。

1　単独事業主と複数事業主の観点

(1)　単独事業主制度－事業主が単独で年金制度を設立している制度である。
(2)　複数事業主制度－複数事業主制度とは複数の事業主で年金制度を設立している制度である。複数事業主制度には，税制適格退職年金制度では共同委託（結合契約）の制度，厚生年金基金制度では，連合設立，総合設立の制度がある。
　本稿における退職給付会計は主に単独事業主の会計を説明することとする。

2　確定給付年金制度と確定拠出年金制度

　確定給付制度には確定給付年金制度と確定拠出年金制度との2つのタイプがある（そのほかに，ハイブリッドプランがあるが，本稿では割愛する）。
(1)　確定拠出年金制度－事業主が一定の掛金額を年金基金に支払い，従業員はその範囲において年金を受け取る制度である。当該制度の下では，年金基金が退職給付を支払う十分な資産を有していない場合でも，法律上も実質上も，企業はそれらの不足額を支払う義務がない制度である。したがって，従業員が実質的に「年金数理上のリスク」（年金給付額が予想給付額よりも少なくなる）と「投資リスク」（投資資産が予想給付額を満たすに十分でない）を負担することになる。

(2) 確定給付年金制度－確定拠出年金制度以外の退職給付制度をいう。この制度の下では，事業主は年金制度における「年金数理上のリスク」と「投資リスク」を引き受けている。したがって，事業主は，年金給付額を支払うための年金基金の資産状況に不足があれば当該不足額を年金基金に支払うことになる[7]。

確定拠出年金制度は，事業主に将来の退職給付について拠出以後に追加的な負担が生じないために，基本的には，確定拠出年金制度への要拠出額をもって費用処理することが適当である。

こうした状況を考慮して，本稿では，事業主の確定給付年金制度の会計について焦点を当て述べることとする。

第4節 退職給付債務の認識・測定

1 退職給付の性格

事業主が，退職（年金）制度を創設し，退職（年金）規定に基づき退職給付を退職以後に従業員に支払うことを約束した場合の退職給付の性格について，退職給付は基本的に勤務期間を通じた労働の提供に伴って発生するものであり賃金の後払いという性格を有するものとしている。わが国の会計基準では，退職給付の性格について賃金後払説，功績報奨説，生活保障説といったいくつかの考え方を示し，社会経済環境の変化等により実態上は様々な考え方があるが，会計基準の検討にあたっては，「退職給付は基本的に勤務期間を通じた労働の提供に伴って発生するもの」と捉えることにしたのである[8]。

退職給付会計上，賃金後払説を採用したので，従業員は，一定の期間にわたり労働を提供したことにより，退職一時金または退職年金の支給を受けとる退職給付は，発生主義に基づき債務及び費用を財務諸表に反映させることが必要となる。したがって，退職給付は，「その発生が当期以前事の事象に起因する将来の特定の費用的支出であり，当期の負担に属すべき退職金の金額は，その

支出の事実に基づくことなく，その原因又は効果の期間帰属に基づいて費用として認識する」(退職給付に係る会計基準) こととなり，企業は従業員より受ける労働提供の対価として，退職給付を発生主義に基づき費用認識することとなる。

2　退職給付に係る債務の認識及び測定

(1)　退職給付債務の認識

退職給付債務とは，上記の賃金後払説の採用と発生主義の採用により，一定の期間にわたり労働を提供したこと等の事由に基づいて，退職以後に従業員に支給される給付のうち認識時点までに発生していると認められるもの」と定義される。すなわち，退職給付規定に基づく退職給付のうち，退職給付会計上，貸借対照表日現在などの認識時点までに提供された労働の対価と認められるものについて退職給付規定に基づく金額を「予測単位年金積増方式」(projected unit credit method) で算定したものが退職給付債務である。

(2)　退職給付債務及び費用の測定方法

退職給付債務の測定方法の特徴は下記のとおりである。
① 　将来の退職給付総額を見積もること－退職時以降に支給されると見込まれる退職給付の総額を，退職時までに合理的に見込まれる退職給付の変動要因を考慮して見積もり，当該額を合理的な方法により配分して各期の発生額を見積もること。
② 　現価方式を採用していること－退職給付は支出までに相当の期間があるので，退職給付債務及び退職給付費用の計算方法は，一定の割引率及び予想される退職時から現在までの期間に基づき現在価値額に割り引く現価方式が採用していること (退職給付に係る会計基準)。

上記の退職給付債務の具体的な測定手順は，原則として個々の従業員ごとに，下記の方法に従って行う[9]。

第3部　財務会計の個別問題

(a) 退職時に見込まれる退職給付の総額（退職給付見込額）の計算

　　退職給付見込額は，予想退職時期ごとに，従業員に支給される一時金見込額及び退職時点における年金現価の見込額に退職率及び死亡率を加味して計算する。退職給付見込額の計算において，退職事由（自己都合退職，会社都合退職等）や支給方法（一時金，年金）により給付率が異なる場合には，原則として，退職事由及び支給方法の発生確率を加味して計算する。

　　退職給付債務は，見積もられた将来の退職給付額のうち，認識時点までに発生していると認められる額であり，その金額は，退職時点における退職給付の総額（退職給付見込額）をまず見積もり，退職給付見込額を労働の発生時点から退職時点までの期間を対象に期間配分して割引計算することにより算定する。

(b) 退職給付見込額のうち期末までに発生していると認められる額の計算（期間配分方式）

　　予想退職時期ごとの退職給付見込額のうち，期末までに発生していると認められる額を計算する。期末までに発生していると認められる額を見積もる方法としては，期間定額基準，給与基準，支給倍率基準などがある。日本の退職給付会計基準のもとでは，期間定額基準（退職給付見込額を全勤務期間で除した額を各期の発生額とする方法）が原則である。期間定額基準が原則とされる理由は「労働の対価として退職給付の発生額を見積もる観点からは，勤務期間を基準とする方法が国際的にも合理的で簡便的な方法であると考えられている。したがって，わが国においても，この方法を原則とすることとした。」（退職給付に係る会計基準の設定に関する意見書）（注：「米国会計基準では，制度の給付算定式に基づいて配分する支給倍率基準が原則とされており，受給権が発生していない給付については期間比例で補正すべきであるとしている（SFAS87, par.40, par.42））。IAS19号でも，制度の給付算定式に基づく配分を原則とし，給付が後荷重になっている場合に限って部分的に期間基準を用いることを認めている。…このよう

な給付算定式にもとづく配分方法は，期末までに発生していると認められる額が将来の給付率に依存せずに決まることになるため，獲得済みの受給権を会計上も認識してものとして，わかりやすい考え方といえる。…したがって，わが国の会計基準で原則とされた期間定額基準は，国際的スタンダードの観点や受給権保全の観点からは，必ずしも原則的な配分基準とはなっていないことに注意しておく必要があるであろう。」[10]。

なお，「給与基準（給与総額を基準とする方法）」とは，当期に発生していると認められる額の割合として，退職時点までの勤務期間にわたる総給与額に対する当期の総給与額の割合を用いる方法であり，「支給倍率基準（支給倍率を基準とする方法）とは，当期に発生していると認められる額の割合として，退職時点における支給倍率に対する当期の支給倍率の増加分の割合を用いる方法。

また，日本企業では，退職金が勤務年数や資格などに基づき付与されるポイント基づく場合もあり，この場合には，退職給付債務は「ポイント基準（ポイント累計を基礎とする方法）」により算定される。

退職給付見込額の期間配分方法は，実態に適合しているものを採用すべきであるため，退職給付会計基準は，実態に応じて上記の期間配分方式によることを認めている。

(3) 現価方式の採用

退職給付債務は，「期間配分方式」に記載された方法により算定された各年度ごとの退職給付見込額のうち認識時点までに発生していると認められる額の現在価値を，各年度ごとにそれぞれ算定し，合計することにより算定される。

第5節　年金資産の意義及び評価

1　定　　　義

　退職給付会計において，年金資産とは企業年金制度に基づき退職給付に充てるため積み立てられている資産をいう（退職給付会計基準一定義2）。

　わが国の企業年金制度において中心的な制度は，厚生年金保険法に基づく厚生年金基金制度及び法人税法に基づく税制適格退職年金制度であり，退職給付会計実務指針では，厚生年金基金制度及び適格退職年金制度において保有する資産は年金資産としている。

　上記に加えて，退職給付会計実務指針では，年金資産として特定の退職給付制度について企業と従業員との契約（退職金規程等）に基づき，以下の全ての要件を満たした特定の資産を年金資産とみなしている。

① 退職給付以外に使用できないこと
② 事業主及び事業主の債権者から法的に分離されていること
③ 積立超過分を除き，事業主への返還，事業主からの解約・目的外の払出し等，事業主の受給者等に対する詐害的行為が禁止されていること
④ 資産を事業主の資産と交換できないこと

2　退職給付信託

(1)　定　　　義

　退職給付信託とは，退職給付（退職一時金及び退職年金）目的の信託をいう（退職給付会計実務指針第7号）。年金資産とみなすことのできる特定の資産の要件は上記の4つであるが，退職給付会計実務指針では，退職給付信託が年金資産に該当するための要件としてさらに以下の4つを追加して明示している。

① 当該信託が退職給付に充てられるものであることが退職金規程等により確認できること
② 当該信託は信託財産を退職給付に充てることに限定した他益信託である

こと
③ 当該信託は事業主から法的に分離されており，信託財産の事業主への返還及び受益者に対する詐害行為が禁止されていること
④ 信託財産の管理・運用・処分については，受託者が信託契約に基づいて行うこと

これらの要件を満たすことにより退職給付信託は年金資産に該当するものとされるが，退職給付信託の目的が退職給付債務の積立不足額を充当することであることから，資産の信託への拠出の時点で退職給付信託と年金資産の合計額が退職給付債務を超える場合には，年金資産として認められない。

退職給付信託に拠出できる資産は，一般に上場有価証券等，時価の算定が客観的かつ容易であり，換金性の高い資産であることが求められる（退職給付会計実務指針第56項）。

退職給付信託に拠出した資産は，従業員等の退職給付に充てるものであり，換金性の高い資産を信託財産とするという基本的な考え方が望まれる。ここで，①時価の算定が客観的かつ容易であること，及び②換金性の高い資産であることを要件として設定しているが，②の「換金性の高い」ということは資本市場（証券市場など）で換金できることが必要だと思われる。つまり，退職給付に充てるのであり，資本市場のようなマーケットで換金が容易であることが必要なのである。こうした考え方を背景にすると，「土地などの有形固定資産については，通常，拠出対象資産とすることが難しいと考えられる」ことになる[11]。

なお，退職給付信託の資産の入替えは，入替えが必要と認められる特別の事由が存在する場合のみ認められる。退職給付会計実務指針第55項では以下の事由を挙げている。
① 退職給付信託が超過積立の状況となった場合
② 信託した資産が株式であり当該株式が上場廃止等により流動性がなくなり信託目的を達成できない場合
③ 買収・合併により年金資産に自己株式が生じる恐れがある場合

3　年金資産の範囲

　年金資産は退職給付に充てるため積み立てられている資産である。退職給付の支払に充当できる資産でなければ，年金資産には当てはまらない。したがって，いくつかの特殊な項目について，年金資産の範囲は以下のように取り扱われる。

　厚生年金基金制度における業務経理に係る資産は年金資産に含まない。当該資産が退職給付の支払に充当できないためである。

4　年金資産の評価

　年金資産の額は，期末における公正な評価額により計算する（退職給付会計基準二負債の計上3年金資産）。また，退職給付会計実務指針では，公正な評価額を「資産取引に関し十分な知識と情報を有する売り手と買い手が自発的に相対取引する時の価格によって資産を評価した額」としており，通常は期末における年金資産の時価評価額が用いられる。

　こうした年金資産の期末の時価評価額は，通常，企業の要求に基づき年金資産の管理を受託している信託銀行等により企業に提供される。したがって退職給付会計では，一般的には信託銀行等より提供された年金資産の期末時価評価額を用いて，会計処理が行われる。

　なお，上述のように年金資産の額は「期末における」公正な評価額によることとされているため，期末以外の時点における公正な評価額を用いることは認められない。

第6節　数理計算において用いる予測数値の意義及び算定方法

1　退職給付計算と予測数値

　退職給付債務は従業員の予想退職時期ごとの退職給付見込額を基礎として，期末までに発生していると認められる額を現在まで割り引いて計算される。この計算にあたっては，将来給付額の見積り及びその現在価値への評価という要素を含むため，たとえば，従業員の退職や死亡の発生割合，毎年の昇給の程度，将来給付見込額を現在時点へ割引評価するための利率などといった計算上の一定の仮定を織り込むことが必要となる。

　このような計算上の仮定を保険数理上は「基礎率」と呼び，退職給付会計では「数理計算において用いる予測数値」（以下，「予測数値」という）と呼んでいる（注：基礎率と予測数値とは基本的に同じ考え方のものとして位置付けられる）。

　退職給付会計における予測数値は，これを経済変数的な予測数値と人員統計的な予測数値とに大別することができる。

　経済変数的な予測数値とは，経済のインフレ率や成長率を反映するものであり，具体的には割引率，期待運用収益率，予定昇給率のうちベース・アップに相当する部分などがこれに該当する。経済変数的な予測数値の設定にあたっては，将来のインフレ率や成長率といったマクロ経済の前提を相互に矛盾のない形で合理的に予測数値に反映させることが必要となる。たとえば，将来低インフレ率や低成長率を前提として，期待運用収益率を低く設定しておきながら，ベース・アップ率を高く設定することは合理性に欠くことがある。

　一方，人員統計的な予測数値とは，個別企業の人員集団全体としての特性を反映するものであり，具体的には予定退職率，予定死亡率，予定昇給率のうち定期昇給に相当する部分，予定一時金選択率などがある。人員統計的な予測数値の算定方法としては，その集団の現在及び過去の実績データを用いて統計的手法により算出する方法が企業年金の数理実務で一般的となっている[12]。

以上より，予測数値は退職給付債務や年金費用の測定，評価を実施する上での非常に重要な前提条件であり，その算定は合理的に行うことが求められる。予測数値の算定にあたっては，財務諸表の作成者が自己の退職給付制度の特性や実績データなどに基づき，上記の年金数理上の手法を活用しながら適正な予測数値を自ら算定することになるが，そこには恣意性が入ることのないよう，また継続性を欠くことのないようにすることが重要となる。

2 予測数値の算定方法

(1) 割引率

経済変数的な予測数値の中で，割引率は退職給付債務及び年金費用の金額に大きな影響を与える計算要素である。したがって，「割引率等の計算基礎が会計数値の計算上重要な要素となるので，計算基礎を合理的に決定することが必要である」。退職給付会計基準における割引率は「安全性の高い長期の債券の利回りを基礎として決定しなければならない」と規定している。

① 安全性の高い長期の債券

安全性の高い債券とは，長期の国債，政府機関債及び優良社債（具体的には，複数の格付機関よりダブルＡ格以上を得ている社債等）が該当する。

割引率は退職給付見込額を現在価値に割引計算するために使用する利率であることから，なるべく純粋な金利要素の変動のみ反映させるためリスク・フリーの債券を用いることがベースとなっている。

長期とは，退職給付の見込支払日までの平均期間を原則としているが，実務上は従業員の平均残存勤務期間に近似する期間とすることも認められており，利回り曲線（イールドカーブ）の利用等により割引率を算出することが必要の場合もある。

② 決算期末の利率を使用する

割引率は期末日現在の市場利回りを参照して適切な割引率を採用することが原則である。

退職給付会計基準及び実務指針作成時には，割引率は「過去の概ね５年

以内」の期間の実勢レートの使用を容認していたが，CESRのアドバイスに基づく会計基準の国際的コンバージェンスのために，期末現在の市場利回りに基づく利率を使用することとなった。期末に利率を割引率に使用したことは，年金会計基準の国際的コンバージェンスへ一歩前進することとなった。

(2) 期待運用収益率

期待運用収益率は，企業年金制度における期首時点の年金資産の運用によって，その年度に発生すると期待される収益率である。つまり，年金財政計算における長期の運用見通しに基づく長期間の見積りではなく，今後1年間で年金資産からどれだけの運用リターンが得られるかという短期間の見積りである。期待運用収益率は，保有している年金資産のポートフォリオ，過去の運用実績，将来の運用方針及び市場の動向等を考慮して決定することになる。

なお，期待運用収益は，年金資産に基づく見積金額であり，退職給付費用（期待運用収益は退職給付費用から控除）を算定するために用いられる。このため，期待運用収益率の変動は直接損益に影響を与えることになり，その算定は慎重に行われる必要がある。

(3) 予定昇給率

退職給付額が給与に比例して（給与の一定部分に比例している場合も含む）定められている退職給付制度の場合には，将来の昇給が退職給付債務の算定に大きく影響するため，給与の将来上昇の推定をする必要がある。

具体的な方法としては，個別企業における給与規程，平均給与の実態分布及び過去の昇給実績等に基づいて確実に見込まれるものを合理的に推定して算定することになる。ただし，過去の昇給実績は，過去の実績に含まれる異常値（急激な業績拡大に伴う大幅な給与加算額，急激なインフレによる給与テーブルの改訂等に基づく値）を除くことにより，不確実な要因を排除することが必要となる。

なお，いわゆるベース・アップは確実かつ合理的に推定できる場合以外は，

予定昇給率の算定には含めないため,実際のベース・アップにより退職給付が増加したときの当該影響額は数理計算上の差異として処理される。

(4) 脱退率（退職率・死亡率）

退職率とは,在籍従業員が自己都合や定年等により生存退職する年齢ごとの発生率であり,また,死亡率とは,在職中及び退職後における年齢ごとの死亡発生率である。企業年金制度においては,退職率と死亡率を総称して脱退率と呼んでいる。

退職率は長期にわたる合理的な将来予測を行うため,リストラや退職勧誘による大量退職等の一時的な異常値を排除した過去の実績値に基づいて算定される。死亡率は事業主の所在国における全人口の生命統計表等を基に合理的に算定される。

(5) 予定一時金選択率

予定一時金選択率とは,年金制度において年金による給付を原則としながらも,一時金による給付の選択が認められている場合のその選択割合をいう。年金で給付するか一時金で給付するかにより,退職給付債務が異なってくるため,当該選択率を過去の実績に基づき合理的に算定することが必要となる。

3 予測数値の見直し

(1) 重要性基準と回廊アプローチ

退職給付債務を算定するための年金数理計算は,見積もり時点では最善の見積もりを行うものであるが,将来の時点で見積時点の年金数理上の仮定と差異が生ずることが通常である。この数理計算上の差異の会計処理は,「重要性基準」と「回廊アプローチ」の2つの考え方があり,我が国の退職給付会計基準は,「重要性基準」を採用した。「重要性基準」とは,基礎率等の計算基礎に重要な変動が生じない場合には計算基礎を変更しない等計算基礎の決定にあたって合理的な範囲で重要性による判断を認める方法であり,その採用理由は,退職給付債務が長期的な見積計算であることから,このような重要性による判断

を認めることが適切と考えられるためであった（「退職給付に係る会計基準」）。この結果，軽微な変動であればその結果として算定される退職給付債務の額に重要な変動がない（つまり数理計算上の差異に重要性がない）として，予測数値の変更が不要となる。

ただし，国際的な会計基準では，退職給付債務の数値を毎期末時点において計算し，その結果生じた計算差異に一定の許容範囲（回廊）を設ける「回廊方式」(corridor approach) を採用している。この点に関して，国際会計基準とのコンバージェンスは行われていない。

第7節　過去勤務債務及び数理計算上の差異

1　過去勤務債務

(1)　過去勤務債務の定義

過去勤務債務とは，退職給付水準の改訂等に起因して発生した退職給付債務の増加又は減少部分をいう。なお，このうち費用処理（費用の減額処理又は費用を超過して減額した場合の利益処理を含む。）されていないものを未認識過去勤務債務という（退職給付会計基準―定義5）。

(2)　過去勤務債務の会計処理
①　遅延認識

過去勤務債務は改訂時の一時の損益として損益計算書に計上するのではなく，将来の一定期間にわたって費用処理を行う。つまり，遅延認識を採用しているのである。過去勤務債務について，遅延認識を採用する理由の1つとしては，退職給付水準の改訂等により退職給付額が増加した場合，従業員は自らが享受できる退職給付が増加することに対して労働意欲を高め，改訂後の企業の収益獲得に貢献すると期待することができると考えている。

なお，過去勤務債務が，退職給付水準の改訂などにより退職給付額が減少した場合にも，遅延認識の処理を行うことにしている。退職給付額の減少が，従

業員にとって勤労意欲が増加するとも思われず，マイナスの過去勤務債務についても遅延認識を行うことが妥当であるかどうかは再検討することが必要という意見もある。

② 費用処理方法

過去勤務債務は，原則として，平均残存勤務期間以内の一定の年数で按分した額を毎期費用処理することになる。

ただし，未認識過去勤務債務の残高の一定割合を費用処理する方法によることができる（定率法による費用処理）。この場合の一定割合は，過去勤務債務の発生額が平均残存勤務期間以内に概ね費用処理される割合（おおむね90％が費用処理される）でなければならない。過去勤務債務の費用処理は発生年度別に定額法により処理することが望ましいとされているが，定率法による費用処理を選択した場合には，正当な理由により変更する場合を除き，継続して適用しなければならない。

2　数理計算上の差異

数理計算上の差異の費用処理方法については，下記の3通りの方法がある。
① 各年度の発生額について発生年度に一時に費用処理する方法
② 各年度の発生額について平均残存勤務期間内の一定の年数で規則的に処理する方法（定額法）
③ 未認識残高（未償却残高）の一定割合を費用処理する方法（定率法）

上記のうち，①及び②が原則的な方法とされている。

なお，費用処理の開始時期については，発生年度から費用処理することが原則であるが，数理計算上の差異については，当期の発生額を翌期から費用処理することが認められている。

第8節　退職給付制度間移行等の会計

1　確定企業年金法

　我が国においては，確定給付企業年金法の制定に伴い，確定給付年金制度として規約型（制度の実施主体：事業主）と基金型（制度の実施主体：企業年金基金）の2つを定め，相互間の移行や，厚生年金基金制度や確定拠出年金制度への移行を可能としている。また，給付額が市場金利変動の影響をうけるキャッシュ・バランス・プランの導入を認めている。キャッシュ・バランス・プランは，確定拠出型と確定給付型の双方の性質を有している。

　また，確定拠出年金法施行により，拠出額が定められ給付額が年金資産の運用実績により変動する，確定拠出年金制度が導入された。

　これら2つの法律の施行により，様々な退職年金制度の導入，確定給付型の退職年金制度間での移行，確定給付型の退職年金制度から確定拠出年金制度への移行等が可能となった。こうした制度間の移行などに基づく，退職給付会計の会計処理を下記に述べる。

2　遅延認識の会計処理の終了

　退職給付会計は，遅延認識に基づき発生した数理計算上の差異は将来の期間にわたり，損益に計上することになるが，その前提は退職給付制度が継続して存在することである。しかしながら，退職給付制度が別の制度に移行したり廃止されたりすることによりその継続性が絶たれた場合，退職給付制度が継続するという前提のもとで認められている遅延認識はその意義を失う。つまり，将来の期間において損益を計上しようとする基本的な論理の基本が失われることになる。したがって，上記に記述した状況が発生した場合には，未認識の数理計算上の差異は制度移行などに対応する金額を一時に損益に計上することが必要となる（「企業会計基準適用指針第1号　退職給付制度間の移行等に関する会計処理」（以下，適用指針第1号という））。

351

第3部　財務会計の個別問題

3　退職給付制度の「終了」

　国際的な会計基準は退職制度の廃止や給付額の減額は，退職給付の「清算」や「縮小」の会計処理として，会計基準を公表している。

　わが国では，こうした会計上の専門用語は「退職給付に係る会計基準」に記述していなく使用できないとのことで，退職給付制度の廃止や給付減額については，「退職給付制度間の移行等」とした用語を使用した会計基準とした。

　そのために，国際的会計基準で使用している「清算」や「縮小」の会計処理を行う場合のキーワードを「退職給付制度の終了」とし，その中で，「全部終了」と「一部終了」の定義により会計基準を制定したのである。

　この結果，退職給付制度が「終了」したか否かを遅延認識を継続するか否かの判断のポイントとしている。「終了」に該当しない場合には，当該退職給付制度は継続しているものとして，遅延認識が継続される。

　また，終了を全部終了と一部終了に分類して具体例をあげ，さらに終了に準じたものの具体例をあげ，会計処理を示している。下記に述べる内容は，退職給付制度間の移行又は制度の改訂により，退職給付債務が増加又は減少するケースを，①退職給付制度が廃止される場合，②退職給付債務が支払等を伴って減少する場合，③退職金規程等の改訂に伴い退職給付水準が変更された結果，退職給付債務が支払等を伴わずに増加又は減少する場合，に分類し，①及び②を「終了」と，③を過去勤務債務の発生としている。

　退職給付制度の終了は，以下の場合をいう。

(1)　退職給付制度が廃止される場合

　　例として，①退職金規程の廃止，②厚生年金基金の解散，③税制適格退職金制度の全部解除などがある。

(2)　退職給付制度間の移行又は制度の改訂により退職給付債務がその減少分相当額の支払等を伴って減少する場合

　　「支払等」には，①　年金資産からの支給又は分配，②事業主からの支払又は現金拠出額の確定，③確定拠出年金制度への資産の移換が該当する。

退職給付制度の終了は，退職給付制度の全部終了と，退職給付制度間の移行又は制度の改訂により，退職給付債務の一部に相当する額の支払等を伴って該当部分が減少する一部終了とに分散される。

　さらに，退職給付制度の一部終了に準じて会計処理を行うものとして，以下のものがあげられている。

(1) 大 量 退 職

　　工場の閉鎖や営業の停止等により，従業員が予定より早期に退職する場合であって，退職給付制度を構成する相当数の従業員が一時に退職した結果，相当程度の退職給付債務が減少する場合をいう。大量退職における退職給付の支払等を伴う減少部分の会計処理は，退職給付制度の一部終了に準ずる。

(2) 退職給付債務の大幅な減額

　　適用指針第1号は，退職給付水準の改訂等に起因して発生した退職給付債務の減額は，大幅であっても過去勤務債務に該当するものとしている。ただし，稀に大規模な経営計画の一環として行われる退職給付制度の大幅な減額改訂により退職給付債務の大幅な減額が生じることがあり，当該大幅な減額を発生した時点に損益計上することが実態を反映する場合もあるとしている。このような場合には，退職給付制度の一部終了に準じた処理を行うこととしている。

　　上記に該当しない，退職給付制度間の移行又は制度の改訂による退職給付債務の増額部分又は減額部分は，過去勤務債務に該当する。

4　退職給付制度の終了に係る会計処理

　退職給付制度の終了が生じた場合には，当該退職給付債務が消滅すると考えられるため，以下の会計処理が行われる。

(1)　終了した部分に係る退職給付債務とその減少分相当額の支払等の額との差額を損益として認識する。終了した部分に係る退職給付債務は，終了前の計算基礎に基づいて数理計算した退職給付債務と，終了後の計算基礎に基づいて数理計算した退職給付債務との差額として処理する。

(2) 未認識過去勤務債務，未認識数理計算上の差異及び会計基準変更時差異の未処理額は，終了部分に対応する金額を終了した時点における退職給付債務の比率その他合理的な方法により算定し，損益として認識する。

(3) 上記(1)及び(2)で認識される損益は，退職給付制度の終了という同一の事象に伴って生じるものであるため，原則として特別損益に純額で表示する。

5　大量退職

　大量退職は，退職給付債務に相当する額の支払等により退職給付債務を著しく減少させる。退職給付債務の減少部分と支払額との差は，通常の退職の場合は数理計算上の差異として一定の期間にわたり規則的に費用として処理されるが，通常の退職率をはるかに超える大量退職があった場合には，数理計算上の差異を遅延認識する根拠が失われていると考えられ，会計上は退職給付制度の終了と類似の事象と考えられる。このため，大量退職における退職給付の支払等を伴う減少部分の会計処理は，退職給付制度の一部終了に準ずる。

　大量退職は，退職給付制度の一部終了に準じて会計処理される。ここで，どの程度の割合の従業員が退職することが大量退職に該当するかが論点となる。適用指針第1号では，大量退職に該当するか否かは，一律に示すことは困難であり企業の実態に応じて判断すべきものであるとしながら，(1)工場の閉鎖や営業の停止等により，従業員が予定より早期に退職する場合，(2)構成従業員が退職することにより概ね30％程度の退職給付債務が減少するような場合，判断指針として示している。

6　将来の労働の対価としての退職給付の減額

　退職給付債務が将来支給される給付のうち認識時点までに提供された労働の対価として認められるものであるため，将来の労働に対応する退職給付が減額されたとしても，退職給付債務の増減は発生しないとも考えられる。

　一方，退職給付債務は，将来支給される給付額を見積もり，当該給付額を各期に配分して現在価値計算を行うことにより計算される。また，退職給付に係

る会計基準は，期間配分方式として期間定額基準を原則としている。特に全勤務期間定額基準を採用している場合には，将来の労働の対価としての退職給付の減額により減少した将来支給される給付の見積り額（退職給付見込額）を再度過去の勤務期間に配分することにより，認識時点における退職給付債務が減額される。適用指針第1号では，退職給付制度間の移行又は制度の改訂等により発生する支払等を伴わない退職給付債務の増減額は，将来の労働の対価部分と過去の労働の対価部分とを区分せず，ともに過去勤務債務として遅延認識を継続することとしている。

しかし，この減額された退職給付債務と従来の前提に基づく退職給付債務との差額を過去勤務債務として遅延認識することには，議論があると考えられる。

すなわち，退職給付のうち将来の労働の対価部分の変動を考慮した退職給付見込額を労働の発生から終わりまでの全勤務期間に定額で配分することは，減額されていない過去の労働に対応する退職給付の見積り額を減額することとなり，制度改訂時の退職給付債務を過小とするおそれがある。また，減額時点における退職給付債務減額分を将来の期間に損益認識することは，退職給付費用の期間損益を歪めるおそれがある。

このような論点を考慮すると，退職給付制度間の移行又は制度の改訂等により発生する支払等を伴わない退職給付債務の増減額を全て過去勤務債務として遅延認識を継続する適用指針第1号の会計処理に基づく場合には，将来の労働の対価としての退職給付の減額を伴う退職給付制度間の移行又は制度の改訂等が行われた時点で，全勤務期間定額基準による期間配分方式が実態を反映したものとならなくなるおそれがあるため，期間配分方式を検討することが必要となると考えられる。

7 制度終了の認識時点について

退職給付制度の終了は，制度の終了の時点で認識する。

「実務対応報告第2号　退職給付制度間の移行等の会計処理に関する実務上の取扱い」（以下，実務対応報告第2号という。）では，事業主と従業員の権利義務

が明確に変わる時点を制度の終了の時点とし，制度の終了の時点を以下のように示している。

(1) 全部終了の場合：退職給付制度の廃止時点
(2) 一部終了の場合：改訂された規程や規約の適用が開始される日（施行日）
(3) 退職給付水準を変更する規程等の改訂等，退職給付制度間の移行又は制度の改訂等により発生する支払等を伴わない退職給付債務の増減を過去勤務債務として認識する場合：規程等の改訂日（労使の合意の結果，規程や規約の変更が決定され周知された日）。上記(2)の一部終了に該当する改訂と同時に行われた場合にも，一部終了の認識を施行日に行い，過去勤務債務の認識を改定日に行うこととなる。

第9節　開　示　例

1　貸借対照表及び損益計算書の表示

貸借対照表及び損益計算書の表示は，以下のように規定されている（退職給付会計基準四）。

　貸借対照表において退職給付に係る負債を計上するにあたっては，当該負債は原則として退職給付引当金の科目をもって計上する。

　新たに退職給付制度を採用したとき又は給付水準の重要な改訂を行ったときに発生する過去勤務債務に係る当期の費用処理額が重要であると認められる場合には，当該費用処理額を特別損失として計上することができる。

　退職給付会計基準では，内部引当等により企業が直接給付する退職給付と企業年金制度から直接給付する退職給付を別個に処理されていた会計基準が適用される以前の状況から，退職給付に係る包括的な基準を設定したことに伴い，従来の退職給与引当金から，退職給付引当金という科目を採用することとなった。

2 注記事項

退職給付に係る次の事項について注記しなければならない（退職給付会計基準六）。

企業の採用する退職給付制度

退職給付債務等の内容

(1) 退職給付債務及びその内訳

　　①退職給付債務，②年金資産，③前払年金費用，④退職給付引当金，⑤未認識過去勤務債務，⑥未認識数理計算上の差異，⑦その他（会計基準変更時差異の未処理額）

(2) 退職給付費用の内訳

　　①勤務費用，②利息費用，③期待運用収益，④過去勤務債務の費用処理額，⑤数理計算上の差異の費用処理額，⑥その他（会計基準変更時差異の費用処理額，臨時に支払った割増退職金等）

(3) 退職給付債務等の計算基礎

　　①割引率，期待運用収益率，②退職給付見込額の期間配分方法，③過去勤務債務処理年数，④数理計算上の差異の処理年数，⑤その他（会計基準変更時差異の処理年数，実際運用収益等）

3 記載例

以下に注記事項の記載事例（連結財務諸表）を示す。

（退職給付関係）

(1) 採用している退職給付制度の概要

　　当社及び国内連結子会社は，確定給付型の制度として，退職一時金制度及び適格退職年金制度を設けております。

　　なお，適格退職年金制度は昭和X年に設立し，第X期（昭和X年4月）より退職給与の全部を適格退職年金制度へ移行しました。

第3部　財務会計の個別問題

(2) 退職給付債務及びその内訳

	前連結会計年度 (自平成×1年4月1日 至平成×2年3月31日)	当連結会計年度 (自平成×2年4月1日 至平成×3年3月31日)
① 退職給付債務	△ 20,000	△ 21,000
② 年金資産	12,000	12,500
③ 未積立退職給付債務（①+②）	△ 8,000	△ 8,500
④ 未認識数理計算上の差異	3,000	3,400
⑤ 未認識過去勤務債務	900	800
⑥ 退職給付引当金（③+④+⑤）	△ 4,100	△ 4,300

(3) 退職給付費用の内訳

	前連結会計年度 (自平成×1年4月1日 至平成×2年3月31日)	当連結会計年度 (自平成×2年4月1日 至平成×3年3月31日)
① 勤務費用	1,200	1,250
② 利息費用	700	720
③ 期待運用収益	△ 800	△ 700
④ 未認識数理計算上の差異の費用処理額	500	600
⑤ 未認識過去勤務債務の費用処理額	100	100
⑥ 退職給付費用（①+②+③+④+⑤）	1,700	1,970

(4) 退職給付債務等の計算の基礎に関する事項

	前連結会計年度 （平成×1年3月31日）	当連結会計年度 （平成×2年3月31日）
① 退職給付見込額の期間配分方法	期間定額基準	同左
② 割 引 率（％）	2.5	2.0
③ 期待運用収益率（％）	3.5	3.5
④ 過去勤務債務の額の処理年数（年）	12～15 （発生時の従業員の平均残存勤務期間以内の一定の年数による定額法により費用処理しております。）	12～15 同　左
	12～15 （各連結会計年度の発生時における従業員の平均残存勤務期間以内の一定の年数による定額法により按分した額をそれぞれ発生の翌連結会計年度から費用処理することとしております。）	12～15 同　左

(注)

(1) IASB, Discussion Paper, *Preliminary Views on Amendments to IAS 19 Employee Benefits* (March 2008)
(2) IASB, International Accounting Standards 19, *Employee benefits* (1998)
(3) FASB, Statement of Financial Accounting Standards No:87 *Employers' Accounting for Pensions* (December 1995)
(4) 総額方式で貸借対照表に計上したものを「Augmented Balance sheet」と述べている。
(5) op. cit., FAS 87, Summary, Fundamentals of Pension Accounting
(6) ibid.
(7) op. cit., IAS 19, par. 25
(8) 企業会計審議会，「退職給付に係る会計基準，退職給付に係る会計基準の設定に関する意見書，三基本的考え方」，平成10年6月16日
(9) 日本公認会計士協会，「会計制度委員会報告第13号，退職給付会計に関する実務指針（中間報告）」，平成11年9月14日
(10) 今福愛志・五十嵐則夫編著『退職会計（制度）（実務）（分析）』114頁，中央経済社，

第 3 部　財務会計の個別問題

　2000年
(11)　同上，五十嵐則夫「退職給付会計に関する実務指針（中間報告）の解説」74頁
(12)　日本アクチュアリー会，日本年金数理人会，『退職給付会計に係る実務基準 2「基礎確率についての合理的な設定についての考え方』』

＜参考文献＞
企業会計審議「退職給付に係る会計基準」平成10年 6 月16日。
日本公認会計士協会「退職給付会計に関する実務指針（中間報告）」（会計制度委員会報告第13号）平成11年 9 月14日。
日本アクチュアリー会，日本年金数理人会「退職給付会計に係る実務基準」。

第13章　企業結合会計

第1節　企業結合会計導入の経緯

　近年，わが国の合併と買収（M＆A）は増加傾向にあり，企業が経営戦略を展開する方法としてM＆Aに関心を示している。また国際的な企業間競争が激化するなかで，企業組織再編に関わる会社法や税法などの関連法規制の充実がはかられ，わが国の企業組織再編は従来よりも行われやすくなってきた。また，企業結合の方法も多様化され，合併，営業譲渡，株式取得のほかに株式交換，株式移転，会社分割などの手法も可能となった。しかしながら，わが国では，従来合併の会計処理は商法によって規定（商法288条の二，第1項5号，第5項）されており，企業結合の詳細な会計基準が存在しておらず，旧商法規定の範囲内で企業の合併時においては幅広い会計処理が行われてきた。

　このような背景のもとで，包括的な企業結合会計基準の設定が強く要望され，2003年10月に企業会計審議会から「企業結合に係る会計基準」が公表され，2006年4月から開始する事業年度から適用されている。企業会計審議会での論議では，諸外国の会計基準やわが国の商法改正の動向などを踏まえて様々な内容が検討された。これらの検討対象のなかで，最も問題となった項目が，パーチェス法と持分プーリング法の使い分けと，のれんの会計処理方法であった。わが国の企業結合会計基準では，状況に応じてパーチェス法と持分プーリング法の使い分けを認め，また，のれんは償却するものとしている。これは，アメリカの基準や国際的な会計基準とは大きく異なり，日本の基準が国際的に孤立してしまう恐れがある。しかし，近年，会計基準の国際的な収斂（コンバージェンス）が進められ，日本基準もグローバル・スタンダードに合致すべく，パーチェス法一本化への方向に動いていたが，企業会計基準委員会（ASBJ）は，

2008年12月26日に企業会計基準21号を公表し，持分プーリング法を廃止し，コンバージェンスを一層進めている。本章では，企業会計基準21号で持分プーリング法が廃止されることになったが，その会計方法の特徴と会計処理については，パーチェス法と併せて解説することとした。

第2節　企業結合会計基準設定の必要性

　従来から，わが国においては包括的な企業結合会計基準が存在していなかったため，当時行われていた幅広い合併に関する会計処理が連結財務諸表の会計基準と整合しないという問題が指摘されていた。例えば，ある企業の株式100％を取得して子会社化した場合，連結財務諸表の会計基準に従えば，その子会社の資産，負債は取得時の時価で評価される。他方，ある企業を吸収合併した場合は，必ずしも連結財務諸表の会計基準に従って処理すべきとは規定されていないので，被合併会社の資産，負債を時価評価しないで帳簿価額のままで引き継ぐことも可能であった。株式を100％取得して子会社化した場合と，同一会社を同一の条件の下で法的に合併した場合とでは，経済的実態は同じと考えられる。それにもかかわらず，違った会計基準が適用されると利害関係者に誤った会計情報が開示される恐れがあった。同一の経済的実態には同一の会計基準が適用されるべきである。前述のように，企業結合の方法も複雑になり，個々の企業結合も多種多様になり，首尾一貫した会計基準を整備する必要があった。

第3節　企業結合の意義

　企業結合とは，文字通り「企業」が「結合」あるいは「統合」するということである。「企業結合に係る会計基準」では，企業結合について，「企業結合とは，ある企業（会社及び会社に準ずる事業体をいう。以下同じ）又はある企業を構成する事業と他の企業又は他の企業を構成する事業とが1つの報告単位に統合され

ることをいう。」と定義している。企業結合には，連結財務諸表も含まれるが本章では連結会計（第8章）は対象としない。ここに企業結合の範囲には，合併，会社分割，株式交換および株式移転（以下「合併等」という）の組織再編行為を含む。

　また，企業同士が合併したり，ある企業が他の企業を買収したりする場合だけでなく，企業がその一部を他の企業に譲渡する営業譲渡なども企業結合の一形態とされる。したがって，企業結合という言葉はかなり広い意味で使われている。また，企業と企業の統合にみられるように「株式取得による子会社化」も企業結合の代表的な方法である。合併と異なり，この株式取得による子会社化は，企業が法的に1つに統合されるわけではないが，企業の結合によって，1つの「報告単位」になるからである。

第4節　「取得」と「持分の結合」

1　取得の意義とパーチェス法

　取得とは，ある企業が他の企業（被取得企業）又は企業を構成する事業に対する支配を獲得して一つの報告単位になることをいう。「企業結合に係る会計基準」において，「支配とはある企業等の活動から便益を享受するために，その企業等の財務及び経営方針を左右する能力を有していることをいう。」と定義されている。

　つまり，支配の獲得は企業等の財務や経営方針を左右する能力を獲得することである。一般的には，企業の発行済み株式の過半数を獲得すれば，財務や経営方針を左右する能力を獲得できると考えられ，その他の条件が加われば過半数を取得しなくても，支配することが可能である。連結会計でいう持株基準と支配力基準である。企業結合の会計基準においても，この支配力基準は，持株基準とともに，支配する能力を獲得したかどうかの基準となっている。

　パーチェス法とは，取得企業が被結合企業から受け入れる資産及び負債の取得原価を，対価として交付する現金及び株式等の時価（公正価値）とする方法で

第3部 財務会計の個別問題

ある。つまり、パーチェス法は、ある企業が他の企業の支配を獲得するという経済的実態を重視し、一般の取得の場合に適用される。取得になる企業結合は、いずれかの結合当事企業による新規投資と同じであり、受け入れられる資産等は時価で評価される。したがって、交付する現金または株式等の投資額を取得価額として他の結合当事企業から受け入れる資産・負債を時価で評価することが一般的である。企業結合の実態が「取得」である場合は、その会計処理はパーチェス法が適用される。

設例1

A社が自社の新株500株と引き換えにB社の発行済み株式のすべてを取得し、B社を吸収合併する。この時のA社株式の時価は@20,000円であり、A社とB社の合併前の貸借対照表は、以下のとおりであった。ただし、B社の固定資産の時価は7,500,000円である。また、A社は新株発行に伴う資本増加のうち2分の1を資本金に組み入れ、残額は資本剰余金とした。合併の会計処理をパーチェス法を用いて行い、A社の合併後の貸借対照表を示しなさい。

A社貸借対照表

流 動 資 産	12,000,000	負　　　　債	10,000,000
固 定 資 産	18,000,000	資　本　金	9,000,000
		利 益 剰 余 金	11,000,000
	30,000,000		30,000,000

B社貸借対照表

流 動 資 産	3,500,000	負　　　　債	2,000,000
固 定 資 産	6,500,000	資　本　金	5,000,000
		利 益 剰 余 金	3,000,000
	10,000,000		10,000,000

解説

パーチェス法を適用すれば、A社がB社から受け入れる資産及び負債の取得

原価は，Ｂ社取得の支払対価，すなわち対価として交付する新株式の時価10,000,000円（500株×20,000円）である。また，Ｂ社の資産及び負債を時価評価するとそれぞれ11,000,000円及び2,000,000円となり，その差額である時価純資産は9,000,000円である。したがって，支払対価10,000,000円と時価純資産9,000,000円には1,000,000円の差額が生じ，それがのれんに計上される。また，このケースの場合，新株発行による増加資本（10,000,000円）のうち，資本金に２分の１（5,000,000円）を組み入れ，残額（5,000,000円）を資本剰余金に計上する。合併時の仕訳と合併後の貸借対照表は以下のようになる。

(借) 流 動 資 産　3,500,000　　(貸) 負　　　　　債　2,000,000
　　 固 定 資 産　7,500,000　　　　 資　本　　金　5,000,000
　　 の　れ　ん　1,000,000　　　　 資 本 剰 余 金　5,000,000

Ａ社の合併後貸借対照表

流 動 資 産	15,500,000	負　　　　債	12,000,000
固 定 資 産	25,500,000	資　本　金	14,000,000
の　れ　ん	1,000,000	資 本 剰 余 金	5,000,000
		利 益 剰 余 金	11,000,000
	42,000,000		42,000,000

２　持分の結合の意義と持分プーリング法

「企業結合に係る会計基準」によれば，「持分の結合とは，いずれの企業（又は事業）の株主（又は持分保有者）も他の企業（又は事業）を支配したとは認められず，結合後企業のリスクや便益を引き続き相互に共有することを達成するため，それぞれの事業のすべて又は事実上すべてを統合して一つの報告単位となることをいう。」と述べられている。

つまり，取得においては，ある企業が他の企業の支配を獲得するが，持分の結合においては，支配の獲得は認められず，結合後企業のリスクや便益を引き続き共有することになる。

持分プーリング法とは，すべての合併当事企業の資産，負債及び純資産を，

それぞれの適正な帳簿価額で引き継ぐ方法であり，時価評価されたり，のれんが計上されることはない。この場合，合併当事企業の純資産の各項目も，原則として合併後企業にそのまま引き継がれることになる。企業結合の実態が「持分の結合」である場合は，その会計処理は持分プーリング法が適用される。

> **設例2**
> 設例1の場合に，合併の会計処理を持分プーリング法を用いて行い，合併後のA社の貸借対照表を示しなさい。

解説

合併にあたり，持分プーリング法を適用すれば受け入れる資産も負債も帳簿価額で引き継がれ，純資産の構成もそのまま引き継がれる。したがって，A社が行う仕訳は以下のようになる。

(借)流動資産	3,500,000	(貸)負 債	2,000,000
固定資産	6,500,000	資 本 金	5,000,000
		利益剰余金	3,000,000

A社の合併後貸借対照表

流 動 資 産	15,500,000	負　　　債	12,000,000
固 定 資 産	24,500,000	資 本 金	14,000,000
		利益剰余金	14,000,000
	40,000,000		40,000,000

このように，パーチェス法を適用する場合と持分プーリング法を適用する場合とでは貸借対照表の構成内容も大きく異なることになる。したがって，同じ企業結合であっても，その処理方法の適用の仕方によって，会計情報の内容が大きく左右されることに注意しなければならない。

第5節　取得と持分の結合の判定基準

「企業結合に係る会計基準」によれば，企業結合には「取得」と「持分の統合」という異なる経済的実態を有するものがある以上，それぞれの実態にとって適切な会計処理方法を適用する必要があるとの立場をとっており，取得に対しては「パーチェス法」を，持分の結合に対しては「持分プーリング法」をそれぞれ適用するとされている。したがって，ある企業結合が取得と持分の結合のどちらに該当するのかで，適用すべき会計処理が自動的に決定されることになる。

したがって，取得と持分の結合の判定基準が重要な意味を持つことになる。「企業結合に係る会計基準」においては，取得と持分の結合を判別するために，持分の継続・非継続という概念を使用している。持分の継続とは，投資家の投資がそのまま継続されている状態をいい，持分の非継続とは，投資家の投資が一旦清算されて再投資された状態をいう。取得と持分の結合を判別するには，持分が継続しているかどうかという観点から行うことになる。「企業結合に係る会計基準」では，以下の3つの要件をすべて満たす場合には，持分は継続していると判断して持分の結合と判定し，どれか1つでも要件を満たさなければ持分の継続は断たれたものと判断し，取得と判定する。

① 企業結合に際して支払われた対価のすべてが，原則として議決権のある株式であること
② 結合後企業に対して各結合当事企業の株主が総体として有することになった議決権比率が等しいこと
③ 議決権比率以外の支配関係を示す一定の事実が存在しないこと

企業結合の経済的実態が異なる「取得」と「持分の結合」のうち，「持分の結合」を積極的に識別し，それ以外の企業結合を「取得」と判定することにしている。ここで注意しなければならない点は上記の要件は並列関係でない点である。すなわち，①から③へ進む場合，①の要件が満たされなければ，その時

点で取得と判定される。①の要件が満たされて、はじめて②の要件を判定することになる。同様に②の要件が満たされなければ取得と判定され、②の要件が満たされて、はじめて③の要件を判定するわけである。このように、すべての要件を満たした場合のみ、持分の結合と判定される。したがって、持分の結合と判定されるには多くの要件を満たす必要がある。

　このような手続きがとられたのは、取得と持分の結合の識別の手続きと、取得企業の決定とを整合的に行うためである。つまり、対価の種類で取得と判定された場合には、対価を支出した企業が取得企業であり、議決権比率の判定で取得された場合には、議決権比率が大きい方が取得企業になり、議決権比率以外の要件で取得と判定された場合には、支配を獲得した企業が取得企業となる。

　取得と持分の結合の判別は、概念上、結合当事企業の株主の持分が継続しているかどうかによるが、具体的な判定にあたっては、支配の有無が重視されている。両者の相違は、支配の獲得の有無、あるいは結合後企業のリスクや便益の共有性によって判別されることになる。

　取得に対して、持分の結合においては、支配の獲得が認められず、結合後企業は、そのリスクや便益を引続き相互に共有していく。この場合、いずれの結合当事企業も他の結合当事企業に対する支配を獲得したとは合理的に判断できないので、支配の獲得が認められない。

　上記3条件について、詳細に述べれば以下のようになる。

① 対価の種類

　企業結合も取引の1つであり、取引には必ず対価が必要である。その対価には現金などの場合もあり、株式の場合もある。すべての結合当事企業の持分が継続していると判断されるためには、すべての結合当事企業の結合前の資産、負債が清算されることなく結合後企業にとっての投資原価でなければならないので、対価は株式でなければならない。対価が現金などである場合は、投資がいったん清算されたとみなされるからである。

　なお、表面上は議決権のある株式を対価としているが、実質的には現金などである場合があるので、「基準」注解(注2)では、次の要件をすべて満たさな

ければならないとしている。

 ⓐ 企業結合は，単一の取引で行われるか，又は，原則として1事業年度内に取引が完了する。
 ⓑ 交付株式の議決権の行使が制限されない。
 ⓒ 企業結合日において対価が確定している。
 ⓓ 交付株式の償還または再取得の取り決めがない。
 ⓔ 株式の交換を事実上無効にするような結合当事企業の株主の利益となる財務契約がない。
 ⓕ 企業結合の合意成立日前1年以内に当該結合目的で自己株式を取得していない。

② 議決権比率

　取得と持分の結合の識別にあたっては，すでに述べたように，支配の獲得があるかどうかが重要である。そこで，支配・被支配関係の判定には，議決権比率を考慮する必要がある。一般的には，過半数の議決権を取得すれば，結合後の企業の最高意思決定機関である株主総会を実質的に支配することができるため，議決権の過半数を得た企業が支配したといえる。

　しかし，「基準」注解・注3によれば，議決権比率が等しいとは，この比率が50対50から上下概ね5パーセントの範囲にあることを指している。つまり，議決権比率が45対55から55対45の範囲内であれば支配・被支配関係は成立せず，議決権比率の要件をみたすことになる。このような幅を容認しているのは，実務的な配慮からであり，例えば，議決権比率の小さい方が実質上の取得企業として法的にも存在する場合があり，50％という基準をそのまま適用すると逆取得として処理せざるを得なくなるからである。

③ その他支配関係を示す事実

　企業は，議決権による支配を獲得していない場合においても，結合後の企業の意思決定機関を通して結合後企業を支配したり，また，財務上または営業上の様々な契約などを通して結合後企業を支配することがある。

　そこで，「基準」注解・注4では，次にあげる4つの事項のうちどれも該当

しない場合は，支配関係を示す一定の事実はないものとしている。
ⓐ　いずれかの結合当事企業の役員もしくは従業員である者又はこれらであった者が，結合後企業の取締役会その他これに準ずる期間の構成員の過半数を占めている。
ⓑ　重要な財務及び営業の方針決定を支配する契約等により，いずれかの結合当事企業の株主が他の結合当事企業の株主より有利な立場にある。
ⓒ　企業結合後2年以内にいずれかの結合当事企業の大部分の事業を処分する予定がある。
ⓓ　企業結合の対価として交付する株式の交換比率と一定以上乖離し，多額のプレミアムが発生している。

すでに述べたように，上記①～③の条件をすべて満たした場合のみ，当該企業結は持分の結合とみなされ，持分プーリング法が適用され，上記条件のいずれか1つでも満たされなかった場合には，パーチェス法が適用されることになる。

第6節　組織再編行為（株式交換・株式移転・会社分割）

1　株　式　交　換

　株式交換とは，株式会社がその発行済株式の全部を他の株式会社または合同会社に取得させることをいう（会社法第2条31号）。合併では2つの会社が1つに統合することになるが，これは両方の会社が法人格を保持したまま合併と同様な効果を生み出す取引である。

　たとえば，A社とB社との間で株式交換が行われた場合，A社がB社の発行済株式を全部取得すると，A社が完全親会社，B社が完全子会社となる。その場合，A社はB社の株主からB社株式全部を取得し，その対価としてA社株式の他，金銭などを交付することになる。

　株式交換も企業結合の一種であるから，A社は「企業結合に係る会計基準」に従い，会計処理を行うことになる。つまり，株式交換においても，合併と同

様に，「取得」か「持分の結合」かを判断しなければならない。すなわち「取得」の場合にはパーチェス法を，「持分の結合」の場合には持分プーリング法を適用する。

設例3

次の株式交換時の仕訳を示しなさい。

X社はY社を株式交換によって完全子会社化した。この取引にあたり，X社はY社株主に対してY社株式と交換に，X社株式1,200株を交付した。

この時，X社株式の時価は1株当たり12,000で円あった。また，Y社の諸資産と諸負債の適正な帳簿価額は，36,000,000円と26,400,000円であった。

この取引は取得と判断され，X社は株式交換によって増加すべき資本のうち7,500,000円を資本金に組み入れ，残額は資本準備金とした。

解説

取得のケースであるので，取得した子会社株式の取得原価は交付したX社株式の時価で算定する。

　　子会社株式の取得原価：1,200株×12,000＝14,400,000
　　払込資本の増加額　　：1,200株×12,000＝14,400,000
　　14,400,000－7,500,000＝6,900,000（資本準備金）

（仕　訳）

　　（借）子 会 社 株 式　14,400,000　　（貸）資　　本　　金　7,500,000
　　　　　　　　　　　　　　　　　　　　　　資 本 準 備 金　6,900,000

設例4

次の株式交換時の仕訳を示しなさい。

X社はY社を株式交換によって完全子会社化した。この取引にあたり，X社はY社株主に対してY社株式と交換に，X社株式1,200株を交付した。

この時，X社株式の時価は1株当たり12,000円であった。また，Y社の

第3部　財務会計の個別問題

> 諸資産と諸負債の適正な帳簿価額は，36,000,000円と26,400,000円であった。
> 　この取引は持分の結合と判断され，X社は株式交換によって増加すべき資本のうち7,500,000円を資本金に組み入れ，残額は資本準備金とした。

【解説】

持分の結合のケースであるので，取得した子会社株式の取得原価は完全子会社であるY社の適正な純資産額により計算する。

　Y社の純資産額：
　　36,000,000－26,400,000＝9,600,000
　　9,600,000－7,500,000＝2,100,000（資本準備金）

（仕　訳）
　　（借）子会社株式　9,600,000　　（貸）資　本　金　7,500,000
　　　　　　　　　　　　　　　　　　　　　資本準備金　2,100,000

2　株式移転

株式移転とは，1または2以上の株式会社がその発行済株式の全部を新たに設立する株式会社に取得させることをいう（会社法2条32号）。株式移転では，新設会社が完全親会社になり，株式移転をした複数の会社が完全子会社となる。つまり，完全子会社の株主は保有する会社の株式と引き換えに新設会社の株式を受け取ることになる。他方，株式が移転される完全親会社では，完全子会社株式の取得原価の算定などが問題となるが，その処理は株式交換と同一である。株式交換と株式移転は，完全親会社となる会社が新たに設立される点だけが相違することになる。

> 設例5
> 　次の株式移転時の仕訳を示しなさい。
> 　P社は株式移転によってQ社（完全親会社）を設立し，P社は完全子会社

になった。この取引においてQ社はP社株式を取得し，対価としてQ社株式1,500株をP社株主に割り当てた。このときのP社株式の時価は1株当たり18,000円であり，これは新設会社株式の時価に等しい。適正な帳簿価額に基づくP社の純資産は15,000,000円であった。Q社は増加すべき資本のうち7,000,000円を資本金に組み入れ，残額は資本準備金とした。なお，この取引は取得と判断された。

解　説

取得のケースであるので，子会社株式の取得原価は，対価として発行するQ社株式の時価による。

(仕　訳)

　　(借) 子 会 社 株 式　27,000,000　　(貸) 資　本　金　 7,000,000
　　　　　　　　　　　　　　　　　　　　　　資本準備金　20,000,000

設例6

次の株式移転時の仕訳を示しなさい。

P社は株式移転によってQ社（完全親会社）を設立し，P社は完全子会社になった。この取引においてQ社はP社株式を取得し，対価としてQ社株式1,500株をP社株主に割り当てた。このときのP社株式の時価は1株当たり18,000円であり，これは新設会社株式の時価に等しい。適正な帳簿価額に基づくP社の純資産は15,000,000円であった。Q社は増加すべき資本のうち7,000,000円を資本金に組み入れ，残額は資本準備金とした。なお，この取引は持分の結合と判断された。

解　説

持分の結合の場合は，子会社株式の取得原価はP社の純資産の適正な帳簿価額による。

第3部 財務会計の個別問題

(仕 訳)

(借)子 会 社 株 式　15,000,000　　(貸)資　　本　　金　7,000,000
　　　　　　　　　　　　　　　　　　　　資 本 準 備 金　8,000,000

3　会 社 分 割

(1)　会社分割の意義

　事業分離等会計基準での事業分離には，会社分割，事業譲渡，現物出資などが含まれる。会社分割とは，会社法の規定に従って会社の営む事業の一部を分離することを会社分割という。会社分割は，吸収分割と新設分割に分けることができる。吸収分割とは，株式会社または合同会社がその事業に関して有する権利義務の全部または一部を分割後他の会社に承継させることをいう（会社法第2条29号）。一方，新設分割とは，1または2以上の株式会社または合同会社がその事業に関して有する権利義務の全部または一部を分割により設立する会社に承継させることをいう（会社法第2条30条）。つまり，会社分割は，分割会社の事業の全部または一部を，新設会社に承継移転させるか，既存の他の会社に承継移転させる行為である。

　会社分割には，承継会社（分離先企業）が対象資産の取得に伴う対価を分割会社（分離元企業）に交付する場合（物的分割または分社型）と，分割会社の株主に直接交付する場合（人的分割または分割型）がある。会社法では，両者を区別しないで，会社分割はすべて物的分割であるとしている。人的分割は，分割会社がいったん承継会社から分割対価を受領した上で，分割会社株主に対して現物配当などの形で交付するものである。

(2)　会社分割の会計処理

　会社分割が「取得」であると判断された場合は売買処理法が適用され，「持分の結合」と判断された場合は簿価引継法が適用される。売買処理法とは，対価の株式等をその時価で計上し，移転する資産・負債の帳簿価額との差額を移転損益として認識する。また，簿価引継法とは，対価の株式を移転する資産・

負債の帳簿に基づく純資産額で計上する。

> **設例7**
>
> 次の株式移転時の仕訳を示しなさい。
>
> 甲社は会社分割によりY事業を乙社に承継し，乙社は甲社に対して乙社株式2,400株を交付した。この時の乙社株式の時価は1株当たり7,500円であった。この取引は取得と判断された。また，承継されるY事業に関するデータは以下通りである。
>
> | | 諸 資 産 | 諸 負 債 |
> |---|---|---|
> | 簿　　価 | 48,000,000 | 36,000,000 |
> | 時　　価 | 52,800,000 | 36,000,000 |

解　説

乙社株式の取得原価は時価によって算定されるので，移転する純資産簿価との差額が営業移転損益として認識される。

(仕　訳)

　　(借) 諸　　負　　債　36,000,000　　(貸) 諸　　資　　産　48,000,000
　　　　 乙　社　株　式　18,000,000　　　　 営業移転利益　　 6,000,000

> **設例8**
>
> 設例7が，持分の結合であると判断された場合，甲社の仕訳を示しなさい。

解　説

乙社の取得原価は，移転する純資産簿価で算定されるので，損益は認識されない。

(仕　訳)

　　(借) 諸　　負　　債　36,000,000　　(貸) 諸　　資　　産　48,000,000
　　　　 乙　社　株　式　12,000,000

第3部　財務会計の個別問題

一方，承継会社（分割先企業）は，分割会社（分離元企業）から承継する事業の資産と負債の引き受けを認識し，その対価として株式を交付する場合には，資本の増加として処理することになる。

> **設例9**
> 設例7について，乙社の仕訳を示しなさい。ただし，乙社は増加資本のうち2分の1を資本金に組み入れ，残額は資本準備金とした。

解　説

承継する諸資産および諸負債を時価で計上し，増加資本との差額はのれんとして処理する。

のれん＝増加資本（18,000,000）－純資産時価（16,800,000）
　　　＝1,200,000

（仕　訳）

　（借）諸　資　産　52,800,000　　（貸）諸　負　債　36,000,000
　　　　の　れ　ん　 1,200,000　　　　　資　本　金　 9,000,000
　　　　　　　　　　　　　　　　　　　　資本準備金　 9,000,000

> **設例10**
> 設例8について，乙社の仕訳を示しなさい。ただし，乙社は増加資本のうち2分の1を資本金に組み入れ，残額は資本準備金とした。

解　説

承継する諸資産及び諸負債を簿価で引き継ぐのであるから，のれんは生じない。

（仕　訳）

　（借）諸　資　産　48,000,000　　（貸）諸　負　債　36,000,000
　　　　　　　　　　　　　　　　　　　　資　本　金　 6,000,000
　　　　　　　　　　　　　　　　　　　　資本準備金　 6,000,000

第7節　のれんの会計

　のれんとは，企業結合において，被取得企業または取得した事業の取得原価が，取得した資産および引き受けた負債に配分された純額を超過する額である。また，不足する額は負ののれんという。
　のれんの会計処理について，最大の問題点は償却説（その効果が及ぶ期間にわたり規則的な償却を行う）と非償却・減損処理説（規則的な償却を行わず，のれんの価値が損なわれたときに減損処理を行う）の対立である。日本の「企業結合会計基準」(三－2－(4))では，償却説が採用されており，次のように述べられている。
　「のれんは，20年以内にその効果の及ぶ期間にわたって，定額法その他の合理的な方法により規則的に償却する。ただし，のれんの金額に重要性が乏しい場合には，当該のれんが生じた事業年度の費用として処理することができる。」
　しかし，アメリカ基準や国際財務報告基準では，非償却・減損処理説を採用している。もっとも，アメリカ基準や国際財務報告基準においても，以前は償却説にもとづいて償却しており，非償却とした際にも，大きな議論の1つになっており，現在においても意見の分かれるところである。
　日本における償却説の論拠について，「意見書」では，次のように述べている。
① 企業結合の成果たる収益と，その対価の一部を構成する投資消去差額（連結財務諸表の場合は連結調整勘定）の償却という費用の対応が可能になる。
② のれんは投資原価の一部であることに鑑みれば，投資原価を超えて回収された超過額を企業にとっての利益とみる考え方とも首尾一貫している。
③ 取得したのれんは時間の経過とともに自己創設のれんと入れ替わる可能性があるので，取得したのれんの非償却による自己創設のれんの実質的な資産計上を防ぐことができる。
④ のれんの効果が及ぶ期間及びその減価のパターンは合理的に予測可能なものではないという点に関しては，価値が減価した部分の金額を継続的に

把握することは困難であり，かつ煩雑である。
⑤　のれんのうち価値の減価しない部分の存在も考えられるが，その部分だけを合理的に分離することは困難であり，分離不能な部分を含め規則的な償却を行う方法に一定の合理性がある。

　上記の理由により，日本では，のれんを規則的に償却する方法を採ったわけであるが，のれんも「固定資産の減損に係る会計基準」の適用対象となることから，規則的な償却を行う場合においても，同基準に従って減損処理が行われる。

　一方，非償却・減損処理説の論拠は，次のようなものである。のれんは時の経過とともに必ず減少していくものとは限らない。また，減少するとしても，その減価パターンは規則的ではなく複雑であり，定額で減少することは極めて稀である。のれんの償却期間は20年以内のその効果が及ぶ期間とされているが，のれんの耐用年数を信頼性をもって予測することは困難である。このような理由でアメリカ基準や国際基準では，のれんの償却を行わず，毎期減損テストを行い，のれんの減損を把握する方法を採用し，日本の基準とは鋭く対立している。また，多くのアナリストが企業業績を評価する場合，のれんの償却費を除外しているし，また，多くの企業も内部管理目的で事業業績を測定する場合においても，のれんの償却費を考慮に入れていないということも，非償却説の遠因といえる。

第8節　企業結合会計基準の今後の動向

　日本の企業結合会計基準は，パーチェス法と持分プーリング法の併存とのれんの償却という特徴があり，最も重大な点で，アメリカ基準や国際基準と相違している。いわば，企業結合会計基準の面では日本は独自の立場をとっている。
　このような差異を解消するために，日本の会計基準設定主体である企業会計基準委員会（ASBJ）は2007年10月12日の委員会で，企業結合会計に関する調査報告及び今後の進め方などが審議された。日本の企業結合会計基準の多くの取

り扱いは，国際的な会計基準と変わるものではないが，持分プーリング法の取り扱い等の相違点が，EU同等性評価に係る補正措置項目として指摘されている。これに対応してASBJ事務局に設置されていた企業結合プロジェクト・チームがわが国の企業結合の実態調査を行っていたが，その調査報告書「企業結合会計に関する調査報告－EUによる同等性評価に関連する項目について－」によれば，持分プーリング法の適用事例調査に関しては，2006年4月1日以降の調査対象116件のうち適用事例は3件とその適用事例は極めて限られている。すなわち，企業結合にあたっては，圧倒的多数がパーチェス法を適用していることを示すものである。日本の場合，真の意味での対等合併はほとんどなく，企業結合ではどちらかが取得者となるケースがほとんどであることを考えれば，今後，会計の国際的収斂（コンバージェンス）という観点からも持分プーリング法を廃止して，パーチェス法一本化の方向で検討してきたが，前述したように，企業会計基準21号（2008年12月）を公表し，共同支配企業の形成および共通支配下の取引以外の企業結合は取得とみなされパーチェス法を適用し，持分プーリング法は廃止された。もう一つの焦点であるのれんの償却・非償却も極めて重大な問題であるが，2007年12月27日に公表された「企業結合会計の見直しに関する論点の整理」においても，論及されていなかったが，上記の21号では，のれんは資産に計上し，20年以内のその効果が及ぶ期間にわたって定額法その他の合理的な方法によって規則的に償却することにしている。ただ，のれんは「固定資産の減損に係る会計基準」の適用対象資産になることから，規則的な償却を行う場合においても減損処理が行われることになる。このように，のれんの会計処理については，国際会計基準などと相違をしており，今後の検討が待たれる。

＜参考文献＞
石川和正「取得と持分の結合の識別および取得の会計処理」経理情報，中央経済社，2006年3月。
梅原秀継「企業結合会計の国際的収斂と日本基準の課題」企業会計，2008年1月。
菊谷正人「企業結合会計の新展開」税経通信，税務経理協会，2006年11月。

第3部　財務会計の個別問題

川本　淳「『企業結合会計の見直しに関する論点の整理』に対する一考察」企業会計，中央経済社，2008年6月。
斎藤静樹（編著）『逐条解説　企業結合会計基準』中央経済社，2004年。
関根愛子『企業結合会計の知識』日本経済新聞社，2006年。
西川郁生「『東京合意』の意義とコンバージェンスの展望」企業会計，中央経済社，2007年11月。
松岡寿史『よくわかる企業結合会計基準』中央経済社，2004年。

第14章　税効果会計

第1節　税効果会計とは：仮設例によるそのアウトライン

1　仮設例の提示：税効果会計を適用しない場合の状況

　税効果会計とは何かについて，その概要を，簡単な仮設例に対し税効果会計を 適用しない場合，適用した場合 の比較を通じて，説明していきたい。

　まずは，税効果会計を適用しない場合から見ていきたい。会計上の 収益／費用 は，課税所得（※特にその'額'を指すときは'所得金額'という。）の計算上も同様に 収益／費用 になるとは，必ずしも限らない。両者の食い違いは様々な原因から生じるが，ここでは，ある事業単位が平成Ｘ１年度に会計上費用として認識した貸倒引当金繰入額が，課税所得の計算上は平成Ｘ２年度において費用となった場合を想定することとしよう。なお，この貸倒引当金は特定の売上債権に対するものであり，これ以外の貸倒引当金は無かったものとする。また，税引前当期純利益と所得金額との食い違いは，この貸倒引当金繰入超過額のみだったとする；それゆえ，「永久差異」（※後述の'税効果会計に関する基本タームの詳説'を参照のこと。）は不存在であった。

　このような状況の事業単位の 平成Ｘ１年度，平成Ｘ２年度 における所得金額および「法人税等」（※後述の'税効果会計に関する基本タームの詳説'を参照のこと。）の額（※法人税等の税率は，両年とも40％と仮定する。）は，次頁の表14－1に示すようであった：

第3部　財務会計の個別問題

表14－1　所得金額，法人税等　の計算

	平成×1年	平成×2年	トータル
税引前当期純利益	(5,000)	(5,000)	(10,000)
貸倒引当金の「損金算入限度超過額」(※「加算」)	(2,000)		(2,000)
貸倒引当金繰入超過額の当期認容額(※「減算」)		2,000	2,000
所得金額	(7,000)	(3,000)	(10,000)
法人税等(※所得金額×税率40％)	2,800	1,200	4,000

　税引前当期純利益は，しばしば'会計利益（accounting profit）'と称されるときがある。その会計利益に対して事業単位が負担すべき租税金額を，ここでは'租税費用'と呼ぶこととしたい（※租税費用は，税効果会計を適用しなかった場合には，法人税等のみである）。税引前当期純利益から，その租税費用をマイナスした額が，当期純利益ということになる。この事業単位の 平成X1年度，平成X2年度 における当期純利益は，税効果会計を適用しない場合，下記の表14－2に示すようであった：

表14－2　当期純利益の計算：税効果会計を適用しない場合

	平成×1年	平成×2年	トータル
税引前当期純利益（＝会計利益）	(5,000)	(5,000)	(10,000)
租税費用（＝法人税等；所得金額×税率40％）	2,800	1,200	4,000
当期純利益	(2,200)	(3,800)	(6,000)

2　税効果会計の必要性

　企業会計の立場からすれば，平成X1年度も平成X2年度も会計利益額は5,000なので，租税費用は両年度とも2,000になるはずである。しかし平成X1年度には，貸倒引当金の「損金算入限度超過額」が2,000あったため，所得金額が会計利益より2,000大きくなり，租税費用は2,800になった。他方平成X2年度には，貸倒引当金繰入超過額の当期'認容'額が2,000あったため，所得金額が会計利益より2,000小さくなり，租税費用は1,200になった。

　このような場合に，'会計利益と法人所得税（income taxes［※下記の'税効果会計に関する基本タームの詳説'を参照のこと］；わが国の場合で言えば，法人税等）の合

382

理的対応'を目指して，'法人所得税額（＝法人税等の額）の期間配分'を行っていく会計手続が，「税効果会計」(accounting for tax consequences/accounting for tax effects) である（※そこに言う「税効果」の意味につき，後述の'税効果会計に関する基本タームの詳説'を参照のこと）。すなわち，「税効果会計に係る会計基準」（以下'「基準」'と言う。）によるなら，「税効果会計は，……法人税等……の額を適切に期間配分することにより，法人税等を控除する前の当期純利益と法人税等を合理的に対応させることを目的とする手続である。」（「基準」，第一，および，「基準」の前文［＝「税効果会計に係る会計基準の設定について」；以下'「基準」前文'という。］，一）。

3 税効果会計を適用する場合の会計処理

(1) 先の仮設例への税効果会計の適用

　上述したような意義を持つ税効果会計を，先の仮設例に実際に適用していくと，どうなるであろうか。以下，平成Ｘ１年度の処理，平成Ｘ２年度の処理に分け，具体的数値で見ていくこととしたい。

表14－3　税効果会計のための仕訳

| 平成Ｘ１年度： | (繰延税金資産) | 800 | (法人税等調整額) | 800 |
| 平成Ｘ２年度： | (法人税等調整額) | 800 | (繰延税金資産) | 800 |

表14－4　当期純利益の計算：税効果会計を適用した場合
（※所得金額等の計算は，税効果会計非適用の場合と同じ。）

	平成×１年	平成×２年	トータル
税引前当期純利益 　　（＝会計利益）	(5,000)	(5,000)	(10,000)
法人税等（＝所得金 　　額×税率40％）	2,800	1,200	4,000
法人税等調整額	(800)	800	0
租税費用(＝法人税等 　　＋法人税等調整額)	2,000	2,000	4,000
当期純利益	(3,000)	(3,000)	(6,000)

(2) 平成Ｘ１年度の処理に関するコメント

■ 本仮設例を離れた一般的コメント

　会計側が認識した 資産／負債 の額（＝資産／負債 の帳簿価額）と，税務側が認識した 資産／負債 の額（＝資産／負債 の「税務基準額」[※後述の'税効果会計に関する基本タームの詳説'を参照のこと]）との間に，乖離／相違（※この 乖離／相違 を「一時差異」[※後述の'税効果会計に関する基本タームの詳説'を参照のこと。]と言う。）が生じている場合，その 乖離／相違 が無くなる（「一時差異が解消する」と言う。）将来の期において，その'乖離／相違'額と同額の'所得金額に対する（会計側から見れば認定過多な）加算額／減算額'が（その一時差異が解消する限り）必ず生じることとなる。その結果，会計利益額から見ると過大な（※以下この意味で'相対的に過大な'と言うこととする。）法人税等の負担額（＝租税負担額）／法人税等の負担軽減額（＝租税負担軽減額）が生起しうることになろう（※ただしそれらの生起は，当該期に課税所得が生じていることが前提）。このような一時差異のうち，一時差異解消期において所得金額に対する（会計側から見れば認定過多な）加算額を（その一時差異が解消する限り）必ず生じさせるようなものを，「将来加算一時差異」（※後述の'税効果会計に関する基本タームの詳説'を参照のこと。）という。他方，一時差異解消期において所得金額に対する（会計側から見れば認定過多な）減算額を（その一時差異が解消する限り）必ず生じさせるようなものを，「将来減算一時差異」（※後述の'税効果会計に関する基本タームの詳説'を参照のこと）といい，本仮設例のケースが相当する。

　これらの一時差異が個別財務諸表上で生じる，もっとも典型的なケースは，「収益又は費用の帰属年度が相違する場合」（「基準」，第二，一，2, (1), ①；つまり，"収益／費用 の帰属年度が相違する"という原因により，資産／負債 の 帳簿価額，税務基準額 間に 乖離／相違 が生じる場合）であり，本仮設例のケースもこれに該当する。このような一時差異発生原因のことを，「期間差異」（※後述の'税効果会計に関する基本タームの詳説'を参照のこと）という。個別財務諸表上で一時差異が生じるケースは，それ以外にもありうるが（※例えば，「基準」，第二，一, 2, (1), ②に挙げられている，「資産の評価替えにより生じた評価差額が直接資本の部［＝純資産の部］

第14章　税効果会計

に計上され，かつ，課税所得の計算に含まれていない場合」；引用文中の［　］かっこ内は，引用者の補足［以下同様］），ここではそうした'期間差異以外の一時差異'については，いっさい触れないことにしたい（※さらに「連結財務諸表固有の一時差異」もあるが，それらについても，同様にここではいっさい触れないことにしたい）。

《補足説明》：「将来の課税所得と相殺可能な繰越欠損金等」について

　「税務上の繰越欠損金は一時差異ではない」が，一定の条件下で「翌期以降……課税所得を減額することができる」という「［将来減算］一時差異と同様の税効果を有する」ために，「一時差異に準ずるものとして取り扱う」こととなっている（「個別財務諸表における税効果会計に関する実務指針」［以下 '実務指針' という。］，12項）。また，「税務上の繰越外国税額控除が発生した場合」にも，（この場合には"翌期以降に課税所得を減額させる"わけではないが，）一定の条件下で直接に「税額を控除することが認められることから，繰越外国税額控除についても一時差異に準ずるものとする［＝準ずるものとして取り扱う］」ことになっている（「実務指針」，13項）。この場合，その両者（合わせて「繰越欠損金等」という。）と「一時差異」とを合わせて，「一時差異等」と「総称」される（「基準」，第二，一，4）。ただしそれらの問題については，ここではいっさい触れないことにしたい（※以上《補足説明》）。

　さて，上述したように，当期に一時差異が生じている場合には，それが解消する将来の期における相対的に過大な　租税負担額／租税負担軽減額　を見越しうることとなるわけである。税効果会計（特に，そのうちの「資産負債法」［※後述の '税効果会計に関する基本タームの詳説' を参照のこと］という一手法）は，これら当期における一時差異に基因して将来生起しうる '将来における相対的に過大な　租税負担額／租税負担軽減額' の見越額（＝一種の　未払税金額／未収税金額）を，一時差異解消期の（適用期待）税率によって測定する。そしてそれらを，あらかじめ「繰延税金負債」／「繰延税金資産」（※後述の '税効果会計に関する基本タームの詳説' を参照のこと）という　負債／資産　に見越計上していく。

　なお，「税効果会計の方法には繰延法と［上で言及した］資産負債法とがある」（「基準」前文，三）が，「本会計基準では，資産負債法によることとし」（「基準」前文，三）ているため（※国際会計基準や米国基準においても同様），ここでは「繰延法」については，いっさい触れないことにしたい。

385

第3部　財務会計の個別問題

【参考資料】：税効果会計の手続きに関係する「基準」の規定内容について

「基準」前文は，「資産負債法による」場合は「次のような基準を設定する」とし，その第「1」として，「一時差異……に係る税金の額を適切な会計期間に配分し，計上するものとする。」と述べている（三，1；なお「基準」［本文］においても，「法人税等については，一時差異に係る税金の額を適切な会計期間に配分し，計上しなければならない。」と規定されている［第二，一，1］）。その「一時差異に係る税金の額は，将来の会計期間において回収又は支払が見込まれない税金の額を除き，繰延税金資産又は繰延税金負債として計上しなければならない。」（「基準」，第二，二，1）とされる。そしてこの場合の「繰延税金資産又は繰延税金負債の金額は，回収又は支払が行われると見込まれる期の税率に基づいて計算するものとする。」（「基準」，第二，二，2），と定められている。さらに，そのうちの繰延税金資産については，次のような'注解'が特に置かれている：「繰延税金資産は，将来減算一時差異が解消されるときに課税所得を減少させ，税金負担額を軽減することができると認められる範囲内で計上するものとし，その範囲を超える額については控除しなければならない。」（「税効果会計に係る会計基準注解」［以下'「注解」'という。］,（注5））（※以上【参考資料】）。

■ **本仮設例の平成Ｘ1年度の処理に関する具体的コメント**

平成Ｘ1年度において，貸倒引当金2,000を会計側のみ認識した（＝貸倒引当金の「損金算入限度超過額」が2,000発生した）ことにより，会計側が認識したある資産の額（※ここでは，貸倒引当金の対象となった売上債権を考える。もしもその債権金額が2,000であったならば，貸倒引当金と相殺した純額はゼロになる。）と税務側が認識したその資産の額（＝2,000）との間に，乖離／相違（＝一時差異）が2,000生じた。しかし，税務側も貸倒引当金2,000を認識して（＝限度超過額2,000が'認容'されて）その 乖離／相違 が無くなる将来の期において，その'乖離／相違'額と同額（＝2,000）の'所得金額に対する（会計側から見れば認定過多な）減算額'が（その一時差異が解消する限り）必ず生じることとなる（※それゆえ平成Ｘ1年度に生じた一時差異は将来減算一時差異といえる）。その結果，相対的に過大な租税負担軽減額（※内容に即していえば，'相対的に過少な租税負担額'ということ；以下同様）が800（＝一時差異額×税率40％）生起しうることになろう（※当該期に課税所得が生じていることが前提）。このように，平成Ｘ1年度に将来減算一時差異が2,000生じている場合には，それが解消する将来の期における相対的に過大

な租税負担軽減額を800見越しうることとなるわけである。

　税効果会計では，このような（当期における将来減算一時差異2,000に基因して将来生起しうる）'将来における相対的に過大な租税負担軽減額'の見越額（＝一種の未収税金額）800を，繰延税金資産という資産，法人税等調整額という収益 で認識する（表14－3の平成Ｘ１年度の仕訳）。その結果，表14－4が示しているように，税効果会計を適用した場合には，会計利益額5,000と租税費用額2,000とが合理的に対応することとなろう。すなわち，"会計利益5,000×税率40％＝租税費用2,000"という関係になっていよう。

(3)　平成Ｘ２年度の処理に関するコメント

■　本仮設例を離れた一般的コメント

　過去の期に生じていた一時差異が解消した期には，所得金額に対する（会計側から見れば認定過多な）加算額／減算額 が現実的に生じ，その結果，相対的に過大な 租税負担額（費用）／租税負担軽減額（収益）が現実的に生起する（※当該期に課税所得が生じていることが前提）。しかしながら，その現実的に生起した 租税負担額／租税負担軽減額 は，すでに過去の期に一種の 未払税金額／未収税金額 として会計上認識済みのものである。それゆえ，過去の期に認識した 未払税金額（＝繰延税金負債勘定）／未収税金額（＝繰延税金資産勘定）を取り崩して 収益／費用 を認識し，上記'租税負担額（費用）／租税負担軽減額（収益）'と相殺させ，そうして当該期においては，現実的に生起した 租税負担額／租税負担軽減額 を 費用／収益 として認識しないようにしなければならない。

■　本仮設例の平成Ｘ２年度の処理に関する具体的コメント

　平成Ｘ１年度に生じていた将来減算一時差異2,000は，税務側も貸倒引当金2,000を認識して（＝貸倒引当金繰入超過額の当期'認容'額が2,000発生して）売上債権の税務基準額がゼロになった平成Ｘ２年度に，解消した。その一時差異解消期（＝平成Ｘ２年度）には，所得金額に対する（会計側から見れば認定過多な）減算額が2,000現実的に生じ，その結果，相対的に過大な租税負担軽減額（収益）が

800現実的に生起した(※当該期に課税所得が生じていることが前提)。しかしながら，その現実的に生起した租税負担軽減額800は，すでに平成Ｘ１年度に一種の未収税金額として会計上認識済みのものであった。それゆえ，平成Ｘ１年度に認識した未収税金額（＝繰延税金資産勘定）800を取り崩して費用（※この場合も，法人税等調整額勘定）を800認識し（表14－3の平成Ｘ２年度の仕訳），上記'租税負担軽減額（収益）'800と相殺させ，そうして平成Ｘ２年度においては，現実的に生起した租税負担軽減額を収益として認識しないようにしなければならない。

こうした処理の結果，税効果会計を適用した場合の平成Ｘ２年度における当期純利益の計算は，表14－4に示したようになる。平成Ｘ１年度同様平成Ｘ２年度においても，会計利益額5,000と租税費用額2,000とが合理的に対応することとなろう。すなわち，"会計利益5,000×税率40％＝租税費用2,000"という関係になっていよう。

4　税効果会計に関する基本タームの詳説

① **「法人所得税 (income taxes)」**

「課税所得（taxable profits）に［課税］根拠を置かれているところの，すべての国内の，外国の　租税」（IAS12.2）。わが国の場合で言えば，「法人税その他利益に関連する金額を課税標準とする税金」（「基準」，第一；「基準」は「法人税等」と略記）。具体的には「法人税等には，法人税のほか，都道府県民税，市町村民税及び利益に関連する金額を課税標準とする事業税が含まれる。」（「注解」，(注1)）。

② **「税効果 (tax consequences)」**

ある事象（event）の税務上の　作用／帰結　のこと。上記の仮設例における平成Ｘ１年度末の場合で述べるなら，"会計側のみ貸倒引当金を2,000認識した"という'事象'の持つ，"将来における相対的に過大な（※'相対的に過大な'とは'会計利益額から見ると過大な'の意味；前述）'法人税等の負担軽減額（＝租税負担軽減額）'を800生起させうる"という'作用／帰結'，ということになる。

③ 「**一時差異**（temporary differences）」

次の (A)/(A)'/(B)/(B)' の結果生じている（＝ある資産を／ある負債を　会計側のみ認識した／税務側のみ認識した　結果生じている），資産／負債　の　帳簿価額，税務基準額　間の　乖離／相違　のこと。

(A)　ある資産を会計側のみ認識した（※会計側認識額が税務側認識額を上回っていた場合を含む。）。

(A)'　ある負債を税務側のみ認識した（※税務側認識額が会計側認識額を上回っていた場合を含む。）。

(B)　ある負債を会計側のみ認識した（※会計側認識額が税務側認識額を上回っていた場合を含む。）。

(B)'　ある資産を税務側のみ認識した（※税務側認識額が会計側認識額を上回っていた場合を含む。）。

すなわち，「一時差異は，貸借対照表上のある (an) 資産／負債　の帳簿価額とそれの税務基準額間の食い違い（differences）だ。」(IAS12.5)。「一時差異とは，貸借対照表及び連結貸借対照表に計上されている資産及び負債の金額と課税所得計算上の資産及び負債の金額との差額をいう。」(「基準」, 第二, 一, 2)。

上記の仮設例における平成Ｘ１年度末の場合で述べるなら，"ある資産（＝貸倒引当金の対象となった売上債権）を税務側のみ2,000認識した結果生じている，資産の帳簿価額（＝ゼロ），税務基準額（＝2,000）間の　乖離／相違（＝2,000）"，ということになる。

<補注>：税務調整手続に着目して言うと，「一時差異」の額は，'税引前当期純利益計算段階までに生じている　資産／負債'の'帳簿価額（※ゼロを含む。）'に対する'税務上の　加算額／減算額　の調整'額，ということになる。

④ 「**税務基準額**（tax base）」

「ある　資産／負債　の税務基準額は，税務目的でその　資産／負債　に属させられている金額だ。」(IAS12.5)。すなわち，「課税所得計算上の資産及び負債の金額」(「基準」, 第二, 一, 2) のことを指す。

第3部　財務会計の個別問題

上記の仮設例における平成X1年度末の場合で述べるなら，"税務目的でその資産（＝貸倒引当金の対象となった売上債権）に属させられている金額（＝2,000）"，ということになる。

<補注>：税務調整手続に着目して言うと，「税務基準額」は，'税引前当期純利益計算段階までに生じている 資産／負債'の'帳簿価額（※ゼロを含む。）'に'税務上の 加算額／減算額 の調整'を施した後の額，ということになる。

⑤ 「将来加算一時差異（taxable temporary differences）」

次の (A)/(A)' の結果生じている 資産／負債 の 帳簿価額，税務基準額 間の乖離／相違（＝一時差異）は，その 乖離／相違 が無くなる（「一時差異が解消する」と言う；前述）将来の期において，その'乖離／相違'額と同額の'所得金額に対する（会計側から見れば認定過多な）加算額'を（その一時差異が解消する限り）必ず生じさせ，その結果，相対的に過大な法人税等の負担額（＝租税負担額）を生起させうることとなる（※当該期に課税所得が生じていることが前提）。このような一時差異を，将来加算一時差異という。

(A) ある資産を会計側のみ認識した（※会計側認識額が税務側認識額を上回っていた場合を含む。）。

(A)' ある負債を税務側のみ認識した（※税務側認識額が会計側認識額を上回っていた場合を含む。）。

すなわち将来加算一時差異とは，「資産／負債 の帳簿価額が 回収／決済 されるところの将来の期の課税所得（税務欠損金）を決定する際に，[会計側から見れば認定過多な] 課税対象金額を [その一時差異が解消する限り必ず] 生じさせる [※その結果，相対的に過大な租税負担額を生起させうる] であろう」ような「一時差異」のこと（IAS12.5）。つまり，「当該一時差異が解消するときにその期の課税所得を [会計側から見れば過多に] 増額する効果を持つ……一時差異」（「基準」，第二，一，3）のこと。

第14章　税効果会計

⑥　「**将来減算一時差異**（deductible temporary differences）」

　次の (B)/(B)'の結果生じている　資産／負債　の　帳簿価額，税務基準額　間の乖離／相違（＝一時差異）は，その　乖離／相違　が無くなる将来の期において，その'乖離／相違'額と同額の'所得金額に対する（会計側から見れば認定過多な）減算額'を（その一時差異が解消する限り）必ず生じさせ，その結果，相対的に過大な法人税等の負担軽減額（＝租税負担軽減額）を生起させうることとなる（※当該期に課税所得が生じていることが前提）。このような一時差異を，将来減算一時差異という。

(B)　ある負債を会計側のみ認識した（※会計側認識額が税務側認識額を上回っていた場合を含む。）。

(B)'　ある資産を税務側のみ認識した（※税務側認識額が会計側認識額を上回っていた場合を含む。）。

　すなわち将来減算一時差異とは，「資産／負債　の帳簿価額が　回収／決済　されるところの将来の期の課税所得（税務欠損金）を決定する際に，[会計側から見れば認定過多な]控除可能な金額を[その一時差異が解消する限り必ず]生じさせる[※その結果，相対的に過大な租税負担軽減額を生起させうる]であろう」ような「一時差異」のこと（IAS12.5）。つまり，「当該一時差異が解消するときにその期の課税所得を[会計側から見れば過多に]減額する効果を持つ……一時差異」（「基準」，第二，一，3）のこと。

　上記の仮設例における平成Ｘ１年度末の場合，ある資産（＝貸倒引当金の対象となった売上債権）を税務側のみ2,000認識した結果，資産の帳簿価額（＝ゼロ），税務基準額（＝2,000）間の　乖離／相違（＝一時差異）が2,000生じている。したがって，上記(B)'のケースの将来減算一時差異が2,000生じていることになる。

⑦　「**期間差異**（timing differences）」

　「課税所得が企業会計の利益と異なる要因」には２つあり，その第１は，「(a)収益や費用の概念は同一であるが損益の帰属期間の認識が違うもの」の存在である（「商法と企業会計の調整に関する研究会報告書」，Ⅲ，1, (1)を参照のこと）。そう

第3部　財務会計の個別問題

した要因による'課税所得と会計利益間の 乖離／相違'を,「期間差異」という。すなわち「期間差異（Timing differences）は，ある期に生じ，そして後続する1つないしそれ以上の期において元に戻る（reverse）ところの，課税所得と会計利益間の食い違いだ。」（IAS12.IN 2）。

なお，期間差異は，一時差異発生原因の1つ（その典型）である（前述）。したがって，「すべての期間差異は，一時差異だ。」（IAS12.IN 2），と基本的には言えることとなる。

⑧　「**永久差異**（permanent differences）」

「課税所得が企業会計の利益と異なる要因」には2つあり，その第2は，「(b)収益や費用の概念自体に違いがあるもの」の存在である。そうした要因による'課税所得と会計利益間の 乖離／相違'を，「永久差異」という。すなわち，「これらは，その違いが永久に解消されないことから，永久差異といわれている。」のである（「商法と企業会計の調整に関する研究会報告書」，Ⅲ，1，(1)を参照のこと）。

なお，「これらの項目は，将来，課税所得の計算上で加算又は減算させる効果をもたないため一時差異等には該当せず，税効果会計の対象とはならない。」（「実務指針」，14項）。

⑨　「**資産負債法**（asset and liability approach）」／「**貸借対照表負債法**（balance-sheet liability method）」

将来の'会計利益と法人所得税の合理的対応'のために，一時差異等に基因して将来生起しうる（※当該期に課税所得が生じていることが前提）'将来における相対的に過大な 租税負担額／租税負担軽減額'の見越額を，一時差異等の解消期の（適用期待）税率によって測定し，それらをあらかじめ 負債（＝繰延税金負債）／資産（＝繰延税金資産）に見越計上していく税効果会計の一手法のこと。

上記の仮設例における平成X1年度末の場合で述べるなら，"ある資産（＝貸倒引当金の対象となった売上債権）を税務側のみ2,000認識したことによる将来減算一時差異2,000に基因して将来生起しうる'将来における相対的に過大な租

税負担軽減額'の見越額を，当該一時差異の解消期の（適用期待）税率（＝40％）によって測定し（※測定額＝800），それをあらかじめ資産（＝繰延税金資産）に見越計上していく手続き"，ということになる。

⑩ 「**繰延税金負債**（deferred tax liabilities）」

「将来加算一時差異に関連して，将来の［諸］期に［相対的に過大に］支払われるべき（payable）［ことになりうる］法人所得税の額［をあらかじめ負債として認識したもの］」（IAS12.5）のこと。本章における表現で言い換えるなら，将来加算一時差異に基因して将来生起しうる'将来における相対的に過大な租税負担額'（をあらかじめ負債として認識したもの），ということになる。

⑪ 「**繰延税金資産**（deferred tax assets）」

「(a)将来減算一時差異；(b)未使用の税務欠損金の繰越額；および(c)未使用の税額控除額の繰越額」のいずれか「に関連して，将来の［諸］期に［相対的に過大に］回収されうる（recoverable）［ことになりうる］法人所得税の額［をあらかじめ資産として認識したもの］」のこと（IAS12.5）。本章における表現で言い換えるなら，将来減算一時差異と繰越欠損金等に基因して将来生起しうる'将来における相対的に過大な租税負担軽減額'（をあらかじめ資産として認識したもの），ということになる。

上記の仮設例における平成Ｘ１年度末の場合，将来減算一時差異が2,000生じている。その将来減算一時差異2,000に基因して将来生起しうる'将来における相対的に過大な租税負担軽減額800'をあらかじめ資産として認識したものが，繰延税金資産ということになる。

第3部　財務会計の個別問題

第2節　IASB概念フレームワーク等の 負債,資産の定義と繰延税金負債,繰延税金資産

1　本節の目的

　今日,とりわけ国際会計基準ないし「IFRSのもとでは 資産／負債 は,それが,IASBの概念フレームワークにおける 資産／負債 の定義を満たしている場合にのみ……貸借対照表上で認識されうる。」(Ernst & Young LLP [2004], p. 1322),とされている（※ただし後述する'認識要件'をクリアーしていることが条件）。このことは,税効果会計を適用した場合にのみ貸借対照表に現れてくる繰延税金負債／繰延税金資産といった 負債／資産 の場合も,同様である。これらもまた,'IASBの概念フレームワーク' の 負債／資産 定義を満たしていなければ,そもそも貸借対照表上で認識することはできないこととなろう。

　そこで本節では,この根本的な論点,すなわち繰延税金負債／繰延税金資産が'IASBの概念フレームワーク' の 負債／資産 定義と矛盾しないかどうかという問題を,検討していくこととしたい。

　なお,'IASBの概念フレームワーク'とは,1989年にIASC理事会により承認され,その後2001年4月にIASBにより採用された「財務諸表の作成,表示 のための概念フレームワーク」,すなわち「IASB概念フレームワーク (the IASB Framework)」(以下 'IASB概念フレームワーク' という。) のことである。ただし,「この [IASB] 概念フレームワークは,……明らかに,FASBによる最初の6つの概念表明書から導き出されている。」(Ernst & Young LLP [2004], p.89),と評されている。したがって以下においては,このIASB概念フレームワークのみならず,そのいわば内容的なルーツといいうる 'FASBによる概念表明書',とりわけそのうちの「財務会計諸概念についての表明書第6号 財務諸表の諸要素」（以下 'SFAC第6号' という。）における 負債／資産 定義との関係も,検討対象としていくこととしたい。

第14章　税効果会計

2　IASB概念フレームワーク等の 負債, 資産 の定義

　問題の検討に着手する前に，その前提となる IASB概念フレームワーク，SFAC第6号 による 負債，資産 定義の紹介を，しておくこととしたい。

　まずは，資産の定義から始めよう。IASB概念フレームワークは資産を，次のように定義している：「資産（asset）は［以下のような］資源（resource）だ…，［すなわち］過去の諸事象の結果として当該事業単位により統制下に置かれており（controlled），かつ，将来においての（future）経済的便益（economic benefits）がそこ［＝資源］から当該事業単位に流入する ということが期待されているところの［資源だ］…。」(F.49(a))。

　同様にSFAC第6号は資産を，次のように定義している：「資産は，過去の諸取引／諸事象 の結果として特定の事業単位により 獲得されている（obtained）／統制下に置かれている，蓋然的な（probable）将来においての経済的便益［を体現しているもの］だ。」(SFAC6.25)。IASB概念フレームワークの場合，この'将来においての経済的便益を体現しているもの'を，'資源（resource）'と表現しているといえよう（Cf. F.49(b)）。

《補足説明》：'経済的便益' の具体的な意味について

　IASB概念フレームワークは，次のように述べる：「資産の中で［諸資源として］体現されている（embodied in）将来においての経済的便益は［※"諸資源の中にまだ包含されている状態の'将来においての経済的便益'は"，ということ。ゆえに '諸資源は'，といっているのと同じ。］，現金，現金同等物 の事業単位への流入に 直接的に／間接的に貢献するという潜在能力［を持つもの］(potential) だ。」(F.53)。'諸資源' すなわち '将来においての経済的便益を体現しているもの' を，'キャッシュインフローに貢献するという潜在能力を持つもの' として説明していることになろう。またSFAC第6号は，次のように述べる：「営利企業の場合，……将来においての経済的便益は，最終的には当該企業への正味キャッシュインフローに結果的に至る。」(SFAC6.28)。これらの言及内容からするなら，"経済的便益≒キャッシュインフロー" ということになろう。

　この場合，当然ながら，キャッシュインフローたる経済的便益は 'キャッシュアウトフローの減少' をも意味することとなる。例えばIASB概念フレームワークは，次のように述べる：「この潜在能力［を持つもの］は，当該事業単位の諸操業活動の一部であるとこ

395

ろの，生産的なものであるかもしれない。それはまた，現金／現金同等物 への転換可能性［を持つもの］(convertibility)という［形態を］…，あるいは，ある代替的な生産プロセスが製造コストを下げる場合のような，キャッシュアウトフローを減らす可能性［を持つもの］(capability) という形態を取るかもしれない。」(F.53)。繰延税金資産の場合の'経済的便益'は，この'キャッシュアウトフローの減少'と解すべきことになろう（※以上《補足説明》）。

次いで負債の定義であるが，IASB概念フレームワークは負債を，次のように定義している：「負債 (liability) は，過去の諸事象から生じている，当該事業単位の［以下のような］現存する債務（present obligation）だ…，[すなわち］それの決済が［将来においての］経済的便益を体現している（embodying）諸資源の当該事業単位からの流出に結果的に至る ということが予想されているところの［現存する債務だ］…。」(F.49(b))。

<補注>：なお，この負債定義における'諸資源'には，「将来において支配する可能性のある経済的資源を含めなければならない」（小林秀行［2005］, p.20）。

同様にSFAC第6号は負債を，次のように定義している：「負債は，経済的便益についての，蓋然的な（probable）［以下のような］将来の犠牲額だ…, [すなわち］過去の 諸取引／諸事象 の結果として将来において他の諸事業単位に 諸資産を移転／諸サービスを提供 する，というある特定の事業単位の現存する債務 (present obligations) から生じるところの［将来の犠牲額だ］…。」(SFAC6.35)。

3 "繰延税金負債，繰延税金資産 はIASB概念フレームワーク等の定義と矛盾しない"との（肯定的な）見解

(1) IAS12等の規定類における言及

本節で提起した論点に対する肯定的な見解，すなわち"繰延税金負債／繰延税金資産 はIASB概念フレームワーク等の 負債／資産 定義と矛盾しない"との主張を，まずは紹介していきたい。その手始めとして，IASB概念フレームワーク自体やIASBの法人所得税に関する基準（＝ＩＡＳ第12号；以下'ＩＡＳ12'

という。）の中に，そうした肯定的な見解が含まれていないかどうかにつき言及しておきたい。

まずはIASB概念フレームワークについてであるが，IASB概念フレームワーク自身は，肯定的な見解も否定的な見解も表明していない。

他方IAS12には，繰延税金負債の'債務'性に関する次のような言及がある：「［将来加算一時差異解消により］結果的に生じ［う］る［相対的に過大な］法人所得税を将来の期に支払うべき債務（obligation）が，繰延税金負債だ。」（IAS12.16）。ただし，IASB概念フレームワークの負債定義との関係を具体的に説明したものではない。また，繰延税金資産については，特別な言及はなされていない。

同様にSFAC第6号にも，繰延税金負債の'債務'性に関する次のような言及がある：「繰延税金負債（deferred income tax credits）についての1つの見方－負債法［＝資産負債法］－は，以下のようなものだ…，［すなわち］それらは，将来の期において支払うべき租税額だ，との…，すなわち，それらは，将来における現金支払いを引き起こすところの事業単位の債務だ，との…。」（SFAC 6.240）。繰延税金資産については，IAS12の場合と同様に，'資産'性に関する特別な説明はされていない。しかしながら，次のような言及がなされている：「繰延税金資産（deferred tax charges）は，本表明書において個別的には議論されていない。しかしながらそれらは，負債法においては資産（前払税金）であり，そして税引後法（net-of-tax method）においては，関係する負債からの控除額だ。」(SFAC6, FN71)。SFAC第6号の場合，以上の認識を前提として，より積極的な次のような主張が展開されている：「負債法も税引後法も，本表明書における諸定義と矛盾しない。」(SFAC6.240)。「本諸定義は，それの［＝繰延税金 負債，資産 の］認識問題については，中立的だ［※少なくとも矛盾はしない，ということ。］」(SFAC6.242)。ただしSFAC第6号の場合も，負債／資産 定義と矛盾しないことについての，これ以上詳しい説明まではしていない。

＜補注＞：税引後法（net-of-tax method）とは，'将来における相対的に過大な 租税負担額／租税負担軽減額'を，負債（＝繰延税金負債）／資産（＝繰延税金資産）に見越計上していく代わりに，関係する 資産／負債 から直接マイナスしていく税効果会計

の一手法のこと。

(2) 負債／資産 定義と矛盾しないことについての1つの可能な説明

このようにIAS12等の規定類においては，繰延税金負債，繰延税金資産 がIASB概念フレームワーク等の諸定義と矛盾しない旨の言及はあるのであるが，そう断言できる論拠については，まったく触れられていない。ただし，IFRSsを解説している Ernst & Young LLP [2004] には，繰延税金負債／繰延税金資産 がIASBフレームワークの 負債／資産 定義と矛盾しないことについての1つの可能な説明が述べられているので (p.1322)，ここでその議論（以下において"1つの可能な説明"と言及する。）を紹介しておきたい。

それは，次のような一種の'三段論法'とでも評せる説明である：

（ⅰ） ある 資産／負債 を財務諸表に記載する場合，最終的に同額のキャッシュ インフロー／アウトフロー により 回収／決済 されるだろう，との'暗黙の仮定'がある。すなわち，「ある資産が現に貸借対照表に例えば1,000ユーロで記載されている場合には，当該資産は最終的に少なくとも1,000ユーロのキャッシュインフローにより 回収／実現 されるだろう，との暗黙の仮定（implicit assumption）が財務諸表上に存在する」。同様に，「ある負債が現に貸借対照表に例えば1,000ユーロで記載されている場合には，当該負債は最終的に少なくとも1,000ユーロのキャッシュアウトフローにより決済されるだろう，との暗黙の仮定が財務諸表上に存在する」。この結果，「ある資産が現に貸借対照表に例えば1,000ユーロで記載されている」ということは，「財務諸表が，……当該資産は1,000ユーロで回収されうることを描写」していることになる。同様に，「ある負債が現に貸借対照表に例えば1,000ユーロで記載されている」ということは，「財務諸表が，……当該負債は1,000ユーロで決済されるであろうことを描写」していることになる。

なお，次のようなIAS12の言及も，"経済的便益≒キャッシュインフ

第14章　税効果会計

ロー"と理解する限りは（前述），上記と実質的には同じことを述べていることになろう：「以下のことが，ある資産を認識するということと連動的関係にある(inherent in)…，[すなわち]その帳簿価額が，将来の期において事業単位に流入する[であろう]経済的便益の形で回収されるであろうことが…。」(IAS12.16)。「以下のことが，ある負債を認識するということと連動的関係にある…，[すなわち]その帳簿価額が，[将来においての]経済的便益を体現している諸資源の当該事業単位からの流出を通じて，将来の期において決済されるであろうことが…。」(IAS12.25)。

(ⅱ)　ところで，ある資産を財務諸表に記載する場合において，「もしもそのインフロー[＝回収／実現 時のキャッシュインフロー]が将来の課税所得の決定に関係するであろうならば[※資産処分時に初めて税務上資産が認識され課税されるとの仮定]，その資産の簿価1,000ユーロ実現に関する租税[＝税務上の資産認識時に課税される租税]（もしあった場合）のことが，考えておかれるべきだ。例えば，もしも当該事業単位が40％の率で租税を支払っているならば，そして，租税目的では[簿価1,000ユーロの]当該資産に関しては600ユーロのみを控除しえるであろうならば[※税務上の資産認識時には400ユーロのみ課税される，ということ]，それ[＝事業単位]は，当該資産実現時[＝税務上の資産認識時]に160ユーロ((1,000－600)ユーロの40％)の租税を支払うであろう。」(※資産／負債 を認識した結果，将来における'税効果によるキャッシュフロー'が不可避的に発生する場合がある，ということ。なお，ある負債を財務諸表に記載する場合に関する同種説明の引用は，割愛した。)。

(ⅲ)　それゆえ，「財務諸表が，そうする[＝資産を 回収／実現 する]ことについての税効果を無視する[＝'税効果によるキャッシュフロー'を 負債／資産 として描写しない]一方で，同時に，当該資産は1,000ユーロで回収されうること[のみ]を描写することは，内部的には矛盾しているであろう」。同様に，「財務諸表が，そうする[＝負債を決済する]ことについての税効果を無視する一方で，同時に，当該負債は1,000ユーロで決済されるであろうこと[のみ]を描写することは，内部的には矛盾しているであろう」。したがっ

第3部　財務会計の個別問題

て,「繰延税金［負債］は，1,000ユーロの資産が資産であるのと同程度に (as much)，負債だ」。同様に,「所得控除額［に相応する税額；負債決済時に初めて税務上負債が認識され所得控除されるとの仮定の下での，当該認識時に要納付額からマイナスされる租税]（もしあった場合）は，原則的に資産として認識されるべきだ」。ひと言で要約するならば，"資産／負債 を認識した結果，将来における'税効果によるキャッシュフロー'が不可避的に発生する（※上記（ⅱ）の内容。）ならば，先ほどの'暗黙の仮定'（※上記（ⅰ）の内容）からすると，それを何らかの 負債／資産 として描写するべきだ"，ということである。

<補注>：一時差異は，前述のように，(A)'ある負債を税務側のみ認識した／(B)'ある資産を税務側のみ認識した 場合にも生じるわけである（先の'税効果会計に関する基本タームの詳説'を参照のこと。）。ところが上記の'1つの可能な説明'は，こうした税務側でのみの 負債／資産 の認識，という場合の繰延税金 負債／資産 のことを想定していない議論だと言える。その意味では，税引後法の発想に通じる議論だと言えよう。

4 "繰延税金負債，繰延税金資産 はIASB概念フレームワーク等の定義と矛盾する"との（否定的な）見解

(1) 否定的な見解の存在

次いで，本節で提起した論点に対する否定的な見解，すなわち"繰延税金負債／繰延税金資産 はIASB概念フレームワーク等の 負債／資産 定義と矛盾する"との主張を紹介していきたい。

そうした否定論が存在することには，自らは肯定論に立つSFAC第6号自身も，次のように言及している：「[[財務諸表の構成要素に関連する]討議記録［※1976年]，1977年公開草案 に対するいくばくかのコメントは，あるものは落胆しながら，あるものは満足しながら，この諸定義は 繰延税金会計 (deferred tax accounting)／法人所得税期間配分 (interperiod income tax allocation) [※要するに税効果会計] を排除した，との結論を下していた」(SFAC6.242)。

第14章　税効果会計

(2) 前述した（矛盾しないことについての）'1つの可能な説明'に対する批判論

では，どのような否定論が存在するのであろうか？

真っ先に紹介すべきは，上述した，矛盾しないことについての'1つの可能な説明'（すなわち Ernst&Young LLP [2004]，p.1322で紹介されている議論）に対する明確な批判（※ただし批判は，直接的には繰延税金負債に対してのもの）が存在することである。Ernst&Young LLP [2004]はこれを，次のように紹介している：「この議論は，英国の会計基準審議会を含むところのすべての人々を納得させたわけではない。この議論における1つの気付かれた欠陥は，それが，資産を実現する際に負担されるであろうところの負債の特別な1つ（すなわち租税）のことのみを考えようとしていることだ。だれも，以下のようなことは言い出さないであろう…,［すなわち］資産を実現する際に負担されるであろうところのその他の将来の　諸コスト，諸費用（例えば，賃金，動力，原料等）は，現存する負債である，と…」(p.1322)。そしてさらに，「それ［＝上述のような議論］は，……[IASB]概念フレームワークの自然な解釈というよりも，実際には，現存する実務を理由付ける1つの企てだ」，との「疑問提起をしている」人々が存在することにも言及している (pp.1322-1323)。

(3) '過去の諸事象から生じている現存する債務'ではないという点からの繰延税金負債に対する否定論

もう一つの否定論は，繰延税金負債に対してのみ向けられたもので，繰延税金負債はIASB概念フレームワーク負債定義の'過去の諸事象から生じている現存する債務'という要件を満たしていない，との主張である。

例えば Ernst&Young LLP [2004] は，次のように述べる：「将来の年次につき賦課されるどんな租税も，将来の諸事象に依存するであろう…, それゆえ［繰延税金負債は］，IASBの概念フレームワークにおいて定義されているものとしての現存する債務ではない。」(Ernst&Young LLP [2004], p.1323)。このことは，次のように言い直すこともできるかもしれない：将来加算一時差異は，それが

第3部　財務会計の個別問題

解消する将来の期において所得金額に対する（会計側から見れば認定過多な）加算額を（その一時差異が解消する限り）必ず生じさせることは確かであるが，その結果として'将来における相対的に過大な租税負担額'（※繰延税金負債の中身）を現実的に生起させる（＝現存する債務となっている）かどうかは"将来の諸事象（＝当該期に課税所得が生じていること）に依存する"，と…。そうしてErnst&Young LLP［2004］においては，上記の点を念頭に置いた上で，「［損益計算書］通過法（flow-through approach）［※法人所得税に対する，税効果会計非適用の処理］……を支持する［ことになる］と論じられうるところの［IASB］概念フレームワークの……」（ibid., p.1323）といった言及（すなわち，"IASB概念フレームワークの定義を前提とすると，税効果会計は否定されることになる"との主張）すらされている。

《補足説明》：'解釈上の債務（constructive obligation）'について

　IASBフレームワークは債務を広義に解釈し，「債務は，特定のやり方で 果たすべき／遂行すべき 責務（duty）／責任 だ。」（F.60），と説明している。SFAC第6号も同様に，次のような説明をしている：「本定義における債務は，法的な債務よりも広い。それは，その通常の一般的な意味を伴って，法的に／社会的に 課された責務（duties）を指すものとして用いられている：［すなわち］ある人が，契約，約束，道徳的責任，等々により，［ある行為を］行うように拘束されているところのもの［＝責務］を［指すものとして…］……。」（SFAC6, FN22）。

　このように，IASB概念フレームワーク等に言う'現存する債務（present obligation）'には，しばしば'解釈上の債務（constructive obligation；「見なし債務」とも訳される。IAS37の公式訳では「推定的債務」）'と呼ばれる'「法的な債務」以外の債務'も含まれることとなる。「現存する債務」は，「法的な（legal）［現存する債務］」と「解釈上の（constructive）［現存する債務］」とから成っている（IAS37.IN2を参照のこと），ということである。なおSFAC第6号は，'法的な債務'以外の債務を「解釈上の債務」と「衡平法上の（equitable）債務」に分けて説明しているが（SFAC6.40），IFRSsは後者を'解釈上の債務'とは別個のものとして識別していないため，ここでは取り上げないこととした。

　このうち「法的な債務」は，「契約」／「制定法」／「その他の法的な効力［を持つもの］（operation）」から「もたらされる債務」を指す（IAS37.10）。他方「解釈上の債務は，他の事業単位との約定により契約されたり，政府により課されるのではなく，特定の状況における諸事実から 作り出され，推定され／解釈される（construed）。」（SFAC6.40）。詳しく述べるなら，「解釈上の債務」は，「(a)過去の習慣の確立されたパターン，公表さ

れた諸方針／十分に明確で一般に知られている表明 によって，当該事業単位が，一定の責任をそれ［＝当該事業単位］が引き受けることを，もう一方の当事者に対して示唆するに至った；そして(b)その結果当該事業単位は，それ［＝当該事業単位］がそれら［諸］責任を果たすであろうとのもっともな期待を，それらのもう一方の当事者側に引き起こすに至った。」という「事業単位の諸行動からもたらされる債務」である（IAS37.10）。そうした意味において Alexander, D./Archer, S.[2005] は「解釈上の債務」を，「事業単位が特定のやり方で 果たす／遂行する であろう，との理にかなった期待」，と表現している（p.2.15）。

　このような理解は，ここで紹介した"繰延税金負債はIASB概念フレームワーク負債定義の'過去の諸事象から生じている現存する債務'という要件を満たしていない"との主張においても，同様に前提とされていよう。それゆえここで紹介している否定論は，繰延税金負債が'法的な債務'でないことはもとより，'解釈上の債務'にも該当しないとの内容をも含んでいることになる（※以上《補足説明》）。

　なお，負債が'過去の諸事象から生じている現存する債務'だとするならば，それと対比的に，資産は'過去の諸事象の結果として統制下に置かれている現存する資源'だ，と述べることができよう。ということは，上述と同様の否定論が，繰延税金資産に対しても向けられうることになる。すなわち，「将来の年次につき賦課されるどんな租税も，将来の諸事象に依存するであろう。」（Ernst&Young LLP［2004］, p.1323；前出）ため，'将来における相対的に過大な租税負担軽減額'（※繰延税金資産の中身）の方もまた，それが現実的に生起する（＝現存する資源となっている）かどうかは，「将来の諸事象［＝当該期に課税所得が生じていること］に依存する」こととなる。そうであるならば，「将来生起することが予期される 諸取引／諸事象 は，それら自体では諸資産［※ここでは繰延税金資産］を生じさせない」（F.58），との結論が導出されてしまおう。

(4) その他の否定論

　繰延税金負債に対して向けられた否定論として，もう一つ，APB意見書第11号, *法人所得税に関する会計報告* で展開された議論を，参考までに最後に紹介しておこう。

第3部　財務会計の個別問題

SFAC第6号は，「この意見書［＝APB意見書第11号］は，負債法［＝資産負債法］を拒否している［≒繰延法の立場に立っている］…，そして明確に，繰延税金負債が"通常の意味において支払われるべきもの"であることを否定している(par.57)。」(SFAC6.241)，と述べる。「繰延税金負債は，意見書11［号］では，諸負債でも諸資産からの差引きでもない。」(SFAC6.241) とも述べている。

ここでSFAC第6号が主張したかったことは，繰延税金負債全般に関する否定論ではない。端的にいうなら，"繰延税金負債は，資産負債法のもとでは負債であっても，繰延法のもとでは，そうとはいえない"，ということにすぎない。事実SFAC第6号は，APB意見書第11号が繰延法による税効果会計のみ容認していることに結び付けて，次のような結論を導いている：「APB意見書第11号，"法人所得税に関する会計報告"によって規定［／指示］されているところの繰延法［の繰延税金負債］のみ，［負債の］諸定義に適合しない」(SFAC6.241)。

ここでは繰延法についてはいっさい触れないことにしたため，この結論の妥当性についても，ここでは検討しないこととしたい。

5　以上の 肯定論，否定論 のどちらが説得的か？

以上，繰延税金負債／繰延税金資産 がIASB概念フレームワーク等の 負債／資産 定義と矛盾しないかどうか，という論点に対する 肯定的な見解，否定的な見解 を紹介してきた。果たしてそれら両見解のうちどちらが，より説得的であろうか。

その問いかけに対する筆者自身の一応の回答があることは，当然のことである。しかしここでは，本書の性格に照らし，そうした私見の表明は避けることとし，その判断はすべて読者諸兄に委ねたいと思う。

なお，否定的な見解が存在すること自体は，さほど驚くには値しない。なぜならば，IASB自身，次のような言及をしているからである：「IASCの部局［＝理事会］は，次のことを認識している…，［すなわち］限定的な数の諸ケースにおいてであるが，本概念フレームワーク，ある国際会計基準 間の不一致が存在するかもしれないことを…。」(F.3)。「現行の国際会計基準に従って作成され

た貸借対照表は，以下のような諸項目を［その中に］含んでいるかもしれない…，［すなわち］資産／負債 の定義を満たしていないところの，そして持分額の一部としては説明されないところの…。しかしながらpar.49で述べられた諸定義は，現存する国際会計基準の将来における見直し，別の諸基準の形成 の基礎を成すであろう。」(F.52)。

とはいえ，IASB概念フレームワークにおけるこれらの諸言及び繰延税金負債，資産 のことをも念頭に置いて述べられたものであったのならば…，あるいは仮にそうでなくても，そもそも否定論の方が説得的であるとするならば，事は重大である。「現代会計はこの概念ステイトメントによって正当化される部分がきわめて大きい。」(加藤盛弘／木下勝一[2005], p.7)のであり，したがってIASB概念フレームワークによって'正当化'されないような'税効果会計'は，その存立基盤を失うことになってしまうので…。

第3節　IASB概念フレームワークの認識要件と繰延税金負債，繰延税金資産

1　IASB概念フレームワークにおける負債／資産一般の認識要件

ある項目，例えば本章で問題としている繰延税金負債／繰延税金資産 に属する項目が，仮に 負債／資産 の定義を完全に満たすものであったとしても，それらはそのまま無条件で財務諸表に計上されるわけではない。IASB概念フレームワークによれば，さらに，'認識 (recognition)' すべきかどうかのテスト (※'認識のための判断要件 (the criteria for recognition)'；以下単に'認識要件' と言う。) をパスしたものだけが，'認識' されることになる。

その認識要件は，一般的な 負債／資産 の場合，(a)将来においての経済的便益の 流出（※負債の場合）／流入（※資産の場合）が蓋然的 (probable) であることと，(b) コスト／価値 が信頼性をもって測定されうることである。このことをIASB概念フレームワークは，par.83で，次のように規定している：

「ある要素の定義と合致しているところのある項目は，次の場合に［のみ］認

第3部　財務会計の個別問題

識されるべきだ：
(a)　その項目と結び付いた何らかの将来においての経済的便益が 当該事業単位に流入する／そこから流出する であろうことが，蓋然的 (probable) だ；そして
(b)　その項目は，信頼性をもって測定されうるところの，ある コスト／価値 を持っている。」(F.83)。

2　認識要件中の'probable'の意味について

　上記の認識要件(a)に言う'蓋然的 (probable)'の意味について，以下での議論のために，一定の整理をここでしておきたい。
　まずは当のIASB概念フレームワーク自身がどう説明しているかであるが，「[IASB] 概念フレームワークは，"蓋然的 (probable)"の解釈についての，……何らの指針も，提供していない。」(Alexander, D./Archer, S. [2005], p.2.20)。
　それに対しSFAC第6号は，次のような具体的な説明をしている：「蓋然的 (probable) [というターム]は，特定の 会計上の／テクニカルな 感覚(表明書第5号, par.3におけるような…) においてではなく，むしろその通常の一般的な意味で用いられている…，それゆえ以下のようなものを指す…，[すなわち] 入手可能な証拠／論理 にもとづき相当程度 期待されうる／信じられうる が，しかし確実でも検証済みでもないところの…(……)。」(SFAC6, FN18/F N21 [※同内容]；なお，概念"表明書第5号, par.3"は，「Probable」を「将来の 事象／諸事象 が起こりそうである (are likely to)」，といった意味で「用いている」)。しばしば英和辞典において「probable」には，「絶対確実とはいえないが，起こるものと考えられる」(『ランダムハウス英和大辞典』(第2版), 小学館, p.901) といったような語義が与えられているが，上記のSFAC第6号の説明と軌を一にしたものだと言えよう。

　<補注>：SFAC第6号の場合，'蓋然的な (probable)'という要件が最初から 資産, 負債 の定義の中に入っており，上で引用した脚注も，その 資産, 負債 定義の箇所でのものである。なお，現在FASBは，この'蓋然的な (probable)'というタームを定義

から削除すべきかどうか検討中である（長束　航［2004］, p.53を参照のこと）。

　こうした'定性的'な解釈とは別に，'定量的'な解釈も見受けられる。例えばAlexander, D./Archer, S.［2005］は，「別の人たちは，現在の状況における"蓋然的(probable)"についての，少なくとも75％の確率という解釈を提唱してきた。」(p.2.20)，と述べている。

　ここでは，以下での議論をより客観的なものにするために，上記の'定量的'な解釈を暫定的に採っておくこととしたい。すなわち本章では'probable'を，'少なくとも75％の確率'，つまり'3/4 以上の 確率／可能性'という意味に暫定的に理解しておくことにしたい。

3　繰延税金負債，繰延税金資産 の場合の認識要件

　このようにIASB概念フレームワークは，負債，資産 に対してまったく同じ要件を，その認識に当たり，課している。その点は，繰延税金負債，繰延税金資産 に対しても同じはずである。しかしながら，同じくIASBから公表されている法人所得税に関する基準(=IAS12)を見る限り，必ずしもそうではない。IAS12においては，特にその認識要件のうちの第1のもの，すなわち将来においての経済的便益の 流出／流入 が'probable'であるという点につき，繰延税金負債と繰延税金資産とで事実上非対称的な取扱いになっていると言わざるをえない。

　そのうちの繰延税金資産の認識要件は，IASB概念フレームワークの認識要件そのものである。例えばIAS12, par.24は，次のような規定をしている：「すべての将来減算一時差異に対し繰延税金資産が認識されるものとする(shall)…，それに対して将来減算一時差異が活用されうるところの課税所得が 獲得可能になるであろうことが，蓋然的(probable)である限りは…」。"課税所得が獲得可能になること"は，結果的に見れば"将来においての経済的便益が流入すること"ととらえることができるので，"将来においての経済的便益の流入が蓋然的(probable)である限りは，すべての将来減算一時差異に対し繰延税金資産を認

識する"と規定していることになろう。こうした繰延税金資産の認識要件は，'probable'を'3/4 以上の 確率／可能性'と解する限りは，シビアな要件だと言える。

他方繰延税金負債についてであるが，IAS12は繰延税金負債の認識に関しては，基本的に何らの認識要件も課していない（※IAS12, par. 39のような例外はあるが…。）。例えばIAS12, par. 15では，次のような規定がされている：「すべての将来加算一時差異に対し繰延税金負債が認識されるものとする…，繰延税金負債が次のことから生じる場合［※のれんの当初認識から生じる場合等が列挙されている。］を除いて：」。本来ならば，"将来加算一時差異が解消する期において課税所得が獲得可能になるであろうことが，蓋然的(probable)である限りは"といったような認識要件が規定されていてしかるべきであるにもかかわらず，そのような規定はなされていない。文理解釈からすると，将来加算一時差異が生じている限り必ず繰延税金負債を認識すべきことになってしまおう（※この点につき，IAS12, par. 16も参照せよ。）。

4 認識要件の解釈に際しての'慎重性の行使'

以上のように，IASB概念フレームワークが，将来においての経済的便益の流出／流入 が'probable'であるという認識要件を 負債, 資産 に対してまったく同じように課していながら，IAS12の方は，繰延税金負債の側の認識要件のみを緩和（※それどころか，"要件を課していない"と言うべきかもしれない…。）している。このことは，結果的に見るなら，IASB概念フレームワーク認識要件中のタームである'probable'の意味を，IAS12は，繰延税金負債の場合にのみ緩和して理解しているも同然である。そうした，負債の側の'probable'のみ，その意味を緩和して理解するという姿勢は，IAS12のみに見られることではない。例えばIAS37は，IASB概念フレームワークによる"将来においての経済的便益の流出が'probable'である"という「ある負債が認識の資格を得るため」の要件を受け入れた上で，そこにおける'probable'というタームを'more likely than not'（※直訳するなら"起こりそうでない［確率］よりも，より

[高い確率で]起こりそうな"）として理解している（IAS37.23)。これは，「50％超の確率，という解釈」(Alexander, D./Archer, S. [2005], p.2.20；なおSFAS109.17(e), 97も参照のこと）であり，'probable'の'3／4以上の確率／可能性'という解釈からすれば，明らかに緩和した解釈だと言えよう。

　かように繰延税金負債の側の認識要件のみが緩和されているわけであるが，そのことの当然の結果として，"繰延税金負債の認識は寛大に，繰延税金資産の認識はシビアに"という取扱いをしていくことになる。ということは，こうしたIAS12の姿勢もまた，'慎重性の行使'すなわち'保守主義の原則'の適用例として理解され容認されていくべきなのであろうか？

　むろんのこと，'慎重性の行使'自体が悪いと述べているわけではない。'慎重性の行使'ということは，IASB概念フレームワークにおいても，むしろ推奨されていよう。例えばそのpar.37には，次のような規定がある：「財務諸表の作成者は，実際……不確実性と取り組まなければならない……。そうした不確実性は，……財務諸表の作成に際しての慎重性の行使 (the exercise of prudence) により，認識される。慎重性は，不確実な状況下で要求される見積りを行う際に必要とされる判断の行使の中に，一定程度の注意深さを含ませることだ…，諸資産／[諸]収益 は過大表示されない，そして 諸負債／諸費用 は過少表示されない，といったように…。」(F.37)。

　ここで問題としたいことは，何に対して'慎重性の行使'がなされているのか，という点である。一般的には'慎重性の行使'は，上記のIASB概念フレームワークの規定のように，財務諸表の作成の際に必要とされる'判断の行使'に関して要請されるものであろう。しかしながら，本節で紹介してきた'慎重性の行使'は，そうしたものとは趣きが異なっていると言わざるをえない。本来 資産，負債 に同一のタームで（したがって基本的には同一の内容で）課している認識要件自体を，認識要件中の'probable'というタームの意味を負債の側のみ緩和して理解していくことを通じて，負債の側のみ緩和して取り扱っていく，という形での'慎重性の行使'であるわけなので…。

　果たして，そのような形での'慎重性の行使'は，望ましいもの／許される

第3部 財務会計の個別問題

もの なのであろうか？ それとも，形式的な認識要件そのものはIASB概念フレームワークの原則どおり繰延税金負債，繰延税金資産 共通の中身とし，その上で'慎重性の行使'は，財務諸表の作成の際に必要とされる'判断の行使'に関してのみ，実質的な形でなされるべきであろうか？ ここでもまたその当否の判断は，すべて読者諸兄に委ねることとしたい。

<補注>：わが国の場合，負債／資産 の認識要件を特定のタームによって形式的に規定する，ということは，現時点ではなされていない。それは，繰延税金負債／繰延税金資産 の場合も同様である。その代わりに，繰延税金資産の認識をシビアにするための実質的な／手続き的な 規定がなされている。すなわち，「繰延税金資産について」のみ，「将来の回収の見込みについて毎期見直しを行わなければならない。」と規定され（「基準」，第二，二，1），そして次のような'注解'が繰延税金資産についてのみ置かれている：「繰延税金資産は，将来減算一時差異が解消されるときに課税所得を減少させ，税金負担額を軽減することができると認められる範囲内で計上するものとし，その範囲を超える額については控除しなければならない。」(「注解」,(注5)；前出)。

第4節 繰延税金負債，繰延税金資産 の測定ルール

1 IAS12等の規定内容

IAS12は，繰延税金 負債，資産 の測定方法につき，次のような規定をしている：「繰延税金負債，繰延税金資産 は，貸借対照表日までにすでに 制定されている／実質的に制定されている ［諸］税率(,［諸］税法）に基づかれた以下のような［諸］税率によって，測定されるものとする…,［すなわち］当該資産が実現される／当該負債が決済される 期に適用することが期待されるところの［税率によって］…。」(IAS12.47)。同様にわが国「基準」も，次のような規定をしている：「繰延税金資産又は繰延税金負債の金額は，回収又は支払が行われると見込まれる期の税率に基づいて計算するものとする。」(第二，二，2)。

つまり，繰延税金負債／繰延税金資産 の場合，'将来における相対的に過大な 租税負担額／租税負担軽減額'を'将来の（適用期待）税率'により測定す

る，というだけの規定内容である。IAS12が「繰延税金負債，繰延税金資産 は，割り引かれないものとする。」(IAS12.53) と明定していることからも明らかであるが，結果的にIAS12等は，繰延税金負債，繰延税金資産 を'将来キャッシュフロー予測額の単純合計額'として測定する，と規定していることになろう。

<補注>：ちなみに英国の「FRS [19] は事業単位に，繰延税金 資産，負債 を割引計算する [会計] 方針を採用することを，要請してはいないが，許容している。」(FRS19, Summary, par.d; Cf. FRS19.42)。

2 IASB概念フレームワークの立場からの問題提起

前述したように，繰延税金負債は，将来加算一時差異に基因して将来生起しうる'将来における相対的に過大な租税負担額'をあらかじめ負債として認識したものであり，繰延税金資産は，将来減算一時差異と繰越欠損金等に基因して将来生起しうる'将来における相対的に過大な租税負担軽減額'をあらかじめ資産として認識したものである。つまりそれらは，将来のキャッシュフローを予測し，それを現時点において 負債／資産 として認識したものだと言えよう。それにもかかわらずIAS12等においては，単に'将来キャッシュフロー予測額の単純合計額'として，繰延税金負債／繰延税金資産 の測定が行われているわけである。

果たして，このような現行の測定ルールは，妥当なものなのであろうか？ここでも，IASB概念フレームワークの原点に立ち戻って，若干の考察をしておきたい。

IASB概念フレームワークは，「多くの様々な測定の基礎ルールが，異なった度合い [≒割合] で，様々な組合せにより財務諸表において採用される。それら [＝測定の基礎ルール] は，次のものを [その中に] 含む：」として，具体的に次の4者を列挙している (F.100)：「(a)歴史的原価」，「(b)現在原価」，「(c)実現可能 (処分) 価額」，「(d)現在価値」。この中に，'将来キャッシュフロー予測額の単純合計額'という「測定の基礎ルール」は含まれていない。むろんのこと「本 [I

第3部　財務会計の個別問題

ASB]概念フレームワークは，国際会計基準［自体］ではない」(F.2)し，また前述の列挙も必ずしも限定列挙ではないかもしれない；したがって，それらの中に，ある特定の測定ルールが存在しなかったからといって，それだけで当該測定ルールが否定されるわけではないと言えよう。しかしながら，'将来キャッシュフロー予測額の単純合計額'で測定するというルールが，IASB概念フレームワークから，その存立基盤を与えられていないことだけは，確かである。

　筆者には，昨今の繰延税金資産を巡る混乱（※端的に言えば，繰延税金資産の過大計上の問題）の元凶が，この'将来キャッシュフロー予測額の単純合計額'で測定するという現行ルールにあるように思えてならない。そこで，測定ルールの問題を取り扱う本節においては，これまでの禁を破り，あえて筆者の私見を披瀝し，そうして，本章全体の結びに代えることにしたい。

3　繰延税金負債, 繰延税金資産 の測定ルールについての一提言

　私見の結論を述べるなら，以下のようになる。ここでは，ポイント別に3つに分けて提示することとした。

(ⅰ)　繰延税金負債，繰延税金資産 の測定は，基本的に現在価値で行うべきだ。
　　　繰延税金負債，繰延税金資産 の割引計算が英国基準では許容されていることは，前述した。現行のIFRSsの場合でも，例えばIAS37は，「貨幣の時間価値の影響が重要である場合には，引当金を割り引くこと」を「事業単位は引当金を測定する際に……すべきである，との要請をしている」(IAS37.IN6)。したがって，現在価値による繰延税金負債，繰延税金資産 の測定がIFRSsに採り入れられる余地は，十分にあると言えよう（※なお，繰延税金の割引計算に対する 肯定論, 否定論 が，英国のFRS19の付録V，pars.85-105に詳細に紹介されている）。

(ⅱ)　測定対象（＝割引計算の対象）として予測する将来キャッシュフローは，最長でも将来5年間の分とすべきだ。

第14章　税効果会計

　　'最長でも将来5年間'という根拠は，絶対的な意味では，何も無い。しかしながら，例えば減損会計の場合の取扱い（※IAS36, par.35を参照のこと）との首尾一貫性，といったような間接的な根拠を提出することはできよう。
(iii)　割引率は，繰延税金負債／繰延税金資産 に固有のリスクを反映させたものとすべきだ。

　　そこに言う'繰延税金負債／繰延税金資産 に固有のリスク'には，将来の期に課税所得が生じなくなり'将来における相対的に過大な 租税負担額／租税負担軽減額'が生起しなくなる，というリスクが含まれることになろう。この'固有のリスクを反映させた割引率'という根拠も，既存のIFRSsの中から見い出すことができる。例えばIAS36, par.55は，「割引率（諸率）は，次のことに関する現時点での市場による判定を反映しているところの，税引前の率（諸率）であるものとする：」とし，その第二に，「いまだ将来キャッシュフローの見積りが そのこと[＝リスク]により修正されるに至っていないところの，当該資産に特有の諸リスク」を挙げている（※その他，IAS37.IN6も参照のこと）。

　このような測定ルールに基づくならば，"将来の期に課税所得が生じなくなる"というリスクがこの先5年間を見越しただけでも相当に高かった場合には，割引率が高くなり，繰延税金負債／繰延税金資産 の現在価値が小さくなる。そのリスクがさらに高くなればなるほど，その測定値は，仮にその繰延税金負債／繰延税金資産 を認識できる（＝前述の認識要件を満たしている）にせよ，必然的に限りなくゼロに近くなっていくこととなる。このように，上記私見のような測定ルールは，前述した昨今の繰延税金資産を巡る混乱を 理路整然とした形で説得的に交通整理していくことができよう。そうしてまた，私見のような測定ルールの採用は，えてしてその特殊性があげつらえられる税効果会計を その他のIFRSsと首尾一貫した中身のものに，つまりその意味で'特別ではない'ものに していくことであろう。

413

<参考文献>

加藤盛弘／木下勝一 [2005]：「現代会計と会計認識領域の拡大」(加藤盛弘 編著，『現代会計の認識拡大』，森山書店，2005年7月；序章 [pp.1-14])。

小林秀行 [2005]：「「討議資料」における資産と負債の定義の問題点」，『産業經理』((財)産業經理協會)，第65巻第2号，2005年7月 (pp.15-21)。

長束　航 [2004]：「負債概念における「債務性」-アメリカにおける変化-」，『會計』(森山書店)，第166巻第5号，2004年11月 (pp.51-65)。

Alexander, D. /Archer, S. [2005] : *2005 Miller International Accounting/Financial Reporting Standards Guide,* First Edition, Chicago : CCH Incorporated, 2005.

Ernst & Young LLP [2004] : *International GAAP 2005 : Generally Accepted Accounting Practice under International Financial Reporting Standards,* First Edition, London : LexisNexis, 2004.

索　引

（あ）

IASB概念フレームワーク ……394
IASCの将来像への勧告 ……82
IFRS ……31
IFRSs ……31
アカウンタビリティ ……6
アップストリームの取引 ……241
アメリカ会計学会 ……58
アメリカ会計士協会 ……58
安定した貨幣単位の概念 ……15

（い）

意思決定会計 ……5
意思決定有用性 ……47
委託販売 ……194
一時差異 ……389
1年基準（ワンイヤー） ……103, 134
一括法 ……233
一般原則 ……16
一般に公正妥当な企業会計 ……36
一般に認められる会計原則 ……4

（う）

打歩発行 ……140

（え）

永久差異 ……392
営業移転損益 ……375
営業外収益 ……206
営業外費用 ……206
営業活動によるキャッシュ・フロー ……261
営業債務 ……137
営業損益計算 ……205
影響力基準 ……227
SFAC第1号 ……67

SFAC第2号 ……69
SFAC第6号 ……74
SFAC第7号 ……78

（お）

オプション取引 ……117
オフバランス処理 ……283
オペレーティング・リース取引 ……282
親会社 ……226
オンバランス処理 ……283

（か）

開業費 ……127
会計 ……3
　——監査 ……43
　——監査人 ……44
　——監査人設置会社 ……44
　——基準設定主体 ……21
　——基準変更時差異 ……354
　——規則 ……15
　——規範 ……35
　——原則 ……14
　——公準 ……14
　——情報 ……3
　——情報の質的特性 ……47
　——の基本等式 ……10
　——の役割 ……4
開始仕訳 ……232
解釈上の債務 ……402
会社計算規則 ……35, 36
会社分割の意義 ……374
会社法 ……35
　——施行規則 ……35, 36
会社法に基づく監査 ……43
回収可能価額 ……316, 322
回収期限到来基準 ……197

415

回収基準	197	――基準委員会(ASBJ)	80
蓋然的(probable)	406	――原則	16
概念フレームワーク	46	――審議会	36, 37
開発費	127	企業結合	362
外部報告会計	7	――に係る会計基準	361
回廊アプローチ	348	企業実体の概念	15
確定給付型	351	議決権比率	369
確定給付年金制度	337, 338	期首貸借対照表	12
確定拠出型	351	基準設定プロセス	23
確定拠出年金制度	337	基礎的会計理論に関する	
確定決算主義	38	ステイトメント	59
確定債務	134	期待運用収益率	347
過去勤務債務	349	期末貸借対照表	12
割賦販売	197	逆基準法	38
株式移転	372	キャッシュ・フロー	257
株式交換	370	――計算書	259
株式発行費	127	キャッシュの概念	260
株式分割	159	キャッシュの増減表	270
株式併合	159	キャッシュの範囲	259
株主資本	52, 155	共用資産	313
――等変動計算書	177, 212, 213	金銭債務	138
――の部の計数の変動	181	勤務費用	336
貨幣性資産	104	金融商品取引法	35, 36
監査委員会	44	――に基づく監査	43

(く)

監査役	44
――会設置会社	44
――設置会社	44	偶発債務	154
間接法	265	クリーンサープラス	190
――によるキャッシュ・フロー		繰越利益剰余金	164, 167
計算書	277	繰延資産	126
完全性	91	繰延税金資産	152, 393
管理会計	9	繰延税金負債	152, 393
関連会社	227	繰延ヘッジ損益	186

(き)

(け)

期間差異	391	経営成績	190
期間対応	204	経済的耐用年数基準	287
企業会計	6	経済的便益	395
――基準委員会	22	計算書類(等)	39, 40, 211

索　引

――の公告……………………44
経常利益………………………206
継続企業の概念………………15
継続記録法……………………108
継続性の原則…………………19
欠損……………………………161
　――補てん…………………163
原価主義………………………104
減価償却累計額………………328
現金及び現金同等物…………260
現金主義………………………191
現金同等物……………………260
現在価値…………………95,341
現在価値基準…………………287
現在原価………………………93
減債積立金……………………167
減損……………………………309
　――損失の戻入れ…………327
　――損失累計額……………328
　――の測定…………………322
　――の対象資産……………312
　――の兆候…………………318
　――の認識…………………319
減耗償却………………………122

（こ）

コア・スタンダード…………28
工事完成基準…………………199
工事進行基準…………………199
工事補償引当金………………145
公正価値…………………106,310
構成要素アプローチ…………291
子会社…………………………226
　――株式及び関連会社株式…114
国際会計基準委員会(IASC)……27,80
国際会計基準審議会(IASB)……28,80
コストおよびベネフィット…71
個別対応………………………203
個別注記表……………………212

コンバージェンス…………21,361

（さ）

災害損失積立金………………167
財産法…………………………13
再調達原価主義………………106
財務会計………………………7
財務会計概念書(SFAC)……27
財務会計基準諮問委員会(FASAC)……24
財務会計基準書(SFAS)……27,61
財務会計基準審議会(FASB)……24,80
財務会計財団(FAF)…………24
財務活動によるキャッシュ・フロー…262
財務計算に関する書類………40
財務諸表……………………3,211
　――等規則…………………37
　――の作成及び表示に関する
　　　フレームワーク………87
　――の比較可能性…………27
債務たる負債…………………134
先物取引………………………117
残存価額………………………120

（し）

仕入債務………………………137
時価主義………………………104
事業拡張積立金………………167
仕切精算書到達日基準………194
資金管理………………………278
資金の動き……………………258
資金の源泉……………………261
資金の使途……………………261
自己株式………………………182
　――処分差額………………184
　――の取得…………………182
　――の消却…………………185
　――の処分…………………183
　――の表示…………………183
資産………………………52,91,101

417

──の定義	395
──負債アプローチ	55, 291
──負債法	392
実現可能(決済)価額	95
実現可能な成果	54
実現した成果	54
実現主義	192
実質優先思考	91, 284
支配	226
──力基準	226
四半期報告書	42
四半期報告制度	217
資本金減少差益	164
資本金等	163
資本金の減少	160
資本金の増加	158
資本準備金	162
──減少差益	164
資本剰余金	162
資本と利益の区分の原則	18
社債	140
──の償還	143
──発行費	127, 142
──利息	141
収益	11, 52, 92, 189
──費用アプローチ	55
修繕引当金	147
重要性	71
──の原則	21
受給権	340
受託責任	6
取得原価	93
主要な資産	315
純資産	52, 155
──額300万円分配規制額	173
純資産の分類	157
純損失	11
準備金	163
準備金積立額	176

純利益	11, 52
使用価値	322, 323
償却原価法	113, 142
証券監督者国際機構(IOSCO)	81
条件付債務	134
少数株主損益	242
少数株主持分	186, 233
試用販売	195
情報価値の存在	49
情報ニーズ	49
正味売却価額	322, 323
剰余金	168
──の資本金組入れ	159
剰余金の配当	168
賞与引当金	148
将来加算一時差異	390
将来キャッシュ・フローの現在価値	323
将来減算一時差異	391
所有権移転外ファイナンス・リース取引	292
所有権移転基準	287
所有権移転ファイナンス・リース取引	292
新株予約権	186
──付社債	141, 144
真実性の原則	16
慎重性	91
信頼性	48, 70, 90

(す)

推定的債務	402
数理計算上の差異	350
スワップ取引	117

(せ)

正規の簿記の原則	17
税効果	388
──会計	383

索　引

精算表……………………………267	耐用年数……………………………120
正常営業循環基準……………103, 134	ダウンストリームの取引………241
税制適格退職年金制度……………342	棚卸計算法…………………………108
税引後法……………………………397	棚卸減耗費…………………………110
製品保証引当金……………………145	棚卸評価損…………………………110
税務会計………………………………38	棚卸法…………………………………13
税務基準額…………………………389	単一性の原則…………………………20
全額消去・親会社負担方式………241	段階法………………………………233
全額消去・持分比率負担方式……241	（ち）
全体像アプローチ……………………86	遅延認識…………………………349, 351
全部純資産直入法…………………115	中間財務諸表………………………217
全面時価評価法……………………233	注記表…………………………215, 222
（そ）	中立性…………………………………91
創立費………………………………127	長期請負工事………………………199
属性的分類…………………………134	直接法…………………………263, 264
測定……………………………………53	賃金後払説…………………………338
その他資本剰余金…………………162	賃貸借処理…………………………283
その他の包括利益…………………189	（て）
その他の流動負債…………………138	定額法………………………………120
その他有価証券……………………115	定率法………………………………120
────評価差額金………………115	適格退職年金制度…………………342
その他利益剰余金…………………164	デュー・プロセス…………………23
ソフトウェア………………………123	デリバティブ取引…………………117
損益計算書……………………………11	（と）
損益法…………………………………13	投資活動によるキャッシュ・フロー…262
（た）	投資のリスクから解放…………53, 54
貸借対照表……………………………10	特別仕様基準………………………287
────能力……………………101	特別損失……………………………207
退職一時金…………………………337	特別利益……………………………207
退職給付……………………………337	取替原価主義………………………106
────会計……………………335	取替法………………………………122
────債務………150, 335, 336, 339	取締役会設置会社……………………44
────信託……………………342	（な）
────引当金……………149, 356	内的整合性……………………………50
────費用……………………336	内部統制報告書………………………42
────見込額……………150, 340	
退職給与引当金……………………356	

419

内部報告会計 … 9

(に)

任意積立金 … 167
認識 … 53, 72, 92
　──基準 … 72
認識要件 … 405

(ね)

年金資産 … 150, 336, 344
　──運用益 … 336
年金数理計算 … 348
　──上の損益 … 336

(の)

ノーウォーク合意 … 84
のれん … 123, 234, 377
　──等調整額 … 172

(は)

パーチェス法 … 363
売却時価主義 … 106
配当平均積立金 … 167
売買処理 … 283
売買目的有価証券 … 113
発生主義 … 191
パブリック・セクター … 21
半期報告書 … 42
販売基準 … 193
販売費及び一般管理費 … 205

(ひ)

非営利法人会計 … 6
比較可能性 … 50, 71, 91
非貨幣性資産 … 104
引当金 … 145
費用 … 11, 53, 92, 189
評価・換算差額等 … 172
評価差額 … 233

評価性引当金 … 135
表現の忠実性 … 90
費用収益対応の原則 … 203
非連結子会社 … 226

(ふ)

ファイナンス・リース取引 … 282
フェーズアプローチ … 86
負債 … 52, 92, 133
　──性引当金 … 135
　──の定義 … 396
附属明細書 … 215, 217
普通社債 … 141
部分時価評価法 … 233
部分純資産直入法 … 115
プライベート・セクター … 21
振替仕訳 … 232
分配可能額 … 168
　──の「その他の控除項目」 … 172

(へ)

平価発行 … 140
別途積立金 … 167

(ほ)

ポイント引当金 … 146
包括利益 … 52, 189
法人所得税 … 388
法人税等 … 388
法的債務 … 402
簿記原理 … 10
保守主義の原則 … 20

(ま)

前受金 … 138, 196
前受収益 … 138
前払年金費用 … 357
満期保有目的の債権 … 113

索　　引

（み）

見なし債務 …………………………402
未認識過去勤務債務 ……………349, 354
未認識数理計算上の差異 ………351, 354
未払法人税等 ………………………152

（む）

無償増資 ……………………………158

（め）

明瞭性の原則…………………………18

（も）

more likely than not ……………409
目的適合性 ………………………70, 90
目論見書………………………………41
持株基準 ……………………………226
持分……………………………………92
　──の結合 ……………………365
持分プーリング法 ………………365, 366
持分法 ………………………………246

（ゆ）

有価証券届出書………………………41
有価証券報告書………………………41
有償増資 ……………………………158
誘導法 ………………………………13

（よ）

予測数値 ……………………………345
予定昇給率 ……………………345, 347
予約販売 ……………………………196

（り）

リース取引に係る会計基準に関する
　意見書 …………………………292
リース取引に関する会計基準 ………295
　──の適用指針 …………………295
リース取引の会計処理及び開示に
　関する実務指針 …………………292
リース負債 …………………………153
利益準備金 ……………………163, 164
利益剰余金 …………………………164
理解可能性……………………………90
利害調整会計…………………………5
リスク・経済価値アプローチ ………286
利息費用 ……………………………336
流動・固定の分類 …………………134
臨時決算制度 ………………………173
臨時償却 ……………………………311
臨時報告書 …………………………42

（れ）

連結会計上の税効果会計 …………244
連結会計上の未実現損益 …………241
連結株主資本等変動計算書 ……212, 213
連結計算書類……………………40, 211
連結財務諸表 ………………………225
連結消去 ……………………………232
連結仕訳 ……………………………232
連結精算表 …………………………232
連結注記表 …………………………212
連結調整勘定 ………………………234
連結の範囲 …………………………226

（わ）

割引原価主義 ………………………104
割引発行 ……………………………140
割引前将来キャッシュ・フロー ……320
割引率 …………………………345, 346
割安購入選択権基準 ………………287

＜著者紹介＞

中村　泰將（なかむら　やすまさ）〔編著者〕
1943年千葉県に生まれる。1972年早稲田大学大学院商学研究科博士課程単位取得退学。同年獨協大学経済学部専任講師，その後，助教授を経て，1984年同大学教授となり現在に至る。1986年から87年カンザス大学，1994年ライス大学留学。

井出健二郎（いで　けんじろう）
1966年埼玉県に生まれる。1998年早稲田大学大学院商学研究科博士課程単位取得退学。和光大学経済学部専任講師，助教授を経て，2005年同大学経済経営学部教授となり現在に至る。

茅根　　聡（ちのね　さとし）
1957年熊本県に生まれる。1985年早稲田大学大学院商学研究科博士課程単位取得退学。博士（商学）。1986年愛知学院大学商学部専任講師，1990年同大学経営学部助教授を経て，1995年東洋大学経営学部助教授。その後，1998年同学部教授となり現在に至る。

金井　繁雅（かない　しげまさ）
1949年東京都に生まれる。1981年早稲田大学大学院商学研究科博士課程単位取得退学。1986年国立高岡短期大学助教授を経て，1990年國學院大學栃木短期大学助教授。1996年文京学院大学経営学部助教授，その後，1999年同学部教授となり現在に至る。

五十嵐則夫（いがらし　のりお）
1948年に生まれる。早稲田大学大学院商学研究科修士課程修了。
1988年青山監査法人代表社員。1988年プライスウォーターハウスパートナー。2007年横浜国立大学教授となり，現在に至る。2008年企業会計審議会委員。国際監査・保証基準審議会（IAASB）オブザーバー

細田　　哲（ほそだ　てつ）
1950年に埼玉県に生まれる。1977年早稲田大学大学院商学研究科博士課程単位取得退学。同年城西大学経済学部助手を経て，1991年同大学教授。その後，1994年獨協大学経済学部教授となり現在に至る。

内倉　　滋（うちくら　しげる）
1952年に東京都に生まれる。1981年明治大学大学院経営学研究科博士課程単位取得退学。同年名古屋学院大学経済学部専任講師を経て，1985年同大学助教授。その後，1997年獨協大学経済学部教授となり現在に至る。

編著者との契約により検印省略

平成21年6月1日　初版第1刷発行　　　　　**財 務 会 計 論**

編 著 者	中 村 泰 將
発 行 者	大 坪 嘉 春
印 刷 所	税経印刷株式会社
製 本 所	株式会社　三森製本所

発行所　東京都新宿区　株式　税務経理協会
　　　　下落合2丁目5番13号　会社
郵便番号 161－0033　振替 00190－2－187408　　電話(03)3953－3301(編集部)
　　　　　FAX(03)3565－3391　　　　　(03)3953－3325(営業部)
URL http://www.zeikei.co.jp/
乱丁・落丁の場合はお取替えいたします。

ⓒ 中村泰將 2009　　　　　　　　　　　　　　　Printed in Japan

本書を無断で複写複製（コピー）することは，著作権法上の例外を除き，禁じられています。本書をコピーされる場合は，事前に日本複写権センター（JRRC）の許諾を受けてください。
JRRC(http://www.jrrc.or.jp　eメール:info@jrrc.or.jp　電話:03-3401-2382)

ISBN978－4－419－05227－0　C3063